국어교육학 총서 3

국어과 교수·학습 방법

국어교육학 총서 3

국어과 교수·학습 방법

최지현·서 혁·심영택·이도영·최미숙·김정자·김혜정

도서출판 역락

서문 : 국어 교사의 교과 전문성을 위하여

1. 국어 교사가 되는 여섯 가지 방법

교육대학이나 사범대학 국어교육과에 입학하여 열심히 배우고 교사임용시험에 합격한다. 교육대학이나 사범대학에 재학하면서 국어교육을 복수 전공으로 선택하여 열심히 배우고 익혀 시험에 합격한다. 국어국문학과에 재학하며 열심히 공부하고 교직 과정도 잘 이수(履修)하여 자격증을 받고 시험에 합격한다. 일반 편입으로 국어교육과에 들어가 열심히 공부하고 시험에 합격한다. 교육대학원 국어교육 전공 과정에 들어가 필요한 선수 과목도 모두 충분히 이수하고 교육과정도 열심히 이수하여 시험에 합격한다. 대학 졸업 후 학사 편입으로 국어교육과에 들어가 열심히 공부하고 시험에 합격한다.

졸업과 동시에 국어과 2급 정교사 자격증을 받으면, 그 다음 일이 국어 교사가 되는 것이다. 글로 나타내자니 참 간단하다. 하지만 어떤 방법을 선택하든 국어 교사가 되는 길들은 모두 힘들고 고달프다. 경쟁에서 앞서기가, 시험을 잘 치르기가, 열심히 공부하기가 쉽지 않다. 하지만 그걸 말하려는 게 아니다. 정답도 모르는데 대답을 해야 하는 난감한 학생의 처지처럼, 열정과 노력을 다하면서도 그것이 필요한 충분한 준비일지 자신하지 못하는 예비 국어 교사들의 처지가 그렇다는 걸 말하려는 것이다. 그 길에 나선 수천의 학생들을 우리는 주목하고 있다.

국어 교사가 되기 위해 필요한 준비란 교사 자격증에 걸맞은 자격을 갖추는 일이다. 자격을 갖추기 위해서는 그에 앞서 국어 교사로서의 자질과 능력과 소양과 태도를 일정한 수준 이상으로 갖추어야 한다. 교사양성과정을 갖추고 있는 모든 대학(원)에서 교육 목적에 이를 천명하고 있다. 우리는 그것을 '국어 교사로서의 교과 전문성'이라 부른다. 말하자면 예비 국어 교사들에게 국어 교사가 되는 길은, 현상적으로는 '교육공무원임용후보자 선정경쟁시험'에 합격하고 각 지역 교육청에서 발령을 받는 과정이지만, 본질적으로는 국어 교사로서의 교과 전문성을 획득하는 과정인 것이다.

교사 양성 과정에 대해 어느 정도 이해하고 있다면, 국어 교사로서 일정 수준 이상의 자질과 능력과 소양과 태도를 갖추기 위해서 전공과 교직의 기본 이수 과목을 정상적으로 이수해야 한다는 것도 잘 알고 있을 것이다. 필요한 준비를 위해서는 어떤 과목들을 이수해야 하는지 정확히 파악해서 빠뜨리지 않고 이수해야 한다. 이것도 글로 나타내자니 참 간단하다. 기본 이수 과목은 국어과 2급 정교사 자격증을 보장하는 것처럼 보이고, 또 자격증은 국어 교사를 보장하는 것처럼 보인다.

하지만 열심히, 충분히 준비를 한다는 말은 단지 수사(修辭)가 아니다. 그러니까 '열심히'나 '충분히'는 그냥 '잘'이라는 말 대신에 써 놓은 것이 아니다. 기본 이수 과목이라는 표현이 어떤 최소 요건을 말하고 있는 것은 분명하지만, 그렇다고 많은 과목을 수강할수록 더 '열심히', 그리고 '충분히' 배우고 익힌 셈이 된다고 생각할 사람은 별로 없을 것이다. 이것은 거의 전적으로 국어 교사의 자질과 능력과 소양, 그리고 태도에 걸쳐 있는 질적인 요건에 관련되어 있기 때문이다. 이 책을 시작하면서 '열심히'와 '충분히'에 방점을 찍고 먼 우회를 하는 까닭이 여기에 있다.

2. 국어과 교수·학습 방법의 교과목적 성격

이 책의 제목은 <국어과 교수·학습 방법>이다. 기본 이수 과목의 표준 명칭은 '국어과 교재연구 및 지도법'으로 되어 있지만, 대학에 따라서는 '국어과 교수법'이라고도 하고, '국어과 지도법'이라고도 하며, '―과'

를 빼거나 다른 말을 보태어 부르기도 하는 국어과 교사 양성 과정의 핵심적인 과목 이름이다. 교육과정을 살펴본 학생들은 이 과목이 전공 과정의 기본 이수 과목에는 포함되어 있지 않다는 것을 확인했을 것이다. <국어교육론>과 더불어 편제상으로는 교직 과정에 포함된 전공 과목이다. 전공 과목으로서 이 두 과목의 모호한 지위가 여실히 드러나는 대목이다.

게다가 아이러니하게도 전공 교직 과목으로 이 두 과목만이 기본 이수 과목으로 지정되어 있기에, 이 두 과목의 의미는 참으로 크고 중하다. 특히 국어 교사의 교과 전문성은, '국어과 교재연구 및 지도법'에 기댈 수밖에 없는 교육과정상의 구조적 제한점을 가지고 있다. 개인적 역량, 우연이나 혹은 경험에 의지하지 않는 한, 총력을 다해 하루를 일년처럼 공부하고 적용하고 자기화해야 할 과목이 '국어과 교재연구 및 지도법'이다.

하지만 그간 이 과목을 운영해 온 저자들은 강의를 설계하고 준비하고 실행하는 데 큰 어려움을 겪어 왔다. 이 과목을 운영하기에 저자들의 공부가 여전히 부족했던 점은 부끄러운 일이었으되, 어깨를 기대어 의지할 마땅한 교재를 갖지 못한 것이 한층 곤혹스럽고도 힘든 일이었다. 외국의 언어교육 이론이나 다른 학문에서 제안된 교수 이론, 또는 경험적으로 구성된 이론 등을 가져다 쓸 때에는 '국어교육은 가장 오래된 학문 분야이지만, 또한 신생 학문이기도 하다'는 평계를 대기도 했다. 아마도 이 과목을 강의했거나 수강한 사람들은 이러한 고백에 공감하리라. 논문들을 읽고 정리하여 매주의 강의안과 교재를 대신하고, 이것으로 이 과목의 공부를 한걸음 한걸음 힘들게 내딛어 왔다.

이 때문에 국어교육학회에서 이 책을 기획하고 저자들이 이 일에 참여하게 된 일을 저자들 각자는 행복하게 받아들인다. 때마침 국어교육학의 각론 연구가 활발하게 이루어지고 있고, 특별히 다양한 교수·학습 이론들이 이 성과들을 양분 삼아 모색되고 있는 것도 고무적인 일이다. 이 이론들은 이 책의 내용을 풍부히 해 주기도 하지만, 이 책의 결함을 감추어 주기도 할 것이다.

3. 이 책의 체제

이 책의 주요한 특징들은 국어 교사 양성과정이 '국어교육 전문가'를 길러내는 목적에 충실해져야 한다는 저자들의 기본적인 인식에 바탕을 두고 있다. 국어교육에 대해 바르게 이해하고 있더라도 제대로 가르치지

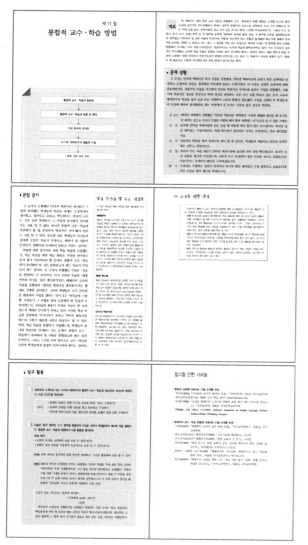

못한다면 그는 국어 교사로서의 자격을 갖추고 있다고 말할 수 없다는 것이 저자들의 기본적인 인식이다. 제대로 가르칠 수 있기 위해 필요한 자질과 능력과 소양과 태도를 갖추는 것은 국어 교사로서의 최소 자격 요건이다.

이 때문에 저자들은 교실에서의 실제적인 적용 가능을 염두에 두고 이 책의 체제와 체재를 구성하였다. 전체는 열두 개의 장 체제를 취하지만, 크게 묶으면 이론적 논의에 초점을 둔 총론 부분과 구체적 적용에 초점을 둔 각론 부분으로 나뉘게 하였고, 내용의 구체화로부터 방법 설계, 적용, 평가에 이르는 수업의 전체 과정이 제대로 다루어질 수 있게 하는 데 주력하였다.

각 장은 세 부분으로 나뉜다. 도입 부분에는 각 장의 주요 내용을 미리 요약적으로 제시하는 '개요'와 수업에서 흔히 겪게 되는 문제적 현상들을 보여주는 '문제 상황', 그리고 이 문제 상황에 대해 국어 교사가 취해야 할

관점과 접근을 보여주는 '관점 갖기'가 배치되어 있으며, 전개 부분에는 '알아 두어야 할 주요 개념들'과 이론적 논의들, 그리고 수업 준비에서의 유의점 등이 포함되어 있고, 적용 부분에는 수업 설계와 '교사를 위한 안내', '탐구 과제', 그리고 '참고할 만한 자료들' 등이 자리잡고 있다. 실제 수업의 장면에서 국어 교사는 도입 부분과 전개 부분을 충분히 숙지하고 참조할 필요가 있을 것이다.

전술한 바와 같이 수업 설계는 단일 차시 수업과 다차시 수업, 그리고 프로그램 수업에 따라 각기 다르게 모형화할 수 있을 것인데, 이 책에서는 단일 차시 수업을 위한 교수·학습 방법의 경우 실제 수업에 쉽게 적용될 수 있도록 가능한 한 절차화해 두었다. 하지만 저자들은 독자들이 각 장의 내용 항목들을 실제 수업 상황에 맞게 유연하게 해석하고 재구성할 수 있을 것으로 기대한다.

4. 각 장의 주요 내용

이 책은 국어과 교수·학습의 주요 이론과 실제적인 적용 방법들을 소개한다. '교육 목표는 실현된 학습 목표'라는 관점에서 학습자의 학습 활동을 교수·학습의 중심에 두었으되 수업의 주도는 교사의 몫임을 인정함으로써, 국어 교사의 관점에서 계획하고 준비하며 실행해야 할 과제들을 정리하는 방식으로 전체 체제를 구성하였다. 교육 목표와 내용에서 유의미한 차이를 보이는 영역별 교수·학습을 위해서는 모형과 방법을 선별하여 제시했으며, 단일 차시 수업과 다차시 수업을 구분하여 수업 설계를 예시하였다. 더 나아가 목표 중심에서 과제 중심, 내용 기준(content standards) 중심으로 향후 교육과정이 발전할 것에 대비하여 프로그램형 수업 설계의 방안도 제시하였다.

이 과정에서 이론의 구체화보다 이론의 틀을 만드는 데 더 많은 시간을 들여야 했다. 저자들이 각 주제와 영역들의 교수·학습 이론들을 정리하여 통합하는 과정에서 같은 용어가 다른 개념이나 범주를 지시하는 일이 있다거나 하나의 개념 또는 범주를 지시하기 위해 이런저런 용어들을 뒤섞어 쓰는 일이 있다거나, 심지어는 용어의 정의가 부정확한 경우가 있었기 때문이다. 일례로 우리가 '교수법' 혹은 '교수·학습 방법'으로 이름 붙여 인용하고 있는 것들의 대다수는 실은 그보다 추상도가 높은 수준에서 설계되고 체계화된 것들이다. '방법(method)'이라는 용어를 쓰고는 있지만 모형(model : 직접 교수법, 현시적 교수법, 탐구학습법 등)에 해당하는 것이 있는가 하면, 또 어떤 것들은 기법(technique : 브레인스토밍법, NIE 학습법, ICT 활용법 등)에 해당하기도 한다. 하나의 용어를 여러 개념에서 섞어 씀으로써 문제를 야기하는 경우도 있다. '반응 중심 접근법(response-centered approach)'을 절차화하고 이를 단위 수업에 직접 대응시키는 경우가 그 예에 속한다. 이 접근(법)은 모형으로 구체화될 수 있지만 복수(複數)의 모형이 가능하며, 방법으로는 학습자나 수업 맥락에 따라 더 다양해질 수 있다. 그렇지 않으면 특정한 이론적 관점과 태도에 기초한 느슨하고 포괄적인 가설 체계를 뜻하는 '접근(approach)'을 절차화된 방법으로 혼동하는 것은 결국 학습자나 시·공간적 수업 맥락 변인을 기계적으로 대입하는 오류를 낳을 수 있다.

이 때문에 이 책에서는 가능한 한 용어를 통일시키고 개념이나 범주를 일치시키려고 노력했다. 그리고 이를 위해 1장에서 국어과 수업에 관련한 주요 용어들을 검토하면서 각 용어들의 개념과 범주 관계를 살폈다. 다만 제7차 국어과 교육과정을 통해 교실 현장에 이미 널리 알려진 교수·학습 방법들의 경우에는 그것이 비록 '접근'이나 '모형'에 해당하거나 그에 가까운 경우라 하더라도 그 용어 그대로 두어 사용하였다.

2장에서 '정보 처리 모형', '사회적 모형', '개인적 모형', '행동주의 모형'으로 분류하여 다룬 열 개의 교수·학습 모형(접근)이 그것이다. 이 책에서는 이 모형들을 실제 수업에 직접 대응시키기보다는 교수·학습의 기본 모형으로서 관점이나 접근, 교육적 상호작용의 전체적인 흐름으로서 설명하려고 하였다. 실제 수업 설계에서는 좀 더 실제적이고 다양한 방법들을 소개하려고 하였다.

3장에서는 교수·학습 모형이 어떻게 선택되고 어떤 방법으로 구체화되는지를 살폈다. 수업 설계의 과정에서 고려해야 할 변인들과 모형 선택의 기준들을 다루고, 이를 원리화하여 수업에 적용할 수 있도록 하였다. 독자들은 수업 시간의 통합과 모형의 결합과 변형 등의 적용 원리들에 따라 이루어진 수업 설계의 실현 양상을 5장에서 11장까지에서 확인할 수 있을 것이다.

4장에서는 수업의 주요한 자료이자, 텍스트이자, 제재가 되는 교재에 대해 살피고 이를 어떻게 해석하고 재구성할 것인지 살폈다. 아울러 수업 맥락과 수업 대화를 중심으로 교육적 상호작용을 분석하는 방법을 제시하였다.

4장까지가 국어과 교수·학습 방법의 총론에 해당한다면, 5장부터 11장까지는 각론으로서 교수·학습 방법의 구체화와 적용을 다루고 있다. 교육과정에서 구분한 영역을 중심으로 교수·학습 방법을 다루되, 통합하여 다룰 필요가 있는 것에 대해서는 별도로 고려하였다. 5장에서는 구술 담화의 특성을 고려하여 듣기 및 말하기 영역의 교수·학습 방법을 통합적으로 살폈다. 먼저 듣기·말하기 수업의 특성과 상황을 분석하면서 교육 내용, 학습자, 교사를 각각 중심으로 한 기본 모형들을 도출해 내고, 이들을 통합한 모형도 검토하였다. 수업 설계와 관련해서는 단일 차시 수업을 위해 '단계별 듣기 활동 학습 방법'을, 그리고 다차시 수업을 위해 '교육 토론 학습법'을 제시하였다.

읽기 교수·학습 방법을 다룬 6장에서는 의미 구성 행위로서 읽기를 규정하고 이 능력을 신장시키기 위한 수업 설계 방안을 살폈다. 읽기 교수·학습이 활동적, 사회적, 감성적, 인지적 과정에서 통합적으로 이루어져야 한다는 관점에서 이를 교수·학습 방법 도출을 위한 네 가지 교육 원리로 삼아 구체화하였다. 단일 차시 수업을 위해서는 '현시적 교수 모형을 적용한 기능 중심 읽기 지도 방법'을, 다차시 수업을 위해서는 '총체적 언어교육을 활용한 의미 중심 읽기 지도 방법'을, 그리고 프로그램 수업을 위해서는 '비판적 사고력 신장에 초점을 둔 주제 중심 교수·학습 방법'을 제시하였다.

7장에서는 쓰기의 과정에 주목한 쓰기교육 이론의 변화 추세를 반영하되 최종적인 산출물을 만들어낼 수 있는 쓰기 능력의 발달에 기여할 수 있는 교수·학습 방법을 모색하였다. 따라서 이 장에서는 쓰기 교수·학습 방법으로서 작문에 대한 과정 중심 접근, 실제의 다양한 쓰기 활동을 중심으로 하는 쓰기 워크숍 등에 대해 설명하고 이를 종합적으로 활용한 수업의 실례를 몇 가지 제안하였다.

문법 교수·학습 방법을 다룬 8장에서는, 먼저 문법 지식의 학습 과정과 현상을 분석하여 학습자들이 문법 지식을 어떻게 학습하는지 살피고, 교재에 실린 탈맥락화된 문법 지식을 '교수학적 변환'을 거쳐 가르쳐야 하는 까닭을 논의한 다음, 학습자들이 이 지식을 어떻게 활용하게 되는지를 보임으로써 문법 교수·학습 모형의 이론적 근거를 마련하였다. 구체적인 수업 설계로는 단일 차시 수업을 위한 '설명 중심 문법 교수·학습 방법'과 다차시 수업을 위한 '탐구 중심 문법 교수·학습 방법', 그리고 프로그램 수업을 위한 '통합 중심 교수·학습 방법'을 제시하였다.

9장에서 살핀 문학 교수·학습 방법에서는 학습 독자의 내적 체험과 그 체험의 소통이 무엇보다 중요하다는 관점에서 주체로서의 문학 학습 독자에 대해 먼저 살피고, 다음으로 '반응'과 '대화'를 중심으로 한 교수·학습의 특징과 양상을 분석해 보았다. 특히 학습 독자의 주체적인 반응을 중시하면서도 동시에 타당한 해석과 감상, 그리고 표현을 가능하게 하는 수업의 조건과 교수·학습상의 고려 요인이 무엇인지 살폈다. 문학 교수·학습이 단일 차시의 학습 목표를 설정해 두고 이루어지기 어렵기 때문에, 구체적인 수업 설계로는 다차시 이상의 수업에서 활용할 방법으로서 '반응 중심 문학 교수·학습 방법'과 '대화 중심 문학 교수·학습 방법'을 소개하였다.

개정 국어과 교육과정에서는 선택 중심 교육과정으로 '매체언어' 과목을 신설하고 있다. 비록 독립된 영역은 아니지만 국민공통 기본교육과정 내에서도 내용과 주제 측면에서 매체언어를 포함하였다. 이를 반영하여 10장에서는 문화·매체 문식성 교육을 위한 교수·학습 방법과 그 적용 예를 살펴보았다. 국어교육에서 매체언어는 한편으로 언어가 갖는 매체적 기호성에, 그리고 다른 한편으로 매체가 갖는 문화적 향유성에 관련되는 복합적인 교육 내용이자 주제이다. 따라서 이를 온전히 반영할 수 있기 위해서는 매체언어를 문화·매체 문식성의 개념으로 받아들이고 교실 밖의 언어 현실을 수용하는 교수·학습이 필요함을 밝혔다. 구체적인 수업 설계로는 단일 차시 수업으로는 '비교 매체 학습법'을, 다차시 수업으로는 '스토리텔링 학습법'을, 그리고 프로그램 수업으로는 '매체 제작 프로젝트'를 소개하였다.

국어과 교육과정상의 영역 중심의 내용 체계가 불가피하게 놓치고 있는 통합적 국어 능력을 국어 수업을 통해 발달시키기 위해서는 통합적 교수·학습이 필요하다. 이를 뒷받침하기 위해 11장에서는 영역 통합적 수업을 위한 교수·학습 방법을 살폈다. 통합적 교수·학습은 활동의 연속성과 동시성, 그리고 활동 원리의 동일성이라는 교수·학습의 원리적 특성에 기초하기 때문에, 어느 한 영역이나 내용의 학습 목표에 치중하지 않고 충분한 시간을 확보하여 진행해야 하는 어려움이 있다. 따라서 이 장에서는 단일 차시 수업을 위한 교수·학습 방법은 따로 제안하지 않고, 그 대신 다차시 수업 또는 프로그램 수업으로 활용할 수 있는 문학 사전 제작 수업을 제시하고, 그 수업의 과정 중에 '쓰기와 매체언어의 통합적 교수·학습 방법'을 별도로 제시하였다. 실제 수업에서도 프로그램 수업은 다양한 단일 차시 혹은 다차시 통합 수업을 동반할 수 있을 것이다.

이 책의 마지막 장인 12장에서는 수업 설계의 핵심적 과정인 교수·학습 과정안의 작성과 수업 결과의 평가에 대해 살폈다. 교수·학습 과정안 작성에서는 수업 준비를 위해 갖추어야 할 요건은 무엇인지, 교수·학습의 요소들을 수업 과정에서 어떻게 배열하는 것이 좋은지를 검토하였고, 수업 결과의 평가에서는 학습자의 학업 성취도에 대한 평가와 교사의 수업 운영에 대한 평가를 구분하여 국어 수업의 개선을 위해 갖추어야 할 평가의 요소와 내용, 방법 등은 무엇인지 검토하였다. 특히 국어과 수업 평가가 교육과정 평가이자 교사 평가로서 의미를 지닐 수 있게 하는 데 초점을 두고 기술하였다.

5. 감사의 글

이 책은 국어과 교수·학습 방법에 대한 저자들의 반성적 성찰을 담고 있다. 순수 이론적인 논의나 기술적인 접근을 중심으로 책을 구성하기보다는 그간 잘못 적용되어 왔던 접근들이나 현실적으로 적용하기 힘든 모형들, 다양한 기능과 작용을 보이는 기법들, 그리고 권장할 만한 방법들을 따져 살피려고 했다. 저자들은 이 책이 교재로서 제 몫을 하게 되기를 바라는 마음에서 집필했지만, 또한 국어과 교수·학습에 관한 유용한 이론들이 지금보다 활발하게 제기될 수 있게 하는 데 기여하기를 기대하고 있다.

일년 이상의 시간을 끌면서 어렵게 원고를 끝낸 저자들은 한편으로 간신히 이 일에서 벗어난 것을 다행으로 여기면서도 곧바로 개정 작업에 들어서게 되지는 않을까 하는 걱정도 하고 있다. 이 책의 부족함에 대한 비판이나 새로운 교수·학습 방법의 제안이 저자들의 걱정을 현실화할 것이다. 하지만 아무러면 어떠랴. 그러면 그럴수록 이 책은 조금씩 나아질 것이다.

다만 난삽하고 복잡한 원고를 안고 씨름해야 했던 도서출판 '역락'의 권분옥 씨에게 고맙고 미안할 따름이다. 그녀는 편집자이면서도 저자들과

사이가 좋다. 그러면 대개 일이 안 되는 법인데, 그래도 그녀는 씩씩하게 일을 잘 끌어왔고 멋진 책이 나올 수 있도록 좋은 아이디어를 많이 냈다. 이 책이 계속 게으름을 피우지 않게 된 것도 그녀의 능력 때문이다. 이대현 사장에게도 감사한다. 기다려줄 수 있는 여유와 능력을 갖게 된 뒤로도 한결같아서 저자들이 힘을 얻었다.

국어교육학회 학회장이신 이충우 교수님께 각별한 고마움을 느낀다. 책을 내는 일이 저자들에게는 전혀 손해 볼 일이 아님을 잘 아실 텐데, 학회 일이라는 이유만으로 오히려 과분한 배려를 받았다. 4년간 학회를 위해 애쓰신 데 대한 감사의 기념으로 삼고자 한다. 학회 간사를 맡았던 최홍원 선생은 책의 기획 단계에서부터 자기 일처럼 치밀하고 계획성 있게 실무를 맡아 주었기에 따로 고마움을 표한다.

이 책의 저자들은 누구보다도 자신들의 제자들에게 박수를 보낸다. 국어 교사를 갈망하고, 그 꿈을 이루기 위해 쉼 없이 공부하며, 무엇보다 좋은 국어 교사가 되고자 진지한 고민을 해 온 그들의 모든 것이 저자들을 격려하고 고무했다. 그 결과 이 책이 태어날 수 있었다. 저자들은 이 책을 들여다보고, 다시 들여다보며 마음을 다잡는다.

이 책은 널리 알려진 교수·학습 모형들을 국어과에 적용하여 소개해 왔던 지금까지의 논의 수준을 넘어서 국어과에 고유한 교수·학습 모형과 방법을 체계화하려는 기획하에서 집필되었다. 하지만 읽을 때마다 아쉽고 부끄럽다. 이제 막 시작한 느낌이다. 이러매 우리 또한 눈 감아 생각해 볼 밖에. 지금보다 더욱 치열하게 교육하고 연구하며 토론해야 할지니.

2007. 8.
저자 일동

제 9 장 문학 교수·학습 방법

제 10 장 문화·매체 문식성 교수·학습 방법

제 1 장

국어과 수업 관련 주요 용어 및 개념

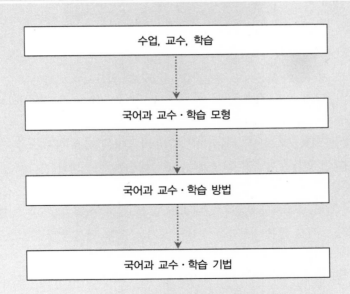

개요

이 장에서는 국어과 수업과 관련한 주요 교수·학습 용어와 용어 간의 관계, 국어과 수업 설계의 단계에 대해 살펴본다.

수업과 관련하여 빈번하게 사용되고 있는 '수업, 교수, 학습, 교수·학습' 등의 용어를 정리할 필요가 있다. 이들은 서로 공통되는 부분이 존재하지만 조금씩 차이가 있다. 실제 수업 활동 장면은 주로 교사 중심의 '교수 활동'과 학습자 중심의 '학습 활동'으로 이루어진다. 그런데 '수업'은 단지 '교수' 활동과 '학습' 활동의 단순한 종합에 불과한 것이 아니다. 그렇기에 이 둘을 아우르고 빈번한 상호작용을 강조하는 의미에서 '교수·학습 활동'이라는 말을 사용하는 것이다. 국어과는 국어를 통해서 '국어'를 가르치는 수업이기 때문에 특히 교사와 학생의 의사소통과 상호작용이 중요한 의미를 갖는다.

'모형, 방법, 기법' 등의 용어에도 조금씩 차이가 있다. '모형'이나 '방법'은 거의 비슷한 뜻으로 혼용되기도 하지만, 구분하자면 '모형'은 어떤 교육 철학이나 이론과 구체적인 연구 결과들을 바탕으로 핵심적인 요소나 단계, 원리 등을 간명하게 제시한 정형화된 틀을 가리킨다. '방법'은 매우 폭넓은 개념으로 사용되기도 하지만, 주로 구체적인 수업 설계나 적용과 관련하여 사용되는 것이 일반적이다. 반면에 '기법'은 구체적인 수업 장면에서 교사가 교수·학습 환경에 따라 언제든지 활용할 수 있는 세부 기술이나 기능을 가리킨다.

교사는 이 개념들을 분명히 알고, 효과적인 국어과 수업 설계와 교수·학습 방법 구성의 원리를 이해할 때에 좀 더 체계적으로 국어 수업을 준비하고 실행할 수 있게 된다.

■ 문제 상황

교사로 발령 받은 지 3년째 되는 김 교사는 신임교사들을 대표하여 국어과 공개수업을 진행하게 되었다. 교내 동료 교사들은 물론이고 인근 지역의 교사나 학부모들도 참관할 수 있는 공개수업이기 때문에 부담이 매우 컸다. 그래서 1개월 전부터 연구 수업을 준비하기 시작했다. 또한 인상적인 수업을 진행하기 위해 교사용 지도서는 물론이고 인터넷까지 뒤지며 자료를 수집했다. 그러나 기존에 나와 있는 자료들은 국어 교과서에 실린 글의 내용과 학습 활동을 중심으로 풀이 과정을 간략하게 제시하는 것들이 주종을 이루었다. 또한 대부분 틀에 박힌 간단한 절차 중심으로 이루어져 있어서 자신의 교실에서 인상적인 공개수업을 할 수 있으리란 기대를 갖기 어려웠다. 동료 교사들에게도 자문을 구했지만 반응은 크게 다르지 않았으며 어려워하기는 자신과 마찬가지였다. 그래서 김 교사는 직접 관련 자료들을 조사해 보기로 했다. 먼저 인터넷 검색부터 다시 시작하고, 관련 전문 서적들도 살펴보기 시작했다. 그런데 몇 가지 자료들을 읽다 보니 수업 모형, 수업 방법, 교수·학습 방법, 교수·학습 전략, 기법 등 관련 용어들이 무척 혼란스럽게 느껴졌다. 필자에 따라서 서로 다른 용어를 선호하는 것 같기도 했다. 한편으로는 모두 같은 뜻처럼 보였고, 다른 한편으로는 전혀 다른 의미로 이해되기도 했다. 과연 이들 용어들은 어떠한 차이가 있는 것인가?

■ 관점 갖기

특정 교수·학습 모형은 각기 고유한 이론적, 철학적 배경을 바탕으로 생겨난 것으로 정형화된 어떤 절차나 단계를 가지고 있다. 이론서에 제시되어 있거나 다른 교실 환경에서 적용된 특정의 모형이나 방법은 때로는 그대로 '지금, 여기'의 자신의 교실 환경에 적합할 수도 있지만 새롭게 변형·적용해야 하는 경우가 대부분이다. 수업은 누가, 누구에게, 언제, 어디에서, 무엇 때문에, 무엇을 가지고 수업하는가에 따라 매우 다른 결과를 가져오기 때문이다. 다시 말해서 수업의 변인은 교사, 학생, 교재, 수업 환경과 여건 등 매우 다양하며, 그 때문에 특정의 모형이나 방법이 그대로 언제 어디서나 통용될 수는 없다는 것이다.

국어과 수업에서는 국어 교과서와 생활의 다양한 담화 자료와 매체 등 다양한 교재는 물론이고, 교사와 학생, 학생과 학생의 언어적 상호작용도 수업의 매우 중요한 부분에 해당하기 때문에 그 어느 교과에 비해서도 수업의 변수가 크다고 할 수 있다. 따라서 국어 교사는 국어과 수업의 특성을 고려하여 거기에 적절한 국어 수업을 설계할 수 있어야 한다.

이를 위해 이 장에서는 국어과 교수·학습에 동원되는 기본적인 용어와 개념을 살펴보기로 한다.

알아 두어야 할 주요 개념들

이 장의 학습을 위해 다음과 같은 개념들을 먼저 정리해 두자.

수업(instruction)

수업이란 학습이 촉진되도록 학습자에게 영향을 미치는 모든 일련의 의도된 사건을 가리킨다.

교수·학습(teaching-learning)

교사 중심의 '교수 활동'과 학습자 중심의 '학습 활동'을 아우르는 의미로, 특히 교사와 학습자 간의 빈번한 상호작용을 강조하는 맥락에서 자주 사용된다. 국어과는 국어로 '국어'를 가르치는 수업이기 때문에 특히 교사와 학생의 의사소통과 상호작용이 중요한 의미를 갖는다.

(수업) 모형(model)

'모형'이나 '방법'은 거의 비슷한 뜻으로 혼용되기도 하지만, 구분하자면 '모형'은 어떤 교육 철학이나 이론, 구체적인 연구 결과들을 바탕으로 핵심적인 요소나 단계, 원리 등을 간명하게 제시한 정형화된 틀을 가리킨다.

(수업) 방법(method)

'방법'은 매우 폭넓은 개념으로 사용되기도 하지만 주로 구체적인 수업 설계나 적용의 단계 또는 절차를 의미한다.

(수업) 기법(technique)

'기법'은 구체적인 수업 장면에서 교사가 교수·학습 환경에 따라 언제든지 활용할 수 있는 세부 기술이나 기능을 가리킨다. 예컨대 질문법(발문법)이나 ICT를 활용한 수업 기법은 교수·학습 환경에 따라서 교사가 언제든지 적절히 활용할 수 있어야 하는 기법에 속한다.

국어과 수업 설계 및 실행의 단계

국어과 수업 설계는 크게 준비 단계(목표 확인, 변인 분석, 내용 상세화)와 구체화 단계(모형·방법 고려, 내용 조정, 활동 구안)로 나눌 수 있다. 실행 단계에서는 시작 활동, 본 활동, 마무리 활동으로 이루어진다.

1. 수업, 교수, 학습

　1990년대를 전후하여 국어교육 관련 논의에서 '교수·학습'이라는 용어의 사용이 빈번해지기 시작해서 최근에는 거의 일반화되기에 이르렀다. 이 용어는 주지하다시피 강의법에 의존하는 교사의 설명 중심 수업보다는 교사와 학습자가 상호작용하는 역동적인 수업을 지향하는 의미를 담고 있으며, 'teaching-learning'을 직역한 것이다. 최근에는 '교수·학습'이라는 용어 대신에 '수업'이라는 용어를 사용하자는 의견도 제기되고 있고, 실제로 '교수·학습 모형'이나 '교수·학습 방법'보다도 '수업 모형', '수업 방법'이라는 용어를 사용하는 예도 많다.

　그러나 엄밀히 말해서 '수업'은 '교수'나 '학습'은 물론 '교수·학습'과도 구별된다. '교수'와 '학습'은 각각 교수자[1]와 학습자의 활동을 염두에 둔 것이다. 반면에 수업은 "학습이 촉진되도록 학습자에게 영향을 미치는 모든 일련의 의도된 사건"(Gagné, 변영계·이상수 역, 2003 : 24)을 가리키는 것으로, 교수자의 비직접적인 교수 활동을 포괄하는 의미로 사용된다. 즉, 교수가 인간에 의해 가르치는 행위를 말한다면 수업은 교사에 의해 가르쳐지는 행동뿐 아니라 교재, 그림, TV 프로그램, 컴퓨터 또는 이들의 조합에 의해 제공되는 모든 경험들을 포괄한다. 따라서 가네 등의 수업의 개념을 받아들인다면, '수업(instruction)과 교수(teaching), 학습(learning), 교육'의 개념은 왼쪽 그림과 같이 구분될 수 있을 것이다.

　이 그림은 수업을 의도적, 계획적인 활동으로 보고, 수업과 관련되지 않는 학습과 교수 활동을 상정하고 있다. 물론 제도적인 교육 활동에서는 수업과 교수, 학습의 공집합이 최대화될 때가 가장 이상적이라 할 수 있다. 이러한 용어의 구분은 교육 활동 현상을 설명하는 데 어느 정도 유용한 면이 있다. 특히 수업과 교수를 거의 동의어로 사용하거나 수업을 교수와 학습의 종합으로 보는 기

[1] 여기에서의 '교수자'는 '교사'로 바꿔 쓸 수도 있다. 다만 '교수자'는 유치원이나 초·중등학교 '교사'뿐만 아니라 강사나 교수 등 가르치는 직업에 종사하는 모든 사람들을 포괄할 수 있다는 장점이 있다. 또한 학습자에 대한 대조적 의미도 분명하고, 영어의 'teacher, instructor'를 모두 포함할 수 있기도 하다.

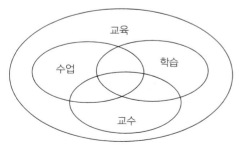

[그림 1] 수업 관련 용어들의 관계(변영계·이상수 역, 2003 : 25)

존의 관점보다는 교육활동의 구체적인 현상을 설명하는 데 유익하다. 교사에 의한 직접적인 교수 활동이 미미하거나 없더라도 수업은 이루어질 수 있기 때문이다.

예컨대 다음과 같은 수업이 그러하다. 교사가 학습자들에게 <우리들의 일그러진 영웅>이라는 소단원을 다루면서 문자 텍스트(소설)와 영상 텍스트(영화)를 비교 감상하기 위하여 학생들로 하여금 수업 시간 동안 비디오테이프를 시청하게 한다. 또는 세계 여러 나라의 언어와 문자에 대한 2차시 통합 수업을 하면서, 교사가 학습자들의 이해를 돕기 위해 그중 1시간 동안 세계 여러 나라의 언어와 문자 발달에 관한 텔레비전 다큐멘터리 자료를 비디오테이프로 보여 주며 시청하게 한다. 이 경우 해당 비디오테이프 자료가 교수·학습 목표나 내용과 직접적으로 관련되어 있고 또 그에 적절한 엄선된 자료라면, 비록 교사에 의한 직접적인 교수 활동은 거의 일어나지 않았지만 수업 활동은 진행된 셈이다. 물론 학습자들의 비디오테이프 시청 그 자체도 넓은 의미에서 교수 활동의 하나로 포함시킬 수도 있다. 이 활동 역시 교사가 학습을 촉진하기 위해 사전에 치밀하게 계획하고 자료를 수집하여 이루어진 것이기 때문이다. 그러나 전술한 교사의 간접적인 교수 행위 등 다양한 현상을 설명할 때는 수업, 교수, 학습을 구분하는 것이 더 유용하다.[2]

이 책에서는 수업, 교수, 학습, 교수·학습이라는 용어를 선택적으로 사용한다. 교수·학습 역시 교수 활동과 학습 활동의 상호작용을 강조하고자 하는 기존의 용어법에 따라 사용한다. 수업 모형, 교수 모형, 학습 모형, 교수·학습 모형이라는 용어도 동일하게 적용된다. 이러한 맥락에서 수업 모형이나 수업 방법이라는 용어 사용도 가능하겠지만, 이 책에서는 수업의 핵심적 활동이 교수와 학습에 있다는 점을 중시하여 '교수·학습 모형'이나 '교수·학습 방법'이라는 용어를 주로 사용하고자 한다. 교수·학습 모형과 방법에 대한 논의는 다음 절에서 후술한다.

수업과 교수·학습이 기본적으로 교육과정에 의해 이루어진다는 점에

2 '교수(teaching)'라는 용어 대신에 '수업(instruction)'이라는 용어를 사용하는 경우에는 교사 개인의 활동 속에 내재되어 있는 사태뿐만 아니라, 인간의 학습에 직접적인 영향을 미치는 모든 사태를 동시에 기술하고자 하는 의도를 담고 있다.

서 교육과정과 교수, 학습의 관계는 다음과 같이 도식화될 수 있다. 아래 도식은 교육과정, 교수, 학습의 관계를 잘 보여 주고 있다. 이는 김인식 외(2000 : 42)의 내용을 일부 수정한 것이다.

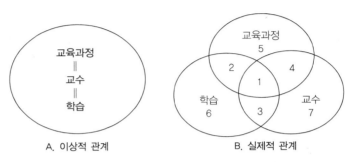

[그림 2] 국어과 교육과정·교수·학습의 관계

　　교육정책가나 교육과정 입안자의 관점이라면 그림 A에서와 같이 교육과정에서 정해진 내용과 수업 내용, 학습 내용이 서로 일치하는 것이 가장 바람직할 것이다. A는 교육과정에 포함되는 목표와 내용만을 교사가 수업하고, 학습자가 온전한 학습에 도달한 경우로 이상적인 관계로 보고 있다. 전통적인 수업의 관점에서는 물론, 최근의 언어교육 관점에서도 교수·학습 방법의 기본 틀을 '입력(input) → 수업(과정, process) → 산출(produce)'로 제시하고 있다. 일정 내용을 교사가 가르치거나 안내하는 학습 과정을 거쳐서 학습 목표라는 결과에 도달한다고 보는 것이다. 이러한 관점은 최근의 외국어교육에서도 일반화되어 있다.

　　현실의 교수·학습에서는 B와 같은 다양한 양상이 나타난다. 즉, 교육과정에 충실한 수업과 완전한 학습 도달이라는 이상적인 경우(B의 1번)도 있지만, 교수되지 않은 교육과정의 내용이 학습되는 경우(2번), 교육과정에 포함되지 않은 내용이 교수되고 학습되는 경우(3번), 교육과정의 내용이 교수되었지만 학습되지는 않은 경우(4번), 교육과정 내용이 교수되지도 학습되지도 않은 경우(5번), 교육과정 내용도 아니고 교수되지도 않았으나 학습자 스스로 학습한 경우(6번), 교육과정에 포함되지 않은 것을 교수하였으나 학습되지 않은 경우(7번)가 모두 가능하다. 물론 가장 바람직하고 이상적인 수업은 교육과정에 의해 교수·학습이 이루어지는 1번의 경우이다.

2. 국어과 교수·학습 모형

일반적으로 모형이란 어떤 현상, 구조, 특성과 관련된 이론의 핵심적 내용이나 틀을 간명하게 보여 주기 위하여 추상화하고 단순화하여 제시한 것을 가리킨다. 이러한 개념적 윤곽에서 교수·학습 모형이란 '교수·학습에 관한 이론을 기반으로, 교수·학습의 효과를 높이기 위한 학습 전략이나 교수 전략 등을 통합하여, 정형화한 수업 과정이나 절차'(최영환, 2003 : 267)를 가리킨다. 예컨대 탐구학습 모형은 피아제(Piaget)의 인지발달 이론, 듀이(Dewey)의 탐구이론, 브루너(Bruner)의 발견학습 이론 등에 따라 학습자 스스로 어떤 지식이나 원리를 검증하고 발견해 나가는 데 초점을 둔 일반적인 교수·학습 모형에 해당한다.

그런데 교육학 일반에서는 여전히 수업 모형이란 용어가 아직도 널리 사용되고 있는 편이다. 우리나라에서 '수업 모형'이란 용어는 대체로 1960년대부터 사용되기 시작한 것으로 알려져 있다.[3] 기존에 국어과 교육을 비롯한 여러 교과에 수업모형으로 소개되었던 글레이저의 수업 과정 모형이나 한국교육과정개발원의 수업 절차 모형은 일반적인 수업의 절차와 과정, 활동을 소개한 것이어서 국어과 고유의 수업 모형이나 방법과 관련한 논의라고 보기는 어렵다. 교수·학습 모형이나 방법은 해당 교수·학습 모형의 이론적, 철학적 기반이 분명해야 하며, 교수·학습 환경에 따라서 적용의 가능성이나 효과 등에 차이가 날 수 있다.

전술한 바와 같이, '모형'은 이론을 바탕으로 절차나 단계를 간략히 정형화해 놓은 틀로서 흔히 도식화되곤 한다. 즉, 교수·학습 모형에는

[3] '수업 모형이란 복잡한 수업 현상을 기술, 설명, 예언할 수 있도록 수업의 주요 특징들을 간추려 체계화시켜 놓은 형태 또는 전략'으로 정의되기도 한다. (교육학대백과사전, 서울대 교육연구소 편)

① 이론을 조작적으로 정형화한 것이라는 점, ② 수업의 절차나 과정을 포함한다는 점, ③ 목적을 달성하기 위해 동원되는 전략을 포함한다는 점이 핵심 내용이다. 특히 셋째의 '전략' 요소는 단순히 교수·학습 전개의 순서만을 보여 주는 '도입, 전개, 정리'나 '계획, 진단, 지도, 발전, 평가'와 같은 기존의 모형들이 '모형'으로 인정되기 어렵다는 근거로 작용한다.

이에 따를 때, 국어과 교수·학습 모형이란 국어과 교육에서 다루는 특정 내용과 학습 목표에 도달하기 위해, 여기에 적합한 교수·학습 이론을 개발하거나 적용하여 가장 효과적인 국어 수업의 절차와 과정을 제시한 정형화된 틀을 가리킨다.[4]

국어과 교수·학습 모형의 개발을 위해서는 기존의 일반적인 수업 모형이나 교수·학습 모형 또는 이론들을 참조하되 국어교육의 내용과 특성에 맞게 새롭게 재구화되어야만 한다. 이는 역사적으로 초기 단계부터 사용되어 온 '도입, 전개, 정리' 모형이나 글레이저의 4단계 모형들은 대체로 수업 전개의 단계나 절차만을 제시할 뿐이어서 구체적인 모형으로 보기는 어렵기 때문이다.

3. 국어과 교수·학습 방법

'교수·학습 방법'은 교수 방법(또는 교수법)과 학습 방법(또는 학습법)을 포괄하는 개념으로, 최근에 수업 장면에서 교사와 학생 간의 상호작용 (interaction)을 중시하는 경향을 반영하고 있다.[5] 교수·학습 방법은 실제 수업 전개를 위해 교수자가 어떤 수업 모형이나 기법 등을 적용하여 구성한 구체적인 수업 계획을 가리킨다.

연구자에 따라 '방법'은 '모형'과 거의 같은 개념 수준으로 사용하기도 하나, 방법은 일반적으로 좀 더 광범위하고도 포괄적인 개념으로 사용된다. 즉, 모형이 연구자의 손에 의해 이론적으로 정립된 형태라면, 방법은

[4] 국어과 교수·학습 모형 국어과 교육에서 다루는 특정 내용과 학습 목표에 도달하기 위해, 여기에 적합한 교수·학습 이론을 개발하거나 적용하여 가장 효과적인 국어 수업의 절차와 과정을 제시한 정형화된 틀

[5] 본래 '방법(methods)'이란 용어는 어떤 인식에 이르는 '길'이라는 뜻을 가진 희랍어로서, 'meta'와 'hodos'를 합친 단어이다. 'meta'는 'among, between, with, after'의 뜻을 가졌고, 'hodos'는 '길'을 의미한다. (Wolfgang Sünkel 저, 권민철 역, 2005, 154~155)

모형의 적용과 관련된다. 즉, 교수자에 의해 모형이 실제 적용되었거나 혹은 적용될 모형의 구체적인 계획이라고 할 수 있다.

따라서 국어과 교수·학습 방법은 '국어과 교수·학습 목표를 효과적으로 도달하기 위하여 다양한 모형과 활동을 적용한 구체적인 교수·학습 실행의 절차와 단계에 대한 계획'이라 할 수 있다.[6] 국어과 교수·학습 방법은 다양한 교수·학습 모형이나 활동, 기법의 구체적 적용을 통해 이루어진다(서혁, 2005).

예컨대 단어의 짜임이나 단어의 형성 원리에 대한 학습을 위해서는 일반적인 직접 교수 모형을 적용하여 교사의 설명과 시범, 안내된 연습, 학습자의 독자적 연습의 단계를 밟을 수도 있고, 학습자의 수준에 따라 탐구학습 모형을 적용하여 수업에 접근할 수도 있다. 또는 이 두 모형을 모두 참조하여 '직접 교수 모형과 탐구학습 모형을 적용한 단어 형성 원리 교수·학습 방법'을 적용할 수도 있다.

기존의 국어과 교수·학습 모형이나 방법의 제시와 관련하여서는 특히 융통성 있게 이를 적용하는 방안에 대한 논의가 부족했다. 이 때문에 학교 현장에서 대부분의 교사들은 고정된 형식과 단계에 따라 형식적인 교수·학습 과정안 짜 맞추기에 머무는 경우가 많다. 이는 실제로 예비 교사들을 대상으로 한 국어과 교육 강의나 현장 교사들이 행하는 공개수업을 관찰하는 과정에서 자주 목격된다. 따라서 모형이나 방법의 탄력적 적용 원리를 이해하고 실행할 수 있는 능력이 필요함을 말해 준다.

교수·학습 방법은 교수·학습 이론, 학습의 목표와 내용, 교수·학습 환경, 학습의 기간, 교수자와 학습자의 성향, 학습자의 수준 등에 따라 달라질 수밖에 없다. 그럼에도 불구하고 전근대적인 교수·학습 모형과 방법에 따라 융통성 없는 획일적인 교수·학습 내용과 활동으로 설계되고 실행되는 수업을 자주 목격하게 된다.

국어과 교수·학습 논의가 체계화되고 현장에 정착되기 위해서는 국어과 교수·학습 이론과 철학, 국어과 교수·학습의 모형과 방법, 활동, 평

[6] **국어과 교수·학습 방법**
국어과 교수·학습 목표를 효과적으로 도달하기 위해 모형과 다양한 활동을 적용한 교수·학습 실행의 절차와 단계와 관련한 계획

가가 유기적으로 연결되는 일련의 체제 속에서 접근할 필요가 있다.

국어과 교수·학습 이론과 철학은 왜, 무엇을, 어떻게 가르칠 것인가 하는 철학과 접근법(approach)을 제시하는 것으로서 교수·학습 현상의 이론적 기반을 제시하는 활동에 속한다.

국어과 교수·학습 모형의 제시는 국어과 교수·학습 이론과 철학을 실행할 수 있는 기본적이고 일반적인 단계를 제시하는 것으로서 단계에 대한 적절한 용어와 명칭 부여에 유의할 필요가 있다.

국어과 교수·학습 방법의 제시는 하위 과정의 변화에 따라 모형의 실제 적용과 관련하여 다양한 적용 또는 변형 원리를 제시해 주는 것이 중요하다. 이때 구체적인 교수·학습 활동이 동시에 고려되는데, 이는 실제 수업 장면에서 가장 중심이 되는 수업 활동이 된다.

구체적인 평가 방안의 제시와 관련해서는 수업 진행 과정에서 교사의 질문, 쪽지 시험, 각종 발표 자료, 개인 또는 모둠 활동 보고서(project) 등이 단일 차시 수업이나 다차시 수업에서 매우 다양한 형태로 실현될 수 있다. 그 밖에 구체적인 자료, 기자재, 매체, 수업 진행 기법, 유의 사항 제시 등도 실제 수업 설계에서 다양하게 나타나게 된다.

특히 유의할 것은 모형이나 방법, 활동, 평가와 이들을 반영하는 교수·학습 과정안 역시 단일 차시에서 다차시에 이르는 다양한 양상을 띠게 된다는 점이다.

'방법'은 논자에 따라 '모형'과 거의 같은 개념 수준으로 사용하기도 하나, 방법을 좀 더 광범위한 개념으로 사용하기도 한다. 이 책에서는 '방법'을 '국어과 교수·학습 목표를 효과적으로 도달하기 위해 교수·학습 모형과 기법 등을 적용하여 구안한 구체적인 교수·학습 실행 계획'이라는 포괄적 개념으로 사용한다. 이는 모형의 구체적 적용을 염두에 둔 것으로 마치 작품(work)과 텍스트(text)의 관계처럼 연구자의 손에서 만들어진 모형은 교수자의 손으로 가는 순간 하나의 방법으로 변환된다고 할 수 있다.[7]

7 작품(werk)과 텍스트(text) 수용미학에서는 작가가 쓴 '작품'이 독자에 의해 읽혀질 때 이를 '텍스트'라고 하여 개념을 구분하여 사용한다.

4. 국어과 교수·학습 기법

교수·학습 기법(技法)은 교수·학습의 이론 또는 경험에 기반을 두고, 효과적인 교수·학습을 위해 선택된 어떤 교수·학습 방법의 적용 과정에서 활용될 수 있는 다양한 기술을 말한다.

교수·학습 기법은 간단히 수업 기법(技法)이라고 하며, 대체로 교수 기법에 대한 논의가 많다. 이때 학습자에 중심을 두는 학습기법과는 구분된다. 즉, 교수 기법은 교수·학습 장면에서 평소에 교사가 역동적이고 원활한 수업 전개를 위해 사용하는 교수·학습 장면에 동원하는 부분적인 수업 기술(技術)들을 가리킨다. 대체로 기법들은 단일 수업 장면에서 교사가 수업을 전개해 나가는 주요 원동력이 되며, 다년간의 수업 경험을 통해서 교사 자신의 스타일에 맞는 양식으로 익숙해지는 성격을 띠게 된다. 동일한 교수·학습 모형이나 방법에 따르더라도 수업 진행 양상이 다르게 나타날 수 있는 요인은 학습자 요인과 함께 수업 기법 요인이 큰 비중을 차지한다.

주요 기법의 예로는 역할놀이, (모둠)토의·토론, 문답법, 팀경쟁학습, 팀보조개별학습, 팀프로젝트, 체크리스트, 시네틱스(유추활동기법), 브레인스토밍, 게임·시뮬레이션활용, 생각그물, 버즈집단학습, 신문활용교육(NIE), 인터뷰, ICT활용 등을 들 수 있다. 더 나아가서는 교사화법, 동기유발법, 발문법, 수업 분위기 조성법, 학생활동 유도 방법, 학생 반응에 대한 피드백 기법, 판서법, 교육 기자재 활용법 등도 넓은 의미의 수업 기법에 포함시킬 수 있다.

교수·학습 기법은 범교과적인 성격이 강해 어느 교과에서나 적절히 활용할 수 있다. 그런데 국어 수업은 주로 텍스트를 기반으로 하는 국어 활동을 통해 이루어지기 때문에 역할 놀이, (모둠)토의·토론, 문답법, 시네틱스(유추활동기법), 브레인스토밍, 생각그물, 인터뷰 등이 자주 사용된다.

■ **주요 모형, 기법의 예**
국어과에서 빈번하게 사용되고 있거나 밀접한 관련을 갖는 교수·학습 모형과 수업 기법의 예는, 명확히 구분되지 않는 경우가 많지만, 대체로 다음과 같다.
• **모형** : 직접 교수 모형, 문제 해결 학습 모형, 창의성 계발 학습 모형, 반응 중심 학습 모형, 탐구 학습 모형, 전문가 협력 학습 모형, 토의·토론 학습 모형, 총체적 언어 학습 모형, 개별화 교수 모형, 역할놀이 모형, 가치 탐구 학습 모형
• **기법** : 역할놀이, (모둠)토의·토론, 문답법, 팀 경쟁 학습, 팀 보조 개별 학습, 팀 프로젝트, 체크리스트, 시네틱스(유추 활동 기법), 브레인스토밍, 게임·시뮬레이션 활용, 생각그물, 버즈 집단 학습, 신문 활용 교육(NIE), 인터뷰, ICT활용
이 중에서 역할놀이, (모둠)토의·토론학습 등은 모형과 기법에 모두 포함시키기도 한다.

■ **국어과 교수·학습 기법**
국어 수업은 다른 교과와는 달리 텍스트와 국어 활동을 중심으로 이루어지기 때문에 다양한 기법들과 함께 교사 화법이나 발문법 등이 매우 중요하다. 시네틱스 기법은 서로 관련성이 없어 보이는 두 대상을 유추하는 활동을 기본 원리로 하는데, 시(詩) 수업에서 유용하게 활용될 수 있다.

교수·학습 모형, 방법의 선택이나 적용은 교수·학습 목표와 내용, 학습자, 교수·학습 환경에 따라 달라질 수밖에 없다. 따라서 교사는 다양한 교수·학습 모형과 방법을 이해하고 적절하게 선택하고 적용할 수 있는 안목을 갖추는 것이 중요하다.

어떤 교수·학습 모형이나 방법도 자신의 수업 상황과 관련되는 '지금 여기 (now and here)'에 맞게 변형하여 적용할 수 있다는 생각을 지닐 필요가 있다. 또한 하나의 교수·학습 모형을 여러 차시에 걸쳐서 적용할 수도 있고, 경우에 따라서는 단일 차시에 여러 개의 교수·학습 모형이 동원될 수도 있다.

궁극적으로 교사는 자신과 자신의 수업을 듣는 학생과 교수·학습 여건에 맞는 교수·학습 방법을 스스로 구안하고 적용하며 개발하려는 태도를 지닐 필요가 있다.

▌탐구 활동

01 다음에 제시된 자료들에서 나타난 '모형, 방법, 전략'이란 용어들이 각각 어떠한 개념으로 사용되고 있는지 비교해 보시오.

① "여기에 제시된 **교수·학습 방법**은 '말하기, 듣기, 읽기, 쓰기, 국어지식, 문학' 등 국어과 여러 영역에서 활용할 수 있는 것들이다. 물론 이러한 방법들을 **국어과 고유의 교수·학습 방법**이라고 할 수는 없지만, 이를 교육 목표, 내용과 적절히 결합하여 적용하면 교수·학습의 효율화를 꾀할 수 있을 것이다."

② 최근 학습자 중심의 수업이 강조되면서, 교사 중심의 일방적인 교수법보다는 학습자와의 상호작용을 고려한 교수법 혹은 학습과정과 학습법 위주의 논의가 활발하게 진행되고 있다. 지금까지 교수·학습의 역사를 보면 당시 교육 패러다임과 참여자의 입장에 따라 각각의 비중이 달리 주어져 왔다. 20세기 전반부 경험주의 패러다임에서는 당연히 교사와 교수에 초점을 두고 다양한 **수업모형**과 **교수전략**이 소개되었다. 그러나 20세기 중반 이후 이성주의(또는 인지주의) 패러다임으로 전환한 다음부터는 학습자의 사고력과 학습 전략이 더 많은 비중을 지니게 되었다. 이제는 과거 어느 때보다도 학습자의 학습 현상에 많은 관심을 보이고 있다. 최근 여러 연구에서 언급되는 학습본질에 대한 명제들을 보면, 그러한 변화의 초점을 더 확실히 알 수 있다. (이삼형 외, **국어교육학과 사고**, 도서출판 역락, 2007. 14장에서)

02 국어과 교육과 관련하여 일반적으로 논의되거나 활용되는 교수·학습 모형이나 방법을 다음 항목에 따라 조사해 보자.

① 초·중·고등학교 국어과 교사용 지도서에서는 주로 어떠한 모형이나 방법을 제시하고 있는가?

② 여러분이 현재 보고 있는 이 책에서는 주로 어떠한 모형이나 방법을 소개하고 있는가?

▌참고할 만한 자료들

• 주요 국어과 교수·학습 모형의 적용에 대해서는 다음을 참조할 수 있다.

박영목·한철우·윤희원(1995), 국어과 교수 학습 방법 탐구, 교학사.

• 이 장의 주요 내용은 다음 논문을 참조할 수 있다.

서 혁(2005), 국어과 교수·학습 방법의 구성의 원리, **국어교육학연구 제24집**, 국어교육학회.

김혜정(2005), 국어과 교수·학습 방법론에 대한 비판적 고찰, **국어교육 118호**, 국어교육학회.

• 일반적인 교수·학습 모형에 대한 이론과 절차 소개는 다음 문헌을 참조할 수 있다.

Joyce, Bruce R, Weil, Marsha, Calhoun Emily(2005), *Models of Teaching* (7 / e), 박민우·강영하·임병노·최명숙·이상수·최정임·조규락 옮김 (2007), **교수모형**(7판), 아카데미프레스.

김인식·최호성·최병옥 편저(2000), **수업설계의 원리와 모형적용**, 교육과학사.

Sünkel, Wolfgang 저, 권민철 역(2005), **수업현상학**, 학지사.

제 2 장

다양한 교수·학습 모형

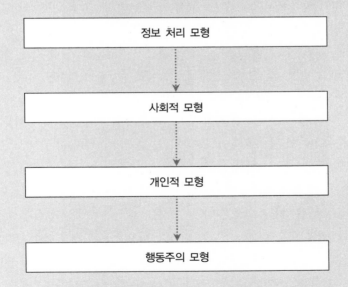

정보 처리 모형

사회적 모형

개인적 모형

행동주의 모형

|개요| 　　여기에서는 국어과 수업에서 비교적 활용 가능성이 큰 여러 교수·학습 모형들을 소개하고자 한다. 직접 교수 모형을 비롯한 문제 해결 학습 모형, 창의성 계발 학습 모형, 역할 놀이 학습 모형, 가치 탐구 학습 모형, 전문가 협력 학습 모형, 유의미 수용 학습 모형, 비지시적 교수 모형, 개별화 학습 모형, 현장 학습 모형 등이 그것이다. 분류는 지식을 구성하는 방식에 따라 '정보 처리 모형, 사회적 모형, 개인적 모형, 행동주의 모형'으로 나누고자 한다. 이들 모형 중에는 국어과 고유의 교수·학습 모형이라고 할 만한 것도 있지만, 다른 교과에서 많이 사용되고 있는 모형을 국어과에 적용하면 좋을 만한 것들을 선택하여 정리한 것도 있다. 이 장은 각 교수·학습 모형의 개념, 절차 및 의의, 적용상의 유의점 등을 살펴보고 이를 구체적인 교육 목표와 내용에 적용할 수 있는 능력을 기르도록 구안하였다.

■ 문제 상황

　　김 교사는 오늘 '협의하여 문제 해결하기'를 가르치고 나오면서 생각해 보았다.

　　'내가 오늘 가르치고 학생들이 배운 것은 '협의하여 문제 해결하기'인데, 나는 이 내용을 어떻게 가르쳤고 학생들은 어떻게 배웠을까?'

　　김 교사가 '협의하여 문제 해결하기'를 가르치기 위해서 동원한 방법은 다음과 같다. 먼저, 학생들에게 부모와 자녀 사이의의 협의 과정을 그린 만화를 보여 주고 협의의 필요성에 대하여 이야기를 나누도록 했다. 그런 다음, 학생들의 주변에서 이루어지고 있는 여러 가지 협의를 찾아보게 하고, 찾아본 협의를 바탕으로 협의를 어떻게 도출하면 좋을지를 정리하게 하였다. 마지막으로 인터넷 게시판에 올라온 글을 주고 글에 나타난 문제를 학생들에게 해결해 보라고 하였다. 학생들은 모둠별로 둘러 앉아 글 내용을 분석하고 정리하고, 해결 방안을 찾기 위해 토의·토론을 하는 등 열심히 수업에 임하는 듯 보였다. 학생들의 표정이 그다지 밝아 보이지는 않았지만, 이번 국어 수업은 학생들의 참여도가 높은 수업이었다고 생각했다.

　　김 교사는 자신이 문제 해결 학습 모형을 적용했다고 생각했고, 어느 정도는 성공적으로 수업을 이끌었다고 내심 흐뭇해했다. 그러고 보니 김 교사는 자신이 문제 해결 학습 모형만을 주로 사용하여 수업을 진행하고 있음을 새삼 깨닫게 되었다. 이참에 문제 해결 학습 모형을 마스터하려고 문제 해결 학습 모형을 찾아보았더니 자신이 생각한 것과 많이 달랐고, 자기가 한 수업이 꼭 문제 해결 학습 모형이라고 말할 수도 없었다. 김 교사는 갑자기 허탈해졌다.

▌ 관점 갖기

국어과 교육을 위한 만병통치약과 같은 교수·학습 모형은 없다. 교수·학습 모형은 기본적으로 교육 목표와 내용에 따라 달라지게 되므로, 교육 내용마다 거기에 맞는 교수·학습 모형을 구안해야 한다. 그러나 이는 가능하지도 않고, 그럴 필요도 없다. 왜냐하면 하나의 교육 내용과 일대일로 대응되는 교수·학습 모형이 없을 뿐만 아니라, 하나의 교육 내용에 여러 가지 교수·학습 모형이 대응되기도 하고, 그 반대도 성립하기 때문이다.

그리고 지금까지의 교수·학습 방법 연구 결과에 따르면, 모든 상황에서 똑같은 효과를 거둘 수 있는 교수·학습 모형은 없다. 이는 학습자의 학습 효과에 영향을 미치는 요소가 다변인적이기 때문이다. 즉, 학습자의 인지적·정의적 요인과 사회·문화·정치·경제·역사적 요인 등이 복합적으로 작용하여 교수·학습 모형의 효과를 결정짓는 것이다. 또한 교수·학습 모형은 가르치는 사람의 교육적 철학, 신념, 태도, 성격 등에 영향을 받을 수밖에 없어, 가르치는 사람은 자기 자신의 관점에 따라 교수·학습 모형을 선택하고 그 나름의 독특한 교수·학습 모형을 만

알아 두어야 할 주요 개념들

이 장의 학습을 위해 다음과 같은 개념들을 먼저 정리해 두자.

정보 처리 모형

이 모형은 정보의 획득과 조직화, 문제의 파악과 해결책의 생성, 그리고 문제의 의미를 내포하고 있는 개념이나 언어의 발달에 의해 세상을 이해하려는 인간의 선천적인 동인을 증가시키는 방법을 강조한다. 이러한 모형에는 '문제 해결 학습 모형, 창의성 계발 학습 모형, 유의미 수용 학습 모형' 등이 있으며, 이들의 공통적인 목표는 학습자들이 보다 강력한 학습자가 되도록 돕는 것이다.

사회적 모형

함께 일할 때, 우리는 시너지라고 부르는 집합적인 에너지를 생성해 낸다. 사회적 모형은 학습 공동체를 구축함으로써 이러한 현상(시너지)의 장점을 취하도록 구성되어 있다. 이러한 모형에는 '가치 탐구 학습 모형, 전문가 협력 학습 모형, 현장 학습 모형' 등이 있으며, 이 모형들은 사회적 상호작용이 교수·학습의 질을 높이는 가장 적절한 방법이라 여긴다.

개인적 모형

이 모형은 개인의 개성이라는 관점에서 시작된다. 이 모형은 학생 자신의 필요와 열망으로부터 나온 교육의 비율을 증가시켜서 배우고자 하는 내용, 배우는 방법을 결정하는 데 있어서 학생들을 동반자로 삼는다. 이러한 모형에는 '비지시적 교수 모형, 개별화 학습 모형' 등이 있다. 이 모형들은 창의성, 개인적 표현과 같은 질적 사고의 특정 유형을 계발하는 데 관심이 많다.

행동주의 모형

이 모형은 행동주의 심리학에 기반한다. 이 모형의 기본적인 관점은 인간 존재 자체가, 얼마나 과제가 성공적으로 진행되었는지에 관한 정보에 따라 행동을 수정하는 자기 교정적 의사소통 체제라는 것이다. 이러한 모형에는 '직접 교수법, 역할 놀이 모형(역할 놀이 모형은 사회적 모형이라고 볼 수도 있음)' 등이 있으며, 이 모형들은 구체적, 부분적, 개별적인 행동 목표 달성에 강점을 보인다.

*이 부분에 대한 설명은 '브루스 조이스, 마샤 웨일, 에밀리 칼혼(Bruce Joyce, Marsha Weil & Emily Calhoun, 2004)'와 '김혜정(2005)'을 참고한 것임.

들어 낸다.

　김 교사가 간과한 것은 바로 이러한 점들이다. 김 교사가 수업 후에 느낀 허탈감 같은 것을 느끼지 않으려면, 교수·학습 모형 적용과 관련한 다음과 같은 언급을 늘 새겨두고 있는 것이 좋을 것이다. "오늘날 언어 교육은 그렇게 쉽게 교수 방법과 경향으로 정형화되지 않는다. 반면 각 교사들에게는 다양한 언어 수업에 적당한 접근법(approach)의 개발이 요구되고 있다. 이러한 접근법은 반드시 특정 상황에 따라 교사 자신이 선택한 특정 모형 및 기법에 기초를 두어야만 한다. 이러한 작업은 무척 힘든 일일지도 모른다. 즉석 요리법이란 없다. 빠르고 쉬운 방법이 성공을 보장하지는 않는다. 모든 학습자는 독특하며 모든 교사도 독특하다. 모든 학습자·교사 관계는 독특하며 모든 상황도 독특하다."*

* 더글라스 브라운(H. Douglas Brown, 2001), Principles of Language Learning and Teaching(4th ed.), 이흥수 외 공역(2005), 외국어 교수·학습의 원리, Pearson Education Korea. p.16.)

1. 정보 처리 모형

(1) 문제 해결 학습 모형

■■ 개념

문제 해결 학습 모형은 학습자가 스스로 학습 문제를 분석·이해하고 그 문제를 해결하기 위한 최선의 방법을 선택하여 문제를 해결하는 모형이다. 6차 교육과정에서 가장 일반적으로 알려지고 활용되었던 직접 교수 모형은 교사 중심에서 학습자 중심으로 학습의 책임이 이양되는 것을 지향하고 있다. 그렇다 하더라도 여전히 교사의 설명이나 시범 등의 과정은 교사 중심으로 학생들의 문제 해결 능력이나 창의적 사고 능력 신장과는 거리가 있었다. 이러한 점에서 문제 해결 학습 모형은 학습자 중심의 학습으로 실제적인 언어 사용 능력이 신장될 수 있도록 하고 있다는 점에서 주목할 만하다.

인지주의 심리학의 담론은 학습의 결과도 중요하지만 학습 문제를 해결하는 과정도 중요하게 다루고 있다. 이러한 인식이 반영된 교수·학습 모형이 바로 문제 해결 학습 모형이다. 언어 사용 능력이나 사고력 신장과 관련된 모든 언어적 사태가 문제 해결의 과제로 인식되기도 한다. 교육과정 내용의 체계화 계열도 이러한 관점이 일부 반영된 것이다. 해당 학년의 학습 내용은 해당 학년 학생들의 능력으로 해결할 만한 문제를 제시하고 있다고 전제되어 있는 것이다.

■■ 절차 및 의의

문제 해결 학습 모형의 절차는 문제를 확인하고, 그 문제를 해결하는 방법을 찾아서 문제를 해결하는 것이 기본이다. 그리고 그 문제 해결 방법을 다른 상황이나 새로운 상황에 적용하는 활동을 한다. 문제를 해결하려면 우선 문제가 무엇인지 분명히 알아야 하며, 학습자 수준에 적절한 문제여야 한다. 즉, 문제가 너무 쉽거나 너무 어려우면 문제 해결의 효과가 반감되므로 학습자가 문제를 해결하려는 의지를 갖게 하는 문제여야 한다. 학습자가 주어진 문제이든 자신이 찾아 낸 문제이든 문제를 해결하려는 동기나 욕구가 있어야 한다.

문제 해결 학습 모형의 핵심은 '학생들이 선택하는 문제와 문제 해결 방법이 무엇인가?'에 달려 있다. 문제 해결이라고 할 것도 없는 문제이거나, 기존에 알고 있던 문제 해결 방법으로 단순 적용하는 수준이라면 적절하지 못한 문제인 것이다. 새로운 문제를 해결하기 위해 새로운 방법을 모색하고 해결할 수 있으면 더욱 좋다고 할 수 있다. 결과적으로 보면, 좋은 문제란 가장 적절한 문제 해결 방법을 찾을 수 있게 하는 문제인 것이다.

[표 1] 문제 해결 학습 모형

교수·학습 과정	주요 활동
문제 확인하기	• 문제 진단 및 확인(목표 확인) • 가설 설정
문제 해결 방법 찾기	• 문제 해결 방법 탐색 • 학습 계획과 학습 절차 확인
문제 해결하기	• 문제 해결 활동 • 원리 터득 • 전략 습득 여부 확인
일반화하기	• 전략의 적용과 연습 • 적용상의 문제점 추출, 대안 제시 • 전략의 정착 및 일반화

■■ 적용상의 유의점

문제 해결 학습 모형의 초점은 문제의 성격에 있다고 보아야 한다. 문제를 어떤 것으로 규정하는가에 따라 문제 해결의 의미와 과정은 달라지기 때문이다. 이러한 점에서 다음과 같이 문제의 속성을 밝힌 브라우넬(Brownell, 1942)의 견해는 참고가 될 만하다(한국교육과정평가원 교수·학습 자료센터).

① 문제는 지각적이면서 개념적 과제여야 한다.

② 문제는 학습자가 자신의 지식이나 상황 조직 능력을 통하여 이해할 수 있는 것이어야 한다.

③ 문제는 학습자가 해결을 즉시 찾아낼 수 없는 것이어야 한다.

④ 문제는 학습자가 최초로 직면하게 되는 문제 상황이 단순하지 않지만 결국에는 해답을 얻을 수 있는 것이어야 한다.

문제 해결 학습의 목적은 학생들의 문제 해결 능력을 신장시키는 것이다. 그렇기 때문에 문제를 인식하는 단계에서부터 해결 방법을 찾고 문제를 해결하는 과정 모두가 학생 중심으로 이루어지는 것이 바람직하다. 그러면 문제 해결 학습에서 교사는 어떤 역할을 해야 할까? 교사는 학생들이 문제를 해결할 수 있는 여건을 조성해 주고, 문제 해결 과정에서 안내자, 조절자, 보조자로서의 역할을 충실히 해야 할 것이다. 그리고 학습자의 문제 해결 과정과 결과를 모두 중시해야 한다. 또한 학습자 수준에 따라 문제를 인식하고 해결하는 방법과 절차, 결과는 다를 수 있으므로, 학습자의 수준을 고려하고 문제 해결 능력이 전이될 수 있도록 배려해야 한다.

(2) 창의성 계발 학습 모형

■■ 개념

이 모형의 목적은 주어진 문제 또는 자신이 발견해 낸 문제를 창의적인 방법으로 해결하도록 하여 창의적 언어 사용 능력, 나아가서는 창의성을 계발하는 데에 있다. 따라서 창의성 계발 학습에서는 흥미 있는 도전적인 과제, 해결할 만한 가치가 있는 문제, 창의성이 반드시 요구되는 문제를 제시하는 것과 주어진 문제를 학생들이 창의적으로 해결하도록 상황과 분위기를 조성해 주는 것이 매우 중요하다.

■■ 절차 및 의의

[표 2] 창의성 계발 학습 모형

교수·학습 과정	주요 활동
문제 발견하기	• 문제 확인 • 문제 분석 • 문제 재진술
아이디어 생성하기	• 문제를 다른 각도에서 검토 • 문제 해결을 위한 다양한 아이디어 산출
아이디어 평가하기	• 집단 토의 • 아이디어 평가(최선의 아이디어 선택) • 일반화
적용하기	• 일반적인 상황에 적용 • 문제점 확인 및 적용 가능성 탐색

창의성 계발 학습은 문제를 발견하는 일부터 시작된다. 좋은 문제는 학생들의 창의적 사고를 촉발하며, 해결 과정에도 매우 좋은 영향을 준다. 그러므로 학생들의 창의적 사고를 끌어낼 수 있는 좋은 문제가 있어야 한다. 문제는 교사가 제시할 수도 있고, 학생 스스로의 필요에 따라 학생들이 찾아낼 수도 있다. 가능하다면 학생 스스로 좋은 문제를 찾아낼 수 있는 기회를 주는 것이 좋다. 해결해야 할 문제를 찾게 되면 학생들은 문제를 해결하기 위하여 아이디어를 산출하게 되고, 산출한 아이디어에 대하여 토의를 하거나 점검하기를 통하여 아이디어를 평가하게 된다. 그런 다음 선택한 아이디어를 바탕으로 문제를 해결하고, 이를 새롭고 일반적인 상황에 적용해 본다. 해결되지 않았을 경우에는 문제점을 확인하고 절차를 다시 밟는다.

■■ 적용상의 유의점

국어과에서의 창의성 계발 학습의 초점은 언어적인 것에 한정되어야 한다. 마인드 맵핑, 육색모자 사고기법, 낯설게 하기, PMI 기법, 강제 결합법 등 일반적인 창의성 관련 기법을 활용할 수는 있지만, 기법 자체의 학습에 치중하여서는 안 된다. 또한 창의성 계발 학습 모형은 국어 수업에서 정답을 요구하기보다는 다양한 각도에서 문제를 볼 수 있게 할 때 적용하면 좋다.

(3) 유의미 수용 학습 모형

▪▪ 개념

유의미 수용 학습 모형은 잠재적으로 유의미한 학습 과제나 학습 자료가 학습자의 인지구조에 유의미하게 연결될 때에 학습이 잘 이루어진다는 것에 기반한 학습 모형이다. 즉, 학습 내용이 학습자의 인지구조에 연결됨으로써 일어나는 학습으로, 의미와 체계를 갖춘 학습 과제에 대한 학습 형태이다. 유의미 수용학습법은 학습 형태의 종류와 관계에 따라 수용학습, 발견학습, 유의미학습, 기계적 암기(수용)학습으로 나뉘기도 하는데, 수용학습은 학습자들이 학습할 내용의 대다수가 교사에 의해 제공되는 학습 형태이다. 발견학습은 학습자 스스로 학습할 내용을 발견해 나가는 학습 형태이고, 유의미학습은 조직적, 종합적 지식을 얻기 위한 학습 형태이며, 기계적 암기(수용)학습은 단편적이고 사실적인 지식 획득을 위해 이루어지는 주입식 학습 형태를 말한다. 이 중에서 특히 유의미학습이 유의미 수용 학습 모형과 관련하여 주목해 볼 수 있는 학습 형태인데, 조사나 관찰 관련 교육 내용에 주로 활용하는 교수·학습 방법으로, 말하기와 쓰기 활동에 적용된다.

▪▪ 절차 및 의의

유의미 수용 학습 모형은 정형화된 절차는 없지만, 국어과에서는 다음과 같은 절차를 염두에 둘 만하다.

[표 3] 유의미 수용 학습 모형

교수 · 학습 과정	주 요 활 동
배경 지식 활성화하기	• 수업 목표 확인 • 과제 관련 배경 지식과 경험 선별 • 지식 정리의 확인
자료 수집과 해석하기	• 학습 과제 제시 • 과제 관련 자료의 수집과 해석
지식 명료화하기	• 지식의 성격과 적절성 검토 • 다른 자료에의 지식 대립 • 지식의 명료화
적용하기	• 다른 과제의 적용

■■ 적용상의 유의점

첫째, 인지구조는 가장 포괄적인 개념이 구조의 최상단을 차지하고 있고 점차 내려 갈수록 분화된 개념이나 구체적 사실이 차지하고 있다. 이러한 인지구조는 포괄적인 개념이 먼저 제시되어야 분화된 내용을 쉽게 받아들인다. 따라서 교과의 내용도 가장 포괄적인 개념을 먼저 제시하고 나서 점차 분화되는 명제, 개념, 사실들을 계열적으로 구조화하는 방식으로 조직되어야 한다.

둘째, 새로운 학습 과제가 기존의 인지구조와 연관될 때 유의미한 학습이 일어난다. 따라서 새로운 개념이나 의미는 이전에 학습된 것과 관계될 수 있도록 조직되어야 한다.

셋째, 새 과제의 학습에 임할 때 현재까지 학습해 온 내용을 요약 및 정리해 주면 학습이 촉진된다. 인지구조 내에 있는 기존의 개념이 명료해져 안정성을 띠게 되면 새 학습 과제에 대한 변별력이 증가하기 때문이다.

넷째, 학습 과제의 내용이 계열적이고 체계적으로 조직되어 있으면 학습의 극대화를 이루기가 쉽다. 학습 과제가 체계적으로 조직되어 있으면 선행 과제에 대한 지식은 후행 과제에 있어서 선행 조직자의 역할을 하게 되기 때문이다.

다섯째, 선행 조직자란 수업의 도입단계에서 주어지는 언어적 설명으로 학습과정상 나중에 나타나는, 보다 세분되고 분화된 자료를 포섭할 수 있도록 하기 위해 제공되는 것이다. 따라서 선행 조직자는 학습 과제보다 포괄성과 추상성의 수준이 높은 자료여야 한다.

2. 사회적 모형

(1) 가치 탐구 학습 모형

■■ 개념

가치 탐구 학습 모형은 본래 도덕과나 사회과 또는 교육학 일반에서 논의되는 '가치 명료화(가치 규명화) 모형'에 근거한다. 어떤 가치를 주입하려고 하는 것이 아니라 학생들이 가지고 있는 가치가 무엇인지 명백하게 하여, 자신이 선택한 가치를 소중히 여기고, 이를 바탕으로 일관성을 가지고 행동하는 것을 중요시하는 가치 지도의 한 방법이다. 즉, 어떤 가치에 접근해 가는 과정, 즉 한 개인이 가치를 선택해 가는 과정에 초점이 있다.

가치 탐구 학습 모형의 장점으로는 가치를 나름의 관점에서 재해석해보게 할 수 있다는 점, 상황에 따라 여러 가치가 있음을 알게 함으로써 문제를 보는 시각을 넓힐 수 있다는 점, 학습자 스스로 가치 갈등을 해결하고 자기가 선택한 가치를 내면화하도록 도와준다는 점, 학생 중심의 활동이 활발히 이루어질 수 있다는 점이다. 반면에 가치 탐구 학습 모형이 가진 단점으로는 학습 능력이 부족한 학습자들에게 혼란을 줄 수 있고, 비교적 시간이 많이 걸리며, 극단적인 가치 상대주의를 강조하면 오히려 학생들에게 가치 혼란을 가중시킬 수도 있다는 것이다. 그리고 지나치게 개인의 관심이나 기호에 초점이 맞춰질 우려가 있고, 개인의 가치와 자유를 너무 중시한 나머지 교사의 지도적 역할이 지나치게 소극적일 수 있다.

▪️ 절차 및 의의

국어과 수업에서 가치 탐구 학습의 절차 모두를 교수·학습 활동에서 반드시 할 필요는 없다. 교실의 상황에 따라서 굳이 활동으로 옮길 필요가 없는 것도 생길 수 있기 때문이다. 또한, 처음부터 엄격하게 단계를 거쳐 수업을 하기보다는 처음에는 특정 문제에 대해 여러 가지 가치가 있음을 알게 하는 데 초점을 두어, 충분히 생각할 시간을 준 다음 자료나 활동을 제공하여 다양한 의견이 나올 수 있도록 하되, 지나치게 가치 허용적인 입장은 취하지 않도록 하는 것이 좋다. 일반적인 절차는 대략 다음과 같다.

[표 4] 가치 탐구 학습 모형

교수·학습 과정	주 요 활 동
선택하기	• 문제 상황 확인 • 가치 분석 및 선택
긍지 갖기	• 선택한 가치 분석 • 선택한 가치에 대해 긍지 갖기
행동하기	• 선택한 가치 적용 • 학생들의 질문 제기와 교사의 응답
내면화하기	• 선택한 가치의 일반화 • 선택한 가치의 내면화

▪️ 적용상의 유의점

가치 탐구 학습 모형은 문학 영역이나 읽기 영역에서 글을 읽고 난 뒤에 해당 주제를 그대로 받아들이기보다는 자신의 삶과 관련지어 보기도 하고 비판해 보기도 하는 단원에 적용할 수 있다. 그리고 주제를 탐색해 가는 과정을 필요로 하는 수업, 시나 이야기를 읽고 특정 인물의 행동에 대해 평가할 때 적용할 수 있고, 다양한 관점이 공존하는 내용에도 적용할 수 있다.

한편, 국어과의 가치 탐구 학습에서 추구하는 가치는 도덕이나 사회에서 말하는 일반화된 가치와는 성격이 다르므로, 현실과는 차이가 있는 가치라도 그것이 논리적인 타당성이 있으면 허용하는 것이 중요하다. 국어과 수업이므로 가치 선택의 중요성을 강조하기보다는 자신이 선택한 가치를 이유를 들어 조리 있게 말하는 능력과 다른 사람의 의견을 잘 듣고 여러 가치에 대해 생각하며 토의하는 태도를 기르는 것에 중점을 두는 것이 좋다.

(2) 전문가 협력 학습 모형

■■ 개념

전문가 협력 학습 모형은 특정한 주제에 대해 깊이 있게 공부할 때 사용하는 방법으로, 모집단의 학생들이 각자 맡은 주제별로 전문가 집단으로 흩어져 그 주제를 철저하게 공부한 다음, 다시 자기 소속 집단으로 돌아와서 각자가 공부한 주제를 모집단 동료들에게 가르쳐 주고 평가를 받은 후에 집단별로 향상 점수에 근거하여 보상을 받는 교수·학습 모형이다. 전문가 협력 학습의 장점으로는 탐구력, 협동심, 의사소통 능력을 기를 수 있다는 점이고, 단점으로는 한 차시 수업 시간에 적용하기에는 시간이 부족할 가능성이 크고, 학생들이 참고할 만한 자료의 확보에 어려움이 있다는 점이다. 또한 전문가 협력 학습 모형의 가장 중요한 측면인 협동적 공동 사고와 개별적 책무성에 대해서 학생들이 사전에 충분히 학습 훈련이 되어 있지 않으면 제대로 적용하기 힘든 점도 있다.

▪️ 절차 및 의의

[표 5] 전문가 협력 학습 모형

학습 과정	핵심 요소	주요 내용
계획 (모집단)	• 문제 확인 • 문제 해결 계획	• 문제(주제) 확인 • 주제 세분화 • 역할 분담 • 주제 해결 방안 탐색
전문가 탐구 (전문가 집단)	• 전문가 협의 • 일반화 • 상호 교수 준비	• 전문가 협의 • 의사결정(합의) • 상호 교수·학습을 위한 준비(내용, 자료)
상호 교수 (모집단)	• 상호 교수 • 전체 발표 준비	• 상호 교수 • 질의 / 응답 • 정리 • 전체 발표 준비
발표 및 정리 (전체)	• 전체 발표 • 정리	• 전체 앞에서 발표 • 질의 / 응답 • 정리 • 다음 과제 준비

　이 모형은 특정 주제에 대해 깊이 있게 탐구하여 서로가 서로를 가르치는 데 적합하다. 예를 들어, '설명적인 글의 구조 파악하기'라는 주제가 있을 때 이 형태를 적용해 볼 수 있다. 설명적인 글은 비교와 대조 구조, 원인과 결과 구조, 문제와 해결 구조 등으로 짜여 있음을 알고, 이들 각각의 구조를 가진 글을 찾고, 이들 구조가 어떤 특징을 지니고 있는지를 깊이 있게 공부하여 서로를 가르칠 수 있다. 처음에는 모집단에서 이들 구조 중에서 자기가 하고 싶은 것(소주제)을 택한 다음, 각 모집단에서 같은 소주제를 맡은 학습자들끼리 모여 전문가 집단을 구성한다. 각 학습자들은 여기에서 깊이 있게 공부한 다음, 모집단으로 돌아가 서로 배우고 가르친다.

▪️ 적용상의 유의점

　이 전문가 협력 학습 모형에 따라 수업을 계획하고 실행할 때에는 다음과 같은 점을 유의해야 한다(김재봉 외, 2001 : 125~126).

① 학생의 성취 목표를 분명하고 구체적으로 정한다.
② 꼭 배워야 할 내용과 기능을 발휘할 수 있는 적절한 읽기 자료를 골라 정한다.
③ 성취해야 할 내용과 기능에 관심을 갖도록 강조하는 전문가 학습지를 준비한다.
④ 학생들의 기본 점수를 결정한다.
⑤ 학생들을 성적을 고려하여 이질적인 모집단으로 배정한다.
⑥ 학생들을 적절한 이질적인 전문가 집단으로 배정한다.
⑦ 학생들은 모집단으로 돌아와 전문가 집단에서 배운 내용을 상호 교수하게 한다.
⑧ 단원의 성취도 평가나 시험을 계획한다.
⑨ 집단별로 평가 결과를 발표한다.

요컨대, 모집단과 전문가 집단 편성에서 교사가 어느 정도 개입할 것인가의 문제와 함께 위와 같은 점들에 유의하여 전문가 협력 학습법을 수업 상황에서 제대로 실현하면, 학습자의 자기 주도성, 협동적 공동사고와 개별적 책무성이 길러지게 될 것이다.

(3) 현장 학습 모형

▪▪ 개념

현장 학습 모형은 학습 장소를 학습 자료가 있는 현장으로 옮김으로써 학습의 목표를 효율적으로 달성하려는 수업 방법으로, 주로 사회과, 과학과, 도덕과, 실과 교수·학습 방법론에서 강조하는 교수·학습 모형의 하나이다. 즉, 학습의 장을 사회적인 사실과 현상이 구체적으로 나타나고 있는 현장으로 옮겨 그 현장에서 견학, 면접, 조사, 관찰, 캠핑 등의 실제적인 행동을 하게 하는 데 중점을 두는 학습 모형이라고 할 수 있다.

이 모형의 장점은 지역사회의 현장 방문을 통해 학습에 대한 동기와 흥미를 유발시켜 학습을 심화시키고 사회 전반에 대한 경험과 지식을 폭넓게 재구성하는 능력을 기를 수 있다는 데에 있다. 또한 체험하는 현장에서 체험하고자 하는 내용에 대한 다양한 정보를 수집하기 용이하고, 얻어진 정보 자료를 학습 현장에 투입하여 심도 있는 학습의 전개와 효과를 올릴 수도 있다. 그렇게 되면, 결과적으로 다양하고 폭넓은 학습 경험으로 인해 문제 해결력이 길러져 낯선 사회적 상황에 대처할 수 있는 능력과 태도를 기를 수 있게 된다.

■ 절차 및 의의

현장 학습은 크게 직접 현장 학습과 간접 현장 학습, 그리고 이들의 중간적 성격의 사이버 현장 학습으로 나눌 수 있다. 직접 현장 학습은 이동성이 크며 일대일 대면 접촉이 이루어지기 때문에 상호작용이 다양하게 일어난다. 학습자가 수업 활동을 주도하며 교사의 즉각적인 통제가 어려운 수업 상황이 나타난다. 상대적으로 시간, 경비, 위험도가 크므로 비용이 많이 든다고 할 수 있다.

간접 현장 학습은 교실 내에서 시청각 기자재나 여러 가지 모형 자료를 활용하여 교수·학습 활동이 이루어지는 것을 의미한다. 이동성이 없으며 상호작용하는 학습자를 중심으로 이루어진다. 그리고 수업활동에 있어서는 학습자가 주도적으로 참여하기는 하나 언제든지 교사의 통제가 가능한 수업 환경을 가지고 있으며 시간, 경비, 위험도 면에서는 적은 비용이 소요된다.

사이버 현장 학습은 실질적인 이동은 없으나 가상공간에서의 이동성은 거의 무한대이며, 다양한 상호작용이 일어날 수 있다. 이때 교사는 조언자의 위치에 있으며 학습 활동은 아동의 능동적인 책임하에 이루어진다. 비용 면에서는 초기 정보 인프라 구축 비용이 많이 소요되기는 하지만, 일단 인프라가 구축되면 비용이 적게 든다는 특성이 있다. 현장 학습 모형의 일반적인 절차는 대략 다음과 같다.

[표 6] 현장 학습 모형

교수 · 학습 과정	주 요 활 동
목적 확인하기	• 조사 목적 확인하기
준비하기	• 계획 세우기 • 조사 내용 파악하기 • 조사 장소 선택하기
현장 방문하기	• 조사하기 • 기록하기
정리 및 반성하기	• 정리하기 • 평가하기

■■ 적용상의 유의점

국어과에서 현장 학습 모형을 적용할 때 유의할 점은 다음과 같다.

첫째, 학습 목표에 따라 학생들에게 현장 조사 목적을 정확하게 인식하게 하고, 확실한 문제의식을 가지고 나름대로의 가설을 세워 보도록 한다.

둘째, 교사가 사전에 여러 자료 또는 설명을 통해 학생들이 관찰할 항목을 바르게 이해하고 이에 따른 사전 학습이 이루어지도록 유도한다. 이때, 학생들에게 문제를 미리 주고 문제 해결의 대체적인 방법을 소집단별로 협의하고 연구하도록 유도한다.

셋째, 면접을 하는 경우에는 질문의 내용, 질문의 절차, 질문 요령을 미리 준비하고, 교사는 설명할 분에게 학생들의 수준, 알고 싶어 하는 것 등에 대하여 미리 알려준다.

넷째, 현장 학습 후에는 반드시 교실에서 조사한 내용을 목적에 맞게 정리 · 기록하고 발표하는 과정을 거치도록 한다.

3. 개인적 모형

(1) 비지시적 교수 모형

■ 개념

비지시적 교수 모형은 학습자가 자율적으로 자신의 문제를 구명하고 해결책을 강구해 나갈 수 있도록 교사가 학습 분위기를 조성하는 방법으로, 교사는 학생과 인간적인 관계를 형성하여 그들의 성장을 지도하는 촉진자로서의 역할을 담당한다. 비지시적 교수 모형을 적용할 때, 교사는 학생이 스스로 문제가 무엇인지 알고 해결의 실마리를 찾을 수 있는 능력을 충분히 가지고 있다는 점을 존중해야 한다. 또한 가급적 사려 깊은 질문을 던짐으로써 학생이 가지고 있는 능력을 충분히 발휘할 수 있도록 유도하고, 학생의 아이디어를 격려하고 명료화할 수 있도록 돕는다. 그런 과정 속에서 학생 스스로가 자기 자신을 평가하고 자기 자신에 대해 긍정적인 평가를 내릴 수 있도록 한다.

■ 절차 및 의의

[표 7] 비지시적 교수 모형

교수 · 학습 과정	주 요 활 동
상황 구성하기	• 개인적, 사회적 문제 제시 • 제시된 문제에 대한 느낌 표현
문제 탐색하기	• 스스로 문제 탐색 • 문제에 대한 느낌 공유 • 문제와 문제에 대한 느낌 재인식
문제 토의하기	• 문제에 대한 토의
의사 결정하기	• 문제 해결을 위한 계획하기 • 문제 해결을 위한 의사 결정 • 가능한 의사 결정 중 최선의 것 선택
통찰하기	• 문제에 대한 통찰 • 문제 해결을 위한 긍정적 행동 개발
실행하기	• 긍정적 행동 실천

비지시적 교수 모형은 문제 해결 학습 모형의 또 다른 형태라고 할 수 있으므로 교사는 학생들의 능력을 믿고 학생들이 해결할 수 있는 적절한 학습 과제를 제시해야 한다. 학습의 책임이 상당 부분 학생들에게 주어지기 때문이다. 앞의 표는 비지시적 교수 모형의 일반적인 절차이다.

■■ 적용상의 유의점

비지시적 교수 모형을 적용하기 위해서는 초기의 학습 분위기를 따뜻하고 수용적인 열린 분위기로 조성하여야 한다. 또한 개개 학습자가 자신의 학습 목표를 분명하게 세울 수 있도록 도와주어야 하며, 학습자 개개인의 의미 있고 가치 있는 내재적 동기가 형성되도록 도와야 한다. 이때, 교수자는 가능한 한 최대한으로 넓은 범위에서 학습원(學習源)을 조직하여 학습자들이 자유롭게 이를 사용할 수 있도록 해야 하고, 교수자 자신은 학습자가 누구든지 간에, 어느 때고 간에 얼마든지 자유롭게 활용할 수 있는 살아 있는 융통적인 하나의 학습원임을 알려 주어야 한다. 또한 교수자는 교실에서 학습자에게 반응할 때, 학습자들의 지적인 내용과 정서적 느낌, 태도 등을 모두 수용하고, 또 자신의 그런 지적인 숙고와 정서적 느낌을 모두 내보여야 한다. 교수자는 언제고 자신도 그 집단의, 그 학습 과정에 하나의 참여적 학습자가 되도록 노력하고, 의견을 제시할 때도 교수자로서보다는 하나의 학습자 구성원으로서 의견을 제시하도록 하는 것이 좋다. 경우에 따라서는 교수자도 자신에게 한계가 있음을 학습자들에게 말하고, 스스로도 인정해야 한다.

(2) 개별화 학습 모형

■■ 개념

개별화 학습 모형이란 지능, 능력, 태도 등에 나타나는 학생들의 개인차를 최대한으로 존중하기 위한 학습 모형이다. 개별화 학습은 수업의 주도권이 누구에게 있느냐에 따라 교사 중심과 학습자 중심으로 나누어 볼 수 있다. 교사 주도에 의한 개별 학습법은 교사에 의해 학급 편성이 이루어지며, 학습 내용과 방향의 제시, 학습 방법의 선정 등에 있어서 학습자는 처음에는 피동적인 위치에 놓여 있다가 나중에 교수·학습이 이루어지는 과정 속에서 능동적으로 변화된다. 반면에 학습자 중심의 개별 학습은 처음부터 학습자가 능동적인 위치에서 좀 더 많은 선택권을 갖고 책임이 수반되는 완전한 독립 학습을 하는 형태이다. 즉, 학습자 스스로 학습 내용, 학습 방법, 학습 조직 등에 대한 결정권을 갖고 이에 대한 책임을 지는 완전한 학습자 중심의 자율 학습 방법이다.

▪▪ 절차 및 의의

개별화 학습 모형은 매 수업 시간마다 적용 가능하지만, 심화·보충형 수준별 수업에 적용하면 더 효과적이다. 따라서 개별 학습자의 특성을 고려하여 각각의 학습자에게 최적의 학습 환경을 조성해 주고, 수업의 많은 요소를 학습자의 특성에 알맞게 조정하여 변별적인 교수·학습 방법이 가능하게 하면 좋다. 다음은 대략의 일반적인 절차이다.

[표 8] 개별화 학습 모형

교수·학습 과정	주요 활동
기본 학습 내용에 대한 평가하기	• 기본 학습 정리 • 학습 과제에 대한 평가
과제 제시하기	• 능력, 흥미, 적성 등에 대한 점검 • 적합한 학습 과제 제시
개별 학습하기	• 개인이나 소집단 구성 • 다양한 학습 활동 제시 • 특성과 요구에 맞는 활동 선택
평가하기	• 학습 목표 도달에 대한 평가

■ 적용상의 유의점

개별화 학습 모형의 교육관이나 철학적 관점을 세부적인 교실 수업 현장에 그대로 적용하기에는 무리가 따른다. 구체적인 절차가 모호하고, 또한 절차가 간략하게 제시되어 있기는 하지만 그러한 절차만 따른다고 해서 개별화 수업이 내실 있게 구현된다고 단언할 수 없기 때문이다. 따라서 개별화 학습 모형은 한 차시분의 수업을 위한 미시적 차원의 교수·학습 모형이라기보다는 거시적 차원의 대단원이나 한 학기분의 수업 전체를 통하여 이루어야 할 교수자의 학습자에 대한 관점이라고 보는 것이 좋을 것이다.

4. 행동주의 모형

(1) 직접 교수 모형

■ 개념

직접 교수 모형은 학생들이 스스로 문제를 해결하기 어려운 새로운 전략이나 기능을 교사의 설명과 시범을 통하여 가르치는 교수 모형이다. 학생들은 교사의 설명과 시범을 보고, 소개된 전략을 활용하여 학습 문제를 해결하면서 전략을 익히게 된다. 직접 교수 모형은 우주 항공기나 잠수함을 조종하는 데 필요한 고난이도의 기능을 훈련시키는 방법으로 사용되던 것을 학교교육의 교수법으로 활용하게 된 것이다. 그 기원이 학교교육에 있었던 것은 아니지만 활용 가치가 인정되어 지금은 매우 효율적인 교수법으로 자리하고 있다.

■ 절차 및 의의

직접 교수 모형의 기본적인 절차는 교사의 설명과 시범이 우선이며 학생들은 교사의 설명과 시범을 따라하는 것이다. '설명하기'는 교사가 수업 구조에 필요한 모든 정보를 명확하게 제시하는 단계를 말한다. 즉, 교사는 학생들에게 새로운 개념이나 학습할 전략에 대하여 자세한 안내를 해야 한다. '시범 보이기'는 교사가 학생들에게 전략이 사용된 예시를 구체적으로 제시하고, 학습 목표 도달을 위하여 학생들이 적용해야 할 전략이 무엇인지 명확하게 보여 주어야 한다. 절차, 전략이 명시적으로 드러나지 않는 경우에는 사고 구술을 통하여 사고 과정을 보여 줄 수도 있다. '질문하기'는 교사가 학생들이 새로운 개념이나 전략을 이해했는지 점검하기 위하여 질문을 하는 과정이다. 이 단계에서 학생들의 오류를 정정하고 핵심 전략을 명확하게 정리한다. '활동하기'는 학생들이 교사의 설명과 시범을 통하여 배운 전략을 새로운 상황에 적용하는 활동 단계이다. 이 단계는 학생 중심으로 이루어지며, 교사는 학생들의 전략 활용 능력을 점검하면서 오류를 정정해 주거나 새로운 과제를 제시해 줄 수 있다.

[표 9] 직접 교수 모형

교수·학습 과정	주 요 활 동
설명하기	• 전략(또는 기능) 제시 • 전략의 필요성과 중요성 설명 • 전략의 사용 방법 안내
시범 보이기	• 전략이 사용된 예시 • 교사의 시범
질문하기	• 세부 단계별 질문 • 질문에 대한 답변 • 학생들의 질문 제기와 교사의 응답
활동하기	• 실제 상황을 통해 반복적인 연습 • 다른 상황에 적용

■■ 적용상의 유의점

직접 교수 모형은 교사와 학생 모두에게 교수·학습의 내용과 방법을 분명하게 인식시킨다는 장점을 지니고 있다. 교사 입장에서는 학생들에게 가르쳐야 할 내용을 명확하게 전달할 수 있으며, 학생들 또한 수업 시간에 익혀야 할 언어 사용 전략을 분명하게 인식하고 익힐 수 있다. 직접 교수 모형으로 다루어지기에 적절한 교수·학습 내용은 구체적이며 세분화된 전략이어야 한다. 복합적이거나 종합적인 전략과 기능이 요구되는 내용을 다루기에는 적절하지 않다. 그러므로 제한된 시간 내에 학습 목표를 달성할 수 있는 내용이어야 한다.

직접 교수 모형은 학생들의 창의적인 문제 해결 능력을 저해할 수 있는 단점을 지니고 있다. 따라서 교수·학습 내용의 성격이나 특성을 잘 파악하여 직접 교수법에 적절하다고 판단되는 경우에만 이 교수법을 적용해야 할 것이다. 그리고 학생을 능동적 학습자가 아니라 기능을 전수받는 수동적 존재로 전락시킬 위험이 있다. 그러므로 '책임 이향 모형'과 같이 학습의 책임과 주도권을 교사 중심에서 학생 중심으로 전환해야 하며, 단순한 기능의 반복에 그치지 않도록 해야 한다. 학습자 자신이 적용하고 있는 전략이 무엇이며, 왜 필요한지, 언제 어디에서 그 전략을 활용할 것인지, 자신의 전략 사용이 적절했는지 등과 같은 관점에서 자기 점검이 이루어지도록 발전적으로 적용해야 할 필요도 있다.

(2) 역할 놀이 학습 모형

■■ 개념

역할 놀이 학습 모형은 학습극의 한 형태인 역할 놀이를 교수·학습에 활용하여 수업을 진행하는 것을 말한다. 학생들은 다양한 역할을 경험해 보거나 점검하여 보는 활동을 하고 역할에 대해 토론함으로써 가치나 정서, 문제 해결 능력, 의사소통 능력 등 교육적으로 의미 있는 가치를 체험할 수 있다. 역할 놀이의 장점으로는 태도와 가치의 지도가 용이한 점, 언어 능력을 통합적·종합적으로 지도할 수 있는 점, 언어 사용의 실제성을 높일 수 있는 점, 언어 사용의 사회성을 높일 수 있는 점, 내용 전달뿐만 아니라 자아의 관계를 회복할 수 있는 점 등을 들 수 있다.

국어과에서 역할 놀이를 수용하여 교수·학습 모형으로 활용하는 것은 학습 활동에 학습자를 적극적으로 참여시키고, 자신들의 활동을 통하여 언어생활을 익혀 나가는 것을 중시하기 때문이다. 또한, 역할 놀이는 국어과 각 영역을 통합하여 지도할 수도 있으므로 국어과의 여러 학습 요소를 함께 지도할 수 있는 방법이 될 수 있다.

▪▪ 절차 및 의의

역할 놀이 수업 모형의 운영 요소는 '교사, 역할 놀이자, 관찰자, 상황, 무대'이다. 교사는 역할 놀이에 대한 전반적인 계획과 함께 놀이를 조절하는 운영자로서 학습자들의 생각과 느낌이 잘 드러날 수 있게 허용적인 분위기를 만드는 것이 중요하다. 역할 놀이자는 주어진 상황에 맞게 자신의 생각을 역할을 통하여 드러내야 한다. 관찰자는 역할 놀이자들이 하는 것을 관찰하면서 간접적인 경험을 하게 된다. 상황은 역할 놀이자들이 공유하는 맥락이며, 무대는 역할 놀이자들이 활동하는 공간으로서 관찰자들과 역할 놀이자들이 상황에 대한 암시를 받을 수 있을 정도의 최소한의 준비로 마련되는 것이 좋다. 일반적인 절차는 다음과 같다.

[표 10] 역할 놀이 학습 모형

교수·학습 과정	주 요 활 동
상황 설정하기	• 문제 상황 확인 • 문제 상황 분석
준비 및 연습하기	• 역할 분석 및 선정 • 연습
실연하기	• 실연 준비 • 실연
평가하기	• 정리하기 • 평가하기

■■ 적용상의 유의점

　교수·학습 모형의 일반적 특징이 그러하듯이, 역할 놀이 학습 모형도 그 단계를 고정적인 것으로 정하는 것은 바람직하지 않다. 실제 수업 상황에서는 이 네 가지 단계를 순환, 반복, 조정 또는 부분 생략할 수도 있고, 40분 한 차시 수업 운영이 아니라 80분 연속 수업 또는 40분씩 두 차시(이틀에 걸쳐)로 운영할 수도 있다. 한편, 역할 놀이 학습 모형은 대체로 시간이 많이 걸리고 자칫 활동 자체로 끝나 버릴 가능성이 있으므로, 이 방법을 통해 무엇을 가르치고 배울 것인가를 명확히 해야 한다. 대부분의 경우 역할 놀이는 그 자체가 목적이라기보다는 목표에 도달하기 위한 수단이라는 점을 염두에 둘 필요가 있다.

　운영상의 유의점은 말하기·듣기를 중심으로 각 영역을 통합하여 구성하되, 표현 활동 위주로 진행되지 않도록 하고, 화제를 선정하고, 조직, 표현하는 일련의 과정을 강조해야 하며, '상황'을 설정할 때 최대한 학생들이 일상생활에서 접할 수 있는 것으로 하되 교육적으로 의미 있는 것을 선택하도록 한다. 또한 각 차시별 학습 활동이 지나치게 분절적으로 이루어지지 않도록 하고, 실제로 학생들이 이해와 표현 활동을 할 수 있는 시간을 많이 확보해야 한다.

💬 교사를 위한 안내

　첫째, 제시된 교수·학습 모형의 절차가 고정된 것이라고 생각해서는 안 된다는 것이다. 이는 교수·학습 상황에서 얼마든지 변형될 수 있으며, 실제의 수업에서는 한두 단계를 빼거나 추가할 수도 있다. 경우에 따라서는 몇 개의 교수·학습 모형이 결합될 수도 있다. 그리고 교수·학습 모형을 적용할 때, 어느 교육 목표나 내용은 반드시 이 모형만을 적용해야 한다고 생각해서는 안 된다.

　둘째, 교수·학습 모형을 적용하기 위해서는 먼저 해당 모형에 대해 충분히 알 필요가 있다. 해당 교수·학습 모형이 어떤 특성을 지니고 있고 어떤 절차로 이루어졌는지, 적용상의 유의점은 무엇인지를 알아야 한다. 특히, 각 유형을 어떤 교육 목표나 내용에 적용할 필요가 있는지를 파악하는 것이 중요하다. 또한 특정 단원(차시)을 가르치고자 할 때, 어떤 모형을 택하고 어떤 모형을 변형할 것인지, 어떤 모형과 어떤 모형을 결합하는 것이 좋은지를 세심하게 검토해야 한다.

■ 탐구 활동

01 다음 자료에 나타난 창의성 계발 학습 모형 적용의 특징을 장단점으로 나누어 정리해 보시오.

가. 학습 목표
- 소설의 내용을 파악할 수 있다.
- 소설의 내용에 공감하고 동일시할 수 있다.
- 소설에 대한 이해를 바탕으로, 소설을 창의적으로 감상할 수 있다.
- 문학의 아름다움을 느끼고 소설을 즐겨 읽는 태도를 가질 수 있다.

나. 관련 제재 : 소나기

다. 대상 : 중학교 1학년

라. 교수 · 학습의 유의점
- 아이디어의 생성이 능동적으로 이루어지도록 학습자를 격려하고 허용적 분위기를 조성한다.

마. 교수 · 학습 단계

단계	교수 · 학습 내용	차시	교수 학습 형태	사용 자료
문제 발견하기	• 작품 읽기 : 내용, 인물, 사건, 배경 등을 파악 • 파악한 내용 및 감상 발표 • 문제 확인 / 분석 / 재진술 　(문제 : '소녀가 죽기 전에 소년에게 남긴 편지'를 써보자.)	1/3	개별 학습	교과서(작품 전문), 학습지 1 (개별학습지, 줄거리, 인물, 사건, 배경, 감상)
아이디어 생성하기	• 창의성 사고 전략의 학습과 연습 〈직접 교수법〉 • 〈브레인스토밍〉을 이용한 아이디어 산출하기	2/3	모둠 학습	교과서(작품 전문), 학습지 2 (모둠학습지, 모둠별 '편지쓰기' 아이디어, 평가기준 선정, 선택된 아이디어)
아이디어 평가하기	• 평가 기준 선정 • 최선의 아이디어 선택			
아이디어 적용하기	• '소녀가 죽기 전에 소년에게 남긴 편지' 쓰기 　(2차시에서 생성, 평가한 아이디어를 바탕으로) • 편지 발표하기	3/3	개별 학습	교과서(작품 전문), 학습지 3 ('편지쓰기')

[아이디어 생성하기 · 평가하기] 단계(2 / 3차시)의 교수 · 학습 과정

과정	학습 내용	교수 · 학습 활동	교수 · 학습 방법 및 유의점	시간
전시 학습 확인	학습 목표 제시	• 학습 목표 : 소설에 대한 이해를 바탕으로, 소설을 창의적으로 감상할 수 있다.		3분

전시 학습 확인	전시 학습 확인	• 지난 시간에 배운 '소나기'의 내용을 확인한다. • 지난 시간에 제시된 문제('소녀가 죽기 전에 소 년에게 남긴 편지'를 써보자.)를 상기한다.		3분
아이 디어 생성 하기	창의성 사고 전략의 학습과 연습	• 브레인스토밍 기법을 안내하고, 구체적 예를 통해 연습해본다.		
	브레인스토밍을 이용한 편지쓰기 아이디어 산출	• 모둠을 구성하고, 모둠별로 브레인스토밍을 하 면서 아이디어를 생성한다. 생성된 아이디어들 은 모두 학습지에 적도록 한다. → 이미 감상한 소설의 전체적 내용들이 소녀의 편지에 어떻게 반영이 될까 생각하도록 유도한 다(예 : 소설 내용 중 '개울가에서 있었던 일' 은 편지에 어떻게 반영이 될까? - 편지에서 소 년과의 추억을 회상할 때, 반영이 될 것이다).	• 아이디어를 생 성하면서 소설 에 대한 전체적 감상이 이루어 지도록, 소설의 내용을 중간중 간 짚어준다.	30분
아이 디어 평가 하기	평가 기준 선정	• 모둠별로 아이디어 평가 기준을 선정한다. → 예 : '그 아이디어는 편지쓰기에 활용하기에 얼 마나 흥미롭고 적절한가?'		10분
	최선의 아이디어 선택	• 모둠별로 아이디어를 선택하고 정리한다.		
마무리	차시 예고	• 다음 시간에는 오늘 생성한 아이디어들을 활용 하여 죽기 전에 소녀가 소년에게 남긴 편지를 써볼 것임을 예고한다.		2분

[자료 출처] 이화여대 교육대학원 김서란

02 다음 사항을 참고하여, 이에 적절한 교수·학습 모형을 선택하고 교수·학습 과정안을 작성해
보시오.

　가. 학습 목표
　　• 내용 조직의 일반 원리를 안다.
　　• 내용 조직의 일반 원리에 따라 내용을 조직하여 말을 하거나 글을 쓴다.
　나. 관련 제재 : 용소(龍沼)와 며느리바위(7차 고등학교 국어 상, 2단원)
　다. 대상 : 고등학교 1학년

03 2장에서 제시한 교수·학습 모형 중 하나를 골라 다른 교과에서는 어떻게 운영하고 있는지 조
사하여 발표해 보시오.

▌ 참고할 만한 자료들

• 모형들의 분류에 대해서는 다음을 보라.

김혜정(2005), 국어과 교수·학습 방법론에 대한 비판적 고찰, **국어교육 118호**, 국
어교육학회.

Joyce, Bruce R, Weil, Marsha, Calhoun Emily(2005), *Models of Teaching* (7
/ e), 박민우·강영하·임병노·최명숙·이상수·최정임·조규락 옮김
(2007), **교수모형**(7판), 아카데미프레스.

• 각 모형들에 대한 설명은 다음을 보라.

김재봉 외(2001), **수준별 교육과정에 따른 초등 국어과 교수·학습 방법**, 교육과
학사.

박성익(1997), **교수·학습 방법의 이론과 실제**(Ⅰ), 교육과학사.

서혁·이도영·임미성(2005), **국어과 교수·학습 방법 개선을 위한 평가 체제 연구**,
2004년도 학술진흥재단 지원 교과교육 공동연구 보고서.

신헌재 외(2005), **초등 국어과 교수·학습 방법**, 도서출판 박이정.

정구향·유영희·김미혜(2002), **초등학교 국어과 교수·학습 방법과 자료 개발 연
구**, 한국교육과정평가원.

한국교육과정평가원 교수·학습센터 웹사이트(http://classroom.kice.re.kr)

• 초등 국어 수업과 관련한 다양한 교수·학습 모형의 설명과 적용은 다음 문헌도 유용하다.

신헌재 외(2005), **초등 국어과 교수·학습 방법**, 도서출판 박이정.

• 다양한 국어과 교수·학습 모형과 방법에 대한 실제 수업 적용 사례 동영상은 아래의 한국
교육과정평가원의 웹사이트를 참조할 수 있다.

한국교육과정평가원 교수·학습센터 웹사이트(http://classroom.kice.re.kr)

제 3 장

국어과 수업 설계의 원리

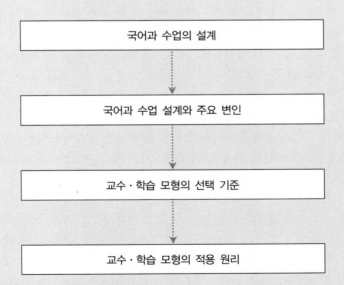

국어과 수업의 설계

국어과 수업 설계와 주요 변인

교수 · 학습 모형의 선택 기준

교수 · 학습 모형의 적용 원리

좋은 국어 수업이란 어떤 수업을 가리키는가?

개요 좋은 수업 사례에서 확인되는 것은 교사 스스로 적극적이고 능동적으로 자신의 수업 환경에 적절하게 수업을 설계하고 실행해 나간다는 점이다. 실제로 좋은 수업으로 선정된 여러 수업 사례를 분석해 보면 다양한 교수·학습 활동을 효과적으로 조직하고 활용하고 있음을 살펴볼 수 있다. 그러나 여전히 학교 현장에서는 좀 더 구체적이면서도 쉽게 적용할 수 있는 교수·학습 모형의 소개와 보급을 요구하고 있다. 수업 모형과 방법은 고정된 것이 아니라 얼마든지 교사에 의해 새롭게 변형되거나 적용될 수 있다. 국어과 교사 스스로 적극적이고 능동적으로 효과적인 국어 수업을 설계하고 적용할 수 있는 방안을 모색하는 것은 국어 수업 개선에 매우 중요한 의미를 지닌다.

국어 수업과 관련한 교수·학습 변인으로 교수자, 학습자, 목표와 내용, 교재, 교수·학습 환경을 들 수 있다. 이들 각각의 변인에 따른 교수·학습 모형의 선택 기준과 모형 적용의 원리는 단일 차시와 다차시, 단일 모형 대 복합 모형, 모형의 변형으로 구분된다. 좋은 수업은 항상 고정되어 있지 않고 다양한 상황에 따라 역동적인 모습으로 변화하는 수업이라고 할 수 있다.

이 장에서는 국어과 수업 변인, 국어과 수업 설계의 절차와 교수·학습 방법 개발 및 적용의 원리를 살펴보기로 한다.

■ 문제 상황

김 교사는 어제 국어과 공개수업을 하였다. 같은 학교 동료 국어 교사들은 물론이고, 인근 지역의 교사들도 다수 참여하여 수업 장소도 강당으로 옮겨서 하였다. 수업 내용은 『삼국유사』에 나오는 <서동요> 설화에 대한 것으로서 학생들이 우리 고전 작품을 정확하게 이해하고 즐겨 읽는 태도를 갖게 하는 것이 의도였다. 문학작품 지도의 경우 국어과 교사용 지도서를 비롯하여 여러 책들에서 '반응 중심 학습법'을 소개하고 있어서 이것을 적용하기로 하였다. 반응 중심 학습법의 절차는 모두 '반응 형성 → 반응의 명료화 → 반응의 심화 → 반응의 일반화'로 소개되어 있었다. 김 교사도 이 절차들에 따라 수업을 진행하기로 하였다. 따라서 먼저 교과서에 나온 작품 <서동요>를 학생들이 각자 자유롭게 생각하면서 읽게 했다. 다음으로는 학생들의 반응을 명료화하기 위해 읽고 난 후의 각자의 생각이나 느낌을 자유롭게 간단히 기록한 후 발표하도록 했다. 이어서 학생들의 생각이나 의견에 차이가 나는 부분을 토의·토론하였다.

하지만 수업 모형에 따라서 열심히 지도안을 작성하고 머리에 그리면서 수업을 했음에도 김 교사는 수업 결과가 만족스럽지 못했다. 무엇보다도 학생들의 반응이 획일적이어서 다양한 반응이 나오지 않았고, 그러다 보니 토의·토론도 소극적으로 이루어질 수밖에 없었다. 차라리 교사 주도적인 강의 중심 수업을 해볼 걸 그랬나 하는 후회도 들었다. 아니면 학생들에게 과제를 주고 차라리 발표 중심의 수업을 시킬 걸 그랬나 하는 후회도 들었다. 그렇지만 어떻게 그 많은 활동들을 불과 한 시간도 안 되는 시간에 모두 소화해 낼 수 있단 말인가?

김 교사는 공개수업이 끝나고도 여전히 마음이 무겁기만 했다. 도대체 어떻게 해야 한단 말인가?

▌관점 갖기

이 장의 학습을 위해 다음과 같은 개념들을 먼저 정리해 두자.

학교 현장에서 이뤄지고 있는 국어 수업 방법 적용과 관련하여 나타나는 문제점으로는 다음과 같은 사항들이 지적된다. 첫째, 교수·학습 방법 구안 과정에서 교수·학습 모형 또는 방법을 수업의 전체 장면 속에서 유기적으로 보지 못하고, 고립적이고 고정적이며 부분적으로 다루는 문제점을 보여준다. 둘째, 실제 교수·학습 내용과 방법이 관련성이 떨어져서 수업의 일반 흐름 정도를 명시하고 있는 것처럼 보이는 경우가 많다. 셋째, 교수·학습 목표나 내용에 최적의 모형이나 방법인가 하는 점에 대한 고민이 부족하다. 넷째, 단일 차시 수업 또는 기껏해야 2차시 통합 수업 정도 내에서만 이루어지고 있는 교수·학습 방법 적용상의 문제점을 들 수 있다. 다섯째, 교수·학습 모형과 단일 차시 수업 과정안을 구별하지 않는 문제점을 볼 수 있다. 즉, 교수·학습 모형의 단계는 교수·학습 과정에서 이루어지는 핵심 전략이나 그와 관련된 단계 또는 절차를 제시한 것에 불과하다는 점을 인식하지 못하고, 단일 차시 수업에서의 전체적인 절차와 동일시하는 문제점을 들 수 있다. 여섯째, 교수·학습 모형의 변형이나 적용에 대해서 매우 인색하다.

단일 차시 수업의 경우 특정 모형의 모든 전략 혹은 단계나 절차를 그대로 따르기에는 시간 부족으로 어려움이 많은 경우가 비일비재하다. 이 경우 2차시 이상의 통합수업을 하거나 과감하게 단계나 절차를 통합하거나 축소하여 적용할 필요가 있다.

알아 두어야 할 주요 개념들

이 장의 학습을 위해 다음과 같은 개념들을 먼저 정리해 두자.

수업 설계

교수·학습이 효과적으로 이루어지도록 하기 위해 전반적인 계획을 수립하는 것. 교수·학습 학습 목표와 내용, 학습자의 수준과 관심, 교수·학습 환경, 교수·학습 모형과 전략, 방법 등 전반적인 사항들을 점검해야 한다.

국어과 교수·학습 변인

국어과 교수·학습의 주요 변인으로는 교수자(교사), 학습자(학생), 목표·내용·교재, 교수·학습 환경을 들 수 있다. 특히 교수자, 학습자 변인과 관련하여 국어(교육)관과 국어 능력, 태도, 국어 학습에 대한 기대 수준 등은 매우 중요한 영향을 미친다(73쪽 '국어 수업의 주요 변인' 참조).

단일 차시 수업과 다차시 수업

기존의 수업은 대체로 단차시(1시간, 40~50분) 중심의 개념으로 접근하였으나, 실제로 대부분의 학교 수업은 단원 중심 또는 주제 중심으로 이루어지기 때문에 여러 차시(다차시)로 구성된다. 따라서 특정 모형뿐 아니라 복수의 모형을 여러 차시에 걸쳐 적용하는 다차시 기준의 접근 태도도 중요하다.

단일 모형과 복합 모형

특정 수업 장면에서 어떤 한 유형의 교수·학습 모형만을 적용하는 경우 단일 모형 적용에 해당한다. 그러나 두어 가지 이상의 모형을 혼합적으로 적용할 경우 복합 모형의 적용에 해당한다.

1. 국어과 수업의 설계

국어 수업의 설계는 국어 교사가 국어과 교육과정상의 학습 목표 달성을 위해, 국어교육과 관련된 전문 지식과 경험, 교재를 바탕으로 학습자의 학습이 최단 시간 내에 가장 효과적으로 달성될 수 있도록 계획하는 창의적인 활동이다. 이 과정에서 고려되는 주요 요소는 교수·학습 목표, 교수·학습 내용, 교수·학습 모형과 방법, 교사 자신에 대한 분석, 학습자 분석, 교수·학습 환경과 매체이다.

교수·학습 모형이나 방법에 대한 과학적이고 체계적인 연구는 수업 설계(Instructional Design)에 대한 연구가 본격화되고 학문 영역으로 자리매김하기 시작한 1970년대 전후부터라고 할 수 있다. 수업 설계에 대한 과학적인 연구는 위의 그림에서 볼 수 있는 바와 같이 학교는 물론 기업체, 군대 등 수업이 이루어지는 모든 국면에서 교육과정이나 코스, 프로그램 개발과 관련된 거시적인 측면을 더 염두에 두고 이루어져 왔다.

국어과 교수·학습 방법에 대한 연구는 국어과 교육에 대한 체계적인 연구가 시작되면서 1980년대 이후 구체화되기 시작했다. 그러나 1980년대를 전후한 초기의 국어과 교수·학습 모형에 대한 연구는 글레이저 등의 일반 수업 절차 모형을 따르거나, 국어교육 연구 내용에 부수적이거나 추가적인 적용 정도로 다루어진 것이 대부분이었다.

국어과 수업의 설계 및 실행의 각 단계를 도식화하여 제시하면 다음과 같다.

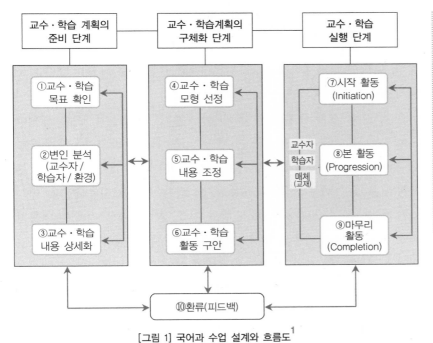

¹ 국어과 수업 설계와 실행의
    흐름도
교수·학습 계획→구체화→실행
① 교수·학습 목표 확인
② 변인 분석
③ 교수·학습 내용 상세화

④ 교수·학습 모형 선정
⑤ 교수·학습 내용 조정
⑥ 교수·학습 활동 구안

⑦ 시작 활동
⑧ 본 활동
⑨ 마무리 활동

⑩ 환류(피드백)

[그림 1] 국어과 수업 설계와 흐름도¹

　국어과 교수·학습 계획의 준비 단계에서는 본격적인 계획을 위한 준비 단계로서 국어과 교수·학습 목표를 확인하고, 변인(교수자, 학습자, 교수·학습 환경 등)을 분석한 후, 교수·학습할 내용을 상세화한다. 교수·학습 목표는 국어과 교육과정의 관련 학습 내용을 검토하고, 교과서의 관련 단원에 제시된 학습 목표를 확인하는 활동이 주를 이룬다. 변인 분석에서 교수자 분석은 해당 교수·학습 목표와 관련하여 교수자 자신의 배경 지식이나 이해 수준, 교수 스타일 등이 수업에 미칠 영향을 구체적으로 검토하는 활동이다. 학습자 분석은 학습자의 일반적인 국어 능력, 선수 학습 정도, 관심과 흥미, 학습 스타일 등을 검토하는 활동이다. 교수·학습 내용의 상세화는 교수·학습 목표와 관련되는 구체적인 교수·학습 내용을 종합적으로 검토하고 수집하는 활동이다.

　교수·학습 계획의 구체화 단계에서는 전 단계의 활동을 바탕으로 적절한 교수·학습 모형을 선정하고, 그에 맞게 상세화한 교수·학습 내용을 가감하여 조정하며, 구체적인 교수·학습 활동들을 구상하고 절차화한다. 이때 주로 활용하게 될 교재나 매체의 적용 방법과 활용 방안을 구체적으로 수립한다.

교수·학습 실행 단계는 전 단계에서 구조화한 내용들을 투입·실행하는 단계로서, 교수자와 학습자, 매체(또는 교재)를 중심으로 한 실제 수업이 진행된다. 여기에서 '도입, 전개, 정리' 대신에 '시작 활동(Initiation), 본 활동(Progression), 마무리 활동(Completion)'과 같은 용어를 사용하였다. 이는 각각 '기초, 발전, 성취'의 개념도 담고 있다. '도입, 전개, 정리'는 전통적으로 교사의 교수 활동을 중심으로 하는 한 시간 단위의 미시적인 수업 국면을 구조화하는 용어로 주로 사용되고 있어서, 한 단원 이상의 거시적인 수업 국면을 고려할 때는 적절하지 않다. 예컨대 총 6~9차시로 이루어지는 한 단원 학습에서 1차시는 전체 단원의 도입 활동으로 이루어지는 경우가 허다하다. 이는 특히 교과서가 대단원 중심 체제로 이루어져 있는 경우에 더욱 그러하다. 따라서 '시작 활동, 본 활동, 마무리 활동'은 단일 차시는 물론 다차시 수업의 구조화나 단계화에도 유용하다.

2 시작 활동 단계 유형
• 교사의 설명
• 교사의 지시와 동기 유발 활동
• 매체 감상과 문제 해결 활동
• 학습자의 표현·이해 활동

시작 활동 단계[2]에서는 본격적인 수업을 진행하기 위한 주위 환기, 주의 집중, 관심과 흥미 유발, 선수 학습 확인, 학습 목표 확인, 학습 계획 설명 등의 활동이 이루어진다. 시작 활동은 대체로 다음의 몇 가지로 유형화된다.

(가) 교사의 설명 중심으로 이루어지는 시작 활동
(나) 교사의 지시에 따른 학습자의 동기 유발 활동
(다) 교사의 안내에 따른 특정 매체 감상이나 간단한 문제 해결 활동
(라) 학습자 중심의 국어 표현·이해 활동(학습 관련 내용일 수도 있고, 그렇지 않은 일반적인 내용일 수도 있다)

(가)~(라)의 활동들은 학습자 개인별 활동일 수도 있고 조별 활동이 될

수도 있다.

일반적으로 (가) 유형의 시작 활동이 활용되고 있으나, 국어 수업 활동에서는 (라)와 같이 학습자 중심의 표현 활동으로 시작하는 것도 의미가 있다. 그런데 이러한 활동이 규칙적으로 이루어지기 위해서는 사전에 교사의 충분한 안내와 학생들의 적극적이고 능동적인 참여 분위기 조성이 필수적이다.

위에 제시된 시작 활동의 유형은 일반적인 형태에 속하는데, 시작 활동 단계에서부터 특정 교수·학습 방법이 본격적으로 적용될 수도 있다. 예컨대 직접 교수법을 적용하기 위한 교사의 구체적인 설명 시작 활동, 토의·토론 중심 학습을 위한 교사의 안내 활동, 탐구 활동 중심의 학습을 위한 과제와 자료 제시 활동 등을 들 수 있다.

본 활동 단계에서는 특정 교수·학습 모형이나 방법의 차시별 적용 활동이나 다양한 교수·학습 방법의 복합적 실행 활동 등이 다양하게 이루어질 수 있다. 이와 관련한 구체적인 내용은 다음 장에서 살펴보기로 한다.

마무리 활동 단계에서는 앞에서 진행되어 온 교수·학습 내용과 활동에 대한 종합 정리와 평가 활동이 중심이 된다. 평가의 결과는 언제든지 전체 과정으로 피드백된다.

수업 설계는 기본적으로 개별 학습자의 학습을 돕는 것을 목적으로 하며, 단일 차시의 단기적 설계는 물론 1단원 또는 1학기 이상의 장기적 설계가 모두 필요하다. 국어 수업 설계시에는 특히 학습자의 국어능력과 국어 표현·이해 활동을 고려하되 국어과 관련 영역의 특성과 교수·학습 내용에 따라 적절한 교수·학습 모형과 방법 등을 결정해야 한다.

가네(Gagné, R. M.)에 의하면 학습의 영역에 따라 요구되는 학습 조건이 다르기 때문에 수업의 설계와 전개, 질도 이에 맞아야 한다. 그에 의하면, 학교 학습은 (1) 정보 및 지적 영역, (2) 개념이나 원리 등을 포괄하는 지적 기능 영역, (3) 새로운 개념이나 원리를 창출하는 인지 전략 영역, (4)

■ 본 활동 단계
• 교수·학습 모형, 방법의 차시별 적용 활동
• 다양한 교수·학습 실행 활동

■ 마무리 활동 단계
• 종합 정리
• 평가

여러 대상이나 행동 중 일정하게 선택적으로 반응하는 경향의 태도 영역, (5) 신체적인 운동 기능 영역의 다섯으로 구분할 수 있으며, 이들 영역에 속하는 학습 과제의 학습을 위해서는 질적으로 상당히 다른 학습 원리가 적용되어야 함을 제시하고 있다(Gagné, 1985 : 22, 김인식·최호성·최병옥 편저, 2000 : 32~33 재인용).

이는 다양한 학습 과제에 대해 선택적 혹은 복합적으로 대응할 수 있는 수업 방법의 개발과 적용이 필요하다는 점을 말해 준다. 특히 국어과 교육에서는 듣기, 말하기, 읽기, 쓰기, 문법, 문학의 각 영역이 서로 다른 특성을 지니기 때문에 이에 대한 고려가 요구된다. 특히 교수·학습 활동의 구체화 단계에서는 내용의 계열화, 수업 형태(교사 중심, 학생 중심 등), 수업 매체의 선정과 활용 방안, 학습자 구성원의 조직(개별, 모둠, 분단, 일제 등), 수업 환경(시간, 장소 등)을 구체적으로 검토하고 반영하게 된다. 학교 현장에서는 이를 교수·학습 과정안 형태로 문서화하게 된다. 교수·학습 과정안의 양식은 학교나 교사에 따라 다양한 형식을 띨 수 있으나, 몇 가지 기본적인 용어의 통일이 요구된다. 일반적으로는 단계, 학습 내용(또는 과정), 교수·학습 활동의 순서로 구조화·도식화하며 이때 학습 내용은 주요 활동을 가리킨다. 또 교수·학습 활동은 교사와 학생의 활동을 가리키는데, 이는 엄밀히 말해 각각 교수할 내용과 학습할 내용에 해당한다.

2. 국어 수업 설계와 주요 변인

본격적인 국어 수업 설계 과정에서 고려해야 할 국어 수업의 주요 변인으로는 교수자, 학습자, 교수·학습 목표와 내용, 교재, 교수·학습 환경을 들 수 있다. 여기에 제시된 '국어 수업의 주요 변인'은 서혁(2005)에서 제시되었던 '교수·학습 방법 구성의 핵심 변인'을 일부 수정 보완한 것이다. 가장 큰 차이는 '목표와 내용' 항목에 '교재'를 추가했다는 점이다. '교수자', '학습자' 변인의 세부 내역에서는 일부 제시 순서를 변경한 것이다.

[표 1] 국어 수업 설계와 주요 변인

• 교수자	• 학습자
─국어(교육)관 ─국어교과, 학습자에 대한 이해 ─역할 기대, 믿음과 태도 ─교수·학습 모형 이해 ─기법 활용 능력	─국어(학습)관 ─국어 능력 ─인지 수준(학습 능력) ─역할 기대, 믿음과 태도 ─구성(수)

국어 수업의 주요 변인

• 목표와 내용, 교재	• 교수·학습 환경
─유형 ─특성 ─수준 ─분량	─기자재 ─시간, 공간 ─학교(장) 방침 ─학급 분위기

■ 국어 수업의 주요 변인
• 교수자
• 학습자
• 목표, 내용, 교재
• 교수·학습 환경

■ 교수자 변인
• 교사의 국어관
• 국어교과에 대한 이해
• 학습자 국어 능력에 대한 이해
• 교사로서의 역할 기대
• 학습자에 대한 기대치, 믿음, 태도

(1) 교수자

국어 수업 설계에서 고려해야 하는 변인의 하나는 학생과 더불어 교수·학습의 주체가 되는 교수자이다. 특히 교수자의 국어관이나 국어교육관은 수업 교수·학습 전반에 걸쳐 의식적, 무의식적으로 큰 영향을 미치게 된다. 예컨대 교사의 국어관이 규범적 국어관에 가까운가 아니면 기술적 국어관에 가까운가에 따라 국어 수업의 전반적인 분위기나 방향은 큰 차이를 보이게 된다. 또한 교수자가 국어 교과와 학습자 국어 발달 등의 특성에 대한 이해 정도에 따라서 수업 설계와 실행은 큰 차이를 보이게 된다. 예컨대 국어교육이 학습자들의 말하기, 듣기, 읽기, 쓰기의 통합적인 표현·이해 능력을 신장시켜 주는 것이라고 믿는 교사일수록 총체적 언어학습 모형을 선호하게 된다.

아울러 국어 교사로서의 역할 기대(role expectation), 학습자에 대한 기대치 및 믿음(신뢰)과 태도도 중요한 영향을 미친다. 베인(Bein, 2004)에 따르면, 이른바 '잘 가르친다'고 평가받는 교수들의 특징은 학습자에 대한 믿음과 기대치가 높고, 아울러 교수자와 학습자 사이의 기대치를 분석하고 조정할 줄 안다는 공통점을 갖는다. 예컨대 학습자들의 독창적이고 능동성 표현·이해 능력을 신뢰하는 교사일수록 문제 해결 학습 모형이나 창의성 계발 학습 모형, 반응 중심 학습 모형을 선호하게 된다. 또 교수·학습 모형에 대한 이해 정도와 수업 기법의 활용 능력 정도는 실제 수업 설계와 실행에 있어서 큰 영향을 미치게 된다.

(2) 학습자

■ 학습자 변인
• 학습자의 국어(학습)관
• 국어 능력
• 인지 수준(학습 능력)
• 역할 기대, 믿음, 태도
• 학습자 구성(수)

■ 목표, 내용, 교재 변인
• 목표, 내용, 교재의 초점 : 지식, 기능, 태도

학습자의 국어관이나 국어 학습관, 국어 능력, 인지 수준(학습 능력), 역할 기대 및 믿음과 태도, 구성(수)에 따라서 국어 수업의 설계나 실행은 다양한 양상을 띠게 된다. 즉, 학습자의 수가 적고, 인지 수준이 높고 역할 기대가 높을수록 학습자 주도적이고 상호작용적인 방법이 유용하다. 학급 학생 수가 40명을 넘는 학급보다는 10명 내외의 소인수 학급에서 개별화 학습모형이나 토의·토론 학습 모형의 적용 가능성이 훨씬 높을 수밖에 없다.

또 학습자들이 소극적이고 수동적인 스타일일 경우, 당장은 교사 주도적인 전달식 수업에 의존하게 된다. 그러나 교육적 측면에서 학습자들의 스타일을 바꾸는 노력과 함께 적극적 반응을 유도해 낼 수 있는 기법을 동원할 필요가 있다.

(3) 목표와 내용, 교재

국어과 교수·학습의 목표나 내용, 교재가 지식, 기능, 태도 중 무엇에 초점을 두고 있는가에 따라서 교수·학습 모형의 선택과 적용, 수업 형태가 크게 달라지게 된다. 지식이나 개념의 이해와 관련된 내용일수록 직접 교수모형의 채택 가능성이 커지게 되고, 가치관이나 태도 강화와 관련된 학습일수록 가치 탐구 학습 모형이나 역할 놀이 모형이나 반응 중심 학습 모형의 적용 가능성이 커진다.

(4) 교수·학습 환경

사용 가능한 기자재, 시간, 공간, 학교 방침, 학급 분위기 등이 크게 영향을 미친다. 예컨대 인터넷이나 ICT 관련 기자재의 구비 여부, 수업의 시기와 장소, 좌석 배치 상황, 교실의 구조 등에 따라서 교수·학습 모형의 선택이나 수업 진행 방식에 큰 차이를 갖게 된다.

따라서 전술한 변인들은 구체적인 수업 설계 과정에서 반드시 주의 깊게 고려되어야 할 요소들에 속한다.

3. 교수·학습 모형의 선택 기준

앞에서 살펴본 다양한 국어 수업 변인에 대한 고려 과정에서 '지금 여기(now and here)'의 수업 장면에 적합한 교수·학습 모형의 선택과 적용이 구체화된다. 그런데 교수·학습 모형의 선택과 적용 과정에서 이들 각각의 변인들을 독립적으로 고려해서는 안 되고 복합적으로 고려해야 한다는 점에서 어려움이 따른다. 따라서 어떤 상황에서 어떤 모형이 절대적으로 유리하다는 것을 명시적으로 제시하는 것은 쉽지 않다. 어떤 모형이라도 구체적인 기법과 활동들을 어떻게 적용하느냐에 따라 효과적인 활용의 가능성이 달라지기 때문이다. 중요한 것은 여러 변인들을 합당하게 고려함으로써 최상의 모형을 선정하고 구체적인 교수·학습 방법과 활동들을 개발해야 한다는 점이다. 이 과정에서 가장 기본적으로 고려될 수밖에 없는 것은 교수·학습 목표와 내용(지식, 기능, 가치), 수업 시수, 교수 상황

■ **교수·학습 환경**
• 보유 기자재
• 시간과 장소
• 학교의 수업 방침
• 학교(또는 교실) 분위기

■ **교수·학습 모형 선택의 기준**
1. 교사 능력, 교과목 지식, 흥미
2. 학습자의 언어적, 심동적 능력
3. 교수 목적(지식, 기능, 가치와 태도 등)
4. 교수 상황(시간, 장소)
5. 학생 수
6. 학생의 흥미와 경험
7. 학생과 교과목의 관계
8. 교사와 학생 간의 관계

의 맥락, 학생 수, 능력, 흥미, 사전 경험, 교사의 능력 및 취향, 기타 교사가 강조하고자 하는 사항들이다. 이와 관련하여 하이만(Hyman, 1974)에서 제시된 교수·학습 모형의 선택 기준을 참고하여 요약 제시하면 다음과 같다(Hyman, Ronald T., 1974, 권낙원 역, 2001 : 87~89 참고).

1. 교수 방법은 교사의 능력, 교과목에 대한 지식, 흥미에 적합해야 한다. 교사의 지식과 관심이 분명하다면 설명과 시범이 중심이 되는 직접 교수법이 적용될 가능성이 크다.
2. 학생의 언어적, 인지적 능력에 적합해야 한다. 예컨대 모형의 의도나 절차에 비추어 초등학교 저학년 학생들에게 전문가 협력 학습 모형을 적용하는 것은 여러 가지 어려움에 부딪힐 수 있다. 이는 실제로 현장 교사들의 수업에서 확인된 결과이기도 하다.
3. 기능 지향, 지식 지향, 가치 지향 등 교수 목적 유형에 적합해야 한다. 기본적인 표현이나 이해 기능 숙달을 위한 수업에서 토의·토론 수업을 진행하는 것은 적절하다고 보기 어렵다. 반면에 고학년의 가치지향 수업에는 적절하다.
4. 교수 상황(시간, 장소)에 적합해야 한다. 예컨대 10학년 학생들의 저녁 파티가 예정되어 있는 금요일 오후 수업에 1시간 이상의 수업을 조용히 앉아 듣도록 하는 교수 방법은 적절하지 못하다는 것이다.
5. 학생 수에 적합해야 한다. 예컨대 50명 이상의 학급에서 토의·토론 수업을 원활하게 진행하는 것은 쉽지 않은 활동이 될 수 있다.
6. 학생의 흥미와 경험에 적합해야 한다. 아무리 좋은 방법이라도 학습자들의 수준과 흥미, 경험에 맞지 않으면 적용하기 어렵다.
7. 학생과 교과목의 관계에 적합해야 한다. 문법 수업을 위하여 교사는 학생들에게 기초적인 용어와 기능을 친숙하게 할 방법을 선택하는 것이 좋다.
8. 교사와 학생 간의 관계에 적합해야 한다. 학생들에 대해 지나치게 권위적이거나 엄격한 교사라면, 학습자들의 자유로운 반응이 필수적인 반응 중심 학습법을 적용하는 데는 어려움이 따를 수밖에 없다.

4. 교수·학습 모형의 적용 원리

특정 교수·학습 모형을 바탕으로 국어 수업을 설계하는 데 있어서 원래 모형의 단계나 틀을 반드시 고수할 필요는 없다. 예를 들어 로젠블래트가 제시한 반응 중심 학습의 경우, '반응의 형성, 반응의 명료화, 반응의 심화, 반응의 일반화'의 단계로 이루어진다. 여기에서 '반응의 심화' 단계는 동일한 화제나 주제의 또 다른 텍스트들을 비교 감상하는 것을 원칙으로 제시되었다. 이는 시 감상 수업 상황이라면 어려움이 덜할 수 있으나 소설 작품 감상 수업이라면 한 시간 수업에서 적용하기에는 쉽지 않다. 예컨대 중학교 1-1 국어 교과서에 나오는 <홍길동전>을 바탕으로 '소설은 사회를 반영한다'는 내용을 수업한 뒤, 소설 <장길산>이나 <임꺽정>을 읽고 비교·대조한 후 소설의 사회적 반영 현상을 일반화해 보도록 요구하기는 무리라는 것이다. 교사에 의한 간단한 설명과 정리는 가능할 것이다.

따라서 초·중등학교 현장에서는 반응의 심화를 상호텍스트성에 입각한 비교·대조 감상으로 접근하기보다는 학습자들이 표현한 반응들을 바탕으로 토의·토론하거나 학습자들의 배경 지식을 바탕으로 일반화하는 방식을 취하게 된다.

여기에서 우리는 특정 교수·학습 모형이 갖는 의의는 '지금 여기'의 정신에 따라 적절하게 활용되는 데 있으며, 결코 특정 모형을 온전하게 구현하는 것이 중요한 게 아니라는 점에 주목할 필요가 있다. 즉, 특정 교수·학습 모형의 온전한 적용보다는 다양한 변형과 적용 및 재구성 작업을 동반한 교수·학습 방법의 구안이 바람직하다는 점이다.

교수·학습 모형의 적용 원리는 다음 세 가지 측면에서 접근할 수 있다.

첫째, 단일 차시와 다차시 수업의 구분에 따른 적용 원리이다. 예컨대 직접 교수법의 경우 단일 차시 내에 '설명하기, 시범 보이기, 질문하기, 활동하기'가 모두 이루어질 수 있다면 모형 적용의 완결성 면에서도 좋을 것이다. 그러나 3차시로 이루어지는 수업이라면, 1차시 또는 1~2차시에 걸쳐 교사의 설명과 시범 중심의 수업을 전개하고, 2~3차시에 질문과 활동하기 중심의 수업을 적용할 수 있다. 이때 1차시에는 전술한 '시작 활동'의 성격이, 3차시에는 '마무리 활동'의 성격이 드러나게 된다. 그렇더라도 각각의 차시별 수업에서 도입과 정리 성격의 활동이 각각 있어야 하는 것은 물론이다.

둘째, 단일 모형 대 복합 모형에 의한 적용 원리이다. 예를 들어 역할 놀이 모형이나, 탐구 학습 모형, 토의·토론 모형, 반응 중심 학습 모형이 각각 단일 차시나 다차시에 걸쳐서 활용되는 것은 단일 모형의 적용이다. 그런데 반응 중심 모형의 '반응의 심화' 단계에 역할 놀이 모형을 삽입하여 다음과 같은 형태로 진행할 수도 있다.

> 반응의 형성 → 반응의 명료화 → (반응의 심화로서의) 역할 놀이(역할의 분석과 선정, 실연 준비, 실연) → 평가하기

이러한 복합 모형의 경우에도 단일 차시와 다차시 적용이 모두 가능하다. 여러 차시로 이루어지는 하나의 대단원 수업에서는 셋 이상의 복합 모형도 얼마든지 가능하다.

이러한 원리는 최영환(2003), 서혁(2005)에서 논의된 바 있는 통합의 기본 원리를 바탕으로 하고 있다. 최영환(2003)에서는 모형의 연쇄와 통합을 다음과 같이 제시한 바 있다.

① [<모형 1> → <모형 2> → <모형 3> → <……>]
② [<모형 1의 일부> → <모형 2> → <모형 1의 나머지>]

서혁(2005)에서는 다음과 같이 모형과 기법의 통합에 의한 다양한 적용 방안을 언급한 바 있다.

③ [(기법 1) → <모형 1> → (모형 2의 일부) 또는 (기법 2) → (기법 3)]
④ [(기법 1) → <모형 1> → (기법 2) → <모형 2> → (기법 3) → <……>]
⑤ [(기법 1) → (기법 2) → (기법 3) → (기법 4) → (……)]

셋째, 모형의 변형을 통한 적용 원리이다. 앞에서 설명한 복합 모형도 넓게 보아 모형의 변형으로 볼 수 있겠지만, 여기에서의 모형의 변형은 특정 모형에서 특정 '단계의 생략이나 추가, 단계 내 활동의 변경'을 가리키는 용어로 사용한다. 단계의 생략은 일련의 단계로 이루어지는 특정 모형에서 어떤 한 단계를 생략하는 것을 말한다. 예컨대 역할 놀이의 경우 '상황 설정, 역할 분담, 사전 연습, 실연, 평가'로 이루어지는데, 내용이 복잡하지 않고 시간적 여유가 없을 경우에 '사전 연습' 단계를 생략한 즉흥 역할 놀이 형태가 가능하다. 반대로 단계의 추가는 원래의 모형에는 들어 있지 않은 특정 단계를 추가하는 경우이다. 단계 내 활동의 변경은 전술한 바와 같이 반응 중심 학습 모형의 '반응의 심화' 단계에서 텍스트의 비교·대조 감상을 통한 상호텍스트적 접근법 대신에 간단한 자유 토론 형식으로 활동을 바꾸는 경우이다.

위에서 예시한 복합 모형이나 모형의 변형의 결과에는 각각 새로운 명칭을 부여할 수도 있을 것이다. 또 이 밖에도 다양한 재구성 방안이 얼마든지 제시될 수 있을 것이다.

💬 **교사를 위한 안내**

학교 현장에서는 수업의 질적 개선을 위해 각종 연구 학교를 운영하고, 우수 수업 사례를 공개 발표하며, 수업 명인 교사 제도나 수업 연찬회 등 여러 유형의 활동을 전개하고 있다. 이러한 여러 형태의 현장 연구 보고 활동에서 이루어지는 이른바 '좋은 수업'의 특징은 해당 수업에서 의도하는 교수·학습 목표 달성 이상의 효과를 확인할 수 있다. 교사 스스로 '영혼을 건드리는 국어 수업'이나 '감동이 있는 국어 교실'을 지향하려고 노력하고 있다. 또한 좋은 국어 수업에서는 효과적인 교수·학습 목표 달성을 위해 수업에서 학습자 주도적인 모둠 학습, 다양한 매체와 학습 활동지, 학습자의 실생활·문화·언어활동을 적극적으로 활용하고 있는 것으로 나타났다.

무엇보다도 중요한 것은 교사가 최소한 한 단원이나 한 학기 이상의 장기적인 안목에서 철저한 계획을 수립하여 수업을 준비해야 한다는 점이다. 좋은 수업의 조건은 학습자 중심의 다양한 교수·학습 방법과 활동을 고려한 충실한 수업의 설계와 실행에 있다.

▌ 탐구 활동

01 다음에 제시된 자료들을 바탕으로 국어과 수업 설계 방안을 마련하고자 한다. 절차에 따라 고려해야 할 사항들을 탐색하고 자신의 수업 설계 계획을 작성해 보자(2006 중등 국어 임용고사 기출 문항 참고).

> "작품에 드러난 사회·문화적 상황과 작품의 창작 동기를 관련지어 이해한다."
> 라는 학습 목표를 성취하기 위한 문학 수업을 준비하고 있는 중이다. (가)에 근거
> 하여 (나)를 감상 지도한다고 할 때, <조건>에 따라 지도 내용을 서술하시오.

(가) 감상 지도의 주안점

작품의 배경이 되는 사회·문화적 상황은 작가의 창작 동기와 긴밀한 관련이 있다. 이 관련성을 이해하는 것은 작품 감상에 도움이 된다. 그런데 작품의 사회·문화적 상황은 실제의 역사적 현실이라기보다는 예술적 형상화를 통해 재구성된 문학적 현실이다. 이 수업에서는 학습자들이 문학적 현실로부터 사회·문화적 상황과 작가의 창작 동기를 추정하고 상호 관련짓는 활동을 통해 작품 감상에 이르도록 지도한다.

(나)

4·19가 나던 해 세밑
우리는 오후 다섯 시에 만나
반갑게 악수를 나누고
불도 없이 차가운 방에 앉아
하얀 입김 뿜으며
열띤 토론을 벌였다
어리석게도 우리는 무엇인가를
정치와는 전혀 관계없는 무엇인가를
위해서 살리라 믿었던 것이다
결론 없는 모임을 끝낸 밤
혜화동 로우터리에서 대포를 마시며
사랑과 아르바이트와 병역 문제 때문에

우리는 때묻지 않은 고민을 했고
아무도 귀기울이지 않는 노래를
누구도 흉내낼 수 없는 노래를
저마다 목청껏 불렀다
돈을 받지 않고 부르는 노래는
겨울밤 하늘로 올라가
별똥별이 되어 떨어졌다
그로부터 18년 오랜만에
우리는 모두 무엇인가 되어
혁명이 두려운 기성세대가 되어
넥타이를 매고 다시 모였다
회비를 만 원씩 걷고
처자식들의 안부를 나누고
월급이 얼마인가 서로 물었다
치솟는 물가를 걱정하며
즐겁게 세상을 개탄하고
익숙하게 목소리를 낮추어
떠도는 이야기를 주고받았다
모두가 살기 위해 살고 있었다
아무도 이젠 노래를 부르지 않았다
적잖은 술과 비싼 안주를 남긴 채
우리는 달라진 전화번호를 적고 헤어졌다
몇이서는 포우커를 하러 갔고
몇이서는 춤을 추러 갔고
몇이서는 허전하게 동숭동 길을 걸었다
돌돌 말은 달력을 소중하게 옆에 끼고
오랜 방황 끝에 되돌아온 곳
우리의 옛사랑이 피 흘린 곳에
낯선 건물들 수상하게 들어섰고

플라타너스 가로수들은 여전히 제자리에 서서
아직도 남아 있는 몇 개의 마른잎 흔들며
우리의 고개를 떨구게 했다
부끄럽지 않은가
부끄럽지 않은가
바람의 속삭임 귓전으로 흘리며
우리는 짐짓 중년의 건강을 이야기했고
또 한 발짝 깊숙이 늪으로 발을 옮겼다

— 김광규, <희미한 옛사랑의 그림자>

[조건] 다음의 항목들을 순서대로 포함할 것
　　•'이야기'와 '노래'를 단서로 삼아 작품 속 상황을 설명
　　•시어와 관련지어 시적 발상의 계기를 설명
　　•앞의 두 설명으로부터 작품의 창작 동기를 추정
　　•창작 동기와 사회·문화적 상황을 관련지어 제목의 함축적 의미를 해석

▍참고할 만한 자료들

• 이 글의 내용과 관련하여 좀 더 상세한 내용은 다음 논문들을 보라.

김혜정(2005), 국어과 교수·학습 방법론에 대한 비판적 고찰, **국어교육 118호**, 국어교육학회.

서 혁(2005), 국어과 교수·학습 방법의 구성의 원리, **국어교육학연구 제24집**, 국어교육학회.

최영환(2003), 초등학교 국어과 교수·학습 방법의 변화와 지향, **국어교육 111**, 한국국어교육연구회.

• 구체적인 수업 적용 사례와 동영상은 다음 사이트를 참고할 수 있다.

한국교육과정평가원 교수·학습센터 웹사이트(http://classroom.kice.re.kr)

• 교사와 학습자의 역할 기대에 대한 구체적인 논의는 Tony Wight(1997), *Roles of Teachers & Learners*, Oxford Univ. Press를 참고할 수 있다.

• 그 밖에 이 글의 내용과 관련하여 다음의 저서를 참고할 수 있다.

Joyce, Bruce R., weil, Marsha, Calhun Emily(2005), *Models of Teaching* (7 / e), 박민우·강영하·임병노·최명숙·이상수·최정임·조규락 옮김, **교수모형**(7판), 아카데미프레스.

Gagné, R. M.(1985), *The Conditions of Learning and Theory of Instruction(4th ed.)*, New York : Holt, Rinehart & Winston,. 김인식·최호성·최병옥 편저(2000).

Bein, Ken(2004), *What the best College Teachers Do*, 안진환·허형은 옮김 (2005), **미국 최고의 교수들은 어떻게 가르치는가**, 뜨인돌.

Hyman, Ronald T.(1974), *Ways of Teaching*, 권낙원 역(2001), **교수방법**, 원미사.

제 4 장

교재와 수업

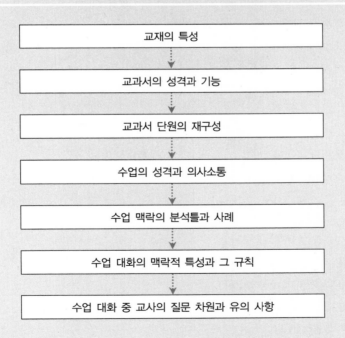

교재의 특성

교과서의 성격과 기능

교과서 단원의 재구성

수업의 성격과 의사소통

수업 맥락의 분석틀과 사례

수업 대화의 맥락적 특성과 그 규칙

수업 대화 중 교사의 질문 차원과 유의 사항

이 장에서는 먼저 가알(Gall)이 정의한 교재 개념인 물리적 실체성, 수업의 수월성, 내용의 표상성을 소개하고, 교재의 세 층위, 즉 자료(material)로서의 교재, 텍스트(text)로서의 교재, 제재(subject, unit)로서의 교재를 소개한다. 교과서는 이런 교재의 특성을 교육과정의 성격과 목표, 내용 체계 및 교수·학습 방법, 그리고 학생의 발달 수준 등을 고려하여 개발된 구체물이다. 교사는 수업이라는 공식적인 만남을 통해 학생들에게 이러한 교과서를 가르치는 역할을 담당한다. 이때 무엇보다 중요한 것은 바로 교과서에 대한 교사의 관점이다. 물론 이러한 교과서관뿐 아니라 교과서가 담당하는 기능이나 단원이 어떻게 구성되어 있는지에 대한 교사의 이해도 중요하다. 이러한 관점과 이해는 교사로 하여금 교육적인 상황과 변인에 따라 단원을 재구성하는 기지(奇智)와 능력을 발휘하게 하는 원동력이 된다. 수업은 이러한 교사의 능력을 구체적으로 검증하는 마지막 관문이 된다.

■ 문제 상황

한 송이의 들국화가 교재가 될 수 있는가? 없는가? 만약 그 들국화가 자연물의 하나로서 존재하는 것으로 그친다면, 그 들국화 속에서는 교수·학습의 내용이 표상되어 있지 않기 때문에 교재가 될 수 없다. 그러나 만약 생장 과정이나 꽃잎의 모양을 가르치고 배우려는 의도로 들국화가 관찰된다면 그것은 교재가 될 수 있다(이성영, 1992 : 74).

그렇다면 단원 도입면에 있는 학생들의 학습 동기를 유발하기 위한 예쁜 들국화 사진과 그림을 어떻게 가르쳐야 하는가? 정태춘의 노래 <들국화> 가사가 국어 교과서에 실려 있다면 수업 시간에 이를 어떻게 가르칠 것인가?

    〈들국화〉

산에 들에 핀 노란 들국화
그 꽃송이 하나 물에 띄우고
그리운 내 님 계신 그 곳 찾아
정처 없이 떠나갑니다.

아 목이 메여 못다한 나의 노래는
꽃잎마다 곱게 곱게 수를 놓으며
우리 님 만날 그날을 헤어보면서
물결 따라 흘러갑니다.

■ 관점 갖기

교수들은 '나'에게 교재의 개념과 층위, 교재의 역동성, 교과서를 보는 관점과 교과서의 기능, 단원 편성의 원리, 수업의 과정과 단계 등을 가르쳐 준다. 끝으로 질문을 어떻게 해야 하는지 그리고 학생의 반응을 어떻게 이끌어 내야 하는지 자세하고 친절하게 가르쳐 준다. 하지만 강의실 문을 나서면서 '내' 머릿속은 그저 모호한 관념으로 가득 차 있다. 혹시 이 글을 읽는 당신도 그러하다면 영화 <위험한 아이들>을 보고 다음과 같이 교재와 수업에 대한 당신의 생각과 의견을 써 보시기 바란다.

<위험한 아이들>에서 루앤 교사(미쉘 파이퍼)는 '밥 딜런'이라는 가수의 노래 가사를 시처럼 분석하며 쉽고 친근하게 시에 접근하도록 만들었다. 이는 노래 가사를 교수 자료로 택하게 만든 것이었다. 노래는 아이들이 쉽게 접근할 수 있는 자료로, 공부에 관심이 없던 이 아이들에게 적절한 학습 자료가 되었던 것 같다. 이러한 쉬운 접근법이 나중에는 아이들이 진짜 시를 공부할 수 있도록 만드는 하나의 디딤돌이 될 수 있었다.

● ● ● 청주교대 99학번, 미술교육과 3년 ○초롱

보상 체계를 활용하는 데 있어서 처음에는 무술을 가르쳐 준다든지, 초코바를 주어서 아이들의 집중을 유도해 낸다. …… 그러나 결국 가장 큰

알아 두어야 할 주요 개념들

이 장의 학습을 위해 다음과 같은 개념들을 먼저 정리해 두자.

교재

가알(Gall, 1981)은 교재를 '교수·학습 과정을 수월하게 하기 위하여 사용되는 본질적으로 표상적인 물리적인 실체'로 정의하고 있다. 즉 교재는 어떤 구체적인 물리적 실체(physical entities)를 띠어야 하며, 교수·학습 과정을 수월하게(excellent) 하여야 하며, 교수·학습 내용을 표상하여야(representational) 한다.

교과서의 기능

페티와 젠센(Petty & Jensen, 1980)은 교과서의 기능을 다음과 같이 일곱 가지로 분류하고 있다. 관점 반영의 기능, 내용 제공 및 구체화의 기능, 교수·학습 자료의 제공 기능, 교수·학습 방법의 제시 기능, 학습 동기 유발의 기능, 연습을 통한 기능(skill)의 정착 기능, 평가 자료의 제공 기능

수업 단계

한국의 수업 단계는 수업 의식(儀式)의 단계, 확인 단계, 교수·학습 단계, 교수 마감 단계, 수업 종료 단계로 나눌 수 있다. 특히 수업 의식의 단계와 종료 단계는 미국의 교실에서는 발견되지 않는 한국 교실 수업의 문화적 특성을 반영하고 있음을 밝혔다. 조영달(1999 : 27)은 '차렷─경례'와 같은 수업 의식이 교사로 하여금 교실 수업의 통제권과 권위를 공식적으로 확보하게 하는 기능과 더불어, 학생 스스로 교수·학습을 위한 교실 분위기를 조성한다는 점에서 교육적으로 유의미하다고 본다.

맥락적 단서

맥락적 단서는 순간순간 메시지를 어떻게 받아들일지 알려 주는 시그널 같은 것이다. 이러한 시그널은 보통 몸짓이나 목소리의 톤, 고저 등 발화 운율의 변화 / 언어 코드, 스타일, 주제의 변화 / 말과 몸짓의 빠르기, 리듬, 응시 방향, 얼굴 표정의 변화 / 화자와 청자의 수에 있어서 변화 등 여러 채널을 통해 나타난다고 한다(손민호, 2001 : 76에서 재인용).

보상은 지식과 사유 능력 자체에 있음을 보여준다. 매우 이상적이긴 하나, 개인적으로 매우 중요한 시사점, 즉 최고의 보상은 수업 내용 자체에 있어야 한다는 점을 찾을 수 있었다.

••• 청주교대 99학번, 초등교육과 3년 ○종태

<위험한 아이들>에서 루앤 교사는 학습 의욕이 없는 아이들에게 시를 가르치기 시작했다. …… 다른 많은 자료들(예 : 소설, 기사)이 있는데 시를 선택한 까닭은 시가 사고를 가장 함축적으로 다루고 있으며, 감정적이고, 지은이의 의지가 드러나며, 독자로 하여금 풍부한 사고를 하게 만들기 때문인 것 같다. 시를 선택한 것은 매우 현명했으며 또한 그 시를 가르치는 방법도 마음에 든다. 아이들에게 질문을 통해 의미를 파악하게 하고 탐구하도록 하였다. …… 시를 가르치며 실생활에 사용하는 것. 꽤나 낭만적이고 똑똑해 보인다.

••• 청주교대 99학번, 미술교육과 3년 ○영주

1. 교재의 특성

(1) 교재의 개념과 층위

교재는 '교수·학습 과정을 수월하게 하기 위하여 사용되는 본질적으로 표상적인 물리적인 실체'로 정의할 수 있다. 이 정의를 좀 더 자세하게 풀어 설명하면 다음과 같다. 즉 교재는 어떤 구체적인 물리적 실체(physical entities)를 띠어야 하며, 교수·학습 과정을 수월하게(excellent) 하여야 하며, 교수·학습 내용을 표상하여야(representational) 한다(이성영, 1992 : 73~76). 이러한 내용을 간단히 정리하면, 교재는 적어도 물리적 실체성, 수업의 수월성, 내용의 표상성과 같은 조건을 충족시켜야 함을 알 수 있다.

한편 이러한 조건을 충족시키는, 또는 충족시킬 교재는 다음과 같은 세 층위로 범주화할 수 있다(박인기, 1989 : 844~846). 자료(material)로서의 교재, 텍스트(text)로서의 교재, 제재(subject, unit)로서의 교재가 그것이다. 자료로서의 교재는 비록 특별한 교육적 의도가 개재되지 않았지만 교육을 위해 동원될 수 있는 일차원적인 재료상(材料床)으로 존재하는 모든 형태를 의미한다.[1] 각종 시청각 자료, 전기적(傳記的) 특수 자료, 증언성 채록 자료, 구체적인 공연물 등이 이 층위에 속한다. 텍스트로서의 교재는 장르적 차원에서 형상화되고, 하나의 통일적 구조를 이루는 작품을 의미한다. 시, 소설, 희곡 등과 같은 창작물뿐만 아니라, 비평문도 이 층위에 속한다. 그리고 제재로서의 교재는 교재의 층위 구분에 가장 핵심적인 층위를 형성하는데, 교육적 의도가 전제된, 일정한 교육적 설계(instructional design)로 구성된 텍스트를 말한다. 제재로서의 교재는 교육과정의 구성 원리를 반영할 뿐만 아니라, 학습 경험을 체계적으로 조직하여 학습 효과를 극대화하고자 한 것이다. 학교교육에서 하나의 운영 단위로서 기능하는 대부분의 텍스트가 이 층위에 속한다.

[1] 박갑수·이용주(1983)에서는 국어과 학습 자료를 '교과 학습 자료', '생활 학습 자료', '학습 효과 자료'로 분류하고 있다. 교과 학습 자료는 교과서, 서적, 신문과 잡지 등 문면(文面)에 치중된 학습 자료를 말하며, '생활 학습 자료'는 학교, 가정, 지역 사회와 같은 일상생활을 통한 현장 언어, 즉 친구와의 대화, 가족 간의 대화, 영화나 연극의 대사 등을 의미한다. 그리고 학습 효과 자료는 사진, 그림, 도표, 라디오, 텔레비전, 녹음기 등과 같은 학습 효과를 높이기 위한 수단·도구로만 쓰이는 것을 말한다.

(2) 교재의 종류와 역동성

서는 국어과의 특성에 따라, 교
재를 문자 교재와 비문자 교재
로 크게 대별하고 그 사례를 제
시하고 있다. 더 나아가 교수·
학습의 기능(주교재와 부교재),
교재 구성의 성격(자료집, 해설
서, 학습 안내서, 워크북), 개발
형식(개방형과 선택형, 중앙 집
중형과 지방 분권형, 국정제와
검인정제 등)에 따른 교재의 종
류를 설명하고 있다. 이삼형 외
(2000 : 338~339)에서는 문자 교
재뿐만 아니라 멀티미디어 교재
까지 소개하고 있다. 즉 매체의
확장으로 인해 사이버 교재나
전자 교과서의 가능성, 그리고
디지털화한 교재 등 교재의 혁
명적인 변화까지 내다보고 있다.

교재의 종류는 학자들마다 제시하는 기준의 차이에 따라 매우 다양하다.[2] 물론 이러한 기준들은 교재의 양상을 보는 안목을 길러주기에 필요하다. 그러나 너무나 많은 기준은 교재를 보는 '교육적 안목'을 오히려 흐리게 할 수도 있다. 따라서 교재의 개념을 정의하면서 언급한 세 가지 조건을 염두에 두고 그 기준을 재설정하는 작업이 필요하다. 이성영(1992 : 74~75)에서는 교재의 조건 세 가지, 즉 '물리적 실체성'과 '수업의 수월성', '내용의 표상성' 중 교재가 지녀야 할 본질적인 속성으로 '내용의 표상성'을 들고 있다. 그는 이러한 표상성의 존재 여부에 따라 교재의 종류를 본원적 교재와 잠재적 교재로 나누고 있다. 본원적(本源的) 교재는 교수·학습의 내용이 이미 잘 조직된 형태로 '표상되어 있는' 교재이며, 잠재적(潛在的) 교재는 기존에 존재하던 물체의 어떤 측면을 교수·학습의 내용으로 '표상하는' 의식적인 행위에 의해서 비로소 교재로서의 의미를 지니는 유형이다.

일반적으로 '교과서만'을 본원적 교재로, 나머지 음성언어 텍스트나 문자언어 텍스트를 잠재적 교재로 보는 경향이 있다. 그러나 이러한 이분법적인 구분이 반드시 적절성과 정합성을 지니는 것은 아니다. 학생들에게 모범이 될 만한 글들을 모아 체계적으로 조직해 놓은 '교과서'라도 '내용의 표상성'을 지니지 못하는 것이라면 본원적 교재는커녕 잠재적 교재도 될 수 없다. 반면 맞춤법과 띄어쓰기가 잘못된 텍스트라도 학습자의 다양한 사고 및 활동을 자극하고 안내하는 활동을 가르치기에 적합한 내용을 표상하고 있다면, 본원적 교재가 될 수 있다. 교재의 층위에서 말한 '자료로서의 교재'와 '텍스트로서의 교재' 그리고 '제재로서의 교재'들이 본원적 교재로 또는 잠재적 교재로 서로 넘나듦이 가능한 것은 바로 이러한 '내용의 표상성' 여부를 기준으로 할 때만이 가능하다.

이러한 넘나듦은 박인기(1989 : 846~847)에서 말한 '교재의 역동성'이다.

즉 교재의 세 층위가 교재가 존재하고 기능하는 동적인 수업 상황에서 교사 변인, 학생 변인, 수업의 시간적·공간적 변인, 기타 지역사회적 변인에 따라 '상호 교섭적(相互交涉的)인 작용'이 일어남을 의미한다. 이 작용은 하나의 교재가 동적인 수업 상황과 다양한 변인 속에서 텍스트의 교육적 가치를 흥정하면서 배경(background)으로 등장할 수도, 전경(foreground)으로 등장할 수도 있음을 의미한다.[3]

2. 교과서의 성격과 기능

(1) 교과목과 교과서

옛날 동양의 학교에서는 교과목과 교과서가 별개로 존재하지 않았다. 교과목은 바로 고전의 책명과 동일하게 간주되었다. 소학(小學), 대학(大學), 중용(中庸) 등이 그러하였다. 이와 마찬가지로 서양에서도 소위 7개 자유교과(seven liberal arts)라 하여 문법, 논리학, 수사학, 대수학, 기하학, 천문학, 음악 등이 있었다. 동서양 모두 오늘날 말하는 공식화된 교재로서의 교과서가 아니라, 학습 내용을 전달하는 표준적인 자료로서 교과서가 사용되었다. 교과서는 때로는 교육 내용의 체계로서 이해되기도 하고, 때로는 학습 자료로 이해되기도 하였다. 이러한 현상은 오늘날 우리의 학교교육에서도 마찬가지다. 겉으로는 한 교과의 모든 학습 활동을 그 교과서에만 의존하지는 않지만, 주어진 교과서 한 권의 내용이 바로 그 교과의 내용을 전적으로 결정하고 있는 실정이다. 이돈희(1986)에 의하면, 이러한 현상을 '시세로주의(Ciceroism)'라고 한다. 즉, 중세 서양의 학교에서 문학이나 변론 시간에 주로 교재로 채택한 것이 시세로의 작품이었는데, 이 작품은 단순한 학습 자료가 아니라 교과 내용 그 자체였다. 학습 과정은 시세로의 정신과 사상과 예술성보다는 시세로의 스타일을 암기하고 모방하는 것이었다.

[3] 초등학교 <읽기> 교과서 (1996 : 18)의 시 '발가락'은 교재의 이러한 역동성을 잘 보여주는 사례다.

내 양말에 구멍이
뿅
발가락이 쏙 나왔다.
발가락은 꼼틀꼼틀
자기들끼리 좋다고 논다.

나도 좀 보자
나도 좀 보자
서로 밀치기 한다.
안 한다
모처럼 구경할라 하니까*
와 밀어 내노?**
서로서로 얼굴을 내민다.

그런데 엄마가 기워서
발가락은 다시
캄캄한 세상에서
숨도 못 쉬고 살게 되었다.

이 시는 초등학생이 쓴 시로, 표준어가 아닌 대구 사투리(*, ** 부분)를 그대로 표기하였다. 완성도가 다소 부족한 이 시가 자료로서의 교재에서 제재로서의 교재로 넘나듦이 가능했던 것은 교육적 목표 즉, '시에서 말하는 이의 마음을 생각하며 시를 낭독해 보자'를 달성하는 데 적합하다고 보았기 때문이다.

(2) 교과서의 개념과 교과서관

오늘날 학교교육이 시세로주의를 따르더라도 교과서는 결코 시세로의 작품이 될 수 없다. 왜냐하면 교과서는 '교육 내용을 체계적으로, 포괄적으로, 균형 있게 담고 있는 공식화된 교수·학습의 자료'이기 때문이다. 그러면 교재와 교과서는 어떤 차이가 있는가? 교재는 '물리적 실체성', '수업의 수월성', '내용의 표상성'을 지닌다고 말한 바 있다. 물론 교과서도 교재의 일종이기는 하나, 교육과정에서 언급하고 있는 교육 목표와 내용 차원과 교수·학습 방법과 평가 차원 등을 볼 때, 교과서는 교재보다 구체성과 체계성을 지니며 법적으로 구속력을 지니고 있음을 알 수 있다. 교과서와 교재의 이러한 차이는 국어 교과서의 개념을 정의할 때 더 뚜렷하게 부각된다. 박갑수·이용주(1983 : 244)에서는 국어 교과서를 국어교육 목표에 따라 아동의 언어 발달 단계를 고려하여 국어 능력을 신장할 수 있도록 일정한 방침에 의거하여, 편집·간행된 교과용 도서로 정의하고 있다.

한편 교과서를 어떤 관점에서 볼 것인가도 매우 중요하다. 교과서를 보는 관점에 따라 교과서에 실린 내용을 보는 관점뿐만 아니라 그 내용을 어떻게 가르칠 것인가 하는 방법에도 천양지차(天壤之差)가 생기기 때문이다. 흔히 '닫힌 교과서관'과 '열린 교과서관'으로 교과서관을 명명하는 것은 이러한 인식 차이를 잘 보여준다(곽병선, 1986). 닫힌 교과서관은 다음과 같은 태도를 지닌다. 교과서는 모든 문제를 해결하는 절대적인 모범 답을 지니고 있기에 가르칠 지식의 타당성 여부는 교과서에 의해 판가름된다. 그리고 학생의 성취 수준은 교과서 내용을 충실히 암기하고 있는지의 여부에 따라 판단되며, 교사는 교과서의 그러한 지식과 진리를 학생들에게 일방적으로 주입하는 것이 의무이다. 이러한 교과서관은 '정답형 인간', 즉 모든 문제에는 누구나 똑같이 옳다고 믿어야 할 정답이 있다는 신념을 가진 인간을 기르는 것이 목적이다.

[그림 1] 교과서는 경전인가?

한편 열린 교과서관은 다음과 같은 태도를 취한다. 교과서에 제시된 사례는 여러 가지 문제 해결 방법 중 하나의 대안(代案)에 불과하다. 따라서 학습자는 교과서에 의존하기보다는 학습자 스스로 질문을 던지고 해결하는 방식을 취해야 하며, 학업 성취 수준은 학생들이 취하는 방식의 수준에 따라 결정된다. 교사는 학생들이 교과서의 문제를 해결할 수 있도록 하되, 교과서를 넘어선 문제도 해결할 수 있도록 맥락적 의사소통을 지속적으로 펼쳐나간다. 이러한 교과서관은 '창의적 인간', 즉 지식과 정보를 많이 암기한 학생보다 자기 자신의 생각을 글이나 말로, 그림이나 소리로 나타낼 줄 아는 인간을, 기존의 권위와 질서에 잘 순종하는 인간보다 그 권위와 질서를 반성적으로 검토하고 발전적인 대안을 주체적으로 찾는 인간을 기르는 것이 목적이다.

(3) 교과서의 기능

교사가 좀 더 효과적인 수업을 하기 위해서는 교과서'를' 가르치는 것이 아니라, 교과서'로' 가르치는 관점을 취해야 할 뿐 아니라, 교과서의 기능도 올바르게 이해할 필요가 있다. 페티와 젠센(Petty & Jensen, 1980 : 108~109)은 교과서의 기능을 다음과 같이 일곱 가지로 분류하고 있다(노명완 외, 1988 : 94~96에서 재인용).

첫째, 관점 반영의 기능이다. 국어의 경우를 예로 들면, 국어 교과서는 우선 국어교육관의 변화를 보여준다. 국어교육관은 언어(국어)란 무엇인지와 같은 언어철학뿐만 아니라, 교육이란 무엇인지와 같은 교육 인식론을 반영한다. 3차, 4차, 5차 교육과정이 각각 주제 중심, 문종 중심, 기능 중심 교과서로 편찬된 것은 이러한 패러다임의 변화를 교과서에 반영하고자 한 결과이다.

둘째, 내용 제공 및 구체화의 기능이다. 앞에서 내용의 표상성이 교재의 본질적인 조건이라고 하였다. 교재의 핵심인 교과서는 추상적이고 포괄적으로 진술된 교육과정 내용을 구체적으로 표상하는 기능을 담당하고 있다. 예를 들어 교육과정에 '글을 읽고, 제목의 중요성을 알기'가 진술된 경우를 생각해 보자. 그러면 교과서 단원은 제목이 있는 자료와 없는 자료를 비교 분석하는 활동과 제목을 정하는 방법(글감을 중심으로, 주제를 중심으로, 글의 내용이 암시적으로 드러나게)을 다루는 활동 등으로 구성될 수 있을 것이다.

셋째, 교수·학습 자료의 제공 기능이다. 국어의 경우, 교과서가 단일하기 때문에 독본의 성격이 강하다. 따라서 교과서에 게재할 자료는 좋은 글이어야 한다. 형식상 특징이 분명한 글, 학생과의 친연성(親緣性)이 있는 재미있고 감동적인 글, 긍정적인 가치관이 스며들어 있는 자료(글)를 선정하고 제공하는 것이 중요하다. 가르칠 지식과 기능 등을 교수·학습 과정이나 단계에 따라 꼼꼼하게 구성하거나 삽화나 편집 등을 아기자기하게 하는 것도 중요하지만 감동적인 자료(작품이나 글) 한 편이 학생들로 하여금 국어를 평생토록 사랑하게 만들 수도 있기 때문에 자료 선정과 제공이 무엇보다 중요하다고 볼 수 있다.

넷째, 교수·학습 방법의 제시 기능이다. 5차 교육과정 이후부터 학생 중심·과정 중심의 교재관을 취하면서 교수·학습 방법과 학습 원리 중심으로 교과서 단원을 구성하고 있다. 직접 교수법에 따른 '설명하기', '시범 보이기', '질문하기', '활동하기'의 단계나 '원리 학습', '적용 학습', '심화·발전 학습'과 같은 학습의 원리를 교과서 단원 구성에 반영한 것이 그 사례다. 이러한 교수법에 따른 단계나 학습 원리는 교사나 학생으로 하여금 자연스럽게 교과서 차시 목표나 단원 목표에 도달하도록 돕는 역할을 한다.

다섯째, 학습 동기 유발의 기능이다.[4] 학습 동기란 학생의 흥미를 불러일으키는 일일 것이다. 그러나 학생들이 만화책을 좋아한다고 해서 학생들에게 교과서 대신 만화책을 가르칠 수 없다. 듀이의 견해에 따르면, 아동의 학습 동기를 불러일으키는 흥미란 심리학적이거나 기술적인 것이 아

[4] 학습의 필요와 흥미
여기서 우리는 학생의 필요와 흥미를 구별할 필요가 있다. 즉 필요는 외재적 이유라면, 흥미는 내재적 이유와 상응한다. "왜 낚시를 하느냐"는 물음에 적용해 보면 그 차이가 분명해진다. 즉 전자는 고기를 잡는 것이 생계를 유지하는 것 등이라면, 후자는 고기를 잡는 행위 자체를 즐기기 때문이다. 공부를 하는 경우도 마찬가지다(이홍우, 1992 : 260~262).

니라, 규범적인 개념이다. 즉, 교과 내용을 유목적적인 활동과 관련을 짓는 일이다(이홍우, 1992 : 46, 125). 학습 동기를 유발하는 일, 즉 학생으로 하여금 흥미를 가지게 하는 것은 학습해야 할 내용에 관심을 가지게 하는 일이며, 교과서의 공부거리가 학생의 흥밋거리가 되도록 하는 것이다.

여섯째, 연습을 통한 기능(skill)의 정착 기능이다. 자전거를 타는 기술은 운동 신경의 발달 정도에 따라 약간씩 다르지만 일반인의 경우 하루 정도 연습을 하면 대부분 습득할 수 있다. 그러나 국어 능력을 신장하는 기술은 자전거를 배우는 것과는 성격이 판이하게 다르다. 글쓰기의 경우, 습작(習作)처럼 글 전체를 반복적으로 베껴 쓰는 연습 방법이 있는가 하면, 쓰기 전, 쓰는 중, 쓴 후로 나눈 뒤에 각 부분의 하위 기능을 반복적으로 연습하는 방법도 있으며, 문제 해결과 같은 전략 중심으로 접근하는 방법도 있는 등 매우 다양하다. 교과서는 이러한 글쓰기 방법 중 학생들의 취향과 수준에 맞는 방법을 선택하고 그 방법이 담고 있는 기능을 집중적으로 연습할 수 있도록 구성해야 한다.

일곱째, 평가 자료의 제공 기능이다. 교과서는 학생의 수준과 교수·학습의 효과를 측정하는 다양한 평가 자료를 제공해야 한다. 수업을 시작하기 전, 학생의 수준을 진단하는 평가부터 시작하여 수업을 마친 뒤, 학생이 수업 목표에 어느 정도 도달하였는지 판단하는 형성 평가에 이르기까지 다양한 평가 자료를 제공해야 한다. 7차 초등학교 국어 교과서의 '되돌아보기'는 형성 평가의 기능을 점검하기 위한 장치이다.

3. 교과서 단원의 재구성

(1) 교과서 단원

현실적으로 교과서를 집필하는 사람들은 저마다 조금씩 다른 교과서관과 교과서 기능에 대한 생각들을 가지고 있다. 하지만 그들이 지닌 그 관점과 생각들은 교과서에 직접 드러나지는 않는다. 왜냐하면 수업 시간에 학생들이 사용하는 교과서에 그들의 관점을 전문적인 학술 용어를 구사하여 직접적으로 기술할 수 없기 때문이다. 그 관점과 생각들은 간접적인 방식으로 드러나게 되는데, 바로 교과서 구성의 기본 단위인 '단원'을 통해서이다.

교과서 집필자들이 구상하는 교과서 단원 구성의 방향성과 원리는 크게 다음과 같은 세 가지 정도로 압축할 수 있다(김창원, 1995 : 142). 첫째는 과제 중심 단원으로, 텍스트와 관련하여 학생이 수행 또는 해결해야 할 과제를 기준으로 구성하는 방안이다. 이 방안에는 절차 접근 단원, 활동 접근 단원, 반응 접근 단원이 있을 수 있다. 이 단원 구성 방식은 학습 과제의 체계성과 계열성, 효용성 등이 중시된다. 둘째는 능력 중심 단원으로, 텍스트와 관련하여 학생이 습득, 혹은 숙달해야 할 능력을 기준으로 구성하는 방안이다. 여기에는 기능 접근 단원, 전략 접근 단원, 사고 접근 단원이 있을 수 있다. 이 단원에서는 학습 안내 및 설명의 효율성과 전이성, 포괄성 등이 중시된다. 셋째는 텍스트 중심 단원으로, 텍스트의 형식과 내용을 기준으로 구성하는 방안이다. 여기에는 주제 중심 단원, 장르 접근 단원, 구조 접근 단원이 있을 수 있다. 이 단원에서는 텍스트의 다양성과 전형성, 완결성 등이 중시된다.

(2) 단원 재구성의 필요성과 방법

아무리 좋은 자료와 방식으로 교과서 단원을 구성하더라도 문제는 여전히 남는다. 그것은 교과서 단원이 교실의 실제 수업과 맞물려 돌아가지 않는 경우가 필연적으로 발생하기 때문이다. 표준화한 교과서 단원이 지역과 계층, 교사와 학생 모두를 충족시키지 못하기 때문이다. 지역에 따른 특성을 구현하기 위해서, 계층의 다양성을 충족시키기 위해서, 교육관과 교육 방식이 다른 교사의 관점을 존중하기 위해서, 학업 성취 수준이 다른 학생을 개별적으로 접근하기 위해서는 단원 재구성과 같은 작업이 반드시 수반되어야 한다. 단원 재구성은 크게 '과정의 재구성'과 '자료의 재구성'으로 나눌 수 있다(최현섭 외, 2005 : 117~118).

'과정의 재구성' 방법은 다시 세 가지로 나뉜다. 첫째, 가르칠 교과서 순서를 단원 목표에 따라 바꿀 수 있다. 초등학교의 경우, <말하기·듣기>, <읽기>, <쓰기> 교과서가 있는데, 교육과정의 유사 항목과 지도서의 '관련 단원'을 살펴보고, 교육 내용의 위계성과 계열성에 따라 그 순서를 재구성할 수 있다. 둘째, 수업 특성에 따라 한 시간씩 따로 편성하지 않고 두 시간을 묶어 편성할 수 있다. 글쓰기의 과정을 생각할 때, 한 시간 안에 글쓰기를 모두 마무리하는 것은 시간적으로나 활동적으로 불가능한 경우가 많다. 교수·학습의 효율성과 효과성을 고려하여 수업 시간 배분을 조정하는 재구성이 필요하다. 셋째, 교수·학습의 모형이나 방법을 재구성하는 것이다. 실제 수업은 모형이나 방법보다 구체적이고 미시적이다. 교육 환경이나 수업의 흐름에 따라 '설명하기→시범 보이기→질문하기→활동하기'의 순서를 자유롭게 재구성하는 것이 수업의 효과를 촉진할 수도 있기 때문이다.

한편 '자료의 재구성' 방법은 다시 두 가지로 나눌 수 있다. 첫째, 다양한 보충 자료를 동원하여 교과서를 창의적이고 비판적으로 보는 수업이 이루어지도록 자료를 재구성할 필요가 있다. 이는 열린 교과서관에서도 언급하였듯이 교과서 자료는 완벽한 것이 아니므로, 무비판적으로 받아들이기보다는 다양한 자료를 동원하며 교과서 자료와 비교·대조하면서 학생들의 인식을 넓고 깊게 하는 활동이 필요하기 때문이다. 둘째, 교과서에 제시된 담화 및 그래픽 자료의 추가나 생략, 재조직이나 대치 등을 통해 자료를 재구성할 필요가 있다. 앞의 방법이 교과서 '외적인' 자료를 첨부하는 방식이라면, 이 방법은 교과서 '내적인' 자료를 가공하는 방식이다. 교과서 자료는 일반적으로 수준이 높고 완벽한 형태를 취하는 경향이 있다. 그리고 그러한 성향을 지닌 자료일수록 학생들이 소화하기 힘든 경

[그림 2] 김홍도의 〈씨름〉 사진

우가 많다. 예를 들면 김홍도의 〈씨름〉이나 고등학교 국어 교과서에 실린 명문을 학생들이 제대로 감상하기란 쉽지 않다. 이러한 경우에 시도해 봄직한 방법이 바로 이것이다. 김홍도의 〈씨름〉에 등장하는 인물 중 한두 사람을 빼거나, 교과서 명문의 조사나 어미 등을 바꾸어 보게 하는 것이다. 그러면 그림에 대한 인상이나 느낌이 달라지게 되고, 글맛이 달라지게 된다. 학생들이 추가나 생략, 재조직이나 대치를 통해 변형된 이러한 자료를 접하게 되면, 원본 그림이나 명문의 참맛과 의미를 발견할 수도 있기 때문이다.

(3) 단원 재구성시 유의점

단원을 재구성할 때 유의해야 할 점도 있다. 교사의 자율성, 학급 구성원의 수준과 특성 등을 최대한 보장하는 방향으로 단원을 재구성하되, 교육과정의 범위를 벗어나지 말아야 한다. 다시 말해 교육과정에서 추구하는 단원 목표나 텍스트의 장르적 특성을 완전히 무시하는 쪽으로 나아가서는 안 된다. 단원 목표나 수업 시간 목표는 전체 교육과정 틀 속에서 일정한 위계와 연계를 가지고 자리매김한 것이기에 교사의 자율성과 학생의 수준보다 더 본질적인 것이다. 텍스트의 장르적 특성 역시 교과서를 제작하면서 학생들이 배워야 할 장르를 안배한 것이므로 임의로 삭제하거나 개작하여 변형된 텍스트를 교육 내용인 것처럼 가르쳐서는 안 된다.

4. 수업의 성격과 의사소통

(1) 수업의 성격

■■ 수업의 개념과 효과 및 수업 목표

수업은 '학생에게 의도한 학습이 일어나도록 교사와 학생들이 언어적으로 상호작용하는 핵심적인 교육 활동'으로 정의할 수 있다. 이러한 정의를 통해 수업은 다음과 같은 특성을 지니고 있다. 첫째, 수업은 하나의 의도적인 활동 내지 과정이라는 점이다. 둘째, 수업은 언어적인 상호작용이라는 점이다. 이 두 가지 특성은 수업을 효과적으로 하는 데 필수적인 것들이다.

수업의 효과란 '교사가 최소한의 수업 활동과 절차 및 자원을 투입하여 학생으로 하여금 최대한의 학업 성취 수준에 도달하게 하는 것'이라고 할 수 있다. 이러한 효과를 거두기 위해서는 먼저 가르치고자 하는 목표가 분명하게 진술되어야 한다. 수업 목표는 수업 과정을 통해 학생이 달성해야할 성취 행동 또는 학습 성과이다. 이를 분명하게 진술하는 일은 여행자나 운전자가 행선지를 결정하는 것처럼 중요하다. 왜냐하면 수업 목표가 명확하고 상세할수록 교사나 학생 모두 주어진 수업 시간을 낭비하지 않고, 교수·학습 계획에 따른 상호 간의 목표를 달성할 수 있기 때문이다.

메이거(Mager)는 수업 목표를 진술할 때 다음과 같은 요건을 강조하고 있다(주삼환 외, 1999 : 19~20). ㉠ '행동 징표'로, 한 단위의 수업 과정을 통하여 도달·성취하려는 수행 행동을 가시적이고 측정 가능하게 명시하는 일이다. ㉡ '조건'으로, 수행 행동이 나타나야 할 중요한 조건 또는 장면을 기술하는 일이다. ㉢ '수락 기준'으로, 행동 또는 성취가 성공적인지 아닌지를 판단하는 기준 또는 준거를 명시하는 일이다. 이와 같은 요건을 충족시키는 수업 목표 진술의 예는 다음과 같다.

> ■ 수업 목표의 요건
> ㉠ 행동 징표
> ㉡ 조건
> ㉢ 수락 기준

이야기의 장면을 떠올리며(㉡), 분위기에 맞게(㉢) 낭독할 수 있다(㉠).

■ 수업의 과정과 단계

5 이밖의 수업 과정은 곽병선 (1988 : 258)에서 제시한 한국 교육개발원 모형(계획 단계, 진단 단계, 지도 단계, 발전 단계, 평가 단계)과 주삼환 외(1999 : 18) 에서 제시한 글레이저(Glaser)의 수업 절차 모형(수업 목표의 설정과 진술, 출발점 행동의 진단과 확인, 수업 절차의 선정과 실행, 학습 성과의 평가), 그리고 조영달(1999 : 27)에서 제시한 수업 의식의 단계, 확인 단계, 교수·학습 단계, 교수 마감 단계, 수업 종료 단계 등을 참고할 수 있다.

앞에서 수업을 정의하면서, 수업은 하나의 의도적인 활동 내지 과정이라고 하였다. 수업을 효과적으로 하기 위해서는 이와 같은 수업 활동 내지 수업 과정을 구체적으로 살펴보는 것이 필수적인 작업이다.[5] 메한 (Mehan, 1979)은 미국 샌디에이고 남동부에 있는 학교 교실을 관찰한 뒤, 수업 과정을 준비 단계, 시작 단계, 지도 단계, 마무리 단계로 나누고, 각 단계는 전체 수업에서 각기 다른 기능(function)을 가진다는 것을 보여 주었다(조영달, 1999 : 27에서 재인용). 준비 단계와 시작 단계에서는 교사와 학생이 서로 앞으로 일어날 수업에 대한 정보를 교환하고, 앞으로의 행동이 다른 시간이나 다른 활동과 어떻게 다른가를 인식한다. 지도 단계에서는 교사와 학생이 서로 교과 내용에 대한 정보를 교환한다. 이 단계는 교사가 그 수업 시간의 목적을 달성하려고 시도하는 것이기에 가장 중요한 단계이다. 그리고 마무리 단계는 교사가 그 수업 시간에 배운 내용을 요약하고 교실을 떠난다.

교사가 메한의 이러한 수업 과정 단계 분석을 적용할 때 다음과 같은 점을 보완하는 것이 좋다. 첫째, 수업 전(前) 교사의 계획 단계를 보완할 필요가 있다. 수업 목표를 설정·진술하고, 과제를 분석하고, 수업을 어떻게 진행할지를 정하는 것은 수업을 효과적으로 하는 데 필수적인 작업이다. 수업의 밑그림을 제대로 그리지 않으면 예상하지 못한 수업 상황과 맥락이 발생함으로 인해 전체적인 흐름에 큰 혼란을 초래할 가능성이 크기 때문이다. 둘째, 수업 후(後) 교사의 성찰 및 평가 단계를 보완할 필요가 있다. 이는 수업 전의 단계와 수업 중에 일어난 모든 단계를 성찰하는 것을 의미한다. 계획 단계에서 교사가 준비를 제대로 하였는지, 시작 단계에서 학생의 수준을 진단하고 확인을 제대로 하였는지, 지도 단계에서 발문을 제대로 하였는지, 내용을 제대로 전달하였는지, 학생의 반응에 대한 피드백을 제대로 하였는지, 마무리 단계에서 수업 목표 달성 여부를 제대로 평가하였는지 등을 되돌아보면서 교사 자신의 수업을 총체적으로 평가하는 작업이 보완되어야 한다.

(2) 수업과 의사소통

■ 수업과 언어적 상호작용

앞에서 수업을 정의하면서, 수업은 교사와 학생의 언어적 상호작용이라고 하였다. 이 언어적 상호작용, 즉 의사소통을 제대로 이해하면 수업을 효과적으로 할 수 있다. 특히 '교육적 의사소통'에 대한 올바른 이해가 필요하다(이종희·김선희, 2000 : 6~7).[6] 교육적 의사소통은 교사가 학생들의 학습이 일어나게 하고, 그 학습을 유지하거나 수정하게 하며, 학생들이 자발적으로 자신들의 학습 상황을 성찰하도록 돕는 것을 말한다. 이러한 의사소통에는 학생들 자신이 이해한 것을 수정할 수 있는 기회가 포함된다. 교사가 학생들의 사고 과정, 장점, 한계 등을 이해할 뿐 아니라, 후속적인 교육적 조치를 시작할 수 있다는 점에서 그러하다.

다음은 교육적으로 바람직한 의사소통의 사례이다(임칠성 외, 2004 : 80~81).

> 실업계 고등학교 국어 시간에 정지용의 시 <유리창>[7]을 감상하고 있다.
> 교　사 : '외로운 황홀한' 이 부분은 아주 중요한 부분이야. 그런데 왜 외롭지? 아버지는 왜 외로울까?
> 학　생 : 아들이 죽어서요.
> 교　사 : 아들이 죽어서 어쨌길래 외롭지?
> 학　생 : 아들이 죽어서 없으니까요
> 교　사 : 그래, 그렇다면 '외로운'은 아들이 없음을 말하는구나. 그러면 '황홀한'은 무엇이지? 왜 황홀해? 너무 슬퍼서?
> 학생들 : …
> 교　사 : 지금 창 밖에 뭘 보고 있니?
> 학생들 : 별이요

[6] 이종희·김선희(2000 : 7~9)는 교사와 학생의 의사소통을 반성의 정도에 따라 일방향 의사소통, 기여적 의사소통, 반성적 의사소통, 교육적 의사소통으로 분류하고 그 특징을 설명하고 있다.

[7] 유리에 차고 슬픈 것이 어린거린다./ 열 없이 붙어서서 입김을 흐리우니/ 길들은 양 언 날개를 파다거린다./ 지우고 보고 지우고 보아도/ 새까만 밤이 밀려나가고 밀려와 부딪치고,/ 물 먹은 별이, 반짝, 보석(寶石)처럼 백힌다./ 밤에 홀로 유리를 닦는 것은/ 외로운 황홀한 심사이어니,/ 고운 폐혈관(肺血管)이 찢어진 채로/ 아아, 늬는 산새처럼 날아갔구나!
<정지용, 유리창(琉璃窓) I, 조선지광(朝鮮之光)(1930)>

교 사 : 그런데 별은 누구를 가리키더라.

학생들 : 아들이요.

교 사 : 그러면 생각해 보자. 별을 보고 있고, 별은 아들을 가리키고, 그러면 무엇이 황홀한 것이지?

학생들 : 아들을 만난 것이요.

교 사 : 그래, 그러면 '황홀한'이란 아들을 만남을 말하는구나. 그래서 일단 이렇게 정리할 수 있지.

교 사 : 그런데 정말로 중요한 것이 있다. 자, '아들의 없음'과 '아들의 만남' 이 둘을 이어주는 것이 무어라고 했지?

학생들 : 유리창이요.

교 사 : 그래, 바로 그거야. 유리창이 이 둘을 이어주고 있지. 이건 아주 중요한 것이야.

대부분 사람들은 교사와 학생의 이러한 언어적 의사소통 방식을 효과적이라고 판단할 것이다. 하지만 문제는 이 사례가 왜 바람직하고 효과적인지 그 근거를 말하라고 하면 쉽게 답하지 못한다는 점이다. 플란더즈(Flanders, 1970)의 상호작용 분석 모형은 이 물음의 답에 대한 실마리를 제공해 준다. 플란더즈는 발화의 주체에 따라 교사와 학생의 발화로 나누고, 교사의 발화를 다시 지시적 발화와 비지시적 발화로 나눈 다음 거기에 작업, 침묵이나 혼동을 덧붙여 수업에서 교사와 학생의 언어적 상호작용을 구성하였다.

플란더즈의 이 모형은 일반적으로 교실 내 발화의 빈도와 학습 결과를 서로 독립 변인으로 간주하고 이들 사이의 인과관계를 결정하는 방식이다. 즉 관찰 내용을 미리 코드화한 몇 가지 범주들로 분류하고 각각의 행동이 나타내는 빈도나 시간을 산출한다. 그리고 산출된 결과는 교수 행위의 효과 여부를 설명하는 자료로 활용한다. 이러한 설명을 정지용의 시 '유리창'을 배우는 실업계 고등학교 국어 시간의 사례에 적용해 보면 다음과 같다. 먼저 9회나 되는 교사의 발화 빈도 못지않게 학생의 발화 빈도도 8회 정도나 되어 상당히 높음을 알 수 있다. 여기서 교사는 지시적 발화를 가급적 삼가는 것을 알 수 있다. 즉 가르치고자 하는 내용과 절차에 대한 사실이나 의견 또한 교사 자신의 생각을 말하는 강의 중심의 지시적 발화를 삼간다. 그 대신 교사는 비지시적 발화 중심으로 학생의 생각을 끌어내는 수업을 전개하고 있다. 즉 학생의 생각을 받아들이고 도와주며 발달시키는 질문이나, 학생이 답변할 것을 기대하는 내용이나 절차에 대한 질문 중심의 비지시적 발화를 전반적으로 구사하고 있다. 이에 비추어 볼 때, 위의 국어 수업에 등장하는 교사는 교육적으로 바람직한 의사소통을 전개하고 있으며 학생들로 하여금 긍정적인 학업 성취 효과를 불러일으킬 것으로 판단된다.

[표 1] 플란더즈의 상호작용 분석 모형

교사의 발화	비지시적 발화	1. 느낌을 받아들이는 것 : 공포가 없는 상태에서 학생들의 느낌을 받아들이고 명백히 한다. 느낌은 긍정적일 수도 있고, 부정적일 수도 있다. 예언이나 회상의 느낌도 포함 2. 칭찬 또는 권장 : 학생 행동을 칭찬하거나 권장하는 것, 다른 학생을 희생시키는 일이 없는 긴장을 풀기 위한 농담, 고개를 끄덕하면서 "으음", "으음" 하거나 "계속해" 따위도 포함 3. 학생의 생각을 받아들이거나 이를 이용하는 것 : 학생이 말한 생각을 명백히 하거나 도와주거나 발달시키는 것. 단, 교사가 자기의 생각을 보충할 때는 제 5항목으로 간주함 4. 질문 : 학생이 답변할 것을 기대하는 내용이나 절차에 대한 질문
	지시적 발화	5. 강의 : 내용이나 절차에 대한 사실이나 의견을 말하는 것, 자기 자신의 생각을 표현하는 것 6. 지시 : 학생이 복종할 것을 요구하는 지시나 명령 7. 비판 혹은 권위를 부리는 것 : 좋지 못한 학생의 행동을 좋은 행동으로 바꾸기 위한 교사의 말, 꾸짖는 것, 교사가 왜 그렇게 해야만 하는가에 대한 이유 설명, 극단적인 자기 자랑
학생의 발화		8. 학생의 반응적인 말 : 교사의 단순한 질문에 대한 학생의 단순 답변, 학생이 답변하도록 교사가 먼저 유도함. 9. 학생의 자진적인 말 : 학생이 자진하여 말하는 것, 교사의 폭넓은 질문에 대하여 학생이 여러 가지 생각, 의견, 이유 등을 말하는 것
기 타		10. 작업, 침묵이나 혼동 : 실험, 실습, 토론, 책읽기, 머뭇거리는 것, 잠시 동안의 침묵 및 관찰자가 학생 간의 의사소통 과정을 이해할 수 없는 혼동의 과정

● ● ● 이종희 · 김선희(2000 : 60)에서 재인용

■ 플란더즈의 모형 비판과 맥락의 개념

플란더즈와는 달리 힙(Heap, 1982)은 한 상황에서 교사의 발화 행위와 학생의 발화 행위 사이의 관계를 독립 변인으로 처리하는 방식이 그 행위

의 의미를 왜곡한다고 비판한다(손민호, 2001 : 78~79에서 재인용). 힙에 의하면, 플란더즈의 코딩 체계 방식이 취하고 있는 다음 세 가지 가정은 본질적으로 문제가 있다는 것이다. 하나의 행위는 하나의 기능(function)만을 갖는다, 어떤 행위의 전후 맥락은 그 행위에 대해 아무런 관련성을 갖지 않는다, 어떤 행위가 갖는 기능은 그 행위의 순간 이외에는 아무런 영향을 주지 않는다는 점이 그러하다. 힙은 이 세 가지 가정이 교사와 학생의 발화 행위들이 지니는 전후 맥락의 연관성을 무시한다고 보았다.

맥락은 교육에서 대화의 본질과 기능을 이해하는 데 중요하다. 그뿐 아니라 수업을 연구하는 모든 사람에게 흥미 있는 자료이다. 하지만 맥락의 본질과 맥락이 지닌 교육적 의미는 여전히 제대로 파악되지 못하고 있는 실정이다. 일반적으로 맥락은 회화 중에 참여자가 알거나 이해한 모든 것으로 정의된다. 이 정의에 의하면 개인적 정보나 문화적으로 파생된 모든 정보가 맥락이 된다. 하지만 물리적인 상태로 존재하는 사물은 담화 중에 명시적이거나 암시적으로 환기되는 경우에 한해서 맥락성(contextuality)을 띠게 된다. 메르세르 등(Mercer et al, 1988 : 124)은 맥락의 이런 특성을 토대로 교실 대화를 관찰한 결과, 다음과 같은 중요한 사실 두 가지를 발견하였다. 하나는 대화에 존재하는 모든 것은 맥락에 의존하여 그것(모든 것)의 의미를 말할 수 있다는 사실이다. 다른 하나는 맥락이 물리적인 것이 아니라 심리적인 것이라는 사실이다(심영택, 2004 : 21~23에서 재인용).

5. 수업 맥락의 분석틀과 사례

(1) 수업 맥락의 분석틀

효과적인 수업, 즉 교육적으로 바람직한 언어적 의사소통은 교사나 학생의 발화 행위의 빈도에 대한 고려뿐만 아니라, 교사와 학생의 대화 맥락까지 고려해야 한다. 그러면 바람직한 대화 맥락을 유지하는 수업과 그렇지 않은 수업을 구분하는 준거는 무엇인가? 그 준거는 다름 아닌 학생의 사고를 자극하고 유지하면서 사고의 수준을 끌어올리는 대화 맥락을 유지하고 있는가이다. 오우버 등(Ober et al, 1971 : 93)의 '사고의 고리와 수준을 코드화하는 범주'는 이러한 준거를 판별하는 틀로 사용할 수 있을 것으로 보인다.

① 학습할 정보 제시하기
② 한정된 사고를 유도하는 질문 던지기
③ 확장된 사고를 유도하는 질문 던지기
④ 한정된 사고로 반응하기(학생의 활동)
⑤ 확장된 사고로 반응하기(학생의 활동)
⑥ 참여 수준을 유지하기 : 예를 들면, 동일한 수준이나 낮은 수준에서 아이디어를 확장하거나 분명히 하거나 요약하는 대화를 계속하도록 격려하기
⑦ 참여 수준을 확대하기 : 예를 들면, 더 높거나 깊은 수준의 정보를 요청하기
⑧ 참여 수준을 끝내기 : 예를 들면, 어떤 생각의 고리가 끝났음을 알리기
⑨ 학습 활동을 조직하기 : 학습 활동을 조직하는 발화나, 숙제를 알리는 발화하기
⑩ 휴식 또는 침묵하기

이 범주는 다음과 같은 특징을 지니고 있다. 첫째, 이 범주는 수업 시간에 이루어지는 대화 주고받기(turn-taking)와 대화 수준을 파악하게 해 준다. 대화 주고받기는 교사와 학생 또는 학생과 학생을 연결시키는, 교실의 언어 사용에서 인식될 수 있는 하나의 단위(Erickson & Mohatt, 1982)로 실제 수업에서 상호작용을 분석하는 기본 요소이며, 수업을 이끌어가는 연결고리이다. 물론 플란더즈의 모형도 이러한 연결고리를 보여준다. 하지만 오우버의 범주는 교사와 학생의 대화 주고받기가 사고를 중심으로 이루어지고 있으며, 대화 주고받기의 단위를 어떻게 한 묶음으로 묶을 수 있는지 그 고리를 보여준다는 점에서 장점이 있다. 예를 들면, 위의 ②와 ③, ④와 ⑤ 등은 기본적인 대화 주고받기의 한 단위이자, 사고의 한 단위가 된다. 나아가 교사와 학생의 대화 주고받기 수준이 한정된 사고 수준

인지 아니면 확장된 사고 수준인지 파악하게 해 준다는 점에서 장점이 있다. 둘째, 이 범주는 수업 시간에 이루어지는 사회적 참여 구조를 파악하게 해 준다. 교사와 학생간의 대화 주고받기는 조금 더 넓은 범위의 사회적 참여 구조를 형성한다. 사회적 참여 구조란 누가, 누구에게, 언제, 무엇을 말하여야 하는가와 같은 교실 대화 참여자의 권리와 의무를 함유하고 있다. 예를 들면, 위의 ①과 ⑨는 전체 수업 단위 하나에 관한 사회적 참여 구조가 시작되고 마침을, ②~⑦은 주제 하나에 관한 사회적 참여 구조가 지속됨을, ⑧은 주제 하나에 관한 사회적 참여 구조가 마무리됨을, 그리고 ⑩은 사회적 참여 구조가 중단됨을 보여준다. 결국 이 범주는 교사와 학생의 대화 주고받기를 중심으로 사회적 참여 구조가 어떻게 형성되며, 소주제나 대주제를 다루는 학습 세트가 어떻게 이루어지는지 보여준다.

(2) 수업 맥락의 분석 사례

정지용의 시 <유리창(琉璃窓)>을 통해 이루어진 고등학교 국어 수업의 사례가 바람직한 의사소통을 보여준 것으로 판단할 수 있는 까닭은 오우버의 범주를 통해 보면 더욱 극명해진다.[8]

교 사 : '외로운 황홀한' 이 부분은 아주 중요한 부분이야. 그런데 왜 외롭지? 아버지는 왜 외로울까?

학 생 : 아들이 죽어서요.

[해설] 교사는 먼저 배워야 할 정보를 제시한다(범주①). 그리고 한정된 사고를 유도하는 질문을 던지고(범주②), 학생은 한정된 사고로 반응을 한다(범주④).

교 사 : 아들이 죽어서 어쨌길래 외롭지?

학 생 : 아들이 죽어서 없으니까요.

[해설] 교사는 학생의 참여 수준을 계속 유지할 수 있도록 질문을 던지고(범주⑥), 학생은 한정된 사고로 반응을 한다(범주④).

[8] 임칠성 외(2004 : 81)에서는 이 사례를 '깔때기 패턴'으로 보고 있다. 즉 교사가 의도한 답을 학생이 대답할 수 있도록 질문의 범위를 좁혀 문제를 여러 개의 하위 문제로 나누어 교사가 학생에게 질문하는 상호작용의 패턴으로 보고 있다.

교　사 : 그래, 그렇다면 '외로운'은 아들이 없음을 말하는구나. 그러면 '황홀한'
　　　　은 무엇이지? 왜 황홀해? 너무 슬퍼서?

학생들 : …

[해설]　교사는 학생들이 '외로움'의 의미를 맥락을 통해 파악하는 활동이 끝
　　　　났음을 알린다(범주⑧). 그리고 다시 한정된 사고를 유도하는 질문을
　　　　던졌는데(범주②), 학생은 혼란을 겪으면서 침묵을 한다(범주⑩).

교　사 : 지금 창 밖에 뭘 보고 있니?

학생들 : 별이요.

[해설]　교사는 다시 한정된 사고를 유도하는 질문을 던지고(범주②), 학생은
　　　　한정된 사고로 반응을 한다(범주④).

교　사 : 그런데 별은 누구를 가리키더라.

학생들 : 아들이요.

[해설]　교사는 학생의 참여 수준을 계속 유지할 수 있도록 질문을 던지고(범
　　　　주⑥), 학생은 한정된 사고로 반응을 한다(범주④).

교　사 : 그러면 생각해 보자. 별을 보고 있고, 별은 아들을 가리키고, 그러면 무
　　　　엇이 황홀한 것이지?

학생들 : 아들을 만난 것이요.

[해설]　교사는 참여 수준을 확대하는 더 높은 수준의 질문을 던지고(범주⑦),
　　　　학생은 한정된 사고로 반응을 한다(범주④).

교　사 : 그래, 그러면 '황홀한'이란 아들을 만남을 말하는구나. 그래서 일단 이
　　　　렇게 정리할 수 있지.

[해설]　교사는 학생들이 '황홀함'의 의미를 맥락을 통해 파악하는 활동이 끝
　　　　났음을 알린다(범주⑧).

교　사 : 그런데 정말로 중요한 것이 있다. 자, '아들의 없음'과 '아들의 만남' 이
　　　　둘을 이어주는 것이 무어라고 했지?

학생들 : 유리창이요.

[해설]　교사는 끝으로 확장된 사고를 유도하는 질문을 던졌는데(범주③), 학생
　　　　은 확장된 사고로 반응을 한다(범주⑤).

교　사 : 그래, 바로 그거야. 유리창이 이 둘을 이어주고 있지. 이건 아주 중요한
　　　　것이야.

[해설]　교사는 학습 활동이 끝났음을 알리는 멘트를 하며 수업을 마친다(범주⑨).

6. 수업 대화의 맥락적 특징과 그 규칙

(1) 교실에서 대화 맥락의 특징

먼저 의미가 맥락 의존적이라는 뜻을 좀 더 구체적으로 살펴보자. 예를 들어, 고등학교 국어 시간에 감상하고 있는 정지용 시의 그 '별'은 추상적인 의미이다. 하지만 대화에 참여하고 있는 학생들이 경험한 하늘에 떠 있는 별은 구체적이고 특별한 의미를 지니고 있다. 별을 보고, 천문학자를 꿈꾼 학생, 도시의 별을 보고 고독을 느낀 학생, 별과 관련된 노래를 떠올린 학생 등이 있을 수 있다. 이 특별한 의미들은 일반 상식적인 지식의 부분이다. 수업 대화에서 중요한 것은 텍스트의 '별'과 학생들이 만나고 경험한 별에 대해 공유된 이해를 발전시키는 것이다. 그런데 학생들이 경험한 별은 텍스트 외적 맥락이라면, 텍스트의 '별'은 텍스트 내적 맥락이다. 따라서 교사가 텍스트의 '별'과 별에 관한 공유된 이해를 발전시키려면 학생들이 경험한 텍스트 외적 맥락을 텍스트 내적 맥락과 관련시킬 수 있어야 한다.

두 번째 사실, 즉 맥락은 물리적인 것이 아니라 심리적인 것이라는 말의 의미를 살펴보자. 물리적 환경이나 상황, 기록 등은 가시적 맥락이다. 교육적인 상황 맥락에서 가시적인 맥락은 '너무 엄청난 역할'을 하기도 하지만 '너무 미미한 역할'을 하기도 한다. '너무 엄청난 역할'이란 학생들이 이런 가시적인 맥락의 도움으로 학습 대상과 내용을 기억하고 지각하고 정의하는 일을 매우 쉽게 하기 때문이다. 반면 '너무 미미한 역할'이란 가시적인 맥락에 의존하다 보면 일반적인 지식 구조의 원리와 특징, 지식을 탐구하고 발견하게 되기까지 전개된 경험의 역사 등을 놓치게 된다. 심리적 맥락은 우리가 놓치게 되는 이러한 것들을 포착하게 해 준다. 심리적 맥락은 기억 과정이나 정보 처리 과정 속에서 우리가 보고 들은 것을 변형하거나 재작업하는 것을 가능하게 해 주기 때문이다(Bartlett,

1932 ; Bransford, 1979). 고등학교 국어 시간에 학생들이 깨우치게 되는 '별'
과 '외로움', '황홀함'의 의미는 물리적인 맥락을 통해서가 아니라 심리적
인 맥락의 결합 틀(joint frame) 속에 구축됨으로써 가능한 것이다.

(2) 맥락적 상호작용의 규칙

고등학교 국어 수업의 사례는 무엇보다 교사의 질문과 학생의 반응, 그
리고 대화 맥락을 이끌어 나가는 교사의 모습과 그 맥락 속에 참여하는
학생의 모습이 매우 바람직함을 보여주고 있다. 그런데 또 다른 문제는 교
육적으로 바람직한 이러한 언어적 의사소통의 규칙이 존재하는가이다. 교
사나 학생이 이러한 규칙을 습득하거나 학습하지 못한다면 교육적으로 유
의미한 결과, 즉 학업 성취 수준을 높이지 못할 가능성이 크기 때문이다.

교실 수업 맥락에서 '눈치'는 이러한 규칙이 존재함을 보여준다. 최상
진(2000 : 193~214)에 의하면, 눈치는 두 사람 이상이 사회적 관계 속에서
상호작용하면서 본심을 직접 노출하기 어렵거나 꺼리는 상황에서, 불분명
하거나 불충분한 정보 단서를 보고서, 상대방의 본심을 읽어내는 과정이
나 현상으로 해석한다. 그는 눈치를 이렇게 개념화한 뒤, 역동적으로 상
호작용하는 눈치 명제[9] 몇 가지를 제시하였다. 이러한 눈치 명제는 교실
수업 맥락에서 다음과 같은 교육적 의미를 지닌다. 교사와 학생의 눈치는
소극적이거나 부정적인 개념이 아니라 교실에서 소통되는 '간접적인 언
어'(비언어적 의사소통)임을 인식해야 한다. 이 언어는 교실 수업을 구성하
는 구성원이 공유하는 의미 체계를 지니며, 교사나 학생이나 모두 그 의
미를 알고 있기에 교사는 '의도적인 눈치 보내기'가 가능하며 학생들은
교사가 보내는 의도적인 눈치를 읽어낼 수가 있다. 학생들이 교사의 눈치
를 읽거나 읽을 수 있는 때는 대략 다음과 같다. 직접적으로 드러나지는
않지만 교사의 말과 행동의 배후에 무엇인가 학생에게 알리고 싶은 의도
가 있다고 느껴질 때, 교사의 내심을 알아서 읽는 것이 교사와의 원만한

[9] 눈치의 명제
그는 눈치의 명제를 개념화, 구
조적 형태 분석, 체계, 의미, 소
통과 조화, 현상학적 분석, 의미
형성과 전달 등에 걸쳐 총 7개
로 제시하고 있다. 이 장에서는
이 명제 중 교육적 의미를 추출
할 수 있는 명제를 재해석하여
간단히 제시하였다.

관계 유지를 위해 필요하다고 생각될 때, 교사가 자신을 어떻게 평가하는지 알아야 할 때, 교사가 이전과 다른 행동을 할 때 등이다. 이때 교사가 보내는 눈치 신호의 내용이 동일한 경우라도 상황과 맥락, 학생에 따라 그 의미가 달라질 수 있다. 그리고 교사와 학생 사이의 눈치 소통, 즉 눈치 조화(coordination)가 이루어지기 위해서는 감정 공유나 직관적 통찰 과정 등이 필요하다. 물론 교사가 보내는 교육적인 눈치가 개인적인 감정 표현이고, 이 단서를 통한 의미 해석 과정이 복잡하다는 비판도 존재한다. 하지만, 수업 맥락 속에서 교사가 이를 적절히 사용하는 것 자체가 무의미한 것은 결코 아니다. 오히려 학생들은 '교사의 눈치'를 통해 교사가 가르치는 정보나 내용의 가치나 의의뿐만 아니라, 교사의 의도 등도 더 잘 파악할 수 있다. 학생들은 암시적이고 주변적인 단서가 되는 교사의 눈치를 통해 교육의 본질적인 의의와 가치에 대해 더 많은 것을 배울 수 있다(심영택, 2006 : 24).

이러한 과정은 '객관적 규칙의 습득'이 아니라, 상당히 암묵적인 것들이어서 '배워서만이' 즉 보고 따라해야만이 습득 가능하다는 것이다. 교실에서 이루어지고 있는 교사와 학생의 맥락적 의사소통의 방식 역시 이러한 성격을 지닌다. 즉 명시적 규칙에 의해 결정되지 않으며, 실제로 보고 배우지 않고서는 전달되지 않는다는 것이다. 이러한 지식을 우리는 '암묵적', '국지적' 또는 '실제적' 지식이라고 간주한다. 그린과 하커(Green & Harker, 1982), 하임즈(Hymes, 1977) 등의 연구에 의하면 교실 수업에서 교사와 학생의 상호작용은 교사가 교재 내용을 전달하는 과정이면서 동시에 학생들에게 성공적인 참여를 위해 상황에 적절한 참여 단서나 참여 규칙을 알려주는 과정이며, 성공적인 학습은 교재 내용에 대한 이해 여부뿐만 아니라 교실 대화의 참여 단서나 참여 규칙과 같은 의사소통 능력을 소유했는지 그 여부에 달려 있다고 한다(김영천, 2002 : 276에서 재인용). 학업 성취 결과가 뛰어난 학생은 이러한 두 가지 능력을 모두 보유하고 있다고 할 수 있다.

7. 수업 대화 중 교사의 질문 차원과 유의 사항

교사가 학생들로 하여금 이러한 맥락적 의사소통의 규칙을 습득하게 하려면 무엇보다 교사는 질문의 성격을 바르게 이해하고, 질문할 때의 유의점을 잘 알아 두어야 할 필요가 있다. 변홍규(1996 : 13)에 따르면, 교사의 질문은 다음과 같이 여섯 차원으로 분류되며, 효과적인 질문이라면 이들 모든 차원이 뚜렷이 구분되어야 한다고 주장한다. 기능 수준(질문이 인지적 이해 또는 정의적 반응을 요구하는가에 따라), 초점 수준(대상에 대해 학생의 주의를 수렴하는가 또는 확산하는가에 따라), 역동적 수준(질문이 폐쇄적인가 또는 개방적인가에 따라), 곤란도 수준(질문이 학생 수준에 복잡한가 또는 도전적인가에 따라), 관심도 수준(학생에게 호기심을 불러일으키는지 또는 그렇지 않은지에 따라), 실현성 수준(질문을 처리해야 할 학생의 조건에 따라)이 그것이다.

한편 김신자 외(2003 : 204~205)에서는 교사가 질문을 할 때의 유의 사항에 대하여 다음과 같이 지적하고 있다.

- 학습 계획에서 이탈된 질문을 하지 않도록 한다.
- 질문을 언제할지 적절한 시기를 생각한다.
- 특정인에게만 반복적으로 질문하지 않는다.
- 질문에 대한 답이 오답일 경우 감정적으로 반응하지 않는다.
- 한 번에 질문 하나를 하는 것을 원칙으로 한다.
- 같은 질문을 반복적으로 하지 않는다.
- 공격적인 질문을 절대로 하지 말아야 한다.
- 대답이 어려운 경우 생각할 시간을 주거나 자존심이 상하지 않도록 반응한다.

교재에 관한 이론적인 측면, 즉 교재론은 박인기(1992)에 교재론의 개념, 국어과 교재론의 작용, 국어과 교재론의 기능, 국어과 교재론의 이론화 방향 등이 잘 소개되어 있다. 그리고 교육을 효과적으로 하기 위해서는 교재 분석의 기법도 알 필요가 있는데, 지리 교과의 경우, 남상준(1999 : 154~164)에서 로미지수(Rm) 산출 기법, 내용 분석 기법, 사회적 적합성 분석 등을 소개하고 있다. 이를 참조하면서 국어 교재 분석의 기법을 창출할 수 있을 것이다. 국어 교과서를 꾸미는 방안에 대해서는 김수업(1990 : 202~204)의 방안, 즉 네 영역에 따른 교과서 구성 방안, 교과서 종류의 구성 방안, 학교급과 학년급의 차이에 따른 교과서 교육 방식 등을 참조할 수 있다.

물리적 맥락을 심리적 맥락으로 변형하면서 발생하는 수업 맥락의 특징은 심영택(2004 : 23~25)의 '일반 상식적인 지식이 내재된 덩어리', '맥락의 지속적 주목 가능성'이라는 설명과 손민호(2001 : 77)의 '사회적 현실로서 수업 현상', '사회적 사건으로서 발화 행위'(손민호, 2001 : 77) 등을 참조할 수 있다. 그리고 대화 이동과 사회적 참여 구조의 분류 기준 등에 대한 자세한 언급은 조영달 편(1999 : 30~37)을 참조할 수 있다.

▌탐구 활동

01 어떤 학자는 국어과 학습 자료를 '교과 학습 자료', '생활 학습 자료', '학습 효과 자료'로 분류하기도 한다. 다음 자료는 어디에 해당하는지 말해 보자. 그리고 추가적으로 분류의 성격에 알맞은 자료를 각각 하나씩 더 찾아보자.

> 아들 거지   아버지, 저기 마을에 불이 난 모양이네요.
> 아버지 거지   그런 모양이다.
> 아들 거지   아버지, 우리는 집이 없으니까 불날 걱정이 없겠네요.
> 아버지 거지   그게 다 네 아비 덕이다.

02 01에서 찾은 자료를 바탕으로 다음 절차에 따라 국어 교과서 한 단원을 꾸며 보자(이때 5∼6명이 한 조가 되어 공동으로 작업하는 것이 좋다).

① 먼저 자신의 전공과 관련된 학교급을 선택한다(초등학교, 중학교, 고등학교).
② 현행 국어과 교육과정 중 01의 자료와 관련된 내용 항목을 선택한다.
③ 자신이 만들고자 하는 영역이 무엇인지 선택한다(말하기 · 듣기, 읽기, 쓰기, 문학, 문법).
④ 기존의 국어 교과서 단원의 편집 체제와 구성 원리가 무엇인지 분석한다.
⑤ 학습의 동기 유발을 위해 여러 가지 대중매체도 같이 사용한다.
⑥ 각 조에서 만든 국어 교과서를 전체 학생 앞에서 발표한다.

03 공개된 연구 수업 비디오 한 편을 구해서 다음 절차에 따라 분석하여 보자(비디오를 구하지 못한 경우 한국교육과정평가원 교수 · 학습 센터로 들어가서 국어과 현장 수업 사례를 참조할 수 있다).

① 비디오에 나타난 수업 단계는 한국식인지 미국식인지 분석한다.
② 고등학교 사례(정지용의 시 <유리창>)와 같이 인상적인 수업 장면 하나를 찾아 기술한다.
③ 플란더즈의 상호작용 분석 모형에 따라 ②에서 기술한 내용은 각각 어디에 해당하는지 따져본다.
④ 오우버 등(1971 : 93)의 '사고의 고리와 수준을 코드화하는 범주'를 사용하여, 학생의 사고를 자극하고 유지하면서 사고의 수준을 끌어올리는 대화 맥락을 유지하고 있는지 따져본다.
⑤ 비디오에 나타난 수업 대화의 맥락적 특징과 규칙을 분석하고 기술한다.
⑥ 비디오에 나타난 문제점을 찾고, 나라면 어떤 식으로 수업을 전개할지 말해 본다.

▌참고할 만한 자료들

• 국어 교재와 관련된 내용은 다음 논문들을 보라.

　김문웅 · 이창근(2003), 국어과 교육의 내용 구성에 관한 연구, **초등교육연구논총**
　　　　19집, 대구교육대학교 초등교육연구소.

　이경화(2002), 초등 국어과 교육과정 적용의 문제점과 개선 방안, **국어교육학연구**
　　　　제15집, 국어교육학회.

　이대규(1982), 중등학교 국어 교과서의 문제점과 그 개선 방안, **새국어교육 35집**,
　　　　한국국어교육학회.

　임천택(2004), 초등 교원 양성을 위한 국어과 교재의 내용 분석, **한국어문교육 13**
　　　　집, 한국교원대 한국어문교육연구소.

　정혜승(2004), 국어적 창의성 계발을 위한 교재 구성 방안 연구, **한국초등국어교**
　　　　육 24집, 한국초등국어교육학회.

• 국어 수업과 관련된 내용은 다음 논문들을 보라.

　김대현 · 정성아(2003), 초등학교의 수준별 교육과정 운영에 관한 연구, **교육과정**
　　　　연구 21집, 한국교육과정학회.

　노창수(1991), 시 교재의 수업 과정 연구, **국어교육 73호**, 한국국어교육연구회.

　신헌재(2005), 국어 수업 관찰과 비평의 방향, **한국초등국어교육 27집**, 한국초등
　　　　국어교육학회.

　윤주은(2002), 동시 교육의 수용론적 방법 연구, **연구논문집 29집**, 울산과학대학.

　최창렬(1979), 국어 교재의 구조화와 수업의 개선, **국어교육 34호**, 한국국어교육
　　　　연구회.

제 5 장

말하기·듣기 교수·학습 방법

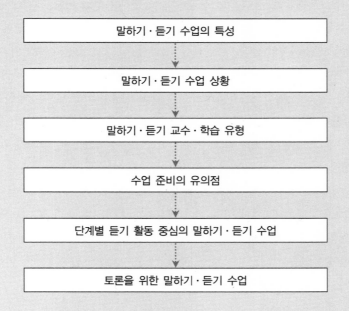

개요 말하기 · 듣기는 '발화 음성의 즉시 소멸성, 말하고 듣는 이의 직접 대면성, 시간과 공간의 제약성' 등 음성언어가 가지고 있는 특성과 제약으로 인해 가르치기가 쉽지 않다. 또한 말하기와 듣기는 성장 과정을 통해 자연스럽게 배우게 된다는 생각 때문에 소홀히 다루기 십상이다. 이 장에서는 말하기와 듣기의 특성을 고려하여 말하기 · 듣기를 어떻게 가르칠 것인가를 다룬다. 이를 위해 먼저, 문제 상황을 통해 말하기 · 듣기 수업의 문제점을 살펴보고, 이러한 문제점을 해결하기 위한 말하기 · 듣기 교수 · 학습 방법의 이론적 배경을 학습하게 된다. 그런 다음, 말하기 · 듣기 수업에 적용할 수 있는 구체적인 교수 · 학습 방법들을 알아보고, 말하기 · 듣기 수업의 유의점을 정리해 본다. 마지막으로 몇 가지 탐구 과제를 풀어봄으로써 말하기 · 듣기 교수 · 학습 방법과 수업에 대한 이해도를 높인다.

■ 문제 상황

중학년 1학년 국어를 가르치고 있는 김 교사는 늘 말하기 · 듣기 수업이 어렵다고 생각하고 있다. 어찌 보면 가르칠 것이 많은 것도 같고, 별로 가르칠 것이 없는 것도 같고 늘 아리송하다. 가르쳐야 할 내용이 구체적으로 무엇인지도 감이 잘 안 잡힌다. 오늘 할 수업은 생활국어 1학년 1학기 6단원 '상황에 맞게 말하기' 중, '(2) 상황에 맞게 말하는 연습'이다. 교실에 들어선 김 교사는 지난 시간에 배운 '상황에 맞게 말하는 방법'을 학생들이 알고 있는지 확인한다. 대부분의 학생들이 말할 때에는 '말하기의 목적, 말할 대상, 시간적 · 공간적 조건, 이야기의 흐름, 분위기' 등을 고려해서 말해야 함을 어렴풋하게 알고 있었다. 교과서를 펴고 김 교사는 수업을 한다. 교과서에 제시된 활동은 '글을 읽고, 글 속에 나오는 나래의 입장이 되어 담화 상황을 이루는 요소를 고려하면서, 상황에 맞게 말하는' 것이다. 학생들은 교과서에 제시된 순서대로 나래의 상황을 분석하고, 만화가가 되고 싶은 나래의 입장이 되어 어머니를 설득하는 말을 하기 위해 고려해야 할 점과 말할 내용을 정리하고, 이를 바탕으로 발표를 한다. 학생들은 활동을 하는 내내 심드렁하다. 나래의 입장이 되는 것도 어려워하고, 만화가가 되고 싶다는 마음도 별로 안 든다. 그리고 말하기 · 듣기 수업인데, 왜 이리 써야 하는 것이 많은지도 못마땅해 한다. 김 교사는 생각해 본다. 정말 다른 사람의 입장이 되어서 말해 보는 활동을 하는 것만으로도, 그것도 한 번만 하고서도 상황에 맞게 말하는 연습이 되는지, 상황에 맞게 말하는 능력이 신장되는지. 이래저래 김 교사는 말하기 · 듣기 수업을 어떻게 해야 할지 고민이다.

■ 관점 갖기

말하기·듣기 교수 방법 설계를 어디에서부터 시작해야 할까? 이 장에서의 관심은 수업 상황에서의 말하기·듣기 교수법에 있으므로 일단 수업 상황에서부터 교수 방법 설계를 시작하고자 한다. 다 알다시피 수업은 특정한 시간과 공간 속에서 이루어진다. 이것은 시간과 공간이 정해져 있다는 것을 의미한다. 그렇기 때문에 수업은 어떤 수업이든지 주어진 시공간 속에서 행해질 수밖에 없다. 이것은 시간과 공간을 활용할 수 있는 교수 전략이 필요함을 의미하는 것이기도 하다. 먼저 시간부터 살펴보자. 수업 시간이 정해졌다는 것은 수업에 시작, 중간, 끝이 있다는 것을 뜻한다. 교수법 개발 초창기에 많은 교수법들이 수업을 '도입, 전개, 정리' 등으로 나누어 교수 전략들을 제시하곤 했는데, 이는 모두 수업의 시간 유한성을 고려한 것이다.* 이 점에서 말하기·듣기 교수법도 예외일 수 없다. 하나 유의해야 할 점은 교수법을 구안할 때 단일 차시

---
* 경우에 따라서는 4단계나 5단계를 설정하고 있는 경우도 있는데, 어떤 경우든 '도입, 전개, 정리'와 유사한 용어를 쓰고 있으면, 모두 수업의 시간 유한성을 염두에 둔 것이라 할 수 있다.

알아 두어야 할 주요 개념들

이 장의 학습을 위해 다음과 같은 개념들을 먼저 정리해 두자.

구두 언어성

화법은 구두 언어를 중심 매체로 한다. 같은 언어활동이면서도 구두 언어와 문자언어는 작용 양상이 사뭇 다르다. 문자언어에 비해 볼 때 구두 언어는 준언어적(paralinguistic) 요소나 비언어적(non-verbal) 요소들이 매체로서 작용한다. 구두 언어활동은 참여자들이 '지금, 여기'라는 시간적 공간적 상황을 공유하면서 서로 적극적인 상호작용을 통해 의미를 공유해 간다. 구두 언어의 정보는 내용면에서는 구체적이고, 구조면에서는 엄격하지 않고 개방적이며, 정보의 양도 비교적 적은 편이어서 특별한 인지적 노력 없이 자동적으로 처리된다.

상호 교섭성

말하기·듣기는 일련의 의미들이 상호 교섭되면서 새로운 의미를 창조해 가는 과정이다. 말하기·듣기는 화자가 자신의 생각과 느낌을 청자의 머릿속에 화살이 과녁을 향해 날아가듯이 정확하게 전달하는 과정이나, 화자의 말하기와 청자의 듣기가 교대로 상호작용하면서 영향을 주고받는 과정이 아니라, 화자와 청자가 어떤 일을 이루기 위해 서로 의논하고 절충하고 타협하면서 의미를 창조해 가는 과정이다. 이러한 교섭은 참여자의 의도에 의한 것일 수도 있지만 참여자의 의도와는 상관없이 이루어지기도 한다.

통합 역동성

말하기·듣기는 화자, 청자, 상황이 통합되는 역동적인 과정이다. 말하기와 듣기의 통합성은 말하기와 듣기가 서로 교대로 이루어진다는 것을 의미하는 것이 아니라, 말하기와 듣기가 동시에 이루어진다는 것을 의미한다. 다시 말해, 한 사람이 말을 할 때 다른 사람이 그것을 듣는다는 의미의 통합이 아니라, 말하는 사람은 말을 하면서 동시에 듣게 되고, 듣는 사람은 들으면서 동시에 말하게 된다는 의미의 통합이다. 화자는 말을 하면서 동시에 청자의 언어적, 비언어적 메시지를 해석하여 말하는 내용과 방법을 조정하고, 청자는 화자의 메시지를 해석하면서 의식적, 무의식적으로 그에 대해 계속 반응한다. 이때, 상황이 개입함은 물론이다.

이 장의 학습을 위해서는 아래에 제시한 개념들에 대해서도 정리해 두어야 한다. 이 개념들을 각자 조사해 보자.

자기 정체성 / 대인 관계성 / 사회 문화성 / 상호 점검 전략 / 대화 분석 / 토론과 토의의 공통점과 차이점 / 말하기와 듣기의 과정

분의 수업만을 염두에 두지 않아야 한다는 것이다. 2차시, 3차시, 경우에 따라서는 더 많은 시간을 한 단위로 여겨 교수법을 구안할 수 있어야 한다. 따라서 말하기 · 듣기 교수 · 학습 방법은 수업 시간과 관련지어 다음과 같은 질문에 답할 수 있어야 한다.

- 말하기 · 듣기 수업을 어떻게 시작하면 좋을까?
- 말하기 · 듣기 수업 중간에는 무엇을 할 것인가?
- 말하기 · 듣기 수업을 어떻게 끝내는 것이 좋은가?

공간의 경우, 학교에서 이루어지는 수업은 교실에서 이루어지는 것이 보통이다. 그렇다고 해서 공간과 관련된 교수 · 학습 방법이 불필요한 것은 아니다. 말하기 · 듣기 수업에 어울리는 교실 공간 연출도 있어야 하며, 경우에 따라서는 교실 밖에서도 수업을 할 수 있어야 한다. 따라서 공간과 관련지어 말하기 · 듣기 교수 · 학습 방법은 다음의 사항을 고려해야 한다.

- 말하기 · 듣기 수업에 어울리는 교실 환경은 어떠해야 하는가?
- 교실 외에 다른 공간에서 말하기 · 듣기 수업을 할 수는 없는가? 한다면 어떻게 해야 하는가?

그러면 수업의 시간과 공간과 관련된 말하기 · 듣기 교수 · 학습 방법을 어떻게 결정할 것인가? 이를 결정하는 것은 말하기 · 듣기 교육 내용이다. 앞에서 인용한 김혜정(2005 : 45)의 지적대로 교수 · 학습의 방법에서부터 교육 내용의 문제점과 그에 대한 보완이 실행되기도 하지만, 그렇다고 해서 방법의 도구적 또는 수단적 성격이 완전히 없어지는 것은 아니다. 방법은 일차적으로는 교육 내용을 학생들이 효과적으로 습득할 수 있도록 돕는 것이다. 그렇기 때문에 교육 내용을 선정하고 조직하는 것 역시 교수 · 학습 방법이 해야 할 중요한 일 중 하나가 된다.* 수업의 시공간과 관련지어 말하면, 수업의 시간과 공간은 교육 내용이 무엇이냐에 따라 유

* 이러한 일을 교수 · 학습 방법에서 중시하고 교수 설계 이론을 펼친 대표적인 논자는 '메릴(Merrill, M. D.)'이다. 이에 관해서는 정인성 · 나일주(1992 : 115~169)를 참고할 것.

동적인 것이 된다. 우리의 경우 문제는 교육 내용이 국가 수준의 교육과정이나 교과서에 제시되어 있어, 교수자가 따로 교육 내용을 선정하거나 조직할 수 있는 여지가 별로 많지 않다. 하지만, 교육과정상의 내용 선정·조직, 교과서의 내용 선정·조직, 수업의 내용 선정·조직이 꼭 일대일로 대응*되는 것은 아니므로 수업에서의 내용 선정과 조직에 대해 고민할 수 있다. 따라서 교육 내용과 관련지어서는 다음과 같은 질문을 던질 수 있다.**

- 말하기·듣기 수업에서 가르칠 내용을 어떻게 선정할 것인가?
- 말하기·듣기 수업에서 가르칠 내용을 어떻게 조직할 것인가?

말하기·듣기 교육 내용에 따라 수업의 시간과 공간을 어떻게 활용할 것인가를 결정했다고 해서 말하기·듣기 교수 방법 설계가 끝나는 것은 아니다. 교육 내용을 어떻게 전달할 것인가도 고민해야 한다. 먼저, 고려해야 할 것은 교육 내용을 전달할 매체이다. 우리 현실을 감안하면 기본적으로 교육 내용을 담고 있는 매체는 교과서이므로, 교과서가 어떤 매체로 이루어졌는가를 살펴보아야 한다. 그런 다음, 교과서에 제시된 교육 내용이나 과제, 활동, 자료를 어떠한 매체를 통해 전달할 것인가를 생각해 보아야 한다. 이는 교과서만으로는 교육 내용을 학생들에게 충분히 전달할 수 없기 때문이다. 또한 이는 교과서만으로는 수업을 할 수 없다는 것을 의미하는 것이기도 하므로, 어떤 형태로든 교수자는 교과서에 제시된 내용이나 자료, 활동을 구현해야 한다. 말하기·듣기 수업의 경우 생각해 볼 수 있는 매체는 교사의 말과 행동, 학생의 말과 행동, 그래프 등과 같은 시각 매체, 녹음테이프와 같은 청각 매체, 동영상 자료와 같은 시청각 매체, 멀티미디어와 같은 상호작용 매체 등이다.

매체가 결정되면, 교육 내용을 어떤 순서로 제시할 것인가를 확정해야 한다. 이는 수업 조직 방식과 관련이 있으며, 일련의 교수 활동을 포함한

* 이에는 다음의 네 가지 경우가 있다. 첫째, 교육과정상의 내용 선정·조직과 교과서의 내용 선정·조직의 일치. 둘째, 교육과정상의 내용 선정·조직과 수업의 내용 선정·조직의 일치. 셋째, 교과서의 내용 선정·조직과 수업의 내용 선정·조직의 일치. 넷째, 교육과정상의 내용 선정·조직과 교과서의 내용 선정·조직, 수업의 내용 선정·조직 세 가지가 동시에 일대일이 되는 경우.

** 이는 일종의 교육 내용 재구성이라 할 수 있다.

다. 이러한 활동에는 '목표 제시하기, 동기 유발하기, 활동 제시하기, 활동 유도하기, 피드백 주기, 평가하기, 학습 내용 정리하기' 등이 있을 수 있다. 이러한 활동 역시 교과서에 제시된 순서를 그대로 따를 수도 있고, 달리 순서를 정할 수도 있다.

앞에서 논의한 내용들을 정리하면, 수업을 전제로 한 말하기·듣기 교수 방법은 크게 '수업 운영 방법, 교육 내용 선정 및 조직 방법, 교육 내용 전달 방법' 등으로 나눌 수 있다. 하지만 엄밀히 말하면 이들 방법들을 구안하기 전에 고려해야 할 조건들이 있는데, 이들 조건들은 교수·학습 방법에 영향을 미치는 일종의 변인들이다. 이에는 '교수자의 특성, 학습자의 특성, 교육 내용의 특성' 등이 있으며, 교수자의 특성에는 '교사의 인성, 경험, 말하기·듣기 교육 내용에 대한 지식, 말하기·듣기 능력' 등이, 학습자의 특성에는 '학습자가 지니고 있는 말하기·듣기 능력, 선수 학습 정도, 적성, 학습 동기, 학습 유형' 등이, 교육 내용의 특성에는 '상호 교섭성, 일시성, 상황성' 등이 포함될 수 있다.* 한편, 수업에 투입되는 교수 방법은 어떠한 결과를 낳게 되므로 교수 방법을 구안할 때는 교수 결과를 고려해야 한다. 교수 결과는 주로 학습자들이 교육 내용을 얼마나 효과적·효율적으로 습득했는지, 학습자들이 그 교수 방법에 만족하는지에 따라 평가할 수 있다. 이상의 내용을 종합해 보면, 말하기·듣기 교수 방법은 어떤 교수 조건하에서 어떤 교수 결과를 낳게 되는 다음과 같은 관계 속에 놓이게 된다.**

* 제시된 변인들은 예시의 의미를 가지는 것이지, 그것만이 전부라는 뜻은 아니다.

** 교수 방법의 체계를 '교수 조건, 교수 방법, 교수 결과'의 관계 속에서 파악하고 있는 논의에 대해서는 라이거루스(Reigeluth, C. M., 1993 : 24~28)을 참고할 것.

교수 조건	교육 내용의 특성	학습자의 특성	교수자의 특성
교수 방법	내용 선정·조직 방법	내용 전달 방법	수업 운영 방법
교수 결과	효과성	효율성	만족성

[그림 1] '말하기·듣기 교수 조건, 방법, 결과' 관계도

1. 말하기·듣기 수업의 특성

말하기·듣기 교수 방법을 수업에 구체적으로 적용하려면 말하기·듣기 수업의 특성에 대해 알아야 한다. 말하기·듣기 수업의 첫 번째 특성은 '말하기·듣기 교육 내용'을 가르치고 배운다는 점이다. 교육 내용이 해당 교과 수업의 특성을 드러낸다는 것은 하등 이상할 것이 없다. 수학 수업의 특성은 수학 교육 내용을 가르치고 배우는 데 있고, 과학 수업의 특성은 과학 교육 내용을 가르치고 배우는 데 있는 것과 같은 이치이다. 현행 교육과정에 기대어 말하면, 말하기·듣기 수업의 특성은 '발성과 발음, 말할 내용 선정·조직·표현·전달, 청각적 식별, 들은 내용 확인·추론·평가·감상'을 '정보 전달, 설득, 정서 표현, 친교'라는 텍스트를 통해 가르치고 배운다는 것이다. 교육 내용의 성격 측면에서 보면, 말하기·듣기 수업은 말하기·듣기와 관련된 '본질, 원리, 태도, 실제'를 가르치고 배우는 것이고, 바꿔 말하면 말하기·듣기와 관련된 '지식, 기능, 전략, 태도' 등을 가르치고 배우는 것이다.

학습자의 측면에서 보면, 말하기·듣기 수업의 특성은 학습자가 말하기·듣기 교육 내용에 관심을 갖고 말하기·듣기와 관련된 모종의 행위를 한다는 점이다. 범박하게 말하면, 학습자가 말하기·듣기 교육 내용을 중요하게 여기고 이들 내용을 이해해서 자기 것으로 만들거나, 실제로 말하고 들어야 한다는 것이다. 이에 더하여 학습자는 자기 자신의 말하기와 교수자의 말하기·듣기에 관심을 가질 수 있고, 동료 학습자의 말하기·듣기에도 관심을 가질 수 있다.

교수자의 측면에서 보면, 말하기·듣기 수업의 특성은 교수자가 말하기·듣기 교육 내용과 학습자의 말하기·듣기 학습 행위에 관심을 가지며, 학습자의 말하기·듣기 학습 행위에 어떤 조치를 취함으로써 학습자의 말하기·듣기 학습 행위를 돕는다는 점이다. 또한 교수자는 학생들의 말하기·듣기 행위 그 자체에 관심을 갖고 어떤 교육적 처치를 할 수도 있다.

지금까지의 내용을 정리하면 말하기·듣기 수업의 특성은 다음과 같다.

① 말하기·듣기 수업은 말하기·듣기 교육 내용을 가르치고 배우는 교육 행위이다.
② 말하기·듣기 수업의 학습자는 말하기·듣기 교육 내용에 대한 관심과 행위를 드러낸다.
③ 말하기·듣기 수업의 학습자는 자기 자신과 교수자, 동료 학습자의 말하기·듣기 행위에 관심을 보인다.
④ 말하기·듣기 수업의 교수자는 말하기·듣기 교육 내용에 대한 관심과 행위를 드러낸다.
⑤ 말하기·듣기 수업의 교수자는 학습자의 말하기·듣기 학습 행위에 관심을 갖고 어떤 교육적 처치를 한다.
⑥ 말하기·듣기 수업의 교수자는 학습자의 말하기·듣기 행위 그 자체에 관심을 갖고 어떤 교육적 처치를 한다.

2. 말하기·듣기 수업 상황

말하기·듣기 수업 상황을 말하기·듣기 구성 요소와 요소들 간의 관계를 통해 살펴보면 다음과 같다. 말하기·듣기 수업 상황에서의 화자/청자는 교사와 학생이며, 이들은 화자/청자의 역할을 수시로 바꾸면서 '교사/학생, 학생/교사, 학생/학생'의 세 가지 유형의 화자/청자 역할을 만든다. 메시지는 '교육 내용'이 되며, 효과는 교육 내용을 습득한 결과로 생기는 교사와 학생의 '인지적·정의적·심동적 변화'가 된다. 잡음은 '교실 소란, 교실 구성원들 간의 갈등, 교사와 학생 간의 언어의 이해에 대한 불일치'라고 할 수 있으며, 상황은 '수업 시간·공간'이 된다. 말하기·듣기 결과는 말하기·듣기 수업을 통해 만들어진 수업 담화가 된다. 한편, 교육 내용은 어떠한 형태로든지 매체로 구현되어야 한다. 일차적으로 교육 내용은 '활동이나 과제, 그리고 이를 수행하기 위한 자료'로 나타나며, 이들은 다시 '시각 매체, 청각 매체, 시청각 매체' 등으로 표상된다. 따라서 매체는 일차 매체와 이차 매체로 나누어 생각할 필요가 있다. 현재의 교과서는 이러한 두 가지 형태의 매체가 공존하는 곳이라 할 수 있다. 지금까지의 내용을 정리해 보면 말하기·듣기 수업은 다음과 같은 모습을 띤다.

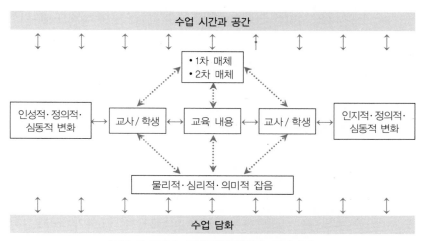

[그림 2] 말하기·듣기로서의 말하기·듣기 수업

이 중, 말하기·듣기 교육 내용 전달에서 중요한 것은 교육 내용과 매체와의 관계이다. 교수·학습 방법이란 교육 내용을 1차 매체화하고, 그것을 다시 2차 매체화하는 것이다. 1차 매체화는 교육 내용을 어떠한 과제나 활동, 자료를 통해 구현하는 것이며, 이는 수업 시간 운영과 맞물리게 된다. 즉, 수업 처음에 할 활동, 중간에 할 활동, 끝에 할 활동을 결정해야 한다. 그런 다음, 이 활동을 '시각, 청각, 시청각 매체' 등을 활용하여 학생들에게 제시하면 된다. 결과적으로 보면, 수업은 매체를 통한 교사와 학생의 상호작용인 것이다. 따라서 말하기·듣기 교수 방법은 다음과 같은 틀 속에서 구안되어야 한다. 첫째, 수업 운영에 따른 수업 조직과 관련된 활동들이 있어야 한다. 이는 주로 교육학 일반론에서 얘기하는 '목표 제시하기, 선수 학습 확인하기, 동기 유발하기, 활동 제시하기, 활동 유도하기, 피드백 주기, 활동 평가하기, 학습 내용 정리하기' 등이다. 둘째, 교육 내용을 1차 매체인 활동으로 변환시켜야 한다. 1차 매체인 활동들은 텍스트 유형과 말하기·듣기 교육 내용 요소에 따른 활동, 말하기·듣기 과정에 따른 활동의 결합 형태가 된다. 셋째, 이러한 활동들을 '시각, 청각, 시청각 매체' 등으로 2차 매체화해야 한다.

[그림 3]은 이를 고려한 말하기·듣기 교수·학습 방법 체계도이다.

〈텍스트 유형〉
• 언어 사용 목적에 따른 분류 : 제보적, 설득적, 표현적, 미적, 친교적 등 • 말하기 수준에 따른 분류 : 면대면 대화, 소집단, 조직, 미디어 등 • 역할 관계의 방식에 따른 분류 : 사적, 공식적, 준공식적 등 • 의사소통 방향에 따른 분류 : 대화적, 독백적 등

×

〈말하기·듣기 교육 내용 요소별 활동〉						
상 황	화자 / 청자	메시지	매 체	잡 음	효 과	듣 기
• 상황이 말하기에서 왜 중요한지 알기 • 상황을 고려하는 방법 알기 • 상황을 고려해서 말하기	• 내적 의사소통의 필요성 알기 • 내적 의사소통이 말하기에 미치는 영향 알기 • 타인과 올바른 관계 맺기	• 텍스트 기능, 규범, 관습, 주제 전개 방식, 언어적 표현 방식 등을 알고, 이를 텍스트 생산/수용에 활용하기	• 말하기에 관여하는 매체의 종류와 특성 알기 • 텍스트에 따라 적절한 매체 선택하여 말하기 • 메시지와 매체의 관계 알기	• 잡음의 종류 알기 • 잡음이 말하기에 미치는 영향 알기 • 잡음을 제거하는 방법 알기 • 잡음을 적절히 제거하면서 말하기	• 말하기의 목적에 따른 효과 알기 • 말하기의 효과를 고려하며 말하기	• 듣기의 중요성 알기 • 듣기의 종류 알기 • 상황/상대/들을 내용에 따라 듣기를 달리해야 함을 알기 • 상황/상대/들을 내용에 따라 효과적으로 듣기

×

〈말하기·듣기 과정에 따른 활동〉
• 말하기 목적 정하기, 청자 분석하기, 내용 선정 및 생성하기, 내용 조직하기, 표현·전달하기, 조정하기 • 듣기의 목적 정하기, 내용 확인하기, 추론하기, 평가하기, 감상하기, 반응 보이기, 조정하기

×

〈활동들 매체화하기〉
• 교사의 말과 행동, 학생의 말과 행동시각 매체, 청각 매체, 시청각 매체, 상호작용 매체 등

수업 운영 활동		
• 목표 제시하기 • 선수 학습 확인하기 • 동기 유발하기	• 활동 제시하기 • 활동 유도하기 • 피드백 하기	• 평가하기 • 학습 내용 정리하기

[그림 3] 말하기·듣기 교수 방법 체계도

3. 말하기·듣기 교수·학습 방법의 유형

말하기·듣기 교수·학습 방법은 위에서 제시한 말하기·듣기 수업의 특성과 수업 상황을 바탕으로 구안할 수 있다. 가장 먼저 생각해 볼 수 있는 것은 각각의 특성에 따른 교수 방법을 하나하나 구안하는 것이다. 즉, '말하기·듣기 교육 내용, 말하기·듣기 학습자, 말하기·듣기 교수자' 각각에 초점을 맞춰 교수 방법을 마련할 수 있다.

(1) 말하기·듣기 교육 내용에 초점을 맞추는 경우

이 경우에는 세 가지 교수·학습 방법 구안이 가능하다. 하나는 학생들이 실제로 배워야 할 교육 내용 즉, '발성과 발음, 말할 내용 선정·조직·표현·전달, 청각적 식별, 들은 내용 확인·추론·평가·감상' 등에 중점을 둔 교수·학습 방법이다. 예를 들면, 발음 교수법, 말할 내용 선정을 위한 교수·학습 방법 등이 이에 해당한다. 물론, 교육 내용들을 결합하거나 통합하여 교수·학습 방법을 마련할 수도 있다. 두 번째는 텍스트 중심으로 한 교수법이다. 이럴 경우, 정보 전달, 설득, 정서 표현, 친교처럼 언어 사용 목적별로 교수·학습 방법을 구안할 수도 있고, 대화, 토론, 소개하기 등과 같이 좀 더 세분화된 형태의 텍스트 중심으로 교수·학습 방법을 구안할 수도 있다. 세 번째는 교육 내용의 성격에 따른 교수·학습 방법이다. 즉, 말하기·듣기 교육 내용을 '지식, 기능, 전략, 태도' 등으로 나누고 이들에 대한 교수·학습 방법을 각각 제시하는 것이다. 이때에는 일반 교육학에서 제안한 '직접 교수법, 문제 해결 학습법, 탐구 학습법, 가치 명료화 학습법' 등을 활용할 수 있다. 다음은 그 한 예이다.[1]

첫째, 지식 인지 유형이 있다. 선언적 지식, 절차적 지식, 담화 지식에 관한 내용 등이 여기에 해당하며, 이들을 학습하기 위해서는 지식 인지 교수·학습 모형이 필요하다.

[1] 류성기·김기수(1999 : 82~88)의 연구에서 가져온 것임.

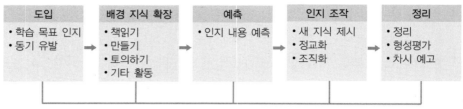

[그림 4] 지식 인지 교수 · 학습 모형

둘째, 행동 기능 습득 유형이 있다. 발음, 소리 식별, 태도(자세) 등 듣기나 말하기의 행동 내용이 이에 해당되는데, 반복적인 활동에 의하여 기능의 자동화를 유도하는 학습이다. 이러한 학습을 위해서는 행동 기능 교수 · 학습 모형이 필요하다.

[그림 5] 행동 기능 교수 · 학습 모형

셋째, 전략 기능 습득 유형이 있다. 내용 이해, 내용 비판, 내용 창조, 내용 생성, 내용 조직 등의 전략적 표현, 담화 상황에 따른 전략적 내용이 여기에 속한다. 이러한 학습을 위해서는 전략 기능 교수 · 학습의 모형이 필요하다.

[그림 6] 전략 기능 교수 · 학습 모형

넷째, 가치 형성 유형이 있다. 태도(가치)가 여기에 해당되는 내용이다.

음성언어 활동의 태도 내용 중에서 가치와 관련된 내용은 화자나 청자의 인격 존중, 자신의 음성언어 활동에 대한 책임감 인식, 바람직한 방향으로의 화법 문화 형성 태도 등이 있을 것이다. 이런 가치 학습은 인간 내면의 심리 상태의 바람직한 방향으로의 변화를 유도하고 가치관을 형성하게 함은 물론 행동의 변화까지 유도되어야 한다.

[그림 7] 가치 형성 교수·학습 모형

(2) 말하기·듣기 수업의 학습자에 초점을 맞추는 경우

이 경우에는 두 가지 교수·학습 방법 구안이 가능하다. 하나는 학습자가 '말하기·듣기 교육 내용'에 대해 관심을 갖고 말하기·듣기 행위를 할 수 있도록 교수법을 구안하는 것이고, 다른 하나는 학습자가 자기 자신과 교수자, 동료 학습자의 말하기·듣기 행위에 관심을 보이도록 교수법을 구안하는 것이다. 이중, 말하기·듣기 교육 내용에 초점을 맞추는 교수법과 일치하는 부분을 제외하면 두 가지 가능성만 남는다. 즉, 말하기·듣기 교육 내용을 가르치고 배우는 것과 무관하게 수업 시간에 행하는 말하기·듣기 행위에 초점을 맞추는 교수법과 초인지를 활용한 말하기·듣기 교수법이 그것이다. 전자의 경우는 주로 수업 대화 분석을 통해 말하기·듣기 교육에 접근하는 방식이며, 후자의 경우는 자기 점검을 통해 학습자 자신의 말하기·듣기 능력 신장에 초점을 두는 교수법이다.

다음은 상보적 수업 모형을 바탕으로 상호 점검 전략을 적용한 수업 모형이다.[2]

2 인탁환(1999 : 65)에서 가져온 것임.

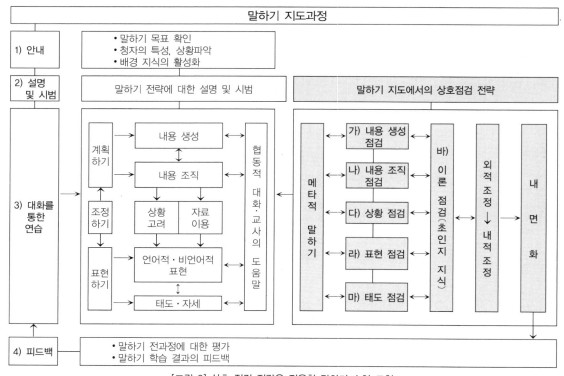

[그림 8] 상호 점검 전략을 적용한 말하기 수업 모형

(3) 말하기·듣기 수업의 교수자에게 초점을 맞추는 경우

이 경우에는 세 가지 가능성이 존재한다. 첫 번째는 교수자가 '말하기·듣기 교육 내용'에 대해 관심을 갖고 말하기·듣기 행위를 할 수 있도록 하는 교수법인데, 이는 교사 교육에 해당하므로 논의에서 제외된다. 하지만, 교수자의 말하기·듣기 행위를 교수·학습 자료로 활용할 수는 있다.[3] 두 번째는 교수자가 학습자의 말하기·듣기 학습 행위에 관심을 갖고 어떤 교육적 처치를 할 수 있도록 하는 교수법이다. 말하기·듣기 교육 내용과 학습자에게 초점을 맞추는 경우의 교수법과 일치하는 부분

---

3 직접 교수법으로 말하기·듣기 교육 내용을 가르칠 때, 교수자의 시범 보이기는 그 한 예가 될 것이다.

을 빼면, 학습자가 자기 주도적으로 말하기·듣기를 학습할 수 있도록 돕는 학습자 중심의 교수법이 이 경우의 대표적인 예가 될 것이다. 세 번째는 교수자가 학습자의 말하기·듣기 행위 그 자체에 관심을 갖고 어떤 교육적 처치를 할 수 있도록 하는 교수법인데, 이 방법은 주로 대화 전략을 학습자의 말하기·듣기 지도에 활용하고 있다. 다음은 대화 분석을 적용한 말하기 교수·학습 모형이다.[4]

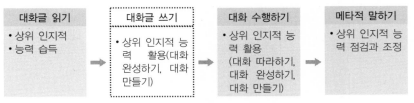

[그림 9] 대화 분석을 적용한 말하기 교수·학습 모형

(4) '말하기·듣기 교육 내용, 말하기·듣기 학습자, 말하기·듣기 교수자'를 통합하는 경우

이러한 교수법들은 일반적으로 두루 통용될 수 있는 형태를 띠는데, 하나는 교육 일반론에서 제기하는 교수법들을 활용하는 것이고,[5] 다른 하나는 새로운 교수법을 착안하여 그 원리나 절차, 전략 등을 제시하는 것이다. 또 다른 가능성은 실제의 말하기·듣기가 이루어지는 어떤 활동들을 끌어들여 교수법을 구안하는 경우이다. 이 경우에는 교육연극과 놀이를 활용한 교수법이 주류를 이룬다. 다음은 지금까지 말하기·듣기 교수·학습 설계에서 소수의 학생들만이 실제 말하기 수행 경험을 갖게 되는, 즉 학습자들에게 균등하게 교수·학습의 기회를 보장해 주지 못했던 교수·학습 방법과 말하기와 듣기 영역이 말하기 중심으로 통합되어 있는 것에 문제점을 보완할 수 있는 '상호 관

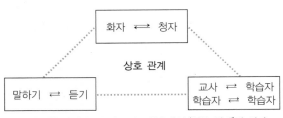

[그림 10] 말하기·듣기 교수·학습에서 '상호 관계'의 의미

6 전은주(1999 : 233~246)에서
가져온 것임.

계적 교수·학습 방법'이다.[6]

우선 교수·학습 환경을 구성하는 사람들은 모두 상호 관계적이 되어
야 한다. 둘째, 말하기와 듣기가 서로 관계적으로 이어진 교수·학습이
되어야 한다는 것이다. 셋째, 말하기·듣기 교수·학습의 적용 과정에서
활동을 수행할 때 화자와 청자를 상호 관계적으로 관련지어 각자 자신의
역할을 수행하게 해야 한다. 이를 고려하여 상호 관계적 교수·학습 모형
을 구안하면 다음과 같다.

[그림 11] 상호 관계적 교수·학습 모형

'확인하기'에서 학습자들은 주어진 과제를 확인하고 그 과제를 수행하
기 위한 자신의 역할을 확인해야 한다. '수행 목표 설정하기'는 전 단계에
서 확인한 자신의 과제와 역할을 수행하기 위한 자신에게 맞는 수행 목
표를 설정하는 단계이다. '과제 수행하기'는 학습자 상호 간의 관계적 적
용이 일어나는 과정이다. '평가하기'는 학습자들이 자신들의 수행에 대해
피드백을 받는 단계이다. 피드백은 교사로부터, 동료 학습자로부터, 그리
고 자기 자신으로부터 받을 수 있다. 누가 평가의 방법으로 실행할 경우,
학습자의 말하기·듣기 능력을 진단하고 성취 정도를 판단하는 데 좋은
근거가 될 것이다.

4. 수업 준비의 유의점

첫째, 위에 제시한 말하기·듣기 수업 모형이나 교수·학습 모형들이
각각의 단계들을 모두 한 차시에 다 다루는 것은 아니다. 경우에 따라서
는 한 차시에 하나의 단계만 적용할 수도 있으며, 하나의 단계를 여러 차

시에 걸쳐 수행할 수도 있다.

둘째, 현재의 말하기·듣기 교육은 말하기 능력을 세분화한 기능(技能) 습득에 치중하고 있다. 기능 습득도 말하기·듣기 교육에서 불필요한 것은 아니지만, 말하기·듣기 교육이 기능 습득으로 일관하는 것은 바람직하지 않다.

셋째, 현재의 말하기·듣기 교육 내용은 대부분 개인적인 말하기·듣기와 관련이 깊으며, 다른 사람과 상호작용 없이 혼자서 무언가를 하는 교육 내용이 주를 이루고 있다. 이는 개인적인 사고력 신장에는 도움을 줄 수 있지만, 실질적인 의사소통 능력이나 보다 넓은 맥락에서의 말하기와 듣기를 등한시할 염려가 있다. 따라서 학생들에게 말하기의 사회·문화적 맥락에 대해 관심을 갖게 하고, 다른 사람과 상호 교섭하면서 말을 할 수 있는 기회를 많이 주어야 한다.

넷째, 현재의 말하기·듣기 교과서를 보면, 많은 활동이 쓰기와 읽기 교수·학습에 기반을 둔 것들이 많다. 이로 인해 학생들은 말하기와 듣기에 부담을 가질 수도 있으며, 말하기·듣기 수업에 적극적으로 참여하지 못할 수도 있다. 음성언어는 옹(Walter J. Ong, 1995 : 60~91)이 지적한 대로 "인간의 생활 세계에 밀착되어, 장황하거나 다변적이고, 논쟁적인 어조가 강하고, 객관적 거리 유지보다는 감정 이입적 또는 참여적이고, 추상적이기보다는 상황 의존적이고, 종속적이기보다는 첨가적이고, 분석적이기보다는 집합적"이다. 이러한 음성언어의 특성을 쓰기와 읽기 쪽에서 보면 바람직하지 못한 것일 수도 있지만, 이는 인간이 삶을 영위하면서 만들어낸 삶의 방식의 일종이다. 따라서 말하기·듣기 교육은 기본적으로 학생들의 삶을 위한 교육이어야 한다.

다섯째, 말하기·듣기 수업에서 중요한 것은 학생들의 말하기와 듣기만이 아니다. 교사의 말하기와 듣기도 중요하다. 학생들은 부지불식간에 교사들의 말하기와 듣기를 배울 수도 있다. 따라서 교사는 수업 중에 학생들에게 모범적인 말하기와 듣기를 보여 줄 필요가 있다.

5. 단계별 듣기 활동 중심의 말하기·듣기 수업(다차시 수업)

(1) 간략한 개요[7]

[7] 단계별 듣기 활동은 임칠성 외 (2002)를 참고하여 정리한 것임.

듣기는 말하기와 더불어 의사소통을 이루는 한 축이다. 듣기는 들려오는 소리를 일방적으로 수용하기만 하는 수동적인 행위가 아니라, 상대방과 함께 의미를 공유해 나가는 고도의 인지적 과정이다. 또한 듣기는 상대방이 전달한 내용에 대해 끊임없이 피드백을 통해서 반응하는 활동으로 의사소통을 경영해 가는 활동이다. 더욱이 듣기는 언어활동의 차원을 넘어 삶의 질에 영향을 끼치는 활동이기도 하다. 그렇기 때문에 듣기 교육은 어찌 보면 말하기 교육보다 더 중요하다고 할 수 있다. 여기에서는 듣기를 중심으로 말하기·듣기 수업을 구안할 수 있는 방안에 대해 살펴보기로 하겠다.

(2) 듣기 전 단계

■■ 활동의 목적

듣기에 앞서 학생들은 앞으로 듣게 될 내용에 대해서 사전 조정을 해야 한다. 이러한 여러 가지 사전 작업을 '듣기 전 활동'이라 부른다. 대부분의 듣기 전 활동들은 듣는 중 단계로 자연스럽게 이어지는 연속적인 활동의 한 부분이다. 그러므로 듣기 전 활동은 듣는 중 활동에 앞서 바로 행해져야 하며 만약 듣는 중 활동까지 하지 않고 듣기 전 활동만으로 끝내 버린다면 많은 이점들을 놓치게 된다. 듣기 전 활동은 실제 듣는 중 활동의 기초로서 이해를 도울 뿐만 아니라, 학생들이 듣기를 하고 싶도록 동기를 부여할 수 있다.

■■ 학습 방법

◐ 배경 지식 구축하기

이를 위한 수업 방법에는 듣는 중 활동 내용에 관련된 그림을 보고 배경 지식을 구축하거나 항목들/생각들/기타의 목록을 보고 듣는 중 활동 준비를 하거나 듣는 중 활동 내용과 관련된 책을 읽어 배경 지식을 활성화하는 것이 있다. 이때 교사는 학생들에게 모둠 활동을 통하여 서로 충분히 의사를 교환하게 하여 활발하게 배경 지식을 구축하도록 도와야 하며 듣기가 다른 국어과의 영역과 통합될 수 있도록 해야 한다.

학습 활동의 한 예

듣기 전에 그림 보기

- 목적 : 듣기 전에 배경 지식을 활성화하여 보다 효과적으로 들을 수 있다.
- 자료 : 듣는 중 활동의 내용과 관련된 그림
- 절차
    ① 교사는 듣게 될 글에서 학생들에게 관심을 불러일으키고 토론을 자극할 만한 그림을 선택한다.
    ② 학생들로 하여금 그림을 보도록 한다.
    ③ 그림을 보고 의문나는 점이나 추론한 내용을 전체 또는 모둠별로 토의를 시키거나 질의 응답을 할 수 있도록 한다.
    ④ 무엇인가를 보고 말하게 하는 활동은 학생들로 하여금 잊어버렸을 낱말을 떠올리게 하거나 들어야 할 주제에다 주의를 집중시키게 하는 데 효과가 있다.
    ⑤ 모둠별로 토의한 내용을 발표시킨다.
    ⑥ 학생들이 자기가 한 내용과 어떻게 다른지 비교하면서 듣도록 한다.
- 지도상의 유의점 : 모르는 낱말을 죽 늘어놓는다든지, 설명을 길게 해서는 안된다. 이것은 학생들이 자연스럽게 듣는 데에 도움이 되지 않기 때문이다.

들어야 할 목적 확인하기

듣기의 목적에 따라 듣는 목적이 달라져야 함을 알기 위한 학습 방법은 신문 기사, 잡지, 소설, 요리책 등과 같은 다양한 글 자료를 이용하여 실제 듣기를 해 보는 것이다. 이를 통하여 학생들은 듣는 목적에 따라 듣는 방법이 달라져야 함을 알 수 있을 것이다.

학습 활동의 한 예

듣기의 목적에 따른 듣기의 방법 알기

- 목적 : 듣기의 목적에 따라 듣는 방법이 다름을 알 수 있다.
- 자료 : 여러 종류의 다양한 글 자료
- 절차
  ① 신문 기사, 잡지, 소설, 편지, 요리책 등과 같은 다양한 듣기 자료를 준비한다.
  ② 학생들에게 항상 똑같은 방법으로 글을 읽는지 질문한다.
  ③ 읽기 목적에 따라 읽는 방식이 다르듯이 듣기의 목적에 따라 듣는 방식이 다름을 설명한다.
  ④ 듣는 목적에 따라 어떻게 들을 것인지 토의하게 한다.
  ⑤ 토의 결과를 바탕으로 실제 다양한 자료를 이용하여 듣기를 하도록 한다. 이때, 학생들에게 듣는 목적에 따라 방법을 달리하며 듣기를 하게 한다.
- 지도상 유의점 : 일상생활에서 접할 수 있는 다양한 자료를 준비하고 꾸준히 지도하여 듣기가 즐겁고 유익한 활동임을 인식하게 한다.

내용 예측하기

이를 위한 학습 방법에는 학생들이 듣는 중 활동에서 들을 내용에 대한 그림을 보고 내용을 예측하게 하거나, 순서가 섞인 그림을 보고 내용을 예측하게 하거나, 빈칸 메우기를 활용하여 본문의 내용을 예측하게 할수 있다. 또한 교사가 학생들에게 배경 정보를 들려주거나 배경 정보가담긴 그림을 제시하여 학생들이 내용을 예측하게 할 수 있다.

학습 활동의 한 예

빈칸 메우며 예측하기

• 목적 : 예측하기를 하여 본문의 빈칸을 채울 수 있다.

• 자료 : 본문에 빈칸을 만들어 놓은 학습지

• 절차

    ① 본문에 빈칸이 있는 글 자료를 준비한다. 학생들이 재미있어 할 만한 글을 준비한다.

    ② 듣기 전 학습지를 학생들에게 나누어 주고 모둠별로 토의를 하여 풀어 보도록 한다.

    ③ 다 풀었으면 모둠별로 발표하도록 한다.

    ④ 학생들은 다른 조의 발표를 들으며 자기 모둠과 비교해 본다.

• 변형 : 시의 행이나 노래의 가사를 완성하게 할 수 있다.

• 지도상의 유의점 : 학생들이 제대로 따라하지 못할 경우 본문의 빈칸을 적게하는 것이 바람직하며, 수준에 따라 본문의 빈칸 수를 조절하도록 한다.

🖱️질문 만들기

이를 위한 학습 방법은 듣는 중 활동을 하기 전에 듣기 자료와 관련된 여러 사항들을 참고하여 질문 만들기를 해 보게 하는 것이다. 또한 듣는 중 활동에서 대답해야 할 질문 사항을 읽고 물음의 유형을 알도록 하게 할 수도 있다.

학습 활동의 한 예

질문 만들기

• 목적 : 제시된 제목이나 부제, 그림, 도표 등을 보고 내용에 관한 질문을 만들 수 있다.
• 자료 : 제목이나 부제, 그림, 도표 등이 들어 있는 학습지
• 절차
   ① 교사는 듣는 중 활동에서 공부할 제목과 부제가 있는 학습지를 나누어 준다. 또는 듣는 중 활동 내용 중에 포함된 그림이나 도표 등을 제시한다.
   ② 학생들은 주어진 단서를 활용하여 어떤 내용일지 추측한다.
   ③ 추측한 내용을 바탕으로 질문을 만들어 본다.
   ④ 이를 통해 주의를 집중해서 들어야 할 부분이 어떤 부분인지 알게 한다.
• 지도상의 유의점 : 질문을 만들 때 일반적인 질문보다는 구체적인 질문을 만들도록 한다.

---

(3) 듣는 중 단계

■■ 활동의 목적

듣는 중 활동이란 학생들이 듣고 있는 동안에 해야 하는 활동을 말한다. 이러한 활동의 목적은 정보를 알아내는 능력을 길러 주는 것이다. 좋은 듣는 중 활동은 듣는 이가 듣기 자료를 통하여 듣는 방법을 찾고, 듣기 전 활동에서 예측한 것을 바탕으로 듣는 중 활동이 이루어지도록 하

는 것이다. 이때, 다음의 세 가지 사항에 유의해야 한다.

첫째, 무엇보다도 듣는 중 활동은 흥미 있는 것이어야 한다.

둘째, 듣는 중 활동은 누구나 할 수 있는 수준의 것이어야 한다.

셋째, 듣는 중 활동을 주저하게 하거나 동기를 없애는 활동들은 피해야
한다.

■■ 학습 방법

● 정보 확인하기

정보 확인은 화자가 말한 내용에 주의를 기울이고 그 내용을 기억하는
것이다. 이를 위해서는 단어의 문맥적 의미 파악하기, 메모하기, 세부 내
용 회상하기, 순서 바로잡기, 쉽게 풀어 이해하기, 대화 발생 장면 추정하
기 등을 할 수 있다.

학습 활동의 한 예

대화 발생 장면 추정하기

• 목적 : 대화를 듣고 대화 발생 장면을 추정할 수 있다.

• 자료 : 질문이 들어 있는 학습지

• 절차

① 학습지를 나누어 주고, 대화를 듣고 답을 할 내용이 무엇인지 미리 읽
어 보도록 한다.

② 대화를 듣고, 과제를 해결하도록 한다. 이때, 난이도에 따라 모둠 구성
을 하여 서로 도우면서 토의하게 할 수 있다.

③ 완성하지 못한 학생들을 위해 다시 한 번 들려준다.

④ 정답을 확인한다.

• 지도상의 유의점 : 대화의 첫 부분만 듣고 맞출 수 있는 자료는 피한다.

💭 내용 이해하기

내용 이해는 들은 내용에 포함된 여러 가지 생각들 사이의 관계를 파악하는 것이다. 이를 위한 방법으로는 자신의 배경 지식을 최대한 활용하여 들은 내용을 요약하는 것, 들은 내용의 구조 유형을 파악하여 글의 전체 내용을 이해하는 것이 있다. 또한 문맥을 통하여 빠진 내용을 추측하는 활동과 들기 자료에 생략된 세부 내용을 추론해 보게 할 수도 있다.

학습 활동의 한 예

빠진 내용 추측하기

- 목적 : 사전 지식을 활용하여 글에서 생략된 내용을 추측할 수 있다.
- 자료 : 추측하기 실행 문장, 학습지
- 절차
  ① 화자는 모든 정보를 다 말할 수는 없다는 것을 토의한다.
  ② 추측하기 실행 문장이 든 학습지를 나누어 준다.
  ③ 교사가 추론 문장을 들려주고, 학생들은 가정된 정보를 추측하여 학습지에 쓰도록 한다.
  ④ 문장을 여러 개 준비하여 이 활동을 반복한다.
  ⑤ 교사는 학생들이 화자의 말을 이해하기 위해서 사전 지식을 활용해야 함을 설명한다.
- 지도상의 유의점 : 다양한 추측이 나올 수 있도록 학생들을 격려한다.

📖비판 및 감상하기

이를 위해서는 들은 내용을 분석하고 판단하는 활동을 통해 정보의 정확성, 타당성, 적절성을 평가하고, 사실과 추론, 가정, 의견 등을 각각 구분할 줄 알게 하고, 화자의 함축된 의도나 목적을 파악하게 한다. 또한 편견, 편향, 과대 선전, 관점의 차이도 인식하게 하고 결론이나 시사점, 제안점 등을 도출하게 한다.

학습 활동의 한 예

관점의 차이 확인하기

• 목적 : 광고를 듣고 광고주의 관점과 소비자의 관점에 차이가 있음을 알 수 있다.
• 자료 : 라디오 광고 자료 및 학습지
• 절차
　① 광고는 특성상 사람의 주의를 끌기 위해 과장하거나 허위가 많음을 알게 한다.
　② 광고를 들려준다. 잘못 들은 학생이 있으면 다시 한 번 들려준다.
　③ 모둠별로 광고주의 관점과 소비자의 관점이 어떻게 다른지 찾도록 한다.
　④ 모둠별로 발표하고 비교하게 한다.
• 지도상의 유의점 : 광고주의 관점과 소비자의 관점이 잘 녹아 있는 광고 자료를 찾는 것이 중요하다.

---

(4) 들은 후 단계

■■ 활동의 목적

들은 후 활동의 목적에는 여러 가지가 있다. 첫째, 학생들이 알아야 할 것을 알았는지를 확인하고, 듣는 중 활동이 성공리에 이루어졌는지를 점검하는 데 있다. 둘째, 학생들이 왜 듣기 내용의 일부를 이해하지 못하거나 놓치는가를 밝히는 데 있다. 셋째, 듣기 자료에 나오는 말하는 사람의 태도를 고려하도록 학생들에게 기회를 주는 데 있다. 들은 후 활동에서 피해야 할 것은 학생들의 지루함이다. 들은 후 단계까지 학생들의 흥미를 유지하고 학습 동기를 유발하기 위해서는 듣는 중 활동까지의 학습 내용을 학생 자신의 문제에 적용하도록 하고, 쓰기나 말하기 활동과 자연스럽게 연결되도록 수업안을 구성해야 한다.

■ 학습 방법

● 수용하기

이를 위한 방법으로는 학생이 듣는 중 활동에서 자신에게 주는 의미를 찾아보고 이를 글로 쓰거나 친구들 앞에서 말을 할 수 있다. 또한 뒷이야기를 쓰게 하거나 듣는 중 활동에서 메모한 내용을 바탕으로 자신의 상황에 적용시켜 쓰기를 하게 할 수 있다.

학습 활동의 한 예

자신에게 주는 의미 찾기

- 목적 : 듣는 중 활동 결과를 자신에게 적용시켜 자신의 장점과 단점을 다시 한 번 살펴볼 수 있다.
- 자료 : 학습지
- 절차
    ① 듣는 활동에서 활동한 내용을 학생의 상황에 적용시켜 쓸 수 있는 학습지를 준비한다.
    ② 나누어 주고 쓰게 한다. 필요한 경우에는 만화나 그림으로 그릴 수 있도록 지도한다.
    ③ 발표를 통해 자신의 장단점을 분석해 보게 한다.
- 지도상의 유의점 : 시간이 부족하면 과제로 제시하고, 강제로 수행하게 하지 않는다.

◉ 전이하기

전이하기는 수업 시간에 이미 배운 것을 새로운 상황에 적용해 보도록
하는 것이다. 전이하기의 활동으로는 비슷한 자기 사례 찾아내기, 유사한
주장하기, 새로운 예시 찾아내기, 토론의 주제 만들기, 반박 질문 만들기
등이 있다.

학습 활동의 한 예

새로운 사례 찾아내기

- 목적 : 듣는 중 단계에서 학습한 내용과 관련된 새로운 사례를 실생활에서
  찾아볼 수 있다.
- 자료 : 들은 후 활동 학습지
- 절차
    ① 듣는 중 단계에서 특정 정보를 찾는 듣기 활동을 한 후, 듣는 중 단계
       에서 활동한 내용 이외에도 학생들이 실생활에서 찾을 수 있는 새로
       운 사례를 발견하도록 한다.
    ② 듣는 중 활동에서 날씨가 우리 생활에 미치는 영향을 들었다면 그것
       외에도 또 어떤 것들이 있을지 생각해 보고 모둠별로 토의를 하도록
       한다.
    ③ 모둠별로 발표하고 비교하게 한다.
- 지도상의 유의점 : 되도록이면 학생들의 생활에서 쉽게 발견할 수 있는 것을
  찾도록 한다.

6. 토론을 위한 말하기·듣기 수업(프로그램 수업)

(1) 간략한 개요[8]

[8] 토론 수업과 관련해서는 김창원(2004)과 최복자(2006)를 참고하여 정리한 것임.

토론은 어떤 논제에 대해 대립된 의견을 가진 사람들이 논증을 통해 자기주장을 펼치고 합리적으로 의사 결정을 하는 상호 교섭적인 의사소통 행위이다. 토론을 통해 의사소통 기술이나 비판적 사고력을 향상시킬 수 있다는 교육적 가치로 인해 학교에서는 토론 교육의 필요성이 높아지고 있다. 또한 우리 사회가 민주적으로 발전하면서 여론을 수렴하는 절차로서 합리적인 의사 결정을 중요하게 생각하게 되었고, 이러한 절차적 특성을 갖는 토론의 사회적 비중은 더욱 커지고 있다. 따라서 학생들은 민주 시민으로 성장해 가는 과정에서 토론을 수행할 수 있는 능력을 갖추어야 하는데, 토론 교육은 이러한 과정을 장애 없이 자율적으로 수행할 수 있는 능력을 발달시키는 것을 목표로 해야 한다. 그렇기 때문에 토론 수업은 '자율적인 토론 수행 능력'을 향상시킬 수 있는 방향으로 나아가야 한다.

(2) 교육 토론의 과정

■ 교육 토론의 단계와 내용

- **토론의 개념** : 토론은 민주 시민 사회에서 논쟁을 통하여 갈등의 해결책을 탐색하기 위한 방식 가운데 하나이다.
- **교육 토론의 필요성** : 토론자들은 토론의 본질과 기본 규칙을 제대로 이해하지 못한 채 토론을 논리 싸움이나 말싸움의 장으로 왜곡하여 인식하고 있다는 인상마저 준다. 나아가 교육 현장에서조차 다인수 학급, 엄청난 학습량 등의 현실적인 조건으로 말미암아 토론의 의의와 정신을 제대로 살리는 교육을 못하고 있는 실정이다.
- **교육 토론의 개념** : 교육적인 목적에 적합하도록 가공한 토론 방식, 즉 '교육 토론' 방식으로 토론에 접근한 것이다. 즉 학생들에게 토론의 의의와 정신

을 이해시키고 그 방법을 익히도록 구성하되, 구두 의사소통 능력 신장과 인성 교육, 교수·학습의 틀 제공과 같은 교육적인 목적도 달성하고자 구성하였다.

[표 1] 교육 토론의 단계와 내용

단 계	내 용	비 고
준비하기	• 토론의 주제 결정 및 조의 편성 • 사고 거리의 제공 • 예비 토론 • 전략의 수립 • 문제의 분석과 주장 및 논박 자료 준비	토론 약 2~3주 전
논쟁하기	• 주장과 논박	토론 주
정리하기	• 상대의 주장과 논박 정리 • 자기 주장 정리	토론 주
판정하기	• 심사 기준에 따라 점수 매기고 판정하기	토론 주

(3) 교육 토론 준비하기

■ 토론 주제 결정하기

토론의 주제는 긍정과 부정의 대립이 분명한 것이어야 하고, 우리가 체감하는 것들이 바람직하다. 주제 자체가 학생 수준에 비해 너무 어려워 다른 사람들의 생각과 주장을 그대로 옮겨놓는 것은 토론 주제로 정하지 않는 것이 좋다. 토론은 어떤 내용에 대하여 새로운 사실들을 아는 과정이 아니라 이미 알고 있는 내용들을 특정 주제를 중심으로 정리하여 결정을 내리는 과정이다.

■ 토론 조 편성

4명이나 5명의 두 가지 구성 방법이 있을 수 있다. 5명의 구성은 긍정 2명, 부정 2명, 진행 1명이고 4명의 구성은 진행이 빠진 경우이다. 교육 토론에서 진행자는 단순한 사회자가 아니라 토론 전체를 책임지고 이끌어 가는 총 연출자이기 때문에 담당 강사가 하는 것도 좋은 방법이다.

■ 사고 거리 제공

토론을 진행함에 앞서 반드시 학생들에게 사고 거리를 제공하여야 한다. 교육 토론의 경우, 사고 거리는 본질적이고 원리적인 측면에서 접근할 수 있는 것들이 좋다. '학생은 학교 선택권을 보장받아야 한다'는 주제로 토론한다면, '학교', '권리', '선택'처럼 학생이 자신의 생각과 주장을 정리할 수 있는 개념을 담은 사고 거리를 제공해야 한다는 것이다. 그리고 사고 거리는 토론자뿐만 아니라 청중 학생들에게도 제공해야 한다. 청중 학생들은 논제에 대한 자신의 생각을 미리 정리하여 둠으로써 토론에 간접 참여할 수 있기 때문이다.

■ 예비 토론

'예비 토론'이란 토론의 주제에 대하여 형식에 얽매이지 않고 떠오르는 생각과 주장들을 자유스럽게 미리 상대편과 주고받는 형식의 의사소통이다. 예비 토론은 교육 토론에서 중요한 의의를 지닌다. 우선 예비 토론을 통하여 본격적인 토론에서 불필요한 시간의 낭비를 줄일 수 있다. 학생들은 이러한 예비 토론의 과정을 거치면서 본격적인 토론에서 다룰 쟁점에 합의하는 등 토론의 틀과 방향을 설정해 간다. 그리고 예비 토론은 2, 3차례를 가지는 것이 좋다. 1차 예비 토론은 가능한 전체 학생들을 대상으로 하는 것이 바람직하다. 이는 전체 학생들의 흥미와 관심을 이끌어낼 뿐만 아니라 사고를 자극하는 기회가 되어, 자기 나름의 입장에서 토론에 간접 참여할 수 있기 때문이다. 예비 토론이 없는 상황에서 진행되는 토론은 일방적으로 자기 주장을 전달하기에 급급한 토론이 되기 십상이다. 그러나 예비 토론을 통해 막연한 자기주장을 대강 정리하고 상대의 주장에 간단한 논박을 해 봄으로써 쟁점을 분명하게 인식할 뿐만 아니라, 같은 편끼리 이를 바탕으로 전략을 수립할 수 있다. 토론의 전략에는 주장을 펼치기 위한 순서, 상대의 주장에 대한 반박 방법, 제시 자료의 수집과 제시 방법 결정 및 준비 등이 포함된다.

활동 1

선생님과 토론조가 제시한 '토론 준비하기' 내용이 무엇인지 간단히 적어 보자. 그리고 내 생각도 간단히 적어 보자.

① 토론 주제

② 토론 조
- 긍정 토론자 :
- 부정 토론자 :

③ 사고 거리(세 가지 이상)
- _____
- _____
- _____
- _____
- _____

④ 예비 토론
- 1차 예비 토론(일시 :   년   월   일 : ~ :)
  - 긍정 토론자의 주장 :
  - 부정 토론자의 주장 :

- 2차 예비 토론(일시 :   년   월   일 : ~ :)
  - 긍정 토론자의 주장 :
  - 부정 토론자의 주장 :

- 3차 예비 토론(일시 :   년   월   일 : ~ :)
  - 긍정 토론자의 주장 :
  - 부정 토론자의 주장 :

(4) 논쟁하기

논쟁하기는 본격적으로 주장하고 논박하는 단계이다. 본격적인 토론은 대개 50분 정도의 시간으로 구성할 수 있다. 본격적인 토론을 진행하기 위한 토론 구성 방식은 몇 가지가 있다. 다음은 교육 토론에서 활용할 수 있는 논쟁 진행 방식의 한 모형이다.

[표 2] 교육 토론의 논쟁 진행 방식

단 계	구 성	시 간	누적 시간
논제 설명	• 진행자의 논제 설명	3분	3분
기조 주장	• 긍정 측의 기조 주장 • 부정 측의 기조 주장	각 3분	9분
쟁점 1	• 긍정 측의 쟁점 1에 대한 주장 • 부정 측의 쟁점 1에 대한 논박과 주장	4분 5분	18분
쟁점 2	• 긍정 측의 쟁점 1에 대한 논박 및 쟁점 2에 대한 주장 • 쟁점 2에 대한 부정 측의 논박과 주장	각 5분	28분
쟁점 3	• 긍정 측의 쟁점 2에 대한 논박 및 쟁점3에 대한 주장 • 부정 측의 쟁점 3에 대한 논박과 주장	각 5분	38분
정리 주장	• 긍정 측의 쟁점 3에 대한 논박과 정리 주장 • 부정 측의 정리 주장	5분 4분	47분
논제 정리	• 진행자의 논제 정리	3분	50분

■ 논제 설명

진행자의 논제 설명은 논제에 대한 토론의 필요성, 즉 해결해야 할 문제의 제시, 논제와 관련한 배경 설명 등과 함께 논쟁을 할 쟁점을 제시해 주는 것으로 구성된다. 논제와 관련한 배경 설명은 긍정과 부정의 참여자들이 바로 주장과 논쟁으로 들어갈 수 있도록 해 준다. 예를 들어, "학생이 학교 선택권을 가져야 한다."와 같은 경우, 관련 법들은 어떤 것들이 있고, 현재 어떤 상황에 있고, 이와 관련한 신문 기사 등은 어떠하고 등

제반 필요한 배경들에 대하여 정보를 제공하여 준다. 또 쟁점의 내용과 순서를 미리 알려줌으로써 청중 학생들이 생각을 정리할 수 있도록 하고, 참여 학생들이 같은 내용을 계속 반복하여 말하지 않도록 한다.

■■ 기조 주장

참여자들이 자신들의 주장과 근거를 개략적으로 설명하는 것이다. 이 기조 주장은 전체 토론의 흐름을 가늠할 수 있게 하며, 쟁점을 분명하게 인식할 수 있게 해 준다. 기조 주장에서는 논박을 하지 않기 때문에 많은 시간을 할애하지 않는다. 기조 주장은 미리 말할 내용을 정리하여 발표하는 단계이다. 학생들은 미리 쟁점에 관한 주장을 담은 내용을 준비하여야 한다. 그렇지만 원고를 읽는 것은 바람직하지 않다. 토론은 구술 언어 의사소통이지 문자언어 의사소통이 아니기 때문이다. 원고를 읽을 경우 청중 학생들의 사고의 속도가 글의 속도를 따라가지 못하기 십상이고, 또 글을 읽는 것은 말을 하는 것과는 다르기 때문에 구두 의사소통의 역동성을 저해하게 된다. 따라서 완전한 원고를 준비하지 않고 발표할 내용을 메모하여 그 메모를 바탕으로 발표하는 연습이 필요하다.

■■ 쟁점에 대한 주장과 논박

쟁점의 수는 세 가지를 넘지 않는 것이 좋다. 쟁점의 수가 많아지면 토론이 혼란스러워지기 때문이다. 쟁점이 두 가지일 경우에는 쟁점 3에 대한 주장과 논박 시간을 청중의 주장과 논박을 듣는 것으로 대체할 수 있다. 논박에서 중요한 점은 상대방의 주장에 대한 무조건적인 반대가 아니라 상대 주장에 대한 수용을 바탕으로 반박을 하는 것이다. 동의할 수 있는 내용에 동의하면서 상대의 주장에서 잘못되거나 비합리적인 부분을 찾아내는 것이 중요하다. 또 논박과 주장을 반드시 정해진 시간 안에 소화해내도록 하는 훈련도 중요하다. 특히 우리 사회가 구두 의사소통을 하면서 말할 순서나 시간의 측면에서 기회의 균등이라는 대화의 기본 정신에 익숙하지 않기 때문에 이 부분은 구두 의사소통 교육에서 중요한 의의를 가진다. 참가자들은 자신이 쓸 수 있는 시간을 정확히 계산하여 그 시간 안에 무엇을 어떻게 할 것인지 전략을 세워야 한다. 그리고 본격적인 토론을 진행함에 있어 상대에게 주장을 펼치고 논박을 하지만 정작 설득해야 하는 대상은 상대방이 아니라 청중이라는 점에 유의하여야 한다. 따라서 토론 참여자가 상대보다는 청중을 향할 수 있도록 하고 청중이 잘 보고 들을 수 있도록 자리를 배치하여야 한다.

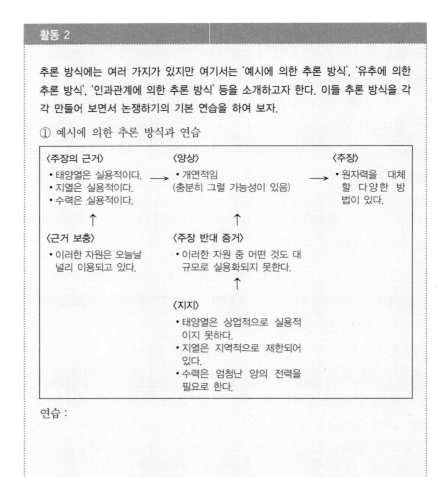

활동 2

추론 방식에는 여러 가지가 있지만 여기서는 '예시에 의한 추론 방식', '유추에 의한 추론 방식', '인과관계에 의한 추론 방식' 등을 소개하고자 한다. 이들 추론 방식을 각각 만들어 보면서 논쟁하기의 기본 연습을 하여 보자.

① 예시에 의한 추론 방식과 연습

〈주장의 근거〉　　　　〈양상〉　　　　〈주장〉
• 태양열은 실용적이다.　→　• 개연적임　　　→　• 원자력을 대체
• 지열은 실용적이다.　　　(충분히 그럴 가능성이 있음)　　할 다양한 방
• 수력은 실용적이다.　　　　　　　　　　　　법이 있다.

　　　　↑　　　　　　　↑
〈근거 보충〉　　　　〈주장 반대 증거〉
• 이러한 자원은 오늘날　　• 이러한 자원 중 어떤 것도 대
　널리 이용되고 있다.　　　규모로 실용화되지 못한다.

　　　　　　　　　　　↑
　　　　　　　　〈지지〉
　　　　　　　　• 태양열은 상업적으로 실용적
　　　　　　　　　이지 못하다.
　　　　　　　　• 지열은 지역적으로 제한되어
　　　　　　　　　있다.
　　　　　　　　• 수력은 엄청난 양의 전력을
　　　　　　　　　필요로 한다.

연습:

② 유추에 의한 추론 방식과 연습

〈주장의 근거〉	〈양상〉	〈주장〉
• 영국에는 의료 사고 소송이 희박하다. / 미국에는 의료 사고 소송이 많다. →	• 개연적임(충분히 그럴 가능성이 있음) →	• 영국의 진료 수준이 미국의 진료 수준보다 훌륭하다.
↑	↑	
〈근거 보충〉	〈주장 반대 증거〉	
• 영국의 피해자는 미국의 피해자와 고소하고자 하는 의사를 동일하게 가지고 있다.	• 영국의 법은 변호사 수임료를 금한다. / 미국의 법은 이를 허용하고 있다.	

연습 :

③ 인과관계에 의한 추론 방식과 연습

〈주장의 근거〉	〈양상〉	〈주장〉
• 육류 가격이 가파르게 상승하였다. →	• 개연적임(충분히 그럴 가능성이 있음) →	• 생계 지수 비용이 상승할 것이다.
↑	↑	
〈근거의 보충〉	〈주장 반대 증거〉	
• 육류 가격은 주요 식품 가격이다.	• 육류 소비가 줄어들고 있다. • 다른 소비 항목들의 감소가 증가된 식료품 비용의 효과를 상쇄할 것이다.	
↑		
〈지지〉		
• 식료품 가격은 보통 생계 지수 비용을 빠르게 반영한다.		

연습 :

(5) 교육 토론 정리하기

교육 토론은 청중을 비롯한 모든 학생들이 각기 자신의 입장을 견지한 상태에서 토론의 과정에 참여하여 토론을 통해 드러난 주장과 논박을 자신의 입장에서 비교 분석하고, 이러한 비교 분석을 바탕으로 자신의 입장을 수정 보완하거나 바꾸도록 하는 방식이다. 따라서 교육 토론에서 정리하기 단계는 비록 마지막 단계이기는 하지만 준비 단계에서부터 시작하도록 하는 것이 바람직하다. 따라서 정리하기에서는 다음과 같은 내용을 포함할 수 있다.

활동 3

토론 팀의 토론을 듣고, 다음과 같이 내 생각을 정리하여 보자.

논제 :
토론 전의 내 주장과 근거 :

쟁점에 따른 분석

쟁점	쟁점 내용	처음 나의 주장	긍정 주장	부정 주장	바뀐 나의 주장
1					
2					
3					

토론 후의 내 주장과 근거 :

---

(6) 교육 토론 판정하기

심판은 공평무사(公平無私)해야 한다. 다음과 같은 기준에 근거하여 판정을 하되 심판들의 판정표를 모아 점수를 합계한 뒤에는 최종적으로 어느 측이 이겼는지 판정한다.

- 설득력
- 시종 일관성
- 자료의 정확성
- 논리적으로 반박하여 상대방 주장을 깨뜨렸는지 여부
- 시간과 회수를 포함한 토론 규칙 준수 여부
- 발성 · 용어 · 태도 등의 적절성
- 결론의 명확성

활동 4

토론 팀의 토론을 듣고, 심판들은 다음에 따라 판정하여 보자.

판 정 표

긍정 단체명 :   부정 단체명 :
제1긍정자 성명 :   제1부정자 성명 :
제2긍정자 성명 :   제2부정자 성명 :

긍정측   제1긍정자 채점 :   부정측   제1부정자 채점 :
         제2긍정자 채점 :   제2부정자 채점 :
(채점은 수, 우, 미, 양, 가로 채점)

판결의 이유 :

따라서 _____측의 승리를 인정함.

장소 :   일시 :
제   회 :   심판자 서명 :

(7) 토론 수업에서의 유의 사항

첫째, 교사는 수업의 지원자이기 때문에 공정한 역할을 하는 것이 좋다.

둘째, 교사는 실제 수업 과정 중에 학생들에게 발생할 수 있는 장애를 예상하고 대처 방안을 준비하고 있어야 한다.

셋째, 학습자 특성이나 토론을 하는 시점에서의 사회적 상황이나 학교 환경에 따라 적절한 가치 명제나 정책 명제를 논제로 선택할 수 있어야 한다.

넷째, 토론 수업은 한 차시만으로 이루어지기 어렵기 때문에 시간 운영에 대한 계획을 미리 갖고 있어야 한다.

다섯째, 모든 학생이 토론을 경험할 수 있도록 배려해야 한다.

여섯째, 상황에 따라서는 다른 교과 교사와 협력적인 수업을 통해 토론 수업의 효과성을 증진시킬 필요가 있다.

일곱째, 토론 수업은 되도록이면 토론 교육에 필요한 학습 도구가 갖추어진 교실, 즉 인터넷이나 매체 학습이 가능하고, 비디오 녹화를 할 수 있는 공간에서 하는 것이 좋다.

여덟째, 토론을 실행한 것만으로 토론 교육을 종료해서는 안 되고, 반드시 수업 반성의 과정을 두고 토론 실행에 대해 문제점을 분석하고 교정하는 시간을 가져야 한다.

첫째, 말하기와 듣기는 분리된 언어활동이 아니라는 점을 염두에 두어야 한다. 이는 단순히 말을 해야 들을 수 있고, 들으려면 말을 해야 한다는 것을 뜻하는 것은 아니다. 말하기와 듣기는 각각 그 자체로 표현 활동이면서 이해 활동이어서 말하기와 듣기는 통합해서 가르쳐야 효과가 배가 된다. 앞에서 제시한 토론 학습, 단계별 듣기 학습의 경우도 그것을 말하기 교육이나 듣기 교육으로만 보아서는 안 된다. 토론을 통해 말하기와 듣기 능력을 동시에 향상시킬 수 있어야 한다. 단계별 듣기 교육도 마찬가지이다.

둘째, 말하기·듣기 교육의 어려움은 실제의 말하기·듣기 상황을 교실에서 구현하기 어렵다는 것이다. 일종의 말하기·듣기 교육의 한계라 할 수 있는데, 이를 극복하기 위해서는 교실 상황을 최대한 실제의 상황과 유사하게 만들어야 한다. 또한 교사와 학생, 학생과 학생들끼리의 상호작용을 최대한 이끌어 내어 실제적인 말하기·듣기 활동이 일어날 수 있도록 해야 한다.

셋째, 말하기·듣기 교육이 끝난 후 학생들을 평가하고자 할 때에는 '맞다-틀리다, 올바르다-올바르지 않다' 등과 같은 가치 판단만으로 학생들을 평가해서는 안 된다. 말하기·듣기의 경우에는 이보다는 적절성과 효과성의 문제가 더 중요할 때가 많으므로, 이를 평가 기준의 주요한 논거로 삼아야 한다.

■ 탐구 활동

01 다음 글을 읽고, 요즈음 학생들의 말하기·듣기 문화의 부정적 측면을 들고, 이를 말하기·듣기 수업에서 어떻게 다룰 것인지 논의해 보시오.

요즘 10~20대 말투 가운데 듣기 싫은 것 하나가 말끝마다 붙이는 "~했거든요"다. 실로 어른이라 해도 별 탈없는 사람들이 말끝마다 '거든요'를 너무 많이 쓴다. 방송에서도 너무 자주 들린다. 예를 들면 이런 식이다. 커피를 사서 들고 나갈 수 있는 가게에 들렀다.

나	레귤러 커피 한 잔 주세요.
종업원	미디엄하고 라지가 있거든요.
나	미디엄이오.
종업원	1500원이거든요.
나	여기 2000원 있습니다.
종업원	여기 잔돈 500원이거든요.

내친 김에 '거든요'를 국어사전에서 찾아봤다. '거든요'는 '거든'의 존대말일 것이다. 사전은 이렇게 말한다.

'까닭을 밝히거나 다짐하는 뜻을 나타내는 종결어미'. 용례로 "왜 밥을 안 먹느냐고? 조금 아까 떡을 많이 먹었거든." 또 '이상하거나 납득할 수 없다는 느낌을 나타냄'이란 뜻도 있다. 그 용례로는 "아무리 생각해도 알 수 없거든"이 있다.

오늘부터 한번 귀 기울여 들어보시라. 뜻밖에도 너무 많은 '거든요'들을 발견하실 것이다. 친구와 패밀리 레스토랑에 가는 길에 이런 '거든요 인플레이션' 이야기를 침 튀기며 했다. 쉽게 흥분하는 나는, 이런 것들이 다 국어를 망치는 못된 말 습관이라 주장하며 눈썹을 들었다 놓았다 했다. 그러면서 웨이터가 안내하는 대로 식탁에 앉았다. 웨이터가 묻는다. "주문하시겠어요?"(주문 받을 거거든요가 아니어서 다행이다.) "오늘의 수프는 뭐죠?" 하고 물었다. 바로 대답한다. "감자수프거든요." 으아악!!!

이런 퇴행적 언어 행태가 10~20대에서 범람하다가 급기야 40~50대 중년들 언어생활에까지 영향을 미친다. 얼마 전 회사 동료들과 중국 음식점에 가서 '깐풍기'를 시켰다. 내 상식으로는, 깐풍기는 발갛고 매콤하게 조리한 닭고기 요리다. 그런데 그 집에서 나온 깐풍기는 탕수육처럼 누렇고 달착지근하기만 했다. 그래서 물었다.

"이거 깐풍기 맞죠?" 아아, 그 마흔다섯은 족히 돼 보이는 그 집 아주머니도 그렇게 대답하고 말았다. "맞거든요"

왜 "예." 또는 "맞아요", 그도 아니면 차라리 "깐풍기 처음 드세요?"라고 말하지 않는 것일까. 끝끝내 '거든요'를 붙여서 "맞거든요"라고 말할까.

02 다음은 '상황에 맞게 말할 수 있다'라는 수업 목표를 가르치기 위해 준비한 흥미 유발 자료이다. 이 자료가 수업 목표에 비추어 볼 때, 적절한지 생각해 보시오. 적절하다고 생각하면 왜 적절한지 그 이유를 쓰고, 적절하지 않다면 왜 적절하지 않은지 그 이유를 쓰고 주어진 자료를 수정하시오.

사오정이 교실 문을 열고 들어오는데 어느 한 아이가 무척 떠들고 있었다. 그러자 옆에 있던 반장이
"야, 너 조용히 좀 해."라고 말했다.
그러자 그 학생이 책상을 딱 치면서 "그래서"라고 말했다.
사오정은 그 학생이 한 말이 너무 멋있어서 그 말을 외워왔다.
사오정이 전학을 가게 되었다. 어느 날 학급 활동 시간에 사오정이 떠들고 있었다. 그러자 반장이 사오정에게로 와서
"야, 너 조용히 해."라고 말했다.
그 말을 듣고 사오정 왈
"그러므로"

▌참고할 만한 자료들

• 말하기·듣기 교육에 대한 전반적인 이해를 도모하기 위해서는 다음을 보라.

김재봉(2003), 초등 말하기·듣기 교육론, 교육과학사.

이창덕·임칠성·심영택·원진숙(2000), 삶과 화법, 도서출판 박이정.

전은주(1999), 말하기 듣기 교육론, 도서출판 박이정.

• 말하기·듣기 수업의 특성 및 상황에 대해서는 다음을 보라.

서현석(2005), 말하기·듣기 수업 과정 연구, 도서출판 박이정.

이도영(2005), 말하기·듣기 수업 평가 기준 마련을 위한 시론, 한국초등국어교육 제27집, 한국초등국어교육학회.

• 말하기·듣기 교육 내용과 교수·학습 방법과의 관련성에 대해서는 다음을 보라.

이도영(2006), 말하기 교육 내용 체계화 방안, 국어교육 120, 한국어교육학회.

이도영(2006), 말하기·듣기 교수 방법 연구, 국어교육학연구 26, 국어교육학회.

이주섭(2001), 상황맥락을 반영한 말하기·듣기 교육의 내용 구성에 관한 연구, 한국교원대 박사학위논문.

제 6 장

읽기 교수·학습 방법

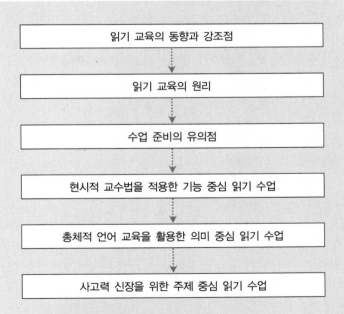

읽기 교육의 동향과 강조점

읽기 교육의 원리

수업 준비의 유의점

현시적 교수법을 적용한 기능 중심 읽기 수업

총체적 언어 교육을 활용한 의미 중심 읽기 수업

사고력 신장을 위한 주제 중심 읽기 수업

개요

이 장에서는 의미구성 능력 신장을 위한 읽기 수업에서의 바람직한 교수·학습 방법을 소개한다. 이 장의 내용을 살펴보면 다음과 같다. 첫째, 읽기에 대한 변화된 관점을 안내한다. 즉, 행동주의에서는 해독(decoding) 중심의 읽기관에 따라 텍스트 분석 위주의 읽기 방법을 사용했으나, 이후 등장한 구성주의 관점에 의해, 읽기를 독자의 의미 재구성 과정으로, 텍스트와 독자 간의 상호 거래(transaction) 과정으로, 나아가 해석 공동체 내의 구성원들 간의 대화와 협상의 과정으로 인식하게 된다. 둘째, 이러한 변화된 관점에 따라 각각 주목된 텍스트, 독자, 맥락의 세 가지 변인과 각 변인에 따른 교수·학습 방법의 특징을 기술한다. 셋째, 읽기 교육의 원리와 그에 따른 각각의 구체적인 교수·학습 방법 세 가지를 간략히 소개한다. 기존의 읽기 수업 모형은 분절적이고 고정된 단계를 일방적으로 제시함으로써 수업이 자칫 경직될 수 있었다면, 이 장에서는 교사가 읽기 수업을 계획할 때, 각 교수·학습 방법이 어떤 이론적 배경과 교육적 목적을 가지고 등장하게 되었는지를 이해함으로써 이를 실제 적용하는 데 있어 강조할 점과 그렇지 않은 부분을 교사가 판단하여 융통성 있게 재구성할 수 있게 하는 데 그 의도가 있다. 따라서 적절한 읽기 수업 방법을 짜기 위해서는 읽기 교육의 원리와 그에 따른 교수·학습 방법이 어떻게 연결되는지를 살펴보아야 할 것이다.

■ 문제 상황

여기는 김 교사의 중학교 1학년 수업이 이루어지고 있는 교실이다. 총 46명 중 2명은 독서를 매우 좋아하는 일명 독서왕이고, 4명은 독서 부진아이다. 오늘은 1학기 '1-(4) 이해의 선물(폴 빌라드 저)'을 읽고 '이어질 내용을 예상하기(predict)와 추론하기(inference)' 전략을 공부한다. 학생들은 모둠별 수업 형태로 앉아서 선생님의 시작 신호를 기다리고 있다. 이미 읽은 적이 있는 독서왕 2명과 읽기에 흥미가 없는 독서 부진아 4명은 제각기 장난을 치고 있다. 그러나 교사는 주의 집중을 시키고, 글과 관련된 경험(Schema-Activating)을 물어본다. 그리곤 차트를 내려 글을 읽으면서 생각해야 할 질문들을 보여준다(DRTA). 책을 읽은 후에는 만약 자신이 주인공이라면 어떻게 했을지에 대한 개인적 반응을 일지에 기록하는 과제(Response-Writing Portfolio)를 추가로 낸다. 그리고는 선생님의 지시에 따라 직접 읽기 활동을 한다(GRP). 다 읽은 후에, 먼저 교사는 차트의 첫 번째부터 하나씩 학생들 자신의 생각이 맞았는지를 확인하는 질문을 한다(Questioning). "우리의 예상은 어떻게 되었나?" 학생들은 읽는 동안 했던 예상과 추론 중 어떤 것이 들어맞았거나 또는 안 들어맞았는지 논의한다. 또한 학생들은 일지에 쓴 반응을 서로 나누며 토론한다.

아이들은 책을 읽는 동안 책에 드러난 정보(단서)를 수집하여 이를 어떻게 예언이나 추론에 활용하는지를 논의한다. 학생들이 읽기 결과로서의 각자의 생각을 모형화할 수 있도록, 교사가 사고구술법(Think-Aloud Method)이나 도식화(Graphic Organizer)의 예로 시범 보이기를 실시한다. 이러한 활동이 끝나면, 예언이나 추론 행위가 내용을 이해하는 데 어떤 도움을 주었는지를 논의하게 한다. 그 다음, 왜 이런 글이 가치 있는지를 토의하게 한다. 마지막으로, 다음 시간에 그 책을 가지고 각자 어떤 심화 활동을 할 것인지 학생들이 결정하도록 한다. 예컨대, 연극 대본을 쓰거나 연극을 하거나, 인터넷에 들어가서 오늘의 학습 내용과 관련된 텍스트들을 더 찾아서 읽을 수 있다.

■ 관점 갖기

위 글은 읽기 수업의 모범적인 예시이다. 과거 학교 현장의 읽기 수업은 책을 읽어 나가면서 교사가 단어나 문장의 개별적 의미를 직접 전달하는, 일명 '훈고주석'식 수업으로 이뤄지는 경우가 대부분이었다. 위의 수업 상황을 전제로, 읽기 수업에서 범할 수 있는 몇 가지 문제를 가정하면 다음과 같다 : 첫째, 단편적인 기능의 숙달을 목표로 제한하는 경우, 둘째, 읽기 중에는 어떤 교수법도 개입될 수 없다는 관점을 견지하는 경우, 셋째, 학생과 교사, 학생과 학생 간의 토론이나 의미의 내면화 과정을 배제한 교사 중심의 일방적 수업을 하는 경우 등이다. 읽기 수업이 생산적인 장이 되기 위해서는 이러한 문제점들을 극복하려는 노력이 필요하다.

읽기를 결정하는 세 가지 주요 변인인 '텍스트, 독자, 맥락'은 읽기 교육의 세 관점이며, 이는 역사적으로 변화된 인식론적 패러다임(행동주의→인지주의→사회구성주의)에 따라 교수법상에서도 각기 영향을 미쳤다. 이외에도 읽기 교육의 변인에는 '교사' 변인을 추가하기도 한다.

알아 두어야 할 주요 개념들

이 장의 학습을 위해 다음과 같은 개념들을 먼저 정리해 두자.

DRA(Directed Reading Activity)

블랜튼과 무어맨(Blanton & Moorman, 1990)에 의해 개발된 방법으로, DRA는 읽기 능력을 향상, 강화시키는 데 가장 널리, 그리고 가장 오랫동안 사용되어 온 읽기 지도 방법이다. 체계적 교수·학습, 단어 인식력 향상, 읽기 과정 안내, 읽기 활동에의 몰두 등을 목표로 구안된 모형이다. 적용 대상은 주로 중·고등학교 학생이며, ① 준비 활동(동기 유발 및 배경 지식, 경험의 개발), ② 묵독(교사의 안내에 의한 글읽기), ③ 독해 결과의 점검 및 토론(읽기 기능 학습), ④ 후속 학습 활동(낭독), ⑤ 보충심화 활동(강화 학습)의 5단계 절차를 가진다. 이 이론에 스키마 및 초인지 이론, 질문 전략, 직접 교수법 등을 보완하면 보다 효과적이다.

DRTA(Directed Reading-Thinking Activity)

스토퍼(Staufer, 1969)에 의해 개발되었으며, 학생이 글을 읽을 때 읽기 목적에 따라 예언을 하고 그 예언이 맞는지를 확인하면서 스스로 생각하도록 지도하는 방법이다. DRA에 비해 보다 비판적이고도 반성적으로 글을 읽을 수 있는 능력을 신장하기에 효과적이며, 구체적으로, 읽기 목적의 설정, 정보의 추출과 이해 및 동화, 읽기 목적을 바탕으로 한 읽기 자료의 평가, 판단의 유보 및 의사 결정 등에 관한 능력의 신장에 중점을 둔다. 적용 대상은 주로 초등학교부터 고등학교까지 전 학년에 적용할 수 있으며, ① 구체적인 읽기 목적 설정(또는 확인), ② 설정한 목적을 고려하여 읽기 방법과 읽기 자료의 조정, ③ 목적을 실현하기 위한 읽기(독해 상황 관찰), ④ 이해 정도에 대한 평가(독해 지도), ⑤ 읽기 결과의 확충 및 정교화(중요한 읽기 기능 지도) 등의 절차를 가진다.

SQ3R

내용 교과의 학습을 위한 독서 방법으로 알려져 있으며, 대강 훑어읽기(Survey), 질문 떠올리기(Question), 텍스트 읽기(Read), 중요한 내용 암송하기(Recite), 텍스트에 대한 비판이나 평가하기(Review) 등의 읽기 활동을 지도한다.

이 장의 학습을 위해서는 아래에 제시한 개념들에 대해서도 정리해 두어야 한다. 이 개념들을 각자 조사해 보자.

현시적 교수법(explicit instruction), 사고 구술법(think-aloud method), 총체적 언어 교육 접근법(whole language approach)

1. 읽기 교육의 동향과 강조점

일반적으로 읽기를 텍스트에 대한 독자의 의미 재구성 과정(Anderson, 1980)으로 정의한다. 이는 지식(Schema)과 의미 구성을 강조한 말이다. 이러한 읽기관이 대두되기까지 읽기 교육은 무엇을 강조해 왔는지를 살펴보자. 첫째, '해독(decoding)'을 강조하던 초기에는 철자와 단어를 알면 읽기가 자동적으로 일어난다고 생각하여 철자, 발음, 문법 중심의 음성언어 중심 방법(Phonics)을 사용했다. 그러나 많은 학생들이 글자는 읽는데도 여전히 읽은 것을 이해하지 못했다. 둘째, 이러한 문제를 인식하고 읽기 동안의 교사의 질문(question)을 강조하기 시작했다. 바레트(Barret, 1976)의 읽기 기능 분류법 등에 의거하여 굉장히 다양한 질문들을 학생에게 하기 시작했다. 그러나 이러한 질문들은 읽기를 잘 하도록 돕기 위한 질문이 아니라, 읽은 것을 확인하기 위한 회상검사의 성격을 지녔기 때문에 실질적인 효과를 보지 못했다. 셋째, 1970년대와 1980년대 초반에는 독해력 신장을 위해 구체적이고 분절된 독해 기능(comprehension skill)을 가르치는 것이 최선의 방법으로 인식되었다. 그러나 다양한 기능들로 구성된 전략의 강조에도 독해에는 효과가 없었다. 넷째, 이로 인해 1980년대에는 교육학, 심리학, 언어학 등 다양한 분야에서 독자의 의미 구성을 면밀히 연구했다. 그 결과, 읽기를 독자와 텍스트 간의 '상호거래'라고 제안한 로젠블래트(Rosenblatt, 1938, 1976)를 시작으로, 근접발달영역(ZPD) 이론을 바탕으로 교사나 또래와의 상호작용을 강조한 비고츠키(Vygotsky, 1978), 아동들은 조금씩 혹은 부분적인 방식이 아니라 전일적(holistically)으로 언어를 학습한다고 한 할리데이(Halliday, 1975) 등등에 의해 읽기를 확장된 관점의 문식성 학습으로 보기 시작했다. 그 결과 실제적인 문학작품을 읽기 텍스트로 하면서 문식성의 모든 측면을 통합하는 총체적 언어 접근법(WLA)이 유행했다. 다섯째, 1990년대 이후 연구자들은 오히려 읽기 초기 단계에서는 몇 가지 필수적인 기능들을 가르쳐야 하며, 총체적 접근법이 능사가 아님을 알게 되었다. 이로부터 대두된 균형적 접근[1]은 기능을 강조하는 '직접

[1] **균형적 접근**

(balanced approach)
기능을 강조하는 '직접 교수법'과 실제적인 '읽기·쓰기의 경험'을 결합하는 것. 방법론적으로는 철자 및 문법의 기능적 숙달을 중심으로 하는 발음 중심 교수법(Phonics)과 텍스트 통째로 읽기와 학습자의 통합적 언어 경험을 중심으로 하는 총체적 언어 교육법(WLA) 간의 균형을 유지하는 것을 말한다. 보통 읽기 발달의 초기 단계에는 기능 학습을, 뒤로 갈수록 총체적 접근법을 사용한다.

교수법'과 실제적인 '읽기·쓰기 경험'을 결합하는 것이다. 즉 체계적인 '현시적 교수법'에다 언어 유창성을 목표로 하는 '해독과 주요 이해 전략' 학습을 통합하고, 또한 쓰기와 문식성의 다른 국면들도 읽기와 함께 체계적으로 지도해야 한다는 것을 강조한다.

그간 제기된 우리나라 읽기 교육의 문제점은 읽기를 다른 언어 기능, 말하기·듣기·쓰기는 물론 문법 및 문학과 별개로 가르쳤다는 것이다. 이는 언어의 표현과 이해를 분리된 인지과정으로 인식하고 있다는 의미이기도 하다. 이와 함께, 분절된 읽기 기능이나 단편화된 전략을 숙달하는 데 읽기 목적을 두기도 했다. 이를 보완·극복하기 위해서는 읽기 지도에서 구성주의 인식론에 바탕을 둔, 통합적 관점 또는 균형적 관점이 필요하다.

[표 1] 읽기 과정(전·중·후)에 따른 일반적 교수·학습 전략

단계	교수·학습 전략(교육과정)	인지 전략(Gunning, 2005)		적용할 만한 교수·학습 모형
읽기 전 (before reading)	• 읽기 목적 확인 • 스키마 활성화 • 어휘 지도	준비 전략	• 미리보기(previewing) • 배경 지식 활성화 • 읽기 목적 / 목표 정하기 • 예측하기	• GRA • 직접 교수법(현시적 교수법) • 창의성 계발 학습 모형 • SQ3R(Survey)
읽기 중 (during reading)	• 질문 생성 • 질문 • 참고 자료 (Study Guide) 제공	구조 전략	• 중심생각 이해하기 • 주요 세부 정보 결정하기 • 주요 세부 정보 조직하기 • 순서대로 연결하기 • 지시대로 따르며 연결하기 • 요약하기	• GRTA • 직접 교수법 • GRP[2] • SQ3R(Question, Read)
읽기 후 (after reading)	• 쓰기 활동과의 통합 • 범교과 활동 확대	정교화 전략	• 추론하기 • 영상화하기 • 질문 생성하기 • 평가하기(비판적 읽기)	• SQ3R(Recite, Review) • 총체적 언어접근법 • 반응 중심 모형
		상위 인지 전략	• 조정하기 • 점검하기 • 수정하기	

2. 읽기 교육의 원리

읽기 교수·학습 방법은 활동적, 사회적, 감성적, 인지적 과정 측면에서 통합이 이뤄져야 한다. 이는 실제로 읽기 교수·학습 방법이 갖추어야 할 원리라고 할 수 있다(Strickland et al., 2004 : 14~26).

2 GRP(Guided Reading Procedure) 맨조(Manzo, 1975)의 GRP는 글의 구조를 확인하는 기능(for Organization)을 익히고 개선하며, 독해와 회상 능력(for Comprehension Skill, Recall)을 개선하는 데 도움을 주며, 내용 교과적 성격의 글을 지도하는 데 적절한 방법(내용 교과에 대한 교사의 안내된 읽기 : Guided Reading Content Areas)이다. 이 원리는 ① 읽기 목적 설정하기, ② 글을 읽고 기억한 내용 회상하기, ③ 교사에 의해 제시된 읽기 후 과제들(예를 들어, 요약문 또는 개요 작성, 지도(map) 만들기 등)을 제시하기, ④ 글을 다시 읽고 과제에 비추어 자신의 회상 내용이 맞는지(부가, 삭제, 정확성) 확인하기, ⑤ 학생들이 아는 것에 추가하여 새로운 내용을 이해시키기 등의 과정으로 나뉜다. 이후 절차로 단기 기억 상태 확인을 위한 평가하기의 과정을 덧붙이기도 하고, GRP의 방법에 토론(discussion) 방법을 적용하여, 과제 해결 과정을 소집단 내에서 토론을 통해 해결하거나, 토론을 통해 선택에 대한 이유(reason)를 제시하기도 한다. GRP 방법은 시간이 많이 걸리지만 철저하게 내용을 이해하고, 정보를 확인하며, 내용을 이해하기보다 내용을 기억하는 데 적합한 지도 방법인 반면, 높은 수준의 내용 이해를 필요로 하는 글의 지도에는 적합하지 않다는 지적도 있다.

(1) 활동적 과정으로서의 읽기 지도

듀이(Dewey, 1938), 피아제(Piaget, 1970), 비고츠키(Vygotsky, 1962) 등은 학습 과정에 참여하는 사람이 수동적으로 정보를 받는 것이 아니라는 점에서, 학습을 활동적 학습으로 묘사했다. 인간은 세계를 학습하고 그 세계를 형상화하는 데 언어를 사용함(말하고, 듣고, 읽고, 쓰기)으로써 언어를 배워나간다. 이에 나아가, 최근의 학습 분야의 연구에 의하면, 활동적 학습자가 된다는 것은 학습자 스스로 자신의 학습을 통제하는 것을 의미한다. 즉 '이해(understanding)'라는 것은 학습에 대한 메타적 비판 활동을 뜻하는데, 학습자는 언제 이해가 이뤄지며, 언제 좀 더 많은 정보가 필요한지를 인지하는 법을 배워야 한다는 것을 의미한다.

또한 활동적 독자라는 것은 종종 능숙한 독자를 의미하기도 하는데, 이는 텍스트와 정신적으로 상호작용 하는 경향을 뜻한다. 독자는 책을 읽으면서 텍스트와 함께 생각하는데, 예컨대, 동의도 하고, 반대도 하고, 질문도 하는 등의 다양한 방법으로 반응한다. 텍스트를 읽으면서 무엇이 이뤄지고 있으며(what works), 무엇이 필요한지(what needs)에 대한 인식, 자기 평가, 반성적 사고 등에 초점을 두는 읽기 지도는 활동적 학습을 강조한다. 이러한 활동적 학습 수준에 있는 학습자는 자신의 학습을 통제하고, 배운 것을 새로운 상황에 전이시킬 수 있기 때문이다.

요컨대, 활동적 학습을 고무시키는 교수·학습 환경이란, 학생들이 흥미 있고 재미있으면서도 폭넓고 다양한 활동에 참여하고, 수준 높은 활동 결과를 생산하도록 하는 것이다. 심지어 학습자가 수동적으로 보인다고 해도, 그가 책을 읽으면서 머릿속으로 질문을 생성하고, 예견하며, 어떤 것에 주의를 기울일지를 결정한다면, 이는 적극적이라고 할 수 있다. 이때 학생들의 활동 결과는 단순히 활동의 수준만을 의미하진 않는다. 이는 교수법적 활동의 복잡한 과정과 구조를 학생들이 이해하도록 돕는 데 무엇이 필요한지를 깨닫게 해주며, 교사는 이를 파악하고 지도해야 한다.

(2) 사회적 과정으로서의 읽기 지도

비고츠키(Vygotsky, 1962)는 언어를 학습하는 것은 사회적 현상이라고 했다. 아동은 어릴 때부터 다른 사람과의 의사소통, 즉 사회적 과정에 참여하고, 학습이라는 사회적 맥락에 의해 큰 영향을 받는다. 그러므로 아이들은 다른 사람에게 말하고, 다른 사람으로부터 반응을 얻고, 의미를 구성하며, 학습한 전략을 사용하여 '교실 공동체 건설'과 같은 학습 사회를 창조한다. 즉 언어와 사고의 본질이 사회적이기 때문에, 아동들은 다른 사람과 이야기하고 함께 공동 작업을 함으로써 가장 잘 배우게 된다. 종종 아동들은 혼자보다는 '협력' 학습을 통해 보다 어려운 과제를 성공적으로 해결한다.

아이들의 학습은 자기 스스로 동기화되고, 스스로 감독되지만, 다른 사람들은 아동의 학습 발달을 강화하는 조력자로서 중요한 역할을 한다(Bransford et al., 2000). 비고츠키는 아직 독립적으로는 수행할 수 없지만, 다른 사람의 안내로 수행할 수 있는 과제의 범위를 근접 발달 영역(ZPD)으로 명명했다. 또한 비고츠키와 부르너(Bruner, 1986)는 비계(Scaffolding)라는 용어를 사용했는데, 이는 교실에서 아동들이 현재의 지적 수준에서 더 발전된 수준으로 나아갈 때 어른인 교사가 아동의 학습을 안내하고 지지하는 과정에 적용될 수 있다. 위 두 개념은 아동 학습을 둘러싼 사회적 상호작용의 성격을 설명해 준다.

학생들은 책을 읽으면서 협력 학습을 통해 독서 사회를 건설해 나가는데, 교사는 이를 안내하고 지지할 수 있어야 한다. 예를 들면, 학생들이 책을 읽고 각자 자신의 읽기 결과를 공유할 수 있도록 전체 학생들이 돌려 가며 읽고 이야기할 수 있는 시간을 준다. 또한 특별한 과제에 대해서뿐만 아니라 일반적 정보를 찾을 수 있도록 학생들 각자가 서로 인터뷰(질문)하도록 한다. 그리고 다른 학생들에게 그 정보를 표현하도록 한다. 이때 교사는 독서를 통해 학생들이 협력적 집단 작업을 잘 할 수 있도록 여러 가지 계획된 활동들을 안내해야 한다.

(3) 감성적 과정으로서의 읽기 지도

학생들이 학습자로서 '자기 자신'과 특정 '학습 과제와 상황'에 대해 느끼는 방식은 학습에 적잖은 영향을 미친다(Brown, Bransford, Ferrara & Campione, 1983). 이는 학생들이 싫어하는 어떤 과제나 자신이 어떻게 할 수 없는 무기력한 상황을 피하는 경향이 있을수록 그 효과가 더 잘 드러나는데, 그 결과 학생들은 수행이 가장 필요할 때 수행할 기회를 스스로 포기한다. 예컨대 학생들 중에는 실수(mistake)를 견뎌낼 수 있을 만큼 충분히 건강하지 않으면, 실수를 무시하거나 또는 가급적 빨리 잊으려고 하거나, 혹은 잘못된 반응을 하게 되었을 때 느끼는 부담을 아예 거부한다. 이러한 사람들에게 학습에 있어 매우 중요한 '자기 점검 전략'은 불가능하다. 요컨대 학습자가 느끼는 자기 자신과 자신이 처한 학습 상황에 대한 느낌은 언어활동의 후속적인 성공을 좌우하는 심오한 함축이다.

그래서 학습을 강화하는 교실은 감성적으로 안정되고 협력적인 환경이어야 한다. 안정되고 협력적인 환경이란 학생들이 자신의 실수를 인정하고 고칠 수 있는, 긍정적이면서도 경쟁이 아닌 협력적인 상황을 말한다. 유목적적 활동과 통합적인 학습 경험은 학생들의 언어와 문식성을 발달시키며, 학생들의 학습이 텍스트와 맥락과 내용을 상호 연결할 수 있도록 돕는다는 것이다.

이를 위해 읽기 지도에서는 위 두 개념을 적용하는 것이 중요하다. 그 첫째는 유목적적 활동을 증진하는 것이다. 유목적적 활동이란 학습자가 분명한 목적을 가지고 있음을 뜻하는데, 이러한 인식은 학습자가 무엇을 하고 있는지에 대해 긍정적으로 느끼도록 하며 학습을 증진시킨다. 학습자는 자신이 할 수 있다고 생각할 때, 학습을 원할 때, 학습에 대한 목적을 인식할 때 성공할 수 있기 때문이다. 특히 언어 학습은 자신을 표현하고, 이야기를 즐기고 이해하면서 세계를 학습하는 것이기 때문에 그러한 사회적·문화적 맥락 안에서 이뤄진다. 즉 학습 내용이 학습자에게 흥미 있고 중요하며, 학습 과제가 의미 있을 때 학습은 더 쉬워진다. 따라서 학습 목적이 명확하게 느껴질 수 있도록 실제적인 과제 활동에 참여시키는 것이 중요하다.

둘째는 통합적 학습 경험을 유도하는 것인데, 이는 일명, 내용 중심 혹은 주제 중심적 학습(theme-based study)과 상통한다. 맥마흔 등(McMahon, Goatley, & McGill-Franzen, 1999)은 범교과 통합을 위한 수업 원칙을 다음 세 가지로 제시했다. 먼저 개념적 이해를 위한 큰 아이디어(big ideas)에 초점을 맞출 것, 다음으로 과정(언어활동)과 내용(교과 내용) 사이의 균형을 유지할 것, 끝으로 다양한 방법으로 아이디어를 표현하도록 할 것 등이 그것이다. 이와 같은 활동을 통해 감성적(emotional) 독자를 형성할 수 있도록 지도해야 한다.

(4) 인지적 과정으로서의 읽기 지도

인지적 과정으로서의 교수·학습 방법이란 일반적으로 가장 많이 알려진 내용으로, 학습이란 개인적이고 발달적인 차이에 의해 영향을 받는다는 것이다(Piaget, 1970). 이러한 인지적 과정을 강조하는 모형으로는 완전학습 모형, 인지주의 모형, 사회구성주의 모형을 들 수 있다(Wixson Fisk, Dutro, & McDaniel, 2001).

먼저, 완전학습 모형(mastery model)이란 기능 숙달 모형이라고도 할 수 있는데, 언어능력 평가(competency assessment : 일관된 행동 특성 측정), 구체적인 교수 목표, 기초 기능 등과 밀접하게 관련된다. 이는 읽기 기능을 세분화되고 분절되어 있는 전체로 인식하여, 읽기 기능 학습을 증진하도록 지도하는 것이다. 또한 인지적 모형(cognitive model)이란 학습과 지식과의 관계를 강조하는 모형으로, 스키마와 선 경험을 텍스트 읽기에 적극적으로 활용하도록 지도하는 것이다. 사회구성주의 모형(social-constructivist model)이란 지식은 협력적이고 세계와 인간의 상호작용에 따라 조건지어지는 것이라는 관점을 지닌 모형으로, (소)집단 구성을 통해 적극적이고 보다 상호작용이 활발한 해석 활동이 이뤄질 수 있도록 지도하는 것이다.

3. 수업 준비의 유의점

　읽기 수업을 준비할 때는 전술한 활동적, 사회적, 감성적, 인지적 과정 측면에서의 통합이 이뤄질 수 있도록, 수업이 계획되고 실행되어야 한다. 읽기 수업은 학습자 개개인의 직접 읽기 활동을 통해 읽기에 대한 경험을 촉진하고, 학습자들 간의 소집단 토론이나 협의를 통해 의미를 구성하는 협력 학습을 강조하며, 또한 학습자가 가지고 있는 지식과 경험을 서로 공유함으로써 사회문화적 지식, 즉 사회적 스키마를 확장시킬 수 있는 기회를 제공하는 것이 중요하다. 이를 위해 위의 네 가지 읽기 수업의 원리를 적절히 반영하여 교수·학습 모형과 절차를 계획한다면, 좀더 바람직한 읽기 수업이 실행될 수 있을 것이다.

　읽기 수업은 실제적인 언어활동들을 총체적[3]으로 결합하되, 학습자의 고차적인 사고력[4]을 신장시키고, 동시에 학생들의 읽기에 대한 다양한 요구를 충족시킬 수 있도록 차별화[5] 되어야 한다. 그럼에도 불구하고 수업은 읽기 교육 방법은 기능(skill) 중심 지도법과 의미(meaning) 중심 지도법으로 대별된다고 해도 과언이 아니다. 읽기 교육의 어려움은 기능 및 전략 중심으로 배열된 읽기 교육 내용(그리고 이를 토대로 구현된 교재)에 대해 비판적이라 할지라도 교사가 교과 진도와 별개로 독해 지도를 할 수 없다는 점이다. 즉 학습자 요구에 따른 개별화 접근이나 활동 중심 방법을 적용하려고 해도, 교육과정상 계획된 학습의 목표와 진도를 감안해야 한다. 그렇지만 교사는 교재 학습에 적절한 모형을 실시함과 동시에, 다른 읽기 방법도 적용함으로써 교육과정에 제안되어 있지 않더라도 독서의 지평을 확대할 수 있는 다양한 텍스트 읽기 활동을 적용해야 한다. 이러한 어려움을 해결하기 위해 읽기 수업 방법은 두 가지 이상의 교수·학습 방법을 결합하거나 이들의 장점을 뽑아 재구성함으로써 차시에 따라 달리 적용하는 다중 교수·학습 방법을 개발·적용하는 것이 바람직하다.

[3] 총체적 언어 접근법에 의하면, 언어활동의 통합, 실제적(authentic) 읽기 경험 등을 강조한다.

[4] 확장된 문식성 학습에 의하면, '말하기, 듣기, 읽기, 쓰기, 보기(viewing)' 능력 외에도, '사고하기(thinking)' 활동을 결합하여, 언어 학습이 사고력 신장을 목적으로 하거나 혹은 사고를 매개로 하여, 보다 효과적이고 의미 있는 방식으로 달성될 수 있도록 의도한다.

[5] 개별화 읽기 접근법(individualized reading approach)은 한 교실 안에서 각기 다른 학습자의 수준과 요구를 최대한 존중하여, 교사가 각 학습자에게 적절하고 필요한 읽기 교육을 개별적인 방식으로 처방하는 것이다.

4. 현시적 교수법을 적용한 기능 중심 읽기 수업(단일 차시 수업)

(1) 간략한 도입

현시적 교수법은 직접 교수법[6]을 토대로 이를 발전시킨 교수법이라 할 수 있으며, 인지 과정을 현시적으로 보여줌으로써 학습자의 독해 기능에 대한 학습을 명료하게 하는 데 목적이 있다.

읽기 기능을 분절적이고 단계적으로 가르치기 위해서는 직접 교수법이 효과적이다. 그러나 직접 교수법의 시범 보이기 단계는 매우 중요한 단계임에도 불구하고, 언어 교과, 특히 이해 영역(듣기, 읽기)의 경우에는 인지 과정을 시범 보이기 힘들기 때문에 단순 결과만을 보여주기 쉽다. 이후 인지심리학 연구 방법 중 하나인 '사고구술법'을 시범 보이기 단계의 교수 전략(또는 기법)으로 활용하여, 교사의 인지적 과정을 학생들에게 현시적(explicit)으로 예시함으로써 학생들이 교사의 독해 과정을 모방하고, 나아가 텍스트에서의 독해 기능의 일반적 적용을 습득할 수 있도록 하였는데, 이것이 직접 교수법을 토대로 발전된 현시적 교수법(explicit instruction)이다. 따라서 이 모형의 하위 절차는 직접 교수법과 같이, 학습할 기능 항목의 원리를 설명하기, 사고구술법을 활용하여 시범 보이기, 학습자의 이해를 확인하는 질문하기, 학습자 활동하기로 구성된다.

6 직접 교수법(Direct Instruction)
직접 교수법은 읽기 기능을 분절적인 하위 기능들로 구분하고, 이 각각의 기능들을 단계에 따라 절차적으로 가르치는 방법이다. 지도 과정은 설명하기, 시범 보이기, 질문하기, 활동하기로 나누어진다. 교사 주도적이라는 직접 교수법의 단점을 극복하기 위해서는 교사의 원리 설명에서 점차 학생의 활동 중심으로 책임이 이양되도록 해야 하며, 독해의 기능을 반복적으로 연습하거나 숙달시키는 데 효과적인 교수법이지만, 학습자의 주도적인 활동을 강조하는 것이 중요하다.

(2) 교수·학습 방법

현시적 교수법을 적용한 기능 중심 읽기 수업은 낱낱의 분절적인 읽기 기능들을 단계에 따라 구체적이고 명료한 예시를 들어 학습함으로써 기능을 충분히 숙달하게 하는 장점이 있다. 일반적인 수업 절차인 도입→전개→정리의 과정에 적용해 모형화한다면, 오른쪽 그림과 같이, 도입의 과정에서는 목표 확인을, 전개의 과정에서는 원리 설명에서 학습자 활동까지를, 정리의

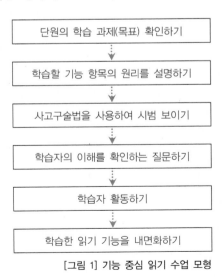

단원의 학습 과제(목표) 확인하기

↓

학습할 기능 항목의 원리를 설명하기

↓

사고구술법을 사용하여 시범 보이기

↓

학습자의 이해를 확인하는 질문하기

↓

학습자 활동하기

↓

학습한 읽기 기능을 내면화하기

[그림 1] 기능 중심 읽기 수업 모형

과정에서는 기능의 내면화 단계를 설정할 수 있다. 이 수업 모형의 기본 골격은 '현시적 교수법'이라 할 수 있다. 그러나 이러한 현시적 교수법을 적용한다 하더라도, 학습자 활동의 단계에서는 '읽기 전·중·후'의 과정 중심 수업 절차를 그대로 살리는 것이 좋다. 즉 읽기 전에는 배경 지식을 활성화하거나 중요한 어휘를 짚어줌으로써 스키마를 활성화하고 보강하는 간단한 활동을 한다. 물론 이러한 읽기 전 활동은 수업 절차 중 도입 단계에서 실시할 수도 있다. 그리고 학습할 읽기 기능의 원리를 설명하고 시범 보인다. 읽기 중에는 학습자들이 교사로부터 배운 '독해 기능'을 적용하는 단계로서 교사나 교과서가 제시한 질문 형식의 과제를 해결하거나 스스로 질문을 만들어 상위인지를 활용할 수 있어야 한다. 즉 텍스트를 읽으면서 학습한 읽기 기능을 인식하고 적용할 수 있도록 지도한다. 읽기 후 단계에서는 읽기 기능을 확인하고 질문함으로써 읽기 기능을 내면화하고 정착시킨다.

(3) 교수·학습 환경

교사는 특별히 현시적 교수법이 요구되는 독해 '기능'들을 선별하고, 이를 연습하기 위한 짧은 지문을 준비한다(대개 5분 이내의 읽기 시간을 소요하는 텍스트 자료). 교과서 지문을 텍스트로 사용하는 경우가 대부분이나, 학습자의 인지 수준을 고려하고, 흥미와 학습 욕구를 불러일으킬 수 있는 자료를 다양하게 준비한다.

(4) 일반적 준비 사항

모든 읽기 수업에서 중요한 것은 교사가 미리 학습 자료로 사용할 텍스트를 읽고 그 내용을 확인하는 것이다. 특히 현시적 교수법을 적용할 경우, 교사가 자신의 인지 과정을 사고 구술(think-aloud)할 수 있도록 텍스트에 적용하여 미리 명료화하고 단계화해 보는 것이다.

(5) 학습자들을 위한 안내

읽기의 전·중·후 가운데, 특히 읽기 중(during reading) 단계에서는 수업 시간에 익혀야 할 '기능'이 무엇인지, 또한 어떻게 해결할 수 있는지를 생각하면서 텍스트의 내용을 파악하도록 주지시킴으로써 학생들이 상위인지를 활용하도록 해야 한다.

(6) 교수·학습 과정안 예시

교 과 명	국어		학년 / 학기	10학년 / ○학기
교 재	국어(상) pp.10~18		지도교사	○○○
일 시	○○○○년 ○월 ○일		대상학급	고등학교 ○학년○반
교수·학습 방법	현시적 교수법		차 시	2 / 8 차시
단 원	1. 읽기의 즐거움과 보람 (1) 황소개구리와 우리말			
학습 목표	대단원 학습 목표 : 적절한 배경 지식과 방법을 활용하면서 읽는 태도를 지닌다. 1. 적절한 배경 지식을 동원할 줄 안다. 2. 글 이해에 필요한 읽기 전략을 활용할 줄 안다.			

교수·학습 과정			학습의 흐름	교수·학습 활동		학습 자료 및 유의점
과정	단계	형태		학 생	교 사	
도입	준비 하기 (3분)	전체 학습	• 배경 지식 활성화 • 초점화와 동기 유발	• 전 학년과의 관련성을 상기한다. • 영어공용화 또는 영어교육열풍에 대한 텍스트(경험)를 상기하여 자신의 생각을 발표한다.	• 전 학년의 관련 내용을 정리하여 제시한다. • 영어공용화에 대한 개인적 관점을 정립할 수 있도록 간단히 발표시킨다.	주의 집중 PPT 준비 읽기 중 활동 자료로서 '활동지' 준비
	과제 인식 (2분)		학습 목표 확인	• 수업의 학습 목표를 확인한다.	• 학습 목표를 판서한다.	
전개	설명 하기 (5분)	전체 학습	원리 이해	• 주의 집중하여 듣고 중요한 내용은 메모한다. 〈학습할 원리〉 –텍스트와 관련된 적절한 배경 지식을 떠올린다. –필자의 주장과 관점을 정리하며 읽는 것이 필요함을 안다. –자신의 관점을 정립하며 읽는 것이 필요함을 안다.	• 교사는 본 차시에서 학습할 원리를 설명한다. –적절한 배경 지식과 독서 방법을 활용하는 원리 –자신의 읽기 활동을 조절하며 읽는 원리 • 설명의 핵심적인 내용을 메모하게 한다.	PPT자료 : 설명 자료
	시범 보이 기 (10분)	전체 학습 (10분)	교사의 시범	• 교사의 시범을 관찰한다. • 이번 시간에 배워야 할 원리를 확인한다.	• 교사는 짧은 텍스트를 읽으면서 〈현시적 설명 방법〉으로 시범 보인다. –자신의 배경 지식을 떠올리는 말을 한다. –자신의 독서 활동을 적절히 조정하는 말을 한다. –자신의 생각과 필자의 관점을 비교·대조하는 말을 한다.	PPT자료(예시 자료) : 시사적인 사건의 논평 자료

단계		학습 형태	활동	학생 활동	교사 활동	비고
전개	질문하기 (2분)	전체 학습	교사의 질문	• 교사의 질문에 답변한다. 〈답변1 : 읽기 전 파악해야 할 요소〉 −읽기 목적 −읽기 과제 −읽기의 구체적인 맥락 〈답변2 : 구체적인 과제 확인〉 − 필자의 관점(주장) 확인	• 학생들이 본 차시에서 학습해야 할 원리를 제대로 이해했는지 질문한다. 〈질문 내용1〉 −읽기 목적(또는 과제)이 무엇인지 떠올리고, 읽기의 구체적인 상황 맥락에 맞게 자신의 읽기를 조정하며 읽을 수 있나요? 〈질문 내용2〉 −이번 시간에는 읽는 동안 무엇을 주로 생각해야 할까요?	상호 질문이 오갈 수 있도록 분위기를 조성한다.
	활동하기 (20분)	모둠별 / 개별 학습	교사 안내 하의 읽기 활동(1분)	• 교사의 안내에 따라 읽기 중에 해야 할 활동을 파악한다.	• 학생들이 해야 할 읽기 중 활동으로서 '활동지' 내용을 설명한다.	※ 활동지 내용 : 네 가지 질문 과제 −본문과 관련된 텍스트를 읽은 경험이 있는가? −필자의 주장과 관점은 무엇인가? −이 글에 대한 자신의 주장과 관점은 무엇인가? −필자의 주장에 자신은 어떤 태도를 가지고 있는가?
			사고중심−직접읽기활동 [DRTA](20분)	• 교사가 제시한 '읽기 중' 과제를 해결하기 위해 상위 인지 전략을 활용하며 책을 읽는다. • 학생들은 본문을 읽으며 활동지를 기록한다.	• 교실을 순회하며 학생을 지도한다.	
			읽기 후 활동(2분)	• 모둠 내 다른 구성원들과 의논하여 자신의 읽기 활동을 정리한다.	• 마무리하지 못한 학생들을 위해 협력 학습을 유도한다.	
정리	평가 및 정리 (5분)	전체 학습	학습 목표 재확인 및 자기 점검	• 학습 목표를 확인하고 학습 내용을 회상한다. • 자기 질문 평가를 통해 목표 달성 여부를 점검한다.	• 학습 내용을 정리하는 질문을 한다.	• 이번 수업은 '원리와 직접 읽기 활동' 중심 수업이고, 차시 수업은 학습 내용에 대한 구체적인 해석 및 심화 수업임을 확인시킨다.
			차시 예고	• 학습활동 2(p.18)와 연계하여 다음 시간에 발표할 수 있도록 준비한다.	• 오늘의 활동이 다음 수업 내용과 관련됨을 상기시키고 발표를 준비시킨다.	

(7) 활용할 수 있는 전략이나 기법들

■ 사고구술법(think-aloud method) : 사고 과정을 구술하는 방법으로, 이를 절차화함으로써 교수 방법으로 활용할 수 있다.

■ 직접 읽기 활동(Direct Reading Activity) : 학습자의 직접 읽기 활동을 강조하는 것이다.

■ 질문 생성 전략(Questioning) : 텍스트를 읽으면서 학습 목표(또는 과제)와 관련된 읽기 기능을 확인할 수 있도록 스스로 질문을 생성하거나 교사가 제시한 질문에 대한 해결책을 생각하면서 글을 읽는 활동이다.

■ 도식조직자 전략(Graphic Organizer) : 선행 조직자(Advance organizer) 개념에서 비롯된 활용 전략으로서, 텍스트에 드러난 정보를 중요도에 따라 시각화하여, 위계적으로 조직·배열하여 그래프나 표로 나타내는 것을 말한다. 일명 구조화된 개관(structured overview)으로도 불리는데, 텍스트의 구조

를 파악하기 위한 독해 기능을 학습할 때 적용한다. 핵심 어휘나 중심 생각을 순서화 또는 인과관계에 의한 패턴으로 표시하는 것인데, 이는 중요 정보에 대한 단서를 제공하고, 시각 자극이 되며, 간략하게 내용을 검토하는 도구라 할 수 있다. 줄글로 되어 있는 정보를 단순히 나열하게 되면, 글 내용을 정리하는 데 효과적이지 못하므로, 이와 같이 시각화하는 방법이 효과적이다.

(8) 발생 가능한 문제들에 대한 진단

학습자 활동 단계에서는 직접 읽기 활동을 할 수 있도록 시간을 배정하는 것이 중요하다. 자칫 기능 설명에만 치중하여, 텍스트를 읽으면서 기능을 적용해보는 '학습 활동' 단계마저도 학습자에게 읽을 시간을 주지 않고 교사가 바로 문제를 풀이하는 식으로 잘못 적용되어서는 안 된다. 또한 읽기 후 단계에서는 읽기 기능을 확인하는 질문을 함으로써 읽기 기능을 정착시키되, 자칫 단편적인 하위 기능에만 편중하여 전체 내용을 이해하지 못하는 우를 범하지 않도록, 반드시 전체 텍스트의 내용 확인 질문을 하여, 기능과 의미를 함께 고려하는 수업이 되도록 한다.

5. 총체적 언어 교육을 활용한 의미 중심 읽기 수업(다차시 수업)

(1) 간략한 도입

읽기 수업은 독해 기능의 숙달을 목적으로 하기도 하지만, 수업을 통해 한 편의 완결된 글, 나아가 한 권의 책을 읽는 인지적이고 정의적인 능력을 기르는 과정이기도 하다. 1980년대 이후, 문자를 습득했다고 의미가 저절로 떠오르는 것도 아니고, 읽기 기능을 하나씩 연습한다고 해서 글 전체의 의미를 잘 파악할 수 있게 되는 것이 아니라는 기능주의에 대한 비판이 제기되었다. 이후 자연스러운 읽기 환경을 조성하고, 읽을 글의 내용에 대해서 또는 글을 읽고 난 후 글 전체 내용에 대해서 자유롭게 말하고·듣고·쓰는 과정을 통해서 의미를 구성하도록 해야 한다는 견해가 제기되었다. 이러한 점에 강조를 둔 교수·학습 모형이 총체적 언어 접근법으로서의 읽기 지도 모형이다.

이 방법은 1989년 캐나다 위니펙에서 시작되어 세계적으로 확산된 일종의 교육 운동으로, 현장 교사들에 의해 계발되었다고 하여 일명 풀뿌리 운동(grassroots movement)이라고 불린다. 이전에는 말하기, 듣기, 읽기, 쓰기 등의 분절된 언어 기능을 각기 따로 교육했으나, 교사들로부터 이 방법은 매우 인위적이고 비효과적이라는 비판을 받으면서 자연스러운 언어 상황처럼 말하고, 듣고, 읽고, 쓰는 활동이 유기적으로 관련되는 상황 속에서 언어를 가르치는 방법을 간구하게 되었다. 따라서 총체적 언어 접근법을 활용한 읽기 수업이란 실제적인 독서 맥락을 조성하고, 독서 활동을 중심으로 말하기, 듣기, 쓰기를 통합하는 방법이다.

(2) 교수·학습 방법

총체적 접근법을 활용한 읽기 수업에서는 모형보다도 각 단계의 강조점, 원리 등을 살리는 것이 더 중요하다. 이를 적용한 수업의 절차는 다음과 같다. 첫째, 해당 읽기 단원의 학습 과제를 확인한다. 이것은 자신의 학습에 대한 책임을 가지는 과정으로, 이를 통해 학습자는 자신의 언어 경험의 의도와 목적을 분명히 하게 된다. 둘째, 학습 과제를 어떻게 해결해야 할지를 모색한다. 읽기 활동의 결과를 여러 가지 다양한 언어활동들과 어떻게 결합시킬 수 있는지를 생각해 본다. 또한 텍스트에 대한 반응들을 어떤 다양한 교과별 활동들로 구체화할 수 있는지 살펴보고, 이들 중에 학습자는 자신이 하고 싶은 한 가지 또는 그 이상의 활동을 정한다. 셋째, 개별 학습자의 수준과 요구에 따라 텍스트를 다양한 방법으로 읽는다. 혼자 읽기, 돌려 읽기 등……. 이때 교사는 텍스트를 읽을 때 활용될 수 있는 중요한 읽기 기능을 안내하고 이를 적용할 수 있도록 유도함으로써 교사의 안내된 읽기 활동을 적용하여 효과를 높일 수 있다. 넷째, 학습 과제와 관련되는 내용을 검토하고, 다른 학습자들과의 상호작용을 통해 텍스트의 의미를 구체화한다. 다섯째, 선정한 활동 또는 학습 과제를 해결하기 위해 정해진 활동을 시작한다. 이때 교사는 다른 사람들과 상호작용을 하도록 유도하거나 다양한 관련 자료를 예시하고 제공함으로써 활동을 안내할 수 있다. 여기서 중요한 것은 말하

```
┌─────────────────────────────────────────────────────────┐
│ 읽기 단원의 학습 과제 확인 (1차시)                         │
│ ▶ 학습에 대한 책임 형성 : 언어 경험의 의도와 목적 인식      │
└─────────────────────────────────────────────────────────┘
                          ↓
┌─────────────────────────────────────────────────────────┐
│ 학습 과제 해결 방법 모색 (1차시)                           │
│ ▶ 텍스트에 대한 반응을 과제 해결을 위한 다양한 언어활동이나 범교과 활동과 연결 │
└─────────────────────────────────────────────────────────┘
                          ↓
┌─────────────────────────────────────────────────────────┐
│ 직접 읽기 활동 (1~2차시)                                   │
│ ▶ ㉠ 개별 학습자의 수준과 요구에 따라 다양한 방법의 읽기 적용 │
│   ㉡ 교사의 안내에 의한 읽기 지도 : 텍스트 읽기에 필요한 읽기 기능 지도 │
│   ㉢ 실제적인 텍스트 : 한편의 글, 실제 자료 사용           │
└─────────────────────────────────────────────────────────┘
                          ↓
┌─────────────────────────────────────────────────────────┐
│ 텍스트 의미 형성 활동 (2~3차시)                            │
│ ▶ 학습 과제 고려, 상호작용을 통한 텍스트의 의미 형성        │
└─────────────────────────────────────────────────────────┘
                          ↓
┌─────────────────────────────────────────────────────────┐
│ 과제 해결을 위한 통합 활동 (3차시)                         │
│ ▶ ㉠ 상호작용 및 실제적인 맥락 강조                        │
│   ㉡ 관련 자료 제공 및 교사의 활동 안내                     │
│   ㉢ 특히 읽기와 쓰기의 균형                               │
└─────────────────────────────────────────────────────────┘
                          ↓
┌─────────────────────────────────────────────────────────┐
│ 활동 결과 평가 및 내면화 (3~4차시)                         │
│ ▶ ㉠ 활동 결과 발표 및 평가                                │
│   ㉡ 다른 텍스트에의 적용 : 의미의 심화 및 내면화           │
└─────────────────────────────────────────────────────────┘
```

[그림 2] 총체적 접근법을 활용한 읽기 수업 모형

고, 듣고, 읽고 쓰는 활동은 물론 다양한 교과 활동과 연계함으로써 통합적 접근이 이뤄질 수 있도록 하는 것이다. 여섯째, 활동의 결과를 발표하고 평가하거나 다양한 텍스트에 적용한다. 만약 모둠별로 각기 다른 활동들이 이뤄졌다면 교사는 다른 모둠의 활동들을 발표하게 하고, 전체적으로 동일한 수업을 계획했다면 실제 세계에 적용할 만한 다른 텍스트와 자료를 풍부하게 제공함으로써 텍스트의 의미를 심화하고 내면화하도록 한다.

(3) 교수·학습의 중점

읽기 자료로 사용되는 텍스트는 가공되지 않은, 가급적 하나의 완전한 이야기나 실용문, 실제 세계에서 활용되는 자료를 사용한다. 언어 교육을 위해 인위적으로 설정된 연습이 아니라, 실제 생활에서 활용할 수 있는,

삶을 위한 언어 사용으로서의 의미를 강조한다.

동시에 실제적인 목적을 제공한다. 예를 들어, 편지라는 텍스트 형식을 연습하기 위해서나 요약하기 기능을 익히기 위해서, 존재하지도 않는 숙모한테 받지도 않은 선물을 받았다고 생각하고 감사 편지를 쓴다든가, 앞뒤 내용을 잘라먹은 이야기 중간 토막을 읽고 전체 내용에 대해 얘기하라고 하지 않는다. 즉, 기능만을 따로 반복하면서 가르치지 않고, 오히려 그 기능이 포함된 하나의 이야기를 읽도록 하면서 작은 기능이나 지식을 익히도록 유도한다.

그뿐 아니라, 말하고 듣고 읽고 쓰는 언어활동이 실제적인 삶과 연결되어야 하기 때문에 의미 있는 언어활동, 즉 드라마나 미술, 음악, 신체활동 등과 연결하여 총체적인 언어 사용 능력을 기르는 것이 효과적이다. 최근에는 언어활동을 다른 내용교과의 수업과 효과적으로 통합하는 범교과 수업으로 확대되고 있다.

또한 총체적 언어 접근법은 방법적으로 학습자 간 상호작용 강조, 실수 허용, 학습에 대한 주인 의식의 강조, 학부모 참여 확대, 질적 평가를 기초로 한 다양한 평가 실시, 교육과정을 그대로 모방하지 않고 학습자의 요구에 맞게 재구성하는 등의 원칙들도 함께 고려되어야 한다.

요컨대, 총체적 언어 접근법의 원리로는 ① 교실 수업에서 자연스러운 언어 상황 맥락을 강조, ② 텍스트의 의미 획득 중시, ③ 말하기, 듣기, 읽기 쓰기 활동의 유기적 관련 중시, ④ 상호작용을 통한 학습자의 의미 구축, ⑤ 학습자 반응, 실수 허용, 학습에 대한 책임감 등의 강조, ⑥ 학부모 참여 및 질적 평가를 기초로 한 다양한 평가, ⑦ 교육과정의 재구성 시도 등이 있으며, 이를 읽기 수업 상황에 적절히 적용할 수 있다.

(4) 과제 제시 절차 및 전략

총체적 언어 접근법을 읽기 수업에 활용하면 다음과 같은 점이 강조되어야 한다. 이들은 수업에서 각 과제로 활용될 수 있다.

- KW(H)L : 학습 전략의 방법으로, 학습자가 학습할 주제(개념)에 대해 이미 알고 있는 것(Know), 알고 싶은 것(Want to Know)을 쓰고, 학습 또는 독서 후에 어떻게 알게 되었는지(How to Know), 새롭게 알게 된 것(Learned)을 쓰는 방식으로 대게 표를 구성하여 간단히 작성하는 방식이다.
- SSR : 이 개념어는 두 가지 번역이 가능한데, 첫째는 '지속적 묵독(Sustained Silent Reading)'이란 뜻으로, 학습자가 지속적인 기간 동안 자유롭게 묵독하게끔 하는 방법이다. 이는 두 번째로 '자기 선택적 독서(Self-Selected Reading)'란 의미를 함의한다. 즉, 일정 기간 동안 학생들이 자유롭게 선택한 글을 읽을 수 있는 기회를 부여하는 활동을 말하는데, 그 원리는 교사가 학생들이 선택한 글을 같이 읽는 모습을 보여주며, 일절 과제를 부여하지 않고, 읽기 활동에 자유롭게 참여하도록 하는 것으로, 학생들이 읽기 활동에 흥미를 가지고 몰입할 수 있도록 함으로써 읽기 태도를 변화시킬 수 있는 효과를 지닌다.

[표 2] 읽기 수업 절차

A. 읽기 수업 절차	
과 제	전 략
㉠ 텍스트 의미 중심 읽기(1~2차시)	• 요약하기 전략
㉡ 학습자 반응 중심 읽기(2~3차시)	• 반응 중심 읽기 전략
㉢ 맥락 속에서 읽기·쓰기 통합 활동 하기(3차시)	• 추론하기 전략
㉣ 학습한 기능(전략)과 의미를 다른 맥락(텍스트)에 적용하기(3차시)	• 비판적·창의적 읽기 전략 • 상호텍스트 관련성 찾기 전략
B. 범교과 수업 절차	
과 제	전 략
㉠ 텍스트 내용 확인하며 읽기(1~2차시)	• SQ3R, KWL(H)
㉡ 텍스트 내용 정리하기(2~3차시)	• SQ3R, KWL(H)
㉢ 의미 있는 언어활동(드라마, 미술, 음악, 신체활동 등)과 연결하기(3차시)	• 범교과 활동
㉣ 관련 단원들의 '주제' 중심 통합 활동 확대하기(3차시)	• 프로젝트 수업

(5) 응용 및 강조 활동

총체적 접근법을 활용한 모형은 여러 가지 형식으로 실현될 수 있으나, 균형잡힌 읽기·쓰기 교육을 위한 교수법 형식을 구성하는 몇 가지 읽기 방식들(Modes of Reading and Writing as Forms of Instruction)을 보면, 읽기·쓰기 통합 모형을 강조하고 있다. 다음은 교수·학습을 위한 지도 모형의 내용으로서 수준에 따라 5단계 방법(modes)을 제안하고 있는 쿠퍼(Cooper, 2004 :

24~29)의 모형인데, 읽기 수업을 쓰기 수업과 통합할 때 양자간의 활동을 연결시킬 수 있다. 이때 상위 단계로 갈수록 교사의 도움은 줄고, 독립적 활동이 늘어난다.

[표 3] 읽기·쓰기 지도 유형

읽기 유형			쓰기 유형		
유 형	방 법	적용 시기	유 형	방 법	적용 시기
독립적 읽기	학생들은 교사의 도움 없이 혼자서 조용히 책을 읽는다.	학생들이 텍스트와 텍스트의 화제에 관해서 흥미와 관심이 높아져 동기화가 잘 되어 있거나 텍스트 이해에 어려움이 없을 때	독립적 쓰기	학생들은 혼자서 쓰기를 한다.	학생들이 거의 도움이 필요하지 않을 때
협동적 읽기	학생들은 동료(들)와 함께 소리내어 또는 조용히 읽는다.	학생들의 읽기 능력을 보건대, 교사의 도움이 좀 필요해 보일 때. 때로 단지 즐거움(fun)을 목적으로 활용된다.	협동적 쓰기	하나의 쓰기 결과를 동료(들)와 함께 쓴다.	학생들의 글쓰기 과정에서 약간(limited)의 도움이 필요할 때
안내된 읽기	교사는 말하면서 지도한다. 때로 학생들 사이를 걸으면서 텍스트의 절마다 질문을 하고, 학생은 예측하기 활동을 동시에 한다.	텍스트(수준)나 학생들의 읽기에 많은 도움이 필요할 때. 때로 변화(variety)를 목적으로 활용된다.	안내된 쓰기	학생들은 자신만의 작문을 하는 반면, 교사는 활동을 촉진하고 쓰기 방법을 안내한다.	학생들이 쓰기 모형을 배운 적이 있지만, 여전히 자신만의 글쓰기를 어떻게 하는지를 학습하지 못할 때
함께 읽기	학생들은 텍스트를 보고, 교사는 크게 읽는다. 학생들이 준비가 되면 낭독에 참여한다.	학생들의 읽기에 상당히 많은 도움이 필요할 때. 때로 읽기 초보자에게 활용된다.	함께 쓰기	집단이나 반이 함께 글을 쓰되, 교사도 함께 쓴다.	학생들의 쓰기 활동에 상당히 많은 도움이 필요하거나, 특정한 쓰기 관습을 강조할 필요가 있을 때
소리 내어 읽기	교사는 크게 텍스트를 읽는데, 학생들은 보통 교재 없이 듣는다.	텍스트가 너무 어렵거나 배경 지식이 개발될 필요가 있을 때. 또는 즐거움이나 변화를 목적으로 활용되기도 한다.	소리 내어 쓰기	교사는 활동에 동원되는 사고 과정을 학생들과 공유하면서, 차트나 OHP 등에 쓴다.	특정 쓰기 방식(type)을 위해 모형으로 개발된 쓰기 과정을 학습할 필요가 있을 때.

6. 사고력 신장을 위한 주제 중심 읽기 수업(프로그램 수업)

(1) 간략한 도입

비판적 사고력 신장을 위한 주제 중심(Thema-centered) 프로그램 수업은 최소 6차시 이상 최대 3년 이하의 긴 기간을 필요로 하는 수업에서 적용될 수 있으며, 교과 수업보다 재량활동 수업 또는 교과 통합적 수업을 목적으로 설계한다.

주제 단위의 과제 중심 독서 지도(Task-Based Reading Instruction by Thematic Unit)는 잘 알려진 범교과 활동(Across-Curriculum Activities)이나 내용 교과 독서 방법에 활용될 수 있다. 특히 범교과 활동 수업은 주제(themes)를 설정하고 주제와 관련된 교과 활동들을 통합적으로 운영하는 아이디어라고 할 수 있는데, 이는 수업 운영 면에서 여유가 있으며, 내용 교과 간의 독립성이 상대적으로 약해 통합이 잘 이뤄지는 유아나 초등 수준에서의 교육과정에 자주 활용된다. 이에 반해, 중등 이상 대학 수준에서의 독서는 비판적 사고력은 물론이고, 인문학적 교양을 신장시키기 위한 목적으로 수준 높고 체계적인 독서 지도가 이뤄져야 하는데, 이를 위해 학문적 테제(These)를 중심으로 이와 관련된 구체적인 하위 주제들을 설정하고, 각 주제와 직접 연관되는 책을 읽거나 과제 형식으로 주어진 주제를 해결하기 위해 학습자가 스스로 책을 선정하여 읽고 텍스트의 의미를 내면화하는 독서 활동을 구성할 필요가 있다. 이러한 독서 지도는 논술 능력을 신장시키는 교육 방법으로 활용될 수 있다.

(2) 프로그램 구성 원리

이 독서 지도 프로그램의 구성 원리는 주제 중심 접근법, 과제 중심 접근법에 기반하고 있다. 주제 중심 독서 지도 프로그램을 국어 수업에 적용하기엔 직접 읽기 활동(DRA)을 위한 독서 시간이 확보되지 않고, 진도 내용과 직접 관련시키기도 어렵기 때문에, 수업 시간 내에 실시하기보다는 범교과 논술 지도나 내용 교과 독서와 연계시켜 별도로 지도하는 것이 더 낫다. 즉 의도한 효과가 드러나기 위해서는 한 학기 또는 일년 정도의 중장기 계획을 실시해야하기 때문에, 특별 활동이나 재량 활동, 방과 후 활동 프로그램 등으로 적용하면 효과적이다. 특히 교과 독서와 관련시켜 이 독서 지도 프로그램을 적용하려면, 시간표를 조정해 수업 단위를 2시간 이상 합쳐(block-scheduling) 교과서의 단원 내용 및 단원의 주제와 관련된 책을 읽히고 문제를 해결하는 과정을 포함시킬 수 있다.

■ 학습 주제 선정

프로그램을 구성하기 위해서는 도서 목록을 선정하는 것에 앞서, 책을 왜 읽는가를 먼저 결정하는 것이 중요하다. 예컨대, 학습 독서로서 구체적인 지식을 얻는 목적이라면, 전체 독서 프로그램에서 다루어야 할 학습 주제들을 선정한다. 이 주제들은 교과 학습과 관련된 핵심 개념들이라 할 수 있다. 예를 들어, 사회 영역이면 '지역이기주의—행복론', 과학 영역이면 '중력—블랙홀—시간' 등등을 추출할 수 있다. 다음으로 학습해야 할 주제의 범주를 추출·설정하고 나면, 이를 토대로 각 주제 범주에 속하는 하위 질문이나 활동들을 과제 형식으로 선정·기술한다. 그 다음 이러한 하위 질문이나 활동 형태의 과제들을 해결하는 과정으로서 독서 활동을 진행시킨다. 주제 중심 접근법은 수업에 적용할 때, 과제 중심 접근법이나 활동 중심 접근법과 방법적인 면에서 결합하기가 용이하다.

■ 과제 추출

전술한 바와 같이, 주제 중심 독서 지도 프로그램을 구성할 때는 여러 가지 하위 전략들을 결합하는 것이 효과적이다. 여기서는 과제 중심 접근(Task-Based Approach) 원리를 적용해보자. 이 프로그램은 단순히 선정된 독서 목록을 중심으로 순서대로 책을 읽는 것이 아니라, 과제를 먼저 정하고 이 과제, 즉 문제를 해결하기 위해 관련 책을 찾아 읽음으로써, 문제 해결 '방법'을 탐구하는 방식으로 독서를 지도한다. 이때 과제란 바로 학생들이 사고해야 할 내용, 즉 일종의 '사고 거리(thinking issues)'라고 할 수 있다. 또한 주제 중심 독서 지도 프로그램을 과제 중심 접근법에 기반하여 교과 학습 독서에 적용할 수도 있다. 먼저, 각 내용 교과의 단원 중에서 확장된 읽기가 필요한 단원을 선정하여 각 독서 주제를 추출한다. 이 주제들을 교과

학습에 필요한 구체적인 학습 '과제' 형식, 예컨대, 질문 형식으로 기술한다. 과제들을 설정할 때는 가급적 각 교과마다 전체 학년에 공통적인 '주제 범주'를 형성하도록 통일성 있게 구성하는 것이 중요하다.

■■ 독서 순서의 구조화

한 교과 내에서 7학년(혹은 10학년 혹은 초등 1학년)부터 12학년까지 전 학년의 독서 과제들은 일정한 주제 범주를 형성하고, 각 범주에 속하는 과제들의 난이도는 학년이 올라갈수록 반복·심화되는 양상을 띠도록 해야 한다. 이는 마치 브루너(Bruner)의 나선형 교육과정 설계와 같이, 하나의 범주에 속하는 과제들이 서로 계열성을 갖도록 조직하되, 학년이 올라갈수록 보다 고차원적인 사고를 요하는 독서 과제들로 배열한다. 즉, 각 교과별로 주요한 주제 범주들을 설정하고 이 안에서 교과 단원들과 연계된 과제들을 학년에 따라 배열하되, 점차 과제의 수준이 높거나 어려운 것으로 계열성을 띠도록 함으로써 지식과 사고가 체계적으로 구조화될 수 있도록 한다.

이러한 접근법과 유사한 예는 바로 프랑스의 바깔로레아(BAC)시험이라고 할 수 있다. 이것은 평가 방법이지만, 주제 또는 과제 중심 접근법과 유사하다. 예컨대, 철학 논술 및 구술 시험인 바깔로레아의 일반계열(과학, 경제사회, 문학 영역) 시험 내용을 보면, '인간(Human), 인문학(Humanities), 예술(Arts), 과학(Sciences), 정치와 권리(Politics & Rights), 윤리(Ethics)'라는 6가지 '주제 범주'로 나뉘어 있고, 각각은 하위 10~15개 정도의 구체적인 질문들을 예시하고 있다. '인간(Human)'이라는 주제 범주의 경우, '질문1 : 스스로 의식하지 못하는 행복이 가능한가? 질문2 : 꿈은 필요한가? 질문3 : 과거에서 벗어날 수 있다면 우리는 자유로운 존재가 될 수 있을까?' 등이 하위 질문들의 예인데, 이 시험에 대비하기 위해서는 어릴 때부터 이러한 주제 범주와 관련된 책들을 읽고, 자신의 견해를 정립해 나가며, 문제를 해결하는 방식을 연습하지 않으면 안 된다. 이러한 과제들을 순서대로 배열하고, 각 과제들을 해결하기 위한 독서 목록을 선정하고, 이를 체계적으로 배열하면, 독서 프로그램의 내용들이 구조화될 수 있다.

■ 협동 학습

토론 및 협의 중심 수업과의 결합도 매우 중요하다. 적어도 고교 이상의 독서 수업의 내용은 주제 또는 화제별로 범주화된 독서물(텍스트)을 제시하고, 일정에 따라 이를 읽고 토론하는 활동으로 구성되는 것이 바람직한데, 학습자들이 그 시간에 다루어야 할 특정 주제('생각할 문제, 즉 과제')에 대해 생각하면서 텍스트의 의미를 어떤 방향으로 재구성할 것인가를 문제 해결 과정으로 학습하게 된다. 이러한 독서 토론 수업이 각 교과별로 자연스럽게 이뤄짐으로써 교과서나 교과 진도에 따른 제한된 학습의 한계를 극복하고, 학습 내용이 교실 밖으로까지 확대되며, 가치 및 의미의 문제를 수업 중에 직접 훈련시킴으로써 교과 수업이 삶의 문제와 직결될 수 있으며, 나아가 학교교육의 탈맥락성을 극복할 수 있게 된다.

(3) 교수·학습 방법

주제 중심 독서 지도 프로그램의 단위별 '수업 절차'를 구성하는 기본적인 원리를 살펴보면, 첫째, 읽기 활동과 관련되어서는 직접 읽기 활동, 개별화 읽기 지도, 자기 선택적 독서, 지속적 묵독 등이 중심이 되어야 한다. 둘째, 읽기 전략과 관련되어서는 의미 중심적 읽기, 반응 중심적 읽기, 요약하기 등이 중심이 될 수 있다. 셋째, 전술한 읽기 이론의 원리들을 토대로 각 학년별로 절차화된 프로그램을 구성하며, 실제 수업과 관련되어서는 문제·해결 과정 모형과 토론 중심의 협동 학습 방법, 읽기 후 활동으로는 총체적 언어 접근법 등을 적용할 수 있다. 이러한 독서 지도 방법은 내용 교과의 학습 독서(read to learn)에도 그대로 활용된다.

실제 프로그램은 전술한 바와 같이, 정해진 일정 기간 동안 해결해야 할 과제를 몇 가지 선정하느냐에 따라 단위(unit)가 결정된다. 내용 교과 독서와 관련시킬 경우, 중요한 것은 각 학년의 교과별 단원마다 교과의 내용과 관련되면서, 토론의 쟁점이 될 만한 과제를 1~3개 정도 질문 형식으로 선정하고, 과제의 수준은 물론, 과제를 해결하는 활동들이 학년이 올라갈수록 한 교과 내 전체 독서 활동 안에서 유기적으로 심화·반복될 수 있도록 구조화할 수 있어야 한다는 점이다.

예를 들자면, 5개 교과별 단원 중에서 심화된 읽기가 필요하다고 판단되는 경우, 교과마다 1~5개 정도로 과제들을 선정한다. 이러한 과제들은 단순히 교과서에 나온 질문을 변형한 형태나 간단한 선지식(prior knowledge)을 묻는 문제가 아니라, 교과 내용의 지식을 확장하고 교과와 관련된 학문 세계에 대한 호기심을 증진시킬 수 있는 것들을 추출하되, 과제들은 가급적 교과목별로 몇 가지 주제 범주에 속하도록 선정한다. 이러한 주제 범주에 속하는 과제들은 학년이 올라갈수록 반복·심화됨으로써 그 주제에 대한 지식도 심화·확대될 수 있도록 하기 위함이다.

특정 교과와 연계시키지 않고 범교과 독서 지도를 할 경우를 예로 들어 보자. 예컨대, 1년 기간의 프로그램을 실시할 경우, 총 4개 주제 범주를 선정하고 네 개마다 세 가지씩의 구체적인 하위 과제를 추출한다. 이때, 동일한 과제라 할지라도 과제의 수준을 달리 기술하여, 학습자의 읽기 능력에 따라 각기 다른 수준의 과제를 스스로 선택·해결할 수 있도록 하는 것도 선택할 만한 응용 방법이다. 여기서는 바깔로레아의 구술 면접 시험의 질문을 참고로 하여, 네 가지 주제 범주를 설정하여 각각 세 가지씩의 과제를 선정해 보았다. 수업의 순서는 조정할 수 있으며, 학습자가 대략 한 달에 한 권 정도 또는 그 이상의 책을 읽고, 과제에 따른 자신의 생각을 정립할 수 있도록 계획을 짠다.

이를 다음과 같이 정리할 수 있다. 아래에 예시한 아이디어는 적어도 일년 동안 12개의 구체적인 과제에 대해 최소 12권의 책을 읽고 자신의 생각과 관점을 정립하고, 관련된 세계 지식을 확충, 정리할 수 있도록 의도된 것이다.

[표 4] 주제 선정 및 하위 과제

주제 범주(예시)	하위 과제(예시)	수업 차례
인간(Human)	지금의 나는 내 과거의 총합인가?	1
	죽음은 인간에게서 일체의 존재 의미를 박탈해 가는가?	5
	행복은 인간에게 도달 불가능한 것인가?	9
인문학(Humanities) 및 예술(Arts)	역사는 인간에게 오는 것인가 아니면 인간에 의해 오는 것인가?	2
	철학이 세상을 바꿀 수 있는가?	6
	예술이 인간과 현실과의 관계를 변화시킬 수 있는가?	10
과학(Sciences)	이론의 가치는 실제적 효용가치에 따라 가늠되는가?	3
	기술이 인간조건을 바꿀 수 있는가?	7
	현실이 수학적 법칙에 따른다고 할 수 있는가?	11
정치권리(Politics & Rights) 및 윤리(Ethics)	권리를 수호한다는 것과 이익을 옹호한다는 것은 같은 뜻인가?	4
	다름은 곧 불평등을 의미하는 것인가?	8
	도덕적으로 행동한다는 것은 반드시 자신의 욕망과 싸운다는 것을 뜻하는가?	12

여기서는 한 단위의 주제별 과제 중심 수업을 구성할 경우를 예로 삼아 본다.

[읽기 전 활동] 첫째, 학습자는 이번 차시에 주어진, 이미 선정된 독서 과제를 읽고 과제의 성격을 이해하고, 해결 방법을 모색한다. 즉, 과제에서 요구하는 문제 내용을 해석하고, 이를 해결하기 위해 어떤 책들을 읽어야 하는지를 함께 토론한다. 각자에게 필요한 책의 유형과 종류를 결정하고, 직접 도서관을 방문하든지, 학급 문고를 활용하여 자신에게 필요한 책을 스스로 선정하고, 교실에서 혹은 도서관에서 읽을 수 있도록 주문한다.

[읽기 전 활동] 둘째, 학습자는 독서 과제를 해결하기 위한 책을 선정한다. 이때 교사는 교과 내용과 관련되면서 학습자의 학년별 수준에 맞는 대표적이고 기본적인 독본(basic-reader)들을 선정하여 독서 매뉴얼—이를 아들러(Adler, 1970)는 신토피콘(syntopicon)이라 했다—을 제시할 수 있어야 한다. 각 과제를 해결하기 위해 교사는 해당 과제별로 최소 1권 이상의 책을 소개할 수 있어야 한다. 단 교사의 독서 선정과 소개는 권위적인 인상

을 주지 않아야 하며, 단순히 길라잡이에 불과할 뿐 모든 과제의 해결은 학생 스스로 주도적으로 계획하고 수행할 수 있도록 도와야 한다. 즉 이 권장 도서 및 독서 매뉴얼은 학습자의 독서 활동을 안내하는 도서로서의 역할을 할 뿐 학생들이 읽기에 대한 심리적인 부담을 느끼지 않도록 반드시 필수적으로 읽어야 할 '필독 도서'는 아님을 밝힌다. 최선의 방법은 학습자 스스로 자신의 흥미와 읽기 능력에 맞는 책을 선택하여 각자 다른 방식으로 문제를 해결할 수 있도록 교사가 다양한 수준의 도서들을 제시하는 것이다.

[읽기 중 활동] 셋째, 학습자는 선정한 책을 각자 읽는다. 이때 교사는 학습자가 책을 읽으면서 문제에 대한 해결책을 계속 생각하면서 읽을 수 있도록 상위인지를 사용할 것을 주문한다. 또한 이 단계에서는 지속적 묵독 활동(Sustained Silent Reading)이 이루어지도록 돕는다.

[읽기 후 활동] 넷째, 책을 읽고 난 후에는 학생들이 생각한 각자의 해결책을 서로 공유할 수 있도록 토론 활동을 전개하면서, 학생과 학생 간, 교사와 학생 간의 상호작용을 통한 지식의 공유와 구조화가 이뤄질 수 있도록 한다. 이 활동을 통해 학생들은 과제의 성격과 의도에 맞는 텍스트의 의미를 재구성하게 된다. 또한 과제와 교과 내용과의 관련성을 파악하기도 한다. 이 단계에서는 의미 중심적 읽기 전략과 총체적 언어 접근법이 실현될 수 있도록 한다.

[읽기 후 활동] 다섯째, 협의 과정을 거쳐 과제에 대한 최종적인 판단을 구성하도록 한 다음에는 학생들이 읽기 결과를 표현·발표하는 단계를 설정한다. 이 단계에서 교사는 학생들의 사고가 보다 깊이 있게 구조화될 수 있도록 통합하고 조정하는 역할을 한다. 학생들 각자의 과제 수행 결과는 일종의 포트폴리오 형식으로 누가 기록하도록 하며, 교사는 간단한 피드백을 통해 학생의 독서 활동을 격려하는 평가를 한다. 이를 정리하면 다음과 같다.

[표 5] 주제 및 과제 중심 읽기 프로그램의 차시별 수업 절차

읽기 단계	학습 내용	교수 내용	적용 가능한 읽기 모형
읽기 전	• 주어진 과제의 성격을 이해하고 해결 방법을 모색한다.	• 과제의 의도를 이해할 수 있도록 돕거나 직접 설명한다.	• 문제·해결 과정 모형
	• 각자 수준에 맞는 책을 선정한다.	• 다양한 수준의 권장 도서를 제시하여 책의 결정에 도움을 준다.	• 개별화 읽기 지도 • 자기 선택적 독서 지도
읽기 중	• 상위 인지를 사용하여 직접 읽기 활동을 한다.	• 과제 해결을 위한 상위 인지를 사용하도록 요구한다. • 지속적 묵독이 이뤄지도록 독서 환경을 조성한다.	• 상위 인지 읽기 지도 • 직접 읽기 활동 지도 • 지속적 묵독 지도
읽기 후	• 협의 및 토론 활동을 통해 의미를 재구성한다.	• 텍스트의 의미를 재구성할 수 있도록 안내한다.	• 협의 및 토론 학습 모형 • 총체적 언어 접근법
	• 읽기 결과를 기록하고 표현한다.	• 읽기 결과를 다양한 방법의 범교과 활동과 결합하여 창의적으로 표현하도록 요구한다.	• 요약하기 지도 • 독서 이력철 활용 • 범교과 통합 학습 적용

(4) 절차상의 유의점 및 교수·학습 자료

[표 6] 교과별 범주 구분 및 활동 내용 단계

주제 범주(예시) / 교과 구분(예시)			인간	인문학	예술	과학	정치 역사	윤리	범주1 ...	범주2 ...
학년별 과제	교과 구분	국어 (문학)	○	○	○			○		
		수학	○		○	○		○	○	
		사회	○	○	○		○	○		
		과학	○	○		○		○	○	○
		예술	○	○	○		○	○		
과제별 독서 활동 내용	과제 성격 파악하기									
	책의 유형 및 책 선정하기									
	책읽기									
	주제·내용 공유하기									
	해석하기									

이 프로그램을 학년별로 구성할 때는 학년이 올라갈수록 주제 범주와 과제들이 구조화되고 심화될 수 있게 연계성을 갖추도록 계획한다.

[독서 활동 단계] 교과 독서와 연계하여 프로그램을 짤 때는 주제 범주의 구분이나 선정에 있어서 각 교과에 따라 필요한 영역을 융통성 있게 설정하는 것이 중요하다. 아래의 표는 교과별 중심이 되는 주제 범주 및 각 과제별 학습자의 활동을 단계화한 것이다. 전술한 바와 같이, 학습자의 학습 활동은 다음의 5가지 단계를 거

친다. 첫째는 과제의 성격을 파악하고, 읽기의 목적을 인식하는 것이다. 둘째는 과제를 해결하기 위해 과제의 성격과 자신의 발달 단계에 적절한 책의 유형 및 읽을 책을 결정한다. 셋째는 교사의 안내와 자기 주도적 활동을 결합하여 책을 읽는다. 넷째는 친구들과 읽은 책의 내용이나 필요한 정보를 교환하며, 과제 해결 방안에 대해 논의하고 참조한다. 다섯째는 일종의 해석 활동으로써 과제에 대한 답안을 구성하면서 학습자 스스로 문제를 해결한다.

[독서 활동 일지 구성] 위의 5단계의 학습자 독서 활동을 돕고 후에 자신의 독서 이력을 볼 수 있도록 다음과 같은 독서 활동 일지(journal)를 작성할 필요가 있다.

[표 7] 독서 활동 일지(예시)

교과명	소재 단원		과 제 명
국어	6학년-읽기-5단원		• 세계적으로 유명한 예술가들의 삶에서 공통적인 부분은 무엇인가요? • 다음 작품에 드러난 작가 정신은 무엇일까요? 백남준, 비디오 아트➡
	주제 범주		인간, 예술
독서 활동 내용	1단계	과제 성격 파악하기(독서 목적 설정)	• 감동(교훈과 쾌락) • 정보 전달
	2단계	책의 유형 및 책(제목) 선정하기	• 위인 전기, 신문 또는 잡지(인터넷 검색) • 제목 :
	3단계	책읽기	• 교사의 안내에 의한 읽기 활동 (Directed Reading Activity)
	4단계	주제 · 내용 공유하기	• 불꽃같은 삶, 성실, 노력, 인내
	5단계	과제 해결하기(해석 활동)	• 학생들 글쓰기
	교사 피드백		평가 내용

💬 교사를 위한 안내

언어교육 연구의 방향은 전 세계적으로 언어 자체에 대한 관심에서 언어와 언어가 사용되는 사회와의 상호작용에 대한 관심으로 변화되었다. 일종의 담화 공동체라 불리는 이 '독서 사회'의 성격을 규명하는 작업은 특히 사회구성주의 (social constructivism)가 등장한 이래로 읽기 교육을 설명하는 매우 중요한 테마가 되고 있다. 주지하다시피, '읽기 / 독서'라는 현상을 설명하는 데 있어 필수적인 요소이자 변인으로 들고 있는 세 가지, 텍스트, 독자, 상황맥락은 그 순서대로, 읽기 연구자들의 주된 관심과 연구 쟁점들이 '텍스트에서 독자로, 다시 맥락'으로 변화되었음을 보여준다. 읽기 연구 분야는 '과정, 실행, 정책'이라는 세 가지 범주로 발전해 왔으며, 읽기 과정에 대한 연구는 (인지)심리학자에 의해, 읽기 실행에 대한 연구는 (교과)교육학자에 의해 이뤄지며, 정책적 연구는 정부 기관에 의해 계획되고 감독된다. 이는 읽기가 상당히 학제적인 연구 분야임을 방증하는 일례다. 이러한 학제성 때문에, 읽기 연구는 그 발전 과정에서 여러 가지 학문 분야의 이론들을 적극 수용하게 된다. 그중에서도 읽기 과정 연구, 특히 인지과정(cognitive processes)으로서의 독해(reading comprehension) 연구가 교육에 지대한 영향을 미치게 된다. 1970년대는 스키마, 스크립트, 텍스트 구조, 이야기 문법 개념이 확립되면서 독서가 구성적 과정(constructive process)으로 인식되는 등, 인지주의의 전성기를 맞는다. 이와 함께 읽기를 기호 해독 (decoding)이 아닌, '이해(comprehension) 과정'으로 보기 시작했으며, 이 지점에서 인간의 '이해'를 보다 체계적으로 설명하게 되었다.

바람직한 읽기 교육이 이뤄지기 위해서는 규정된 틀(학교 교실, 시수, 단원 내 제재, 학습 목표, 교육 영역과 방법 등)에 갇혀 제한된 읽기 학습만을 강요할 것이 아니라, 교실 밖 책 읽기 활동으로서 독서 기행, 함께 읽기 활동으로서 독서 클럽이나 독서 워크숍, 문학교육 연계 활동으로서 독서 비평 등의 다양하고 창의적인 독서 행위로 확장할 수 있어야 한다. 이러한 활동 중심 독서 행위는 학습자의 인지적 영역과 정의적 영역을 발달시켜 보다 감수성이 풍부하고 사려 깊은 인간으로 성숙할 수 있도록 도와줄 것이다.

▌ 탐구 활동

01 독서부진아의 읽기 능력 신장을 위해 1학기에 적용할 수 있는 읽기 프로그램을 실시하려고 한다. 다음 조건들을 모두 고려하여 적절한 읽기 프로그램을 계획해 보자.

[조건]
1. 기능 중심의 방법과 의미 중심의 방법을 적절히 결합할 것
2. 읽기 유창성(reading fluency)을 습득시킬 것
3. 학습자 수준과 흥미를 신장시킬 수 있는 텍스트들을 선정할 것
4. 전체 차시를 결정하고, 각 차시별 중점 학습 활동(요약, 주제 파악 등등)을 결정할 것

02 읽기 수업은 다음과 같은 여러 가지 방법으로 실시될 수 있다. 읽기와 쓰기 능력을 동시에 신장시키기 위한 '활동 중심' 수업을 진행하려면 다음 중에서 가장 중요하게 고려해야 할 원리는 무엇인지 택하고 그 이유를 생각해 보자.

[읽기 수업의 여러 가지 활용 방법]
가. 읽기와 쓰기의 기능을 각각 하나씩 선정하여 집중 연습하는 수업
나. 그림이나 동영상 등의 관련 매체 자료를 활용하는 매체 활용 수업
다. 텍스트에 드러난 주요 어휘와 문법을 선별하여 반복 훈련하는 수업
라. 한 편의 텍스트를 읽고 주어진 과제를 쓰기 활동으로 연결하는 수업
마. 텍스트 주제(혹은 내용 지식)와 관련된 다른 교과 내용을 연결하는 프로젝트 수업

▌참고할 만한 자료들

• 문식성 및 읽기 교육의 최근 관점 및 교수·학습의 기본 원리는 다음을 보라.

김혜정(2006), 읽기 교육 방법론에 대한 재고, 국어교육학연구 27집.

박수자(2005), 교과 독서의 본질과 과제, 독서연구 14호.

Gunning, T. G.(2005), *Creating Literacy : instruction for all student(5th)*, Allyn & Bacon.

• 읽기 수업에 사용할 만한 전략 및 교수·학습 모형은 다음을 보라.

박수자(2001), 읽기 지도의 이해, 서울대 출판부.

박영목(2000), 독서교육 활성화 방안 연구, 국어교육 103호.

한철우 외(2002), 과정 중심 독서 지도 방법, 교학사.

Ruddell, R. B.(2002), *Teaching children to read and write : Becoming an effective literacy teacher(3rd)*, Allyn and Bacon.

Tierney, R. J., & Readence, J.E.(2000), *Reading Strategies and Practices*, MA : Allyn and Bacon.

• 기타 저명한 정기간행물은 다음을 보라.

Handbook of Reading Research(Ⅰ~Ⅳ) / *Theoretical Models and Processes of Reading*(Ⅰ~Ⅴ) / *Reading Research Quarterly*(계간지)

제 7 장

쓰기 교수·학습 방법

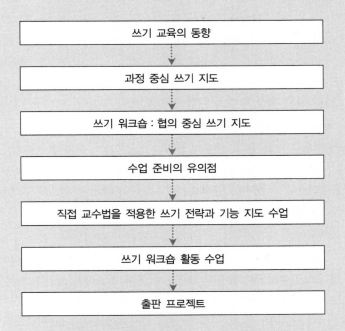

쓰기 교육의 동향

과정 중심 쓰기 지도

쓰기 워크숍 : 협의 중심 쓰기 지도

수업 준비의 유의점

직접 교수법을 적용한 쓰기 전략과 기능 지도 수업

쓰기 워크숍 활동 수업

출판 프로젝트

현대 쓰기 교육의 특징은 쓰기 과정에 대한 강조, 학습을 위한 쓰기의 강조, 읽기와 쓰기의 관련성에 대한 강조, 전자 작문의 등장 등으로 정리할 수 있다. 이 중에서 쓰기 교육의 가장 중요한 변화를 **개요** 들라고 하면 쓰기 과정을 중심으로 글쓰기 지도를 하게 되었다는 점이다. 숙련된 필자의 글쓰기를 관찰한 결과를 토대로, 쓰기 지도의 강조점을 결과(product)에서 과정(process)으로 옮기게 되었다. 쓰기 결과물의 생산과 여러 종류의 모범 단락이나 글의 모방을 중요한 지도 방법으로 강조하는 결과 중심 접근(product approach)과 달리, 과정 중심 접근(process approach)은 계획하기, 초고 쓰기, 수정하기와 같이 필자가 글쓰기에서 사용하는 쓰기 과정을 강조하는 접근 방식으로서, 학생들에게 효율적인 쓰기 과정을 익히게 하여 학생들의 쓰기 기능을 개선하려고 한다. 과정 중심 접근 방법은 협동적 소집단 안에서 협의적 글쓰기를 수행하는 쓰기 워크숍과 함께 운영되기도 한다. 따라서 이 장에서는 쓰기 교수·학습 방법으로서 쓰기에 대한 과정 중심 접근, 실제의 다양한 쓰기 활동을 중심으로 하는 쓰기 워크숍에 대해 설명하고 이를 종합적으로 활용한 수업의 실례를 몇 가지 제안하고자 한다.

■ 문제 상황

〈사례 1〉 김 교사는 글을 쓸 때 유용하게 사용할 수 있는 쓰기 전략을 직접 교수법을 사용하여 학생들에게 가르치기로 했다. 특히 쓰기 내용을 생성하기 위한 전략으로 의미 지도 작성하기를 가르치기로 했다. 먼저 김 교사는 학생들에게 의미 지도의 개념을 설명한 후, 의미 지도를 작성하는 것을 시범보였다. 그리고 학생들에게 의미 지도의 개념과 작성 방법에 대해 몇 가지 질문을 한 후, 학생들 스스로 의미 지도를 작성해 보도록 했다. 몇몇 학생들은 제대로 해냈으나 많은 학생들이 글을 쓸 수 있을 정도의 의미 지도는 작성하지 못했다. 학생들은 의미 지도를 작성하면서 김 교사에게 의미 지도 작성 방법에 대한 질문을 많이 던졌다.

〈사례 2〉 이 교사는 이번 쓰기 시간에 학생들에게 설명문 쓰는 것을 가르치려고 한다. 먼저 이 교사는 학생들에게 설명문의 구조를 짧게 설명한 후 바로 글을 쓰는 과정에 착수하도록 했다. 전체 45분의 수업 중 5분 정도 수업의 목표와 설명문의 구조를 설명한 후 바로 글쓰기에 들어갔다. 김 교사는 10분 정도 브레인스토밍 전략을 사용하여 내용을 생성하게 한 후, 그 결과를 바탕으로 다발짓기를 통해 5분 동안 개요를 작성하게 했다. 그 후 20분 동안 글을 쓰게 한 후 마지막 5분 동안에는 글을 읽고 고쳐쓰기를 하게 했다.

〈사례 3〉 박 교사는 글을 잘 쓰게 하려면 학생들에게 유용한 쓰기 전략을 가르쳐야 한다고 생각한다. 그래서 내용 생성하기 과정에서 유용한 전략으로 의미 지도 작성하기를 가르쳤다. 그 후 박 교사는 설명하는 글을 쓸 때 학생들에게 내용을 생성하기 위해 의미 지도 작성하기 활동을 하도록 했으며, 주장하는 글을 쓸 때도 의미 지도 작성하기를 통해 내용을 마련하도록 했다. 동시를 쓰거나 편지를 쓸 때도 학생들에게 내용을 생성하는 단계에서 항상 의미 지도를 작성하도록 했다.

▌관점 갖기

이 교사들은 대학의 강의에서 또는 쓰기 이론서에서 제안된 쓰기 교수·학습 방법을 수업에 적용했다. 과정 중심 접근 방법으로 글을 쓰게 했고, 학생들에게 글을 쓰는 과정에서 이용할 수 있는 쓰기 전략을 가르치고 사용하게 했다. 그런데 위의 수업 사례들을 살펴보면 교사들은 쓰기 교육 이론서들에서 제안된 교수·학습 방법을 도식적으로 또는 기계적으로 수업에 적용하고 있다.

김 교사의 사례는 쓰기 전략이나 기능을 지도할 때 직접 교수법을 기계적으로 또는 성급하게 적용한 경우이다. 쓰기 전략이나 기능에 대한 설명을 듣고 교사의 시범을 본 후 학생들이 바로 그러한 전략이나 기능을 수행하는 것은 어렵다. 교사의 지원 아래 처음에는 일부분 또는 보조적으로 쓰기 활동에 참여하게 하고 교사의 안내를 통해 점차 참여의 정도를 높인 후 나중에 독립적으로 전략이나 기능을 글을 쓸 때 적용하도록 해야 한다.

이 교사의 사례는 글을 쓰는 과정 또는 단계를 한 차시의 수업 시간에 다 적용한 경우이다. 40~50분 정도의 수업 시간 동안 쓸 내용을 생성, 조직하고 나서 초고를 완성하고 수정까지 하도록 하는 것은, 학생들이 한 편의 글을 쓰기 위해 깊이 있는 성찰과 사고를 하는 것을 오히려 방

알아 두어야 할 주요 개념들

이 장의 학습을 위해 다음과 같은 개념들을 먼저 정리해 두자.

**결과 중심 쓰기 지도
(product approach to writing)**

결과 중심 쓰기 지도는 학생들이 생산한 글, 즉 쓰기의 결과에 지도의 초점을 두는 것을 말한다. 결과 중심 쓰기 지도에서는 지도의 방법으로 학생들에게 여러 종류의 글을 쓰도록 하고, 특히 여러 유형의 모범 단락이나 모범적인 글을 모방하는 것을 강조한다.

**과정 중심 쓰기 지도
(process approach to writing)**

과정 중심 쓰기 지도는 쓰기의 결과보다는 필자가 쓰기를 하면서 거쳐 가게 되는 쓰기의 단계에 교육의 초점이나 주의를 두는 것을 말한다. 능숙한 필자의 글쓰기 과정을 고찰하여 글을 쓸 때 필자가 거쳐야 하는 쓰기의 단계를 설정한 후, 학생들이 글을 쓸 때 이러한 쓰기의 과정에 따라 글을 쓰도록 지도하는 것이다.

쓰기 워크숍(writing workshop)

쓰기 워크숍은 조직적으로 쓰기를 지도하는 한 방법이다. 쓰기 워크숍은 짧은 시간 안에 쓰기 전략이나 기능을 가르치는 미니레슨, 실제적 쓰기 시간, 개인 또는 집단 협의, 쓰기 결과물의 공유 시간으로 구성된다.

전자 작문(electronic writing)

컴퓨터나 인터넷을 활용한 쓰기를 말한다. 초기에는 워드프로세서 프로그램을 활용한 쓰기를 말했으나 점차 컴퓨터 기반 또는 네트워크화된 컴퓨터 환경에서의 쓰기로 개념이 확대되었다.

이 장의 학습을 위해서는 아래에 제시한 개념들에 대해서도 정리해 두어야 한다. 이 개념들은 각자 조사해 보자.

쓰기의 과정 / 선조적 과정 / 회귀적 과정 / 쓰기 전략과 기능 / 범교과적 쓰기 지도 / 장르 중심 작문 지도

해할 수 있다.

　박 교사의 사례는 글을 쓰는 목적이나 글의 종류에 상관없이 내용 생성 단계에서 특정한 쓰기 전략만 적용하도록 한 경우이다. 의미 지도 작성하기 전략이 내용을 생성하는 데 유용한 방법이기는 하지만 모든 글에 다 적절한 방법은 아니다. 쓰기의 과정에서 적용할 수 있는 쓰기의 전략은 다양하며, 어떤 글을 쓸 때 유용한 전략이 다른 글에서는 유용한 전략이 아닐 수도 있다.

　이 장에서 제안하는 쓰기 지도 방법은 모형 또는 모델일 뿐이라는 것을 인식해야 한다. 모형은 보편적인 상황을 상정하고 구성된 것이므로, 이것을 지금 여기 내 교실의 학생들에게 맞게 수정하여 적용해야 한다. 내 학생들의 수준이나 흥미에 맞게, 학습 목표와 내용에 맞게, 학생들이 써야 할 텍스트의 장르적 특성에 맞게, 쓰기 교실을 둘러싼 사회·문화적 환경뿐만 아니라 물리적 환경에 맞게 쓰기 지도 방법을 재구성해야 한다는 점에 유의해야 한다.

1. 쓰기 교육의 동향

(1) 쓰기 과정에 대한 관점

쓰기 과정이 '쓰기 전(prewriting)－쓰기(writing)－쓰기 후(postwriting)'의 엄격한 단계로 구분되는 선조적 과정이 아니라 회귀적 과정이라는 것은 이제 쓰기 과정에 대한 정설이 되었다. 플라워와 헤이즈(Flower & Hayes, 1980)의 '쓰기 모형(Writing model)'은 쓰기 과정이 여러 개의 하위 과정으로 이루어져 있으며 본질적으로 회귀적 특성을 지니고 있음을 보여 주고 있다. 쓰기 과정은 계획하기, 작성하기, 재고하기의 주요한 세 과정으로 이루어져 있으며, 조정하기를 통하여 회귀적으로 작동한다는 것이다. 그들에 따르면 필자는 글을 쓸 때 자신의 글쓰기 과정을 계속적으로 조정하고, 이러한 조정을 통하여 필자는 한 과정에서 다른 과정으로 앞뒤로 움직인다는 것이다. 그러나 쓰기의 과정이 본질적으로 회귀적이라 해도 일정한 단위 시간 속에서 이루어지는 쓰기 수업을 회귀적으로 진행하기는 어렵다. 때문에 쓰기 교육과정에서 교육 내용을 설정하거나 쓰기 교과서에서 교수·학습 활동을 구안할 때는 쓰기의 과정을 여러 개의 하위 단계로 분절하여 선조적으로 접근하는 방식을 취할 수밖에 없다.

그런데 쓰기의 과정이 그렇게 단계화가 가능하도록 분절적으로 분명히 나뉠 수 있는지에 대한 의문이 제기된다. 쓰기 과정을 계획하기, 초고 쓰기, 수정하기 등의 주요한 단계로 나뉘어 지도할 수는 있지만, 이러한 단계는 항상 회귀적 흐름의 상태에 있다. 예를 들면 초고를 쓰는 과정 중에도 수정을 할 수 있고, 수정을 하면서 내용을 다시 계획할 수도 있다. 그러나 분명히 초고 쓰기 단계가 쓰기 전 단계를 선행할 수는 없으며, 수정하기 단계 또한 초고 쓰기 단계를 선행할 수 없다. 머레이(Murray, 1980)는 예행연습하기(rehearsing), 초고 쓰기(drafting), 수정하기(revising)의 쓰기 과정 중 정보수집하기(collecting), 관련짓기(connecting), 쓰기(writing), 읽기(reading)의 네 가지 힘이 서로 복잡하게 상호작용하여 의미를 구성한다고 보았다. 이중 예행연습하기(rehearsing) 단계에서는 쓰기와 정보수집하기가 우세하며, 수정하기(revising) 활동은 반대로 관련짓기와 읽기가 우세하다고 보았다. 즉 쓰기 과정이 분절적으로 단계가 나누어지지는 않지만, 특정 활동이 주로 일어나는 단계를 설정할 수가 있다. 즉 쓰기 과정은 본질적으로 회귀적 특성을 지니므로 어디까지가 계획하기 단계이고 어디까지가 작성하기 단계인지는 분절하기 쉽지 않지만, 한편의 글을 쓰는 동안 필자들이 어떠한 활동을 주로 하는지, 쓰기 과정이 어떠한 요소로 구성되는지는 알 수 있으며, 전체적인 쓰기의 과정에서 처음에는 어떤 활동이 주로 일어나는지 마지막에는 어떠한 활동이 주로 일어나는지는 알 수 있다. 따라서 우리는 과정 중심 쓰기 지도에서 다음과 같은 관점을 견지할 필요가 있다.

첫째, 쓰기의 과정을 두드러진 몇 개의 단계로 나누어 설정할 수 있는데, 예를 들어, 쓰기의 과정을 쓰기 전, 초고 쓰기, 수정하기, 편집하기, 출판하기 단계로 나누는 것이다. 이러한 단계화가 쓰기의 과정이 선조적인 과정임을 의미하지는 않는다. 쓰기 과정의 단계를 나누는 것은 교수·학습의 편의를 위해서, 즉 학생들에게 쓰기 활동을 설명하고 가르치기 위해서이다.

둘째, 과정 중심 접근의 가능성과 한계를 인식해야 한다. 처음에 쓰기를 가르치기 위해서 쓰기 과정을 몇 단계로 나누고 각 단계에 필요한 전략이나 기능을 세분하는 것이 필요하지만, 쓰기 교육이 진전된 이후에는 쓰기 과정의 분절이 쓰기 교육에 오히려 장애가 되기도 한다. 분절한 쓰기 과정의 단계들이 정형화되거나 고착화되면 학생들의 개별화된 쓰기 과정에 억압적으로 다가갈 수도 있다. 과정 중심 접근은 상황에 따라 유연하게 적용되어야 한다.

(2) 쓰기 워크숍에 대한 관점

과정 중심 접근의 쓰기 수업은 교사들이 학생들과 상호작용하는 방식에 큰 변화를 가져왔다. 과정 중심 쓰기 수업은 글을 쓰는 과정을 통하여 쓰기의 관습과 글을 쓰는 데 필요한 전략이나 기능을 익히도록 하기 때문에 학생들의 실제적인 글쓰기 수행이 중요하다. 따라서 쓰기 수업은 교사 중심의 강의식 수업에서 학생 중심의 협동 학습 환경으로 재구조화되었다. 쓰기 워크숍은 협동적 소집단 학습인데, 이러한 환경에서 학생들은 자연스러운 쓰기 상황에서 일어나는 것과 같은 협력을 한다. 학생들은 자신의 학습과 성취에 대해 더 많은 책임감을 지니게 되며, 또한 비판적인 사고력을 신장시킬 수 있는 협력적인 문제 해결에 참여하게 된다. 쓰기가 개인적 행위가 아니라 사회적 행위임을 고려할 때, 쓰기 워크숍의 협의적 쓰기 활동은 중요한 의미를 지닌다. 학생들에게 글은 독자를 고려해 써야 한다는 것을 인식하도록 하며, 독자에 대한 실제적 감각을 길러 줄 수 있다. 따라서 쓰기 워크숍을 통해 쓰기 지도를 할 때 우리는 다음과 같은 점을 명심해야 한다.

첫째, 쓰기 워크숍은 단순한 소집단 활동이 아니다. 구성원들 간의 연대감과 결속력을 필요로 하는 협력적, 협의적 활동이다.

둘째, 쓰기 워크숍은 한두 시간에 걸쳐 하는 활동이 아니다. 쓰기 워크숍은 단기간의 활동이 아니라 한 학기 내지는 하나의 쓰기 지도 프로그램이 진행되는 동안 지속되어야 효과를 얻을 수 있는 장기적 활동이다.

셋째, 쓰기 워크숍은 쓰기와 협의(conference) 중심의 활동이다. 쓰기 워크숍이 성과를 거두려면 직접 글을 쓰는 활동과 함께 구성원들이 실제 글을 쓴 후 서로 돌려 읽고 반응을 나누는 활동이 중심이 되어야 한다.

넷째, 쓰기 워크숍은 읽기 워크숍과 통합하여 운영할 수 있다. 읽기와 쓰기의 관련성을 생각해 볼 때 읽기와 쓰기의 연계 또는 통합 지도는 효율적이다.

(3) 전자 작문에 대한 관점

컴퓨터와 인터넷의 등장으로 글쓰기의 매체 환경은 크게 변화했다. 이전에는 종이에 펜으로 글을 썼으나, 지금은 컴퓨터에서 문서 작성 프로그램을 이용해 글쓰기를 하는 것이 보편적인 모습이 되었다. 인터넷이 널리 보급되면서 글쓰기의 환경은 또 한 번 급격히 변화했다. 인터넷에 접속하여 자신의 블로그를 작성하거나 각종 게시판에 글을 올릴 수도 있다. 컴퓨터와 인터넷은 단순히 글쓰기의 매체 환경만 변화시킨 것이 아니라 글쓰기의 본질과, 과정, 특성까지 변화시켰다. 전자 작문은 쓰기 교육의 풍경을 과감히 바꾸어 놓았으며, 변화는 여전히 진행되고 있다.

이러한 변화에 대응해 7차 국어과 교육과정에는 새로운 매체인 컴퓨터와 인터넷을 교육 내용으로 수용하였다. 특히 [국어 교육과정] 쓰기 영역에서는 '컴퓨터로 글쓰기'가, [작문 교육과정]에서는 '정보화 사회에서의 글 쓰기'가 교육 내용으로 설정되었다. 앞으로 이것은 쓰기 교육에서 외면할 수 없는 중요한 교육 내용이 될 것이다. 따라서 전자 작문을 지도할 때는 다음과 같은 관점을 명심해야 한다.

첫째 전자 작문은 글쓰기의 과정과 결과에 큰 변화를 가져 왔다. 펜 글쓰기에서 컴퓨터 기반 글쓰기로의 이행은 글쓰기의 방식과 과정, 나아가서는 소통 방식과 사고 과정의 변화를 가져왔다는 점을 인지해야 한다. 또한 선조적인 텍스트에서 링크로 연결된 하이퍼텍스트의 생산으로 변화했음을 인지해야 한다.

둘째, 전자 작문 지도를 할 때 단순히 교수공학적 접근을 취해서는 안 된다. 글쓰기에 컴퓨터를 도입하는 것은 단순히 필기도구의 변화만을 의미하지는 않는다. 글을 쓰고 편집하는 도구나 표현할 내용을 선정하기 위한 수단으로만 컴퓨터와 인터넷을 활용해서는 안 된다. 컴퓨터로 글을 쓰는 과정과 방식의 특성에 대해 교육해야 한다.

셋째, 전자 작문의 개념과 유형은 고정되어 있는 것이 아니라 변화, 확대되어 가고 있다. 워드프로세서를 이용한 쓰기에서 컴퓨터 네트워크 환경의 쓰기로 범위가 확대되어 가고 있다. 인터넷의 쓰기 환경이나 인터넷 기반의 글쓰기의 유형은 급격하게 변화를 겪고 있다. 최근의 블로그 글쓰기의 열풍을 보면 이러한 경향을 잘 알 수 있을 것이다.

2. 과정 중심 쓰기 지도

과정 중심 쓰기 지도는 필자가 글을 쓰는 동안 거치게 되는 쓰기 과정을 강조하는 쓰기 교수 방법으로서, 학생들에게 효율적인 쓰기 과정을 익히게 하여 학생들의 쓰기 기능을 개선하려고 한다. 즉 능숙한 필자의 글쓰기 과정을 고찰하여 글을 쓸 때 필자가 거쳐야 하는 쓰기의 과정을 설정한 후, 학생들이 글을 쓸 때 이러한 쓰기의 과정에 따라 글을 쓰도록 지도하는 것이다.

대체로 쓰기 교육에서 쓰기 과정을 계획하기, 내용 생성하기, 내용 조직하기, 표현하기, 고쳐쓰기의 단계로 설정해 왔는데,[1] 이러한 과정 중심 접근은 상황에 따라 유연하게 운영되어야 한다. 즉 쓰기 교육의 관점에서 무엇을 중점적으로 가르쳐야 하는지, 필자들이 글을 쓸 때 어떠한 과정에 주의를 기울여야 하는지를 고려한다면 학생을 지도할 때 쓰기 과정의 설정은 달라져야 할 것이다. 예를 들면, 보고서를 작성하는 과정과 일기를 쓰는 과정은 같으면서 다를 수 있다. 둘 다 계획하기 과정을 거친다고 해도 계획하기 단계의 비중이나 계획하기 단계에서 사용하는 내용 생성 방법은 다를 수 있다. 즉 필자의 글쓰기 능력 숙달 정도에 따라, 필자의 인지적 수준에 따라, 필자가 해결해야 할 쓰기 과제의 성격 등에 따라서 쓰기를 지도할 때 쓰기의 과정은 달리 적용되어야 할 것이다. 따라서 필자들이 글을 쓰는 동안 수행하는 여러 가지 활동을 분석적으로 살펴보았을 때 쓰기의 과정을 어떻게 구분하는 것이 필자들이 글쓰기를 좀 더 쉽게, 좀 더 능숙하게 할 수 있게 되겠는가의 관점에서 쓰기의 과정을 재설정할 필요가 있다.

[1] 5차 쓰기 교육과정과 6차 쓰기 교육과정에서 쓰기의 과정을 이렇게 설정했으며, 7차 작문 교육과정에서도 쓰기의 과정을 '쓰기 과정에 대한 계획, 쓰기 내용 생성, 쓰기 내용 조직, 쓰기 내용 표현, 쓰기 과정에 대한 재고 및 조정'으로 설정하고 있다.

(1) 쓰기 과정의 구분

이재승(2002)은 쓰기 과정을 나누는 방식을 크게 두 가지로 보고 있다. 하나는 시간의 흐름을 기준으로 나누는 방식이고, 또 하나는 기능(function)을 기준으로 나누는 방식이다. 앞의 방식에는 쓰기 전, 쓰기, 쓰기 후로 나누는 것이 대표적이고, 뒤의 방식에는 아이디어 생산하기, 조직하기, 표현하기, 교정하기로 나누는 것이 대표적이라는 것이다. 그는 두 방식 중에서 후자의 방식이 적합하다고 보고 있는데, 일련의 쓰기 과정에서 해야 할 활동을 중심으로 나눔으로써 구체적으로 글쓰기 과정에서 무엇을 해야 하는지에 대한 정보를 줄 수 있기 때문이라는 것이다.

쓰기 과정에 대한 이러한 구분 방식 외에 또 다른 관점으로 쓰기 과정을 나누는 방식을 구분할 수 있다. 네 단계 이상으로 쓰기 과정을 자세히 나누는 방식을 살펴보면, 쓰기 전 단계 즉, 초고를 쓰기 전의 과정을 자세히 구분하는 유형과 초고를 쓰고 난 이후의 과정을 자세히 구분하는 유형으로 나눌 수 있다.

[표 1] 쓰기 과정 구분의 유형

과정 구분	쓰기 전	쓰 기	쓰기 후
쓰기 전의 쓰기 활동을 강조하는 구분 유형	• 아이디어 생성하기 • 아이디어 조직하기	• 텍스트 생산하기	• 고쳐쓰기
	• 아이디어 생성하기 • 아이디어 선정하기 • 아이디어 조직하기	• 텍스트 생산하기	• 교정하기
	• 계획하기 • 내용 생성하기 • 내용 조직하기	• 표현하기	• 고쳐쓰기
쓰기 후의 쓰기 활동을 강조하는 유형	• 쓰기 전	• 초고 쓰기(구성하기)	• 수정하기 • 편집하기 • 출판하기
	• 초고 쓰기		• 수정하기 • 편집하기 • 최종 교정하기 • 출판하기
쓰기 전/후의 활동을 자세히 나누는 유형	• 생각 꺼내기 • 생각 묶기	• 초고 쓰기	• 다듬기 • 평가하기 • 작품화하기

■■ 쓰기 전의 인지적 사고 과정에 초점을 둔 단계 구분

쓰기 전, 즉 초고를 작성하기 전의 활동을 자세히 나누는 관점으로 대표적인 쓰기 과정 구분 방식은 다음과 같은 것들이 있다.

- 아이디어 생성하기, 아이디어 조직하기, 텍스트 생산하기, 고쳐쓰기
- 계획하기, 내용 생성하기, 내용 조직하기, 표현하기, 고쳐쓰기

이러한 방식은 쓰기 전의 인지적 사고 과정을 강조하는 관점에 속한다. 계획하기 단계에서는 쓰기의 상황을 구성하는 수사론적 문제를 탐색하는 활동을 한다. 수사론적 문제는 필자, 예상 독자, 글의 주제, 글의 목적 등을 포괄하는 것으로서 필자는 글을 쓰기 전에 이 문제를 탐색함으로써 자신이 해결해야 할 문제의 성격을 규정짓게 된다. 또한 구체적인 하위 목적을 설정하고 글 전체의 개략적인 구도를 작성해야 한다. 내용 생성하기 단계는 창의적이고 체계적 사고 활동을 통하여 계획하기 단계에서 설정한 여러 가지 주요 문제 또는 중심 내용에 대한 세부 사항을 체계적으로 탐색하는 과정이다. 내용 조직하기 과정은 내용 생성하기 과정에서 만들어낸 중심 내용과 세부 내용을 글의 조직 원리에 맞추어 배열하는 과정이다(박영목, 2003 : 257~260).

쓰기 후의 활동을 자세히 구분하는 한 방식은 "쓰기 전(prewriting)" 단계라는 용어로 이 세 과정을 모두 포괄하여 제시하고 있다. 물론 "쓰기 전" 단계에서 표현을 하기 전에 계획하고, 내용을 생성하고 조직하는 활동을 모두 할 수도 있다. 그러나 쓰기를 지도할 때 이러한 내용을 통째로 지도하는 것과 여러 단계의 과정을 설정하여 세분화된 하위 기능을 강조하여 지도하는 것에는 차이가 있다.

초고를 쓰기 전의 하위 기능을 자세히 구분하여 쓰기 과정을 지도하는 방식은 글을 쓰기 전에 글을 쓰기 위한 준비를 치밀히 할 것을 요구한다고 볼 수 있다. 즉 학생들에게 쓰기를 지도할 때에 독자를 예상하고, 글쓰기 목적을 상기하며 글의 내용을 계획, 생성, 선정, 조직하는 일련의 활동

에 교육의 중점을 두고 있다고 할 수 있다.

쓰기 학습의 초기에 글을 쓰는 학생들을 관찰하거나 면접해 보면 많은 학생들이 쓸 내용을 마련하는 데 어려움을 겪고 있음을 알 수 있다. 학생들은 주로 "무엇을 써야 될지 모르겠어요", "어떻게 쓸 내용을 마련해야 될지 모르겠어요"라며 쓰기의 내용 생성에 어려움을 호소하는 경우가 많다. 따라서 쓰기 학습의 초기에는 쓰기 전의 인지적 과정을 자세히 구분한 접근법이 적절할 것이다.

■ 쓰기 후의 사회·문화적 과정에 초점을 둔 단계 구분

초고 작성 이후의 활동을 강조하는 관점의 쓰기 과정 구분 방식으로 대표적인 것에는 다음과 같은 것들이 있다.

- 쓰기 전(prewriting), 초고 쓰기(drafting), 수정하기(revising), 편집하기(editing), 출판하기(publishing)
- 초고 쓰기(drafting), 수정하기(revising), 편집하기(editing), 최종 교정하기(proofing), 출판하기(publishing)

이러한 구분 방식은 최근의 쓰기 교육에서 두드러지게 나타나는 경향으로서 초고를 쓴 이후의 수정하기를 자세히 구분하고 최종 단계로서 출판하기 단계를 설정하는 것이 특징이다. 즉, 쓰기 이후의 사회·문화적 과정을 강조하는 관점이라고 할 수 있다. 쓰기 전의 인지적 사고 과정을 강조하는 구분 방식에서 "고쳐쓰기"라고 제시한 것을 '수정하기, 편집하기'나 '수정하기, 편집하기, 최종 교정하기'로 자세히 분류하여 제시하고 있다. 이때 수정하기는 아이디어, 단어의 선택 등 주로 내용상의 변화를 가져오는 것을 의미한다. 편집하기와 최종 교정하기는 학생들이 필요한 내용 수정을 한 후에 하는 것으로서, 최종 교정하기 단계에서 학생은 맞춤법, 띄어쓰기 같은 기계적인 실수와 문장 구조를 검사한다.

수정하기는 필자가 개인적, 독자적으로 하는 행위라기보다는 동료 집단이나 교사와 협의를 통하여 하는 활동이라는 점에서, 출판하기는 결국 독자인 동료 집단에게 자신이 쓴 글을 공표하고 공유하는 활동이라는 점에서 이 과정들은 일종의 사회·문화적 활동이라고 할 수 있다. 쓰기를 공유하는 것은 사회적 활동이며, 그러한 공유를 통해 학생들은 독자에 대한 감수성과 필자로서의 자신감을 발전시킬 수 있다. 초고 쓰기 이후의 과정을 자세히 구분한 접근법은 쓰기의 관습을 어느 정도 익힌 학생들을 대상으로 쓰기 지도를 할 때 적절할 것이다.

그런데 현재 우리나라의 쓰기 교육과정과 교과서는 쓰기 후의 수정하기와 출판하기 과정에 대해서 소홀히 다루고 있으며, 실제 수업에서도 거의 지도되고 있지 않다. 컴퓨터와 인터넷의 도입으로 인한 쓰기 환경의 변화를 고려하고 실제적 독자 감각과 길러주고 담화공동체 안에서 글을 쓰도록 하기 위해서는 쓰기 지도에서 수정하기와 출판하기 활동을 좀 더 강조할 필요가 있다.

🖱 쓰기 환경의 변화에 따른 수정하기 활동의 강조

컴퓨터나 인터넷 기반의 쓰기 환경에서는 종이에 펜으로 글을 쓸 때보다 수정이나 편집이 더 용이하게 되었다. 강민경(1999)에서는 컴퓨터 워드프로세서 프로그램을 사용한 쓰기 과정을 관찰하여 그러한 변화를 지적했다. 컴퓨터상의 쓰기에서는 종이에 펜으로 글을 쓸 때보다 쓰기 전 구상 시간이 짧았으며, 컴퓨터 쓰기는 수정 작업에 부담이 없기 때문에 글을 쓰는 과정 중에 내용 수정, 첨가가 자유로웠다는 점을 지적한다. 즉 수정하기(revising)의 비중이 증가했는데, 컴퓨터 쓰기에서는 펜 쓰기와는 달리, 초고를 완성하고 난 후 수정을 하는 것뿐만 아니라 글을 작성하고 있는 중에 수시로 수정이 일어난다는 것이다. 수정의 질 또한 달라졌다. 펜 쓰기에서는 글 전체 수준에서의 내용 수정이 용이하지 않았으나 컴퓨터 쓰기에서는 뛰어난 편집 기능으로 수정하기가 용이했으며, 맞춤법이나 띄어쓰기 같은 기계적인 실수는 워드프로세서 프로그램의 기능으로 교정이 가능하므로 내용의 수정에 좀 더 주의를 기울일 수 있게 되었다. 컴퓨터 쓰기에서 이러한 특성은 강점이자 단점이 될 수 있다. 학생들이 펜 쓰기와 달리 쓰기 전의 계획하기 및 내용 생성, 조직 활동을 제대로 하지 않고 바로 글쓰기에 돌입하는 경우가 많기 때문이다. 글을 써 나가면서 계속적인 수정을 통하여 글을 완성해 나가는 것이다. 이러한 점을 고려한다면 오늘날과 같은 쓰기 환경에서는 쓰기의 과정 중에서 수정하기 단계를 더욱 강조할 필요가 있다.

쓰기 이후의 사회·문화적 과정을 강조하는 관점에서는 고쳐쓰기를 자세히 나누어, '수정하기(revising), 편집하기(editing)'나 '수정하기(revising), 편집하기(editing), 최종 교정하기(proofing)'로 구분한다. 쓰기 과정을 쓰기 전(prewriting), 초고 쓰기(drafting), 수정하기(revising), 편집하기(editing), 출판하기(publishing)로 운영하되, 수정하기 단계를 중요시하여 실제 쓰기 활동에서 초고(2st drafting), 재고(3st drafting)로 나누어 운영하는 경우[2]도 있다. 이러한 수정하기 과정, 즉 다수의 원고 작성을 통하여 학생들은 글의 의미를 정차 명료화하게 된다.

💬 담화공동체의 설정을 위한 출판하기 활동의 강조

쓰기 능력은 실제로 글을 쓰는 활동을 통해서 길러질 수 있기 때문에 학생들에게 쓰기에 대한 흥미와 동기를 불러일으키는 것은 쓰기 교육의 출발점이자 성공적인 쓰기 교육의 관건이라고 할 수 있다. 글쓰기에 흥미와 동기를 불러일으키는 한 방법은 학생들에게 자신이 쓴 글을 출판하는 기회를 제공하는 것이다. 쓰기를 동기화하는 방법으로서 출판은 초등학교, 중등학교, 대학교까지 쓰기 교육의 모든 단계에 다 적용될 수 있다.

출판하기는 쓰기 과정의 마지막 단계로서 최종 원고를 작성하는 단계와, 독자와 쓰기를 공유하기 위해 글을 특정한 형식으로 만드는 단계로 구성된다. 즉 출판하기는 자신이 쓴 글을 어떤 형식을 통해 독자에게 알리는 것을 말한다. 이 단계는 글쓰기의 상황맥락을 실제적으로 만들어 준

2 카네이(Carney, 2000)가 제안한 쓰기 과정의 단계
① 쓰기 전(prewriting)
② 초고(1st drafting) : 필자에 의한 반응
③ 초고(2st drafting) : 쓰기 파트너에 의한 반응
④ 재고(3st drafting) : 교사에 의한 반응
⑤ 편집(editing drafting) : 교사 혹은 파트너 혹은 둘 다에 의한 반응
⑥ 최종 원고(final drafting) : 필자에 의한 반응, 교사에 의한 평가

다. 학생들에게 특정 독자를 상정하고 글을 쓰라고 했을 때, 대부분의 학생들은 실제로 자신의 글을 읽고 평가할 독자인 교사를 염두에 두고 글을 쓰게 된다. 그러나 출판하기 활동을 통해 학급 동료나 또래 집단, 부모, 지역사회의 구성원들이 실제 독자가 될 수 있기 때문에 학생들은 글을 쓸 때 독자를 고려하여 글을 쓰게 된다. 따라서 출판하기는 추상적인 담화 공동체의 개념을 교실 상황에서 실제적으로 만들어 주는 것이다.

쓰기 교육의 중요한 부분은 학생들로 하여금 쓰기가 사적인 행위가 아니라 사회적인 행위이며, 독자를 염두에 두고 글을 써야 한다는 것을 이해하도록 하는 것이라고 했을 때, 출판하기 과정은 쓰기 교육에서 중요한 의의를 지닌다고 할 수 있다. 쓰기 교육에 대한 여러 문헌에서 출판하기 과정의 지도 효과와 의의에 대해 다음과 같이 말하고 있다.

출판하기는 모든 학생들에게 중요하다. 출판하기 국면은 쓰기의 이유를 입증하고, 학생들에게 그들의 작품에서 자부심과 즐거움을 느끼도록 해 준다. 학생들이 자신들의 글을 많이 출판할수록 필자로서의 자신의 감각을 개발하고 쓰기 과정을 성장시키게 된다(Cooper, Kiger, & Au, 2003).

출판의 기회는 모든 단계에서 글쓰기 과정에 대한 학급의 태도에 영향을 주었으며, 특히 계획하기와 수정하기를 하는 동안 영향을 미쳤다. 학생들은 화제를 주의 깊게 선택했으며, 주의를 끌만한 화제를 선정하려고 노력했다. 글쓰기를 끝낸 후에는 동료학생과 교사에게 피드백을 얻었으며, 자신의 글을 수정했다. 독자가 교사뿐만 아니라 학생들, 교사진, 관리, 가족, 친구들이라는 것은 더 강한 동기가 된다(Soven, 1999).

(2) 쓰기 과정 지도하기

탐킨스(Tomkins, 2000)는 쓰기 지도를 위해 쓰기의 과정과 각 단계에서 학생들이 수행해야 할 활동을 다음과 같이 설정하고 있다.

[표 2] 쓰기 과정의 핵심 활동

쓰기 전 (prewriting)	• 화제 선택하기 • 아이디어 수집하고 조직하기 • 독자 설정하기 • 글을 쓰는 목적 설정하기 • 적절한 글의 형식 선택하기
초고 쓰기 (drafting)	• 초고(rough draft) 작성하기 • 독자의 주의를 끌 서두 작성하기 • 맞춤법이나 어법보다는 내용에 중점두기
수정하기 (revising)	• 쓰기 집단에서 초고 공유하기 • 동료의 글에 대해 적극적으로 토의하기 • 교사와 동료의 반응과 조언을 반영하여 쓰기 수정하기 • 최종 원고를 실질적으로 수정하기
편집하기 (editing)	• 자신의 글을 최종적으로 교정하기 • 동료의 글을 최종적으로 교정하기 • 쓰기에서 맞춤법, 어법 등의 실수 바로잡기
출판하기 (publishing)	• 적절한 형식으로 자신의 쓰기 출판하기 • 독자들과 완성한 쓰기 나누기

교사는 학생들이 쓰기의 각 단계에서 수행해야 할 이러한 활동들을 익혀 글을 쓸 때 활용할 수 있도록 지도해야 한다. 쓰기의 과정과 절차, 각 과정에서 이용할 수 있는 쓰기 전략과 기능을 가르칠 때 교사는 주로 직접 교수법을 사용하게 된다. 예를 들면, 교사는 학생에게 쓰기 전략에 대해 설명하고 나서 시범을 보여 주며 점차적인 책임이양 과정을 통해 학생 스스로 그 전략을 사용하여 독립적으로 글을 쓸 수 있도록 지도하는 것이다.

학생들이 쓰기 과정을 학습하는 데는 많은 시간과 연습이 필요하다. 그러나 학생들이 쓰기 과정을 이해하게 되면, 쓰기 과제나 자신의 쓰기 스타일에 따라 각 단계의 활동들을 조정하여 독립적으로 글을 쓸 수 있게 된다.

■■ 쓰기 전 단계 지도

쓰기 전 단계는 글을 쓰기 위해 정보를 수집하고 조직하는 활동을 하는 단계이다. 쓰기의 내용을 마련하는 과정은 쓰기의 과정 중 처음 거쳐야 하는 과정으로서, 쓰기 입문기의 학생들은 주로 이 과정에서 어려움을 겪는다. 교사는 이를 해결할 수 있는 다양한 방법을 제안해야 한다. 교사나 동료와의 협의를 통해 글의 내용을 마련해야 하는 학생의 책임을 덜어 주거나, 자료 수집을 위해 인터넷과 같은 매체의 도움을 얻도록 할 수도 있다. 글의 내용을 생성하고 조직하는 효율적인 방법, 즉 쓰기 전략을 학생들에게 지도해야 한다.

📖 계획하기

교사는 학생들이 글을 쓰기 전에 먼저 글을 쓰는 목적, 독자, 화제, 글의 형식과 관련된 문제를 탐색하도록 해야 한다.

- 이 글의 화제는 무엇인가?
- 이 글을 쓰는 목적은 무엇인가?
- 어떤 형식의 글을 쓰고 있는가?
- 이 글의 독자는 누구인가?

글의 목적과 독자를 고려하는 것은 쓰기의 내용을 마련하기 위해 정보를 수집하고 이를 조직하는 과정에 영향을 미친다. 어린 필자일수록 독자를 고려하지 못하고 자신이 아는 것을 독자들도 다 알고 있다고 생각하는 자기중심적인 경향이 있다. 따라서 이들은 독자 지향적인 글보다는 자기중심적인 글을 작성하며, 이들의 글 속에는 구체적인 정보나 맥락적 정

3 프리맨(Freeman, 1999)에서 화
제를 선택하는 다양한 방법을
제시하는데, 그중 몇 가지를 소
개하면 다음과 같다.
1. 내가 알고 있는 것에서
2. 목록을 만들어서
3. 그림의 자극으로부터
4. 책의 내용에서
5. 조사를 통하여
6. 매일의 일상에서

보가 빠져 있어 독자가 이해하기 어려운 경우가 많다. 글의 내용을 마련
할 때 독자의 지식과 흥미를 고려하도록 지도해야 한다. 글의 목적은 학
생이 글의 형식을 결정하는 데 영향을 미친다. 글의 형식에 따라 수집하
는 정보와 조직 방법, 내용의 상세화 방법에 차이가 있다. 쓰기 과제가 부
과되는 경우 대부분 쓰기의 화제가 주어지지만, 학생이 독립적으로 쓰기
를 할 때는 학생 스스로 화제를 선택해야 한다. 학생들에 화제를 선택하
는 방법[3]을 가르치는 것이 좋다.

내용 생성하여 조직하기

글을 쓰기 위한 내용을 마련하는 대표적인 방법으로 브레인스토밍
(Brainstorming), 열거하기(listing), 의미 지도 그리기(mind-mapping) 등이 있다. 생
성한 내용을 그대로 옮긴다고 해서 글이 되는 것은 아니다. 통일성과 일관
성을 갖춘 글을 쓰려면, 생성한 내용을 일정한 순서에 따라 조직해야 한
다. 교사는 학생들이 글을 쓰기 전에 내용을 어떻게 조직할지 계획하도록
지도해야 하며 내용을 조직하는 방법과 유형에 대해 가르쳐야 한다.

생성한 내용을 조직하여 제시하는 방법은 여러 가지가 있는데 다음의
방법들을 사용할 수 있다.

- 그림으로 나타내기
- 말로 설명하기
- 내용 구조도 그리기
- 개요 작성하기

쓰기 입문기의 학생들은 그림으로 나타내도록 하고 쓰기 능력이 어느
정도 발달한 이후에 선조적이고 위계적인 계획을 세우도록 하는 것이 좋
다. 문장으로 구성된 개요를 작성하는 것은 어린 학생들에게는 쉽지 않은
작업이기 때문이다.

내용을 조직할 때는 어떤 기준에 따라 생성한 내용을 묶어야 되는데,
일반적으로 많이 사용되는 내용 조직의 유형은 다음과 같다.

- 시간적 순서나 공간적 순서로 조직하기
- 관련된 정보나 아이디어로 묶거나 분류하기
- 아이디어의 중요성에 따라 묶기
- 비교나 대조의 내용에 따라 묶기
- 관점에 따라 묶기

■ 초고 쓰기 단계 지도

쓰기 전 단계 활동을 재미있게 했던 학생들이 쓰기 전 단계에서 구상했던 내용들을 문자로 실체화하는 과정을 지루해하거나 어려워하는 경우가 많다. 또는 생성한 내용을 처음, 중간, 끝부분으로 나누어 조직하고 난 후 글을 쓰는 것이 아니라 이것을 그대로 초고에 옮기는 경우도 있다. 어떤 학생들은 쓰기 전 단계에서 계획했던 내용과는 상관없이 전혀 다른 새로운 내용을 초고에 쓰기도 한다. 이는 쓰기의 과정에서 학생들이 쓰기 전 단계에서 초고 쓰기 단계로 잘 이행하지 못하고 있다는 것을 의미한다. 교사는 쓰기 전 단계의 활동이 초고 쓰기를 위한 활동이며, 생성한 내용을 그대로 초고에 옮겨서는 안 된다는 것을 지도해야 한다. 또한 학생들이 초고를 제대로 쓰지 못하는 이유를 분석하여 초고 쓰기를 지도하는 데 활용해야 한다.

초고를 쓸 때 두 가지 극단의 모습을 살펴 볼 수 있는데, 계획 없이 자유롭게 글을 쓰는 사람과 철저하게 계획하여 완벽하게 다듬어진 초고를 쓰려는 사람이 있다. 플라워(Flower, 1993)는 글을 쓰는 전략을 강한 전략과 약한 전략으로 구분했는데, 강한 전략은 쓰기의 인지적 부담을 덜어주는 데 반해 약한 전략은 필자의 인지적 부담을 증가시킨다고 했다. 그녀는 '완벽한 초고 쓰기'를 약한 전략으로 분류했다.[4] 강한 전략으로 분류한 것 중에 초고 쓰기에 관련된 것으로 '만족하기 전략'이 있다. 처음 초고를 쓸 때 좀 더 중요한 문제를 진척시키기 위해서는 표현이나 아이디어가 불완전하지만 만족스럽게 여기는 것이 유용하다는 것이다. 일단 쓴 글에 만족하고 부족한 부분은 수정하기 단계에서 고치면 된다는 것이다.

4 플라워(Flower, 1993)는 시행착오 전략(A trial-and error strategy) 완벽한 초고 쓰기 전략(A perpect-draft strategy), 영감 기다리기 전략(Waiting for inspiration), 아이디어를 찾는 단어 전략(Words looking for idea)을 약한 전략으로, 브레인스토밍(Brainstorming), WIRMI("what I really mean is…") 사용하기, 메모기법 이용하기(Using notation techniques), 만족하기(Satisficing) 전략을 강한 전략으로 설명했다.

입문기 필자나 아직 성숙하지 못한 학생들에게는 쓰기 전 단계에서 구상한 내용을 거칠더라도 처음부터 끝까지 써내려 가도록 하는 것이 좋다. 초고를 쓸 때는 맞춤법이나 띄어쓰기 등의 규범과 어법보다는 내용에 신경을 더 쓰도록 해야 한다.

■ 쓰기 후 단계 지도

초고를 쓰고 난 이후 학생들은 초고의 잘못된 내용을 수정하고 단락나누기, 문법, 맞춤법과 띄어쓰기 등에서 실수를 찾아 교정하고 최종원고를 작성해야 한다. 이러한 수정을 위해 짝이나 소집단 구성원들과 서로 작품을 돌려 읽고 반응을 교환하기도 한다. 이것을 바탕으로 최종원고를 작성한 후 반 전체에 발표를 하거나 동료 학생들과 서로 돌려가며 읽는다. 그런데 우리의 교실에서는 초고 작성 이후의 활동이 제대로 이루어지지 않는 경우가 많다. 교과서 자체가 내용을 생성하여 조직하고 초고를 쓰는 것에서 멈추어 있는 경우가 많으며, 여러 차례에 걸쳐 수정을 하고 이를 구두나 문자로 발표할 시간을 확보하기도 어렵다. 또한 학생들은 초고를 쓰고 난 후 다시 그것을 수정하려 하지 않은 경우가 많다. 수정을 하더라도 맞춤법이나 띄어쓰기의 실수만 몇 개 고치고 정작 고쳐야 할 내용상의 문제점은 그대로 두는 경우가 많다.

◆ 수정하기

수정하기는 사실 글을 쓰기 시작하면서부터 일어난다. 초고의 첫 문장을 쓰면서 몇 번씩 문장을 고치기도 한다. 앞에서도 말했지만, 글쓰기에 컴퓨터를 사용하게 되면서 우리는 글을 쓰는 과정 중에 더 빈번하게 더 쉽게 글을 수정할 수 있게 되었다. 그러나 글을 완성하고 난 후 전체적 시각에서 글의 조직이나 내용을 수정하는 것이 필요하다.

수정하기 활동은 인지적 부담을 많이 요하기 때문에 어린 학생들에게 수정하기는 몹시 어려운 작업이다.[5] 특히 독자를 고려하지 못하고 자기중

[5] NAEP(the National Association of Education Progress)에서 9살, 13살, 17살 학생들의 쓰기 능력을 조사했는데, 학생들에게 일정한 시간 동안 글을 쓰게 하고 다시 일정한 시간 동안 그것을 고쳐쓰도록 했다. 그 결과 대략적으로 90퍼센트의 학생들은 고쳐쓰기 시간 동안 아무 것도 안 했으며, 단지 5퍼센트의 학생만이 자신의 글을 개선했고 나머지 5퍼센트의 학생들은 오히려 글의 질을 떨어뜨렸다. 이러한 결과는 나이 수준별로 별 차이가 없었다(Soven, 1999 : 44).

심적 글을 쓰는 단계의 학생들은 자신의 글을 제대로 교정하지 못한다. 자신은 글의 내용을 다 알고 있고, 글의 의미를 다 이해하고 있기 때문이다. 또한 학생들은 자신의 글을 수정하려 하지 않는 경향이 있다. 소벤(Soven, 1999)은 그 이유를 다음과 같이 설명한다. 첫째, 학생들은 글쓰기가 너무 어려운 작업이라는 인식을 가지고 있다. 모든 문장을 힘들여 썼는데, 그러한 문장을 삭제하라는 것은 너무 가혹하다고 여긴다는 것이다. 둘째, 자신이 쓴 글에 익숙해져 독자의 관점으로 그 글을 재고하지 못 한다. 셋째, 입문기 필자들은 "나는 글을 잘 못 써요, 그래서 내 글을 읽기가 싫어요." 혹은 "나는 할 수 있는 최선을 다해 썼어요, 그래서 고칠 수 없어요." 라는 반응을 보이며 자신이 쓴 글을 읽기 싫어한다는 것이다. 넷째, 입문기 필자들은 무엇을 수정해야 할지 잘 모른다. 다섯째, 입문기 필자들은 수정하기에 어떻게 접근해야 하는지 즉, 글을 수정하는 방법을 잘 모른다.

따라서 수정하기를 지도할 때는 다음과 같은 몇 가지를 고려해야 한다. 먼저 수정하기에 대한 긍정적인 인식과 태도를 갖도록 해 줄 필요가 있다. 수정하기의 목적은 글에서 잘못된 것을 찾아 비판하거나 평가하려는 것이 아니라, 독자가 이해하기 쉽도록 글을 더 좋게 개선하기 위한 것이라는 점을 주지시켜야 한다. 둘째, 수정하기를 할 때 혼자 고민하지 말고, 교사, 짝, 쓰기 워크숍의 동료 학생, 부모님 등 여러 사람의 반응과 조언을 얻도록 지도한다. 쓰기 워크숍에서 교사와의 협의나 동료 협의를 통해 수정하기를 지도하는 것이 좋다. 셋째, 수정의 방법과 전략을 학생의 인지적 수준과 쓰기 발달에 따라 위계화하여 지도하도록 한다. 수정하기의 방법에는 추가, 대체, 삭제, 재조직이 있는데, 어린 학생들에게는 추가의 방법보다는 대체의 방법이 어려우며, 대체의 방법보다는 삭제의 방법이 좀 더 어렵다. 재조직은 학생들에게 가장 나중에 가르치는 것이 좋다. 넷째, 수정하기 지도의 처음에는 서두나 결론 같은 글의 일부를 수정하도록 지도하고 점차 단계적으로 글을 전체적으로 수정하도록 한다. 다섯째, 다른 학생의 글이나 좋은 글을 많이 읽어 글에 대한 판단력을 기르도록 한다.

📖 편집하기

편집하기 단계는 출판을 준비하는 단계로 최종원고를 작성하기 위해 교정을 하는 단계이다. 편집하기 단계에서 학생들은 단락을 나누거나 잘못된 문법의 교정, 맞춤법이나 띄어쓰기 등의 실수를 최종적으로 교정하여 독자들이 읽기 쉽도록 한다.

쓰기의 관습적 장치는 짧은 시간 안에 쉽게 획득될 수 있는 것이 아니며, 실제로 편집하는 활동을 통하여 학습될 수 있다. 자신의 초고보다 다른 사람의 글에서 실수를 찾아 편집하는 것이 더 쉽다. 따라서 학생들에게 처음부터 자신의 글을 편집하게 하기보다는 몇 가지 실수를 의도적으로 포함시켜 구성한 글을 가지고 편집하기에 필요한 기능을 익히도록 하는 것이 좋다. 그 후 자신의 글을 편집해 보도록 한다.

그런데 글쓰기에 필요한 관습적 장치를 가르치는 것은 쓰기 교육의 핵심은 아니라는 점을 명심해야 한다. 특히 쓰기 지도의 초기에 이것을 강조하게 되면, 학생들은 부담감 때문에 정작 중요한 글의 내용을 고려하는 데 소홀해지기 쉽다.

📖 출판하기

학생들이 자신들의 글을 다른 사람들과 공유하는 가장 일반적인 방법은 책을 만들거나 묶는 것이다. 여러 학생이 협력하여 책을 만들 수도 있고 학생 개인의 문집을 만들 수도 있다. 처음에는 간단한 유형의 책을 만들고, 점차 책의 형식을 갖추어 복잡한 유형의 책으로 옮겨 갈 수 있다.[6] 그런데 출판하기가 글을 꼭 책이나 잡지로 인쇄하는 것만을 뜻하지는 않는다. 책을 출판하는 대신에 글을 공유하는 다른 방법들도 많이 있다. 반전체에서 글을 읽어 다른 학생과 공유하거나 학생들이 글을 읽을 수 있는 여러 장소에 글을 게시하는 활동도 출판하기의 한 방법이다.

쓰기를 지도할 때 사용할 수 있는 출판하기의 방법으로 다음과 같은 것들이 제안되고 있다(Tomkins, 2000 ; 24~26, Freeman, 1999 ; 113~114).

[6] 출판하기의 방법 중 책 만들기를 할 때, 북아트 계통에서 나온 책 만들기에 관한 자료를 활용하면 좋다. 다만 이러한 자료들은 글쓰기보다는 책을 아름답고 다양하게 만드는 데 더 중점을 두고 있다는 점에 유의해야 한다.

- 반 친구들에게 글 읽어 주기
- 작가의 의자
- 게시판에 게시하기
- 자신의 글을 녹음하기
- 편지 보내기
- 소식지(newsletter)
- 부모님께 읽어드리기
- 학급 신문, 학교 신문 또는 지역사회 신문에 투고하기
- 개인 문집 또는 학급 문집 만들기
- 학생 잡지에 투고하기
- 쓰기 모임에서 발표하기
- 웹사이트에 올리기

작성하는 글의 목적이나 장르에 따라, 학생의 학년, 흥미와 능력에 따라, 교실에서 활용할 수 있는 매체나 기술에 따라 출판하기의 방법을 달리 적용해야 한다. 다만 출판하기 활동을 할 때 출판하기가 학생들의 쓰기 활동에 부담을 주어서는 안 된다. 따라서 쓰기 지도의 초기에는 출판하기의 과정을 단순하게 운영하는 것이 좋다.

출판하기 단계를 효율적으로 운영하려면 몇 가지 유의할 점이 있다.

첫째, 모든 학생들에게 출판의 기회를 제공해야 한다. 우수한 학생들에게만 출판의 기회를 제공하면 학생들에게 글쓰기의 흥미와 동기를 불러일으킬 수 없다.

둘째, 학생들의 능력과 수준에 따라 비형식적 출판하기와 형식적 출판하기로 나누어 운영하는 것이 좋다. 글쓰기를 막 배우기 시작한 학생에게 책의 형식으로 출판을 하게 하는 것은 무리일 것이다. 초등학교 저학년 단계에서는 자신의 글을 읽어 발표하거나 게시하는 등의 비형식적 출판을 우선으로 하고, 고학년이나 중등학교 단계로 갈수록 책의 형식을 갖춘 출판하기 활동으로 이동하는 것이 좋다.

셋째, 출판하기 활동이 효과적이라고 해서 모든 글쓰기 과제마다 출판하기 과정을 요구하는 것은 무리이다. 출판하기에 적절한 쓰기 과제를 학기

■ **출판하기의 절차**

1. 출판을 원하는 작품을 선택한다.
2. 동료 학생의 반응과 교사의 반응을 듣고 글의 내용을 수정한다.
3. 수정을 하고 난 후 최종 원고를 교사와 협의한다.
4. 원하는 형식으로 자신의 글을 출판한다.
5. 출판한 작품을 동료 학생과 나눈다.

초에 선정해서 한 학기나 일 년 동안의 출판 계획을 미리 짜는 것이 좋다.

넷째, 출판하기 활동은 다른 교과의 수업과 통합될 수 있는데, 이때 중심 활동은 쓰기 활동임을 염두에 두어야 한다. 책 만들기 수업 중 정작 학생들은 책에 들어갈 글의 내용보다는 책 표지라든지 책의 삽화를 구성하는 활동에 더 집중할 수 있기 때문이다.

3. 쓰기 워크숍 : 협의 중심 쓰기 지도

과정 중심 쓰기 지도는 보통 쓰기 워크숍과 함께 운영된다. 쓰기 워크숍을 통해 실제적인 맥락에서 글을 쓰는 기회를 학생들에게 제공해 줄 수 있기 때문이다. 그런데 현재의 우리 쓰기 교실에서 쓰기 워크숍을 운영하기에는 쓰기 교육과정과 교과서, 수업 시간의 배분, 학업 성취도 위주의 평가, 교사 교육의 부재 등 여러 가지 어려움이 있다. 그러나 생태학적 글쓰기 환경, 즉 개인적, 사회적 필요에 의해 서로 협력하며 글을 쓰게 되는 실제적인 맥락 안에서 학생들이 글을 쓸 수 있도록 한다는 점에서 쓰기 워크숍 활동을 쓰기 지도에 도입하는 것이 필요하다. 또한 개별 학생들이 서로 경쟁적으로 글을 쓰는 것보다는 협동적인 소집단 속에서 서로 협의하며

쓰기 워크숍 운영의 장애 요소

- **제한된 교육과정과 교과서** : 국민공통기본과정인 [국어] 교육과정의 〈쓰기〉 영역의 내용과 [작문] 교육과정의 내용은 쓰기 워크숍을 염두에 두고 마련된 것이 아니다. 쓰기 워크숍을 운영하기 위해서 교육과정의 재해석과 교과서의 재조직이 필요하다. 교과서를 절대적인 것이 아니라 학생들을 안내하는 일종의 자료로 보는 관점이 필요하다.

- **단위 시간으로 분절된 수업** : 학교 수업은 대개 40~50분(초등학교 40분, 중학교 45분, 고등학교 50분)씩 한 차시의 수업으로 분절되어 이루어진다. 협의를 통하여 한 편의 글을 완성하기에는 한 차시의 수업 시간은 부족하다. 어떤 학교는 국어 수업을 2시간 연속으로 붙여서 글쓰기 시간을 배당할 수 있게 유동적으로 운영하기도 한다.

- **협의 활동에 대한 학생의 불안감** : 학생들은 자신의 글을 다른 사람들이 읽는다는 불안감과 함께 계속적인 수정 활동에 대해 부담감을 느낀다. 학생들은 동료 학생이나 교사에게 초고에 대해 피드백을 받는 것을 비판이나 평가를 받는 것으로 여긴다. 교사는 학생들이 수정하기를 위한 협의 과정을 편안하게 느끼도록 해주어야 한다.

- **쓰기 워크숍에 대한 교사 교육의 부재** : 대부분의 교사들은 과거 학교에서 쓰기 워크숍을 경험하지 못했고 양성 과정에서도 쓰기 워크숍 지도 방법을 경험하지 못했다. 쓰기 워크숍 수업을 잘 운영하기 위해서 교사는 전통적인 수업에서와는 다른 새로운 역할을 해야 하는데, 이것 또한 쓰기 워크숍 운영에 장애로 작용한다.

내용을 마련하거나 초고의 문제에 대해 토의하고 의미 있는 피드백을 주고받는 과정을 통하여 학생들은 글쓰기의 성공에 다다를 수 있다. 뿐만 아니라 쓰기 능력 외에 학습 동기, 상호작용 능력, 협동심, 타인에 대한 배려 등을 내면화하는 기회를 얻게 된다.

교사도 쓰기 워크숍의 운영을 통하여 전통적인 교수자 입장에서 더 나아가 학생들에게 쓰기 과정의 조력자, 조언자, 참여자 때로는 협의 과정에서 학생들 사이의 중재자 역할을 하게 된다.

(1) 쓰기 워크숍 운영하기

현재 우리의 쓰기 교실에서는 쓰기 워크숍을 바로 운영하기가 힘들다. 쓰기 교육 프로그램이 쓰기 워크숍 지도를 염두에 두고 구성된 것이 아니기 때문이다. 또한 쓰기 워크숍은 한두 시간에 걸쳐 하는 활동이 아니라 장기적으로 운영해야 효과를 얻을 수 있는 활동이다. 따라서 교사가 쓰기 워크숍을 운영하려면 새로운 학기나 학년에 들어가기 전에 워크숍 운영 계획을 세워야 한다.

▪▪ 쓰기 워크숍 계획하기

쓰기 워크숍을 운영하기 위해서는 쓰기 워크숍에 대한 계획을 세워야 한다. 구체적인 워크숍 운영 계획을 세우기 위해서는 먼저 쓰기 교육과정과 쓰기 교과서를 분석해야 한다. 교과서는 교육과정을 해석해 교수·학습을 위한 구체적인 자료와 방법을 제시한 것이기 때문에, 교과서 각 단원의 학습 목표가 교육과정의 어떤 내용을 바탕으로 한 것인지를 분석해야 한다.

이때 부수적으로 타 교과의 교과서와 교육과정도 분석할 필요가 있다. 쓰기를 잘 가르치기 위한 전제 조건으로서 교사는 실질적인 글쓰기 시간을 많이 확보해야 하는데, 타 교과와 쓰기 수업을 통합하여 운영하

■ **쓰기 워크숍 운영의 절차**

1. 쓰기 워크숍 계획하기
   - 교육과정, 교과서 분석하기
   - 쓰기 워크숍을 위한 교육과정과 교재 만들기
2. 소집단 구성하기
   - 소집단 구성을 위한 예비 작문하기
   - 구성원의 결속력 키우기
3. 쓰기 워크숍 진행하기
   - 쓰기의 절차, 전략, 기능 등에 대해 가르치기
   - 학생과 함께 포트폴리오 구성하기
   - 학생과 협의하기
   - 학생 관찰하기
4. 쓰기 워크숍 평가하기

면 쓰기 워크숍을 위한 시간을 어느 정도 확보할 수 있으며 학생들은 글의 내용을 마련하기 위한 고민을 덜 수 있게 된다. 예를 들어, 사회과의 수업과 쓰기 수업을 연속하여 통합 수업으로 운영할 수 있다. 수업 내용을 정리하고 심화하거나 사회 현상을 탐색하기 위해 사회과 수업에서 글쓰기를 활용할 수 있다.[7] 따라서 사회과 수업과 쓰기 수업을 통합하여 쓰기 워크숍 활동을 할 수 있다. 한 교사가 여러 교과의 수업을 운영하는 초등학교에서는 중등학교보다 통합 수업을 운영하기가 상대적으로 용이할 것이다.

교육과정과 교과서 분석을 바탕으로 쓰기 워크숍을 위한 교육과정과 교재를 재구성해야 한다. 여기에는 워크숍 운영 기간과 수업 시간, 워크숍 구조, 학생의 쓰기 시간, 협의와 공유 시간, 워크숍의 관찰과 기록 방식, 평가 방법, 워크숍 활동을 위한 교실 환경 등에 대한 고려가 있어야 한다.

▪▪ 소집단 구성하기

소집단을 구성하기 위해서 먼저 교사는 예비 작문을 하여 학생들의 수준을 진단해야 한다. 예비 작문을 할 때는 학생들에게 배경 지식의 차이가 쓰기 결과의 수준에 영향을 주지 않는 과제를 제시해 주어야 한다. 일반적으로 주어진 읽기 자료를 바탕으로 글을 쓸 수 있는 쓰기 과제를 내준다. 한 번의 글쓰기로 학생들의 쓰기 능력을 정확하게 평가할 수 없기 때문에 가능하다면 여러 번 쓰기를 해 보도록 한다. 만약 작문을 여러 번 시행하기 어렵다면, 보완책으로서 예비 작문의 결과뿐만 아니라 학생의 국어 성적, 성격, 의사소통 능력, 다른 학생과의 관계 등 다양한 요소를 고려하여 소집단을 구성할 수 있다(Williams, 1998).

소집단의 구성원의 수는 적을수록 좋다. 구성원의 수가 많으면 많을수록 소통관계 또한 복잡해지기 때문에 협의가 제대로 이루어질 수 없다. 윌리엄즈(Williams, 1998)는 집단의 크기가 세 명일 경우에는 두 사람이 함

[7] 학습을 정리하고 체계화하는 기능을 이용하여 교육과정 전반에 걸쳐 이루어지는 '범교과적 쓰기(writing across the curriculum)'라고 한다. 개념에 약간 차이가 있지만, '내용 교과 영역에서의 쓰기(writing in the content areas)', '학습을 위한 쓰기(writing to learn)'도 쓰기를 사용하여 내용 교과의 학습을 돕고, 쓰기 능력 또한 신장시키고자 한다.

께 한 사람을 공격하게 되고, 넷이면 두 명씩 편으로 나누어져 결론을 제대로 내릴 수 없기 때문에, 집단의 구성원 수는 5명이 이상적이라고 주장한다. 우리 교실의 물리적인 환경을 고려한다면 소집단의 구성원 수는 4~6명 정도가 적당하다고 본다.

쓰기 워크숍을 효율적으로 운영하기 위해서는 소집단을 구성한 후 본격적인 쓰기 워크숍 활동에 들어가기 전에 소집단 구성원들끼리 친해질 수 있는 계기를 마련해 주어야 한다. 즉 집단 구성들에게 결속감과 연대감을 느낄 수 있는 기회를 제공해야 한다. 쓰기 워크숍 성공의 관건이 구성원들 간에 동료의 글에 의미 있는 반응을 해 주는 협의에 있기 때문이다. 이러한 협의를 잘 하기 위해서는 구성원들이 서로를 경쟁자로 여기지 않고 조언과 지원을 주는 협력적 존재로 여겨야 한다. 또한 서로의 글에 대해 솔직한 반응을 할 수 있는 분위기를 조성해야 한다.

구성원들의 결속력을 높이는 방법으로 집단 내 구성원들의 협동을 유도해 내는 방법과 집단 간 경쟁을 유발하는 방법이 있다. 집단 내 구성원들의 협동을 유도해 내는 방법은 모든 구성원들이 참여해야 완성할 수 있는 공동 쓰기 과제를 수행하도록 하는 것이다. 집단 간 경쟁을 유발할 때 교사는 지나친 경쟁심에 빠지지 않도록 유의해야 한다. 학생들이 글쓰기 활동보다 경쟁 그 자체에 더 신경을 쓸 수 있기 때문이다.

■ 쓰기 워크숍 진행하기

소집단을 구성하고 학생들이 서로 결속력과 연대감을 느낄 수 있는 여러 활동들을 수행하고 난 후, 이때부터 본격적인 워크숍 활동에 들어간다. 의도된 워크숍 계획에 따라 학생들은 정기적으로 여러 유형의 글을 쓰는 활동에 참여하게 된다. 쓰기 워크숍은 쓰기 과정에 초점을 맞춘 지도 방법이며, 쓰기 과정에서 학생에게 자율성과 주체성을 가지도록 유도한다.

워크숍에서 교사는 여러 가지 기능을 수행해야 한다. 첫째, 교사는 학생들에게 쓰기 과정과 각 단계에 포함된 활동들을 워크숍에서 실제 글을

[8] 원진숙 역(2004 : 95~98)에서는 학생들이 구성하는 포토폴리오를 작업용 포트폴리오(working portpolio)와 제출용 포트폴리오(showcase portpolio)로 구분하고 있다. 작업용 포트폴리오는 매일 교실에서 이루어지는 쓰기 활동의 자료를 수집하여 정리하는 것이다. 예를 들면, 초고나 간단한 메모, 그 밖에 작업 과정과 관련된 자료들을 모아 작업용 포트폴리오로 구성한다. 이러한 포트폴리오는 교사가 학생과 협동하여 물리적으로 구조화하거나 적절한 교사의 지도를 받으면서 학생들이 직접 관리할 때 기능적으로 가장 잘 활용할 수 있게 된다. 그렇지만 학생들이 어린 경우 교사들이 대부분 관리를 해 줄 필요가 있다. 제출용 포트폴리오는 작업용 포트폴리오에서 학기 중의 특정 기간 동안 학습자의 성장과 발달을 가장 잘 드러내 줄 만한 작품을 선정해 구성한다.

[9] 원진숙 역(2004 : 99~104)에서는 교사가 전문적 관찰을 할 때 결손 모델이 아니라 자산 모델에 기초해야 한다고 주장한다. 즉 학습자들의 실수나 현 상태를 능력의 결여로 보지 말고 학습자의 생각이나 문제 해결 과정에 대한 통찰력을 얻을 수 있는 기회나 다음의 학습을 위한 자산으로 보아야 한다는 것이다.

결손 모델에 기초한 평가의 예
영희는 주장하는 글을 쓸 때 근거를 논리적으로 제시하지 못하고 있다.

자산 모델에 기초한 평가의 예
영희는 주장하는 글을 쓰기 시작했다. 자신의 주장을 정리하여 글에서 명확하게 제시할 수 있다. 앞으로 주장에 대한 논리적인 근거를 제시하여 주장하는 글을 쓸 수 있을 것이다.

쓰면서 학습하게 해야 한다. 쓰기 과정 중의 학생이 교사에게 도움을 요청하거나 지도가 필요한 소집단이나 개별 학생이 있으면 교사는 적절한 시기에 개입하여 문제 해결을 도와야 한다. 둘째, 학생의 글을 개선하기 위하여 학생들과 수시로 협의를 진행해야 한다. 셋째, 교사는 쓰기 워크숍에서 학생들이 쓰기의 과정에서 나온 자료들과 결과물을 수집해 포트폴리오(portpolio)[8]를 구성하도록 해야 한다. 이와 함께 쓰기 워크숍을 운영하는 동안 교사는 학생들의 쓰기 과정을 관찰[9]하고 기록[10]할 필요가 있다. 이러한 자료는 학생을 지도하고 평가하는 자료로 활용될 수 있다.

■▪ 쓰기 워크숍 평가하기

교사는 쓰기 워크숍 운영의 마지막 절차로서 쓰기 워크숍 운영에 대해 평가를 해야 한다. 교사는 쓰기 워크숍 운영 과정에 대한 성찰, 학생들의 쓰기 과정과 태도 관찰, 학생들이 구성한 포트폴리오 평가 등을 토대로 하여 쓰기 워크숍 운영의 성과를 평가할 수 있다. 이러한 평가의 결과는 자신의 교수 방법을 개선하고, 다음 학기 또는 다음 해의 쓰기 워크숍 계획을 세우는 데 자료로 이용할 수 있다. 쓰기 워크숍 운영의 과정과 결과를 평가할 때는 다음의 요소를 고려해야 한다.

- 쓰기 워크숍을 위한 교육과정과 교재의 재구성은 적절했는가?
- 소집단 구성은 적절했는가?
- 학생들이 서로 친해질 수 있는 적절한 기회를 충분히 제공했는가?
- 쓰기의 절차, 전략, 기능 등에 대해 적절한 시기에 가르쳤는가?
- 학생의 쓰기 양에 대한 부담은 적절했는가?
- 쓰기 워크숍에서 학생들과 협의를 잘 이끌어냈는가?
- 학생들이 포트폴리오를 구성하도록 지도했는가?
- 학생들의 쓰기 과정을 관찰하고 기록했는가?
- 관찰의 결과를 쓰기 워크숍 운영 과정에 투입하여 활용했는가?

(2) 쓰기 워크숍의 구성 요소

쓰기 워크숍을 구성하는 요소는 학자들에 따라 조금씩 다르지만 대개 다음의 네 가지를 핵심 요소로 설정할 수 있다.

[표 3] 쓰기 워크숍의 구성 요소

탐킨스 (Tomkins, 2001)	러 델 (Ruddell, 2002)	플레처와 포랄루피 (Fletcher & Poralupi, 2001)	거 닝 (Gunning, 2005)
• 쓰기 • 공유 • 미니레슨 • 학생들에게 크게 읽어 주기(reading aloud to children)	• 미니레슨 • 쓰기 시간과 협의 • 공유	• 미니레슨 • 쓰기 • 공유	• 미니레슨 • 안내된 글쓰기[11] (guided writing) • 쓰기 시간 • 협의 • 공유

1. 미니레슨(mini-lessons)
2. 글쓰기(writing)
3. 협의(conference)
4. 공유(sharing)

■ 미니레슨

미니레슨은 학생들에게 필요한 쓰기 전략과 기능이나 개념 등에 대해 가르치는 것으로서 5분에서 15분 정도로 이루어진다. 쓰기 워크숍의 절차를 설명할 때도 미니레슨을 이용할 수 있다. 짧은 시간 안에 이루어지는 만큼 미니레슨의 내용은 학생들이 쉽게 이해할 수 있는 것이어야 한다. 미니레슨은 일반적으로 반 전체를 대상으로 하지만, 경우에 따라서는 특정 부문에서 지도가 더 필요한 소집단 학생들이나 개별 학생을 대상으로 시행할 수도 있다.

■ 글쓰기

글쓰기 시간은 쓰기 워크숍의 핵심 요소로서 적어도 30분 이상(30분에

[10] 학생들의 쓰기를 관찰하고 기록하는 방식은 여러 가지가 있을 수 있다. 관찰기록부는 교실 상황에 따라 다양하게 구성될 수 있다. 일화기록법이나, 평정척도법, 체크리스트 등이 널이 쓰이는 기록 방식이다. 일화기록은 개인의 특성을 이해하기 위해 그 개인이 나타낸 구체적인 행동 사례나 어떤 사건을 기록하는 방법으로 교육현장에서 가장 실시하기 쉬운 방법이다. 기록의 특별한 형식은 없으며, 대개 언제, 어디서, 누가, 무엇을, 어떻게 하였는지 말해 주는 것과 같은 방식으로 기록한다. 평정척도는 관찰된 행동의 질적인 차이를 평가할 때 연속성이 있는 단계로 수량화된 점수나 가치가 부여된 기록지에 평정하는 것이다. 체크리스트는 특정 행동이 존재하는지 아닌지를 표시하는 기록 방법으로 관찰자의 주관적 평가를 가능한 배제하기 위해 사전에 관찰할 행동 특성의 목록을 미리 작성한다.

[11] 학생들은 안내된 글쓰기(guided writing)를 통해 자신들에게 필요한 쓰기 전략을 배울 수 있다. 교사는 목표 전략이 포함되어 있는 독서 자료나 동료 학생이나 교사가 쓴 글을 예로 들어 쓰기 전략을 가르치는데, 전략을 어떻게 사용하는지 모형화하여 보여주고 학생들이 자신의 글에서 그것을 활용하도록 한다. 안내된 글쓰기는 미니레슨에 통합되어 운영될 수 있다. 즉 미니레슨에서 개념이나 전략 등을 가르칠 때 안내된 글쓰기 활동을 이용할 수 있다.

서 60분)을 확보해야 된다. 교사는 쓰기 워크숍 시간의 대부분을 실질적인 글쓰기에 배분해야 한다. 학생들은 쓰기 전 단계 활동, 초고 쓰기, 수정하기, 편집하기, 공유하기, 출판하기의 과정을 거쳐 글을 발전시키고 최종 원고를 확정한다.

■ 협의의 방식
• 교사와 학생의 협의
 ─교사와 반 전체의 협의
 ─교사와 소집단의 협의
 ─교사와 개별 학생의 협의
• 동료 협의(peer-conference)
• 자기 협의(self-conference)

■ 협의

협의는 대개 학생들이 글을 쓰는 과정 중에 일어난다. 학생들은 글을 쓰기 위해 아이디어를 구상하거나 초고에 대해 의견을 나누거나 수정을 위해서 협의를 한다. 교사는 학생들이 쓰기를 하는 동안 교실을 순회하면서 도움이 필요한 학생들과 협의를 진행한다.

■ 공유

대개 그날의 쓰기 워크숍 마지막에 공유의 시간을 가지는데, 공유란 반 전체가 모여 학생들이 쓴 글을 읽고 함께 나누는 것이다. 학생을 지명하기보다는 학생이 자원하여 자신의 작품을 읽도록 하는 것이 좋다. 공유 시간은 5분에서 15분 정도가 적당하다. 학생이 글을 크게 읽으면, 다른 학생들은 글에 대해 질문을 하거나 제안을 하는 등의 반응을 하거나 칭찬을 한다. 이러한 맥락에서 교실은 담화공동체라는 설정이 이루어진다. 공유의 시간은 학생에게 긍정적인 필자 감각을 기르도록 하는 것이기 때문에 비판의 시간이 아니라는 점에 유의해야 한다.

쓰기 워크숍의 구성 요소를 고려하여 쓰기 워크숍 활동을 다음과 같이 구성할 수 있다. 그러나 이러한 쓰기 워크숍을 구성하는 요소의 순서와 시간은 고정된 것이 아니다. 워크숍의 구성 요소와 절차, 시간 등은 교사의 수업 계획에 따라 유동적으로 조직될 수 있다.

[표 4] 쓰기 워크숍 활동의 내용

단 계		활 동		비 고
쓰기 워크숍 시작 단계	미니레슨 및 시작 활동	• 교사는 학생들이 특정한 글을 쓰는 데 필요한 전략이나 개념에 대해 가르친다. • 교사와 학생은 목표 전략에 대해 배운 내용을 회상하거나 토의한다. • 교사와 학생은 안내된 쓰기 활동을 한다. • 교사는 쓰기에 필요한 글을 읽어 준다. • 교사는 학생들에게 쓰기에 필요한 독서 활동을 하도록 한다.		5분에서 25분 정도 시작 활동이 짧으면 쓰기 시간이나 공유 시간이 더 길어질 것이다.
쓰기 워크숍 전개 단계	글쓰기와 협의	학생들은 1. 쓰기 전 활동을 한다. 2. 글을 쓴다. 3. 동료 협의를 한다. 4. 글을 수정한다. 5. 글을 출판한다.	교사는 1. 교실을 순회한다. 2. 도움이 필요한 학생에게 도움을 제공한다. 3. 개별학생과 협의를 한다. 상황에 따라 소집단, 반 전체 학생과 협의를 한다. 4. 필요한 경우 반 전체를 대상으로 그날의 목표인 쓰기 지식이나 전략에 대해 보충적인 지도를 한다. 5. 학생들의 쓰기 워크숍 활동을 관찰하고 기록한다.	30분에서 60분 정도 초등학생, 중학생, 고등학생 등 학생의 수준에 따라, 또는 작성해야 할 글에 따라 쓰기 시간은 유동적이다. 다만 초등학교 저학년의 경우 글쓰기 시간이 30분을 넘지 않도록 해야 한다.
쓰기 워크숍 정리 단계	공유	교사는 학생들에게 자신들이 쓴 글을 다른 학생들에게 크게 읽어주거나 발표하도록 한다.		5분에서 15분 정도 자발적이고 긍정적인 분위기에서 진행하도록 한다.

(3) 협의(conferences)를 통해 지도하기

협의는 교사와 학생 간의 상호작용으로서 쓰기 워크숍의 핵심이라고 할 수 있다. 쓰기 워크숍에서 협의는 여러 가지 방식으로 일어날 수 있다. 교사와 학생의 협의, 쓰기 과정 중에 학생들 사이의 동료 협의, 자기 협의가 일어날 수 있다. 협의는 학생의 쓰기 능력 발달을 고려하여 교사와 학생의 협의, 동료 협의, 자기 협의의 순으로 진행하는 것이 좋다.

학생들과의 협의를 통해 교사는 학생들에게 쓰기의 과정과 전략을 효과적으로 지도할 수 있다.[12] 교사는 학생을 적극적으로 참여시켜 협의 과정에서 학생들이 말을 많이 하도록 해야 한다. 학생의 글에서 문제점을

[12] 오스트레일리아에서는 협의를 쓰기를 지도하는 방법으로 여기는데, 이를 협의 중심·접근(conference approach)으로 부른다. (Fletcher & Poralupi , 2001)

직접 지적하기보다는, 학생들이 자신의 글을 설명하면서 스스로 수정해야 할 점을 깨닫도록 해야 한다. 이러한 과정을 통해 학생들은 글에 대한 판단력과 자신의 글을 수정할 수 있는 능력을 기를 수 있게 된다. 학생의 글에 대한 문제점이 많더라도 한두 개의 핵심적인 문제로 제한하여 협의를 진행하는 것이 좋다. 학생의 글에서 실수를 많이 지적하게 되면 학생들은 점차 글쓰기에 자신감을 잃게 된다. 협의는 10분에서 15분 정도로 되도록 짧아야 한다. 개별 학생과 협의를 진행하다 보면 수업 통제에 문제가 생겨 교실이 소란스러워질 수 있다. 따라서 협의는 학생들이 소집단 활동에 적응을 하고, 쓰기 워크숍에 익숙해진 후에 시작해야 한다.

동료 협의에서 학생들은 짝끼리 또는 소집단 구성원들끼리 서로 글을 돌려 읽고 반응을 교환한다. 각자의 글에 대한 조언과 수정을 위한 의견을 제시한다. 교사는 학생들이 동료 협의를 잘 할 수 있도록 워크숍 초기에 협의 방법과 건설적인 논평을 하는 방법에 대해 안내해야 한다.

교사 협의, 동료 협의를 통해 협의의 방법을 익히게 되면, 학생은 스스로 자신의 글쓰기에 대해 성찰할 수 있게 되는데, 이때 자기 협의가 일어나며 이는 일종의 상위인지 능력이라고 할 수 있다. 학생들은 자신의 글에 어느 정도 심리적 거리를 확보하여 자신의 글을 객관적인 눈으로 바라볼 수 있게 된다.

플레처와 포랄루피(Fletcher & Poralupi, 2001)에 따르면, 학생과 협의하는 것은 교사가 익혀야 하는 기능인데, 이들은 교사가 개별 학생과 협의를 해 나가는 데 필요한 몇 가지 기본 원리를 제시한다.

■ 학생의 말을 듣는다

교사가 주로 말하고 학생은 듣는 전통적인 교실의 의사소통과 달리 협의를 하는 동안 교사는 학생의 말을 주의 깊게 들어주어야 한다. 이것은 협의의 출발점이다.

■ 독자의 자세를 취한다

교사는 평소에 독서를 즐기는 것과 마찬가지로 학생의 글에 반응해야 한다.

학생의 글이 재미있으면 웃고 슬픈 내용이라면 자신이 슬퍼하고 있음을 나타내야 한다. 이러한 교사의 반응을 통해 학생은 교사가 진심으로 협의에 임하고 있다는 것을 느끼게 된다.

■ 필자를 이해해야 한다

성공적인 협의를 이끌어내려면 먼저 필자를 "읽어" 내야 한다. 쓰기를 수행한 학생에 대해서 잘 안다면 교사는 협의를 시행해야 할 지점을 결정하고, 학생이 자신의 의도대로 글을 쓸 수 있도록 도와줄 수 있다.

■ 학생의 능력을 고려해야 한다

학생이 글쓰기에 집중하지 못하고 있다면, 교사는 협의를 진행해야 한다. 만약 학생이 화제에 흥미를 못 느끼고 있다면, 학생이 적극적으로 참여할 수 있는 화제를 선택하도록 제안해야 할 것이다.

■ 학생의 글을 구체적으로 칭찬한다

학생들은 교사나 동료의 반응이나 의견을 탐탁치 않게 여길 수도 있다. 학생들이 열린 마음으로 교사의 의견을 받아들이게 하려면, 협의를 하는 동안 학생들에게 구체적이고 특별한 칭찬을 해주는 것이 좋다. 예민하고 마음이 여린 어린 학생일수록, 또는 협의의 초기에는 글에서 실수나 약점을 지적하기보다는 잘된 점을 찾아 칭찬해 주어야 한다.

4. 수업 준비의 유의점

쓰기 수업을 성공으로 이끌기 위해서 교사는 수업을 하기 전에 다음과 같은 것을 미리 준비해야 한다.

첫째, 교사는 쓰기를 하기 위한 심리적 분위기를 교실에 형성시켜야 한다. 교사는 쓰기 학습 분위기를 조성해야 하는데, 학생들에게 쓰기에 대한 긍정적 신념과 적극적 쓰기 태도를 형성시켜 주어야 한다. 이는 교사 자신의 태도와도 관련이 있는데, 먼저 교사 자신이 쓰기를 좋아하고 쓰기에 대해 긍정적 태도와 신념을 지니고 있어야 한다.

둘째, 교사는 쓰기를 촉진하는 교실 환경을 마련해야 한다. 학생들이 글을 쓰고 싶도록 하고 글쓰기를 지원하는 교실 환경을 만들어야 한다. 서로 협의하고 소통이 원활하도록 교실의 자리를 배치해야 하며, 학생의 출판물을 전시할 공간도 마련해야 한다.

셋째, 교사는 실질적인 쓰기 시간을 많이 확보해야 한다. 현재 중학교와 고등학교 국어 교과서를 살펴보면 쓰기를 할 기회가 그리 많지 않다. 쓰기 능력은 자연스러운 능력이 아니라 학습을 통하여 얻어진다. 따라서 학생들에게 글을 많이 써 보도록 해야 하고, 이것은 쓰기 교육의 핵심이라고 할 수 있다.

넷째, 다른 언어활동과 결합하여 쓰기를 지도하는 것이 좋다. 이 장에서 쓰기 지도 방법을 따로 기술했지만, 사실 쓰기 지도는 다른 언어활동과 통합하는 것이 필요하다. 문식성 교육이라는 점에서 읽기 교육과 통합하거나, 표현교육이란 점에서 말하기 교육과 통합하여 지도할 필요가 있다. 이것은 교육과정과 교과서 분석을 통하여 학기를 시작하기 전에 미리 준비되어야 한다.

다섯째, 교사는 교과서 외에 학생들이 읽을 수 있는 다양한 글 자료를 준비해야 된다. 예를 들어 설명문 쓰기에서 설명문의 구조를 지도한다면, 실제로 다양한 종류의 설명문을 읽으면서 그 구조를 파악하는 것이 유용할 것이다.

과정 중심 쓰기 지도는 쓰기의 과정을 단계화하여 각 단계의 활동을 모형화하여 학생들에게 지도하여 학생들의 쓰기 능력을 길러주고자 하는 것이다. 위에서 제시한 과정 중심 쓰기 지도 방법에 따라 수업을 준비하는 교사들은 다음과 같은 점을 고려해야 한다.

첫째, 과정 중심 쓰기 지도에서 제시한 쓰기의 단계는 고정된 것이 아니라 유동적이라는 점을 염두에 두어야 한다. 학생의 수준에 따라, 글의 장르에 따라 쓰기의 과정을 달리 설정하여 지도하여야 한다.

둘째, 5차 이후 7차까지의 국어 교육과정의 <쓰기> 영역과 작문 교육과정은 쓰기 능력을 세분화된 기능으로 분절하여 교육 내용으로 제시하고 있다. 따라서 교재도 예를 들면, 내용 생성을 배우는 단원, 내용 조직을 배우는 단원, 고쳐쓰기를 배우는 단원 등으로 구성해 쓰기 기능을 분절적으로 익히도록 되어 있다. 그러나 글을 쓸 때 필자는 분절된 기능이 아니라 종합적 쓰기 능력을 필요로 한다. 한 편의 글을 쓰기 위해서는 내용을 마련하고 이를 문자화해야 하는데, 이때 필자는 내용의 통일성을 갖추기 위해 앞뒤 문맥을 고려하면서, 독자의 흥미를 끌 수 있을지, 독자가 이해하기 쉬운지를 끊임없이 고려하면서 문장을 구성하고 문장의 어법이나 맞춤법, 띄어쓰기의 실수가 없는지도 살펴야 한다. 따라서 세분화된 기능을 지도하더라도 실제로 한 편의 글을 쓰면서 그러한 기능을 익히도록 해야 한다. 2007년 2월 개정 고시된 교육과정은 텍스트 구성을 중심으로 성취 기준이 제시되어 있어 앞으로의 교재 구성과 지도 방법은 지금과는 달라질 것으로 보인다.

셋째, 필자들이 각 과정에서 활용할 수 있는 전략을 지도하는 것으로 과정 중심 쓰기 지도가 많이 이루어져 왔다. 여러 쓰기 지도에서 쓰기 과정의 각 단계에 필자들이 글을 잘 쓰기 위해 이용할 수 있는 방법, 즉 쓰기 전략을 몇 가지 제시해 놓았는데, 이것을 고정적인 것으로 여겨서는 안 된다. 그런데 쓰기 수업에서 특정 단계에 특정 전략이 고정적으로 결합되어 많이 지도되어 왔다. 예를 들면, 내용을 생성할 때는 브레인스토밍 전략, 내용을 조직할 때는 개요 작성하기 등을 주로 적용해 왔다. 쓰기 전략은 학생의 수준에 따라, 글의 장르에 따라 달리 적용해야 할 것이다.

우리 교실에서 쓰기 워크숍 수업은 널리 사용되는 방법은 아니다. 그러나 내용 생성 단계와 수정하기 단계에서 학생의 인지적 부담을 덜어주고, 협의적 쓰기 활동을 통해 학생들이 독자 감각을 기를 수 있고, 워크숍을 통해 한 편의 글을 완성해 나간다는 점에서 추천할 만한 수업 방법이다.

쓰기 워크숍을 준비하는 교사는 다음과 같은 점에 유의해야 한다.

첫째, 쓰기 워크숍을 성공적으로 이끌기 위해서는 전통적인 수업을 준비하는 것보다 수업의 구조화와 계획이 더 많이 필요하다. 예를 들면 교사가 한 소집단과 협의를 진행할 때, 교사가 지켜보지 않아도 워크숍 활동에 집중하도록 다른 소집단에게는 수행할 과제를 제시해 주어야 한다.

둘째, 쓰기 워크숍 수업을 준비하는 교사는 소란스러운 수업을 견딜 수 있는 인내심이 있어야 한다. 학생들은 동료 학생의 글을 소리 내어 읽고, 질문을 하고 논평을 하는 등 쓰기 워크숍 활동은 다소 소란스럽기 때문에 전통적인 방식으로 쓰기 수업을 했던 교사에게는 무질서하고 수업이 제대로 이루어지지 않는 것으로 보인다. 초기에는 워크숍 활동이 다소 소란스럽게 진행될 수 있으나 워크숍의 절차와 협의하기의 기술을 어느 정도 익히고 나면 학생들은 다른 소집단에게 방해되지 않도록 행동할 수 있을 것이다.

5. 직접 교수법을 적용한 쓰기 전략과 기능 지도 수업(단일 차시 수업)

(1) 간략한 도입

예시된 수업은 직접 교수법을 이용하여 세분화된 쓰기 전략과 기능을 지도하는 수업으로서 중학교 1학년 수준에서 설정된 것이다. 쓰기를 지도하기 위해 교사는 쓰기 전략과 기능을 직접 교수할 수 있는 능력을 갖추어야 한다. 특히 쓰기 입문기의 학생들을 지도할 때는 쓰기 전략과 기능에 대한 지도가 필수적인데, 이때는 직접 교수법을 활용한 수업이 효율적이다. 7차 교육과정의 교재를 살펴보면 원리 학습과 적용 학습으로 구성되어 있는데, 특히 원리 학습 부분을 지도할 때 대체로 직접 교수법을 많이 활용하는 편이다.

(2) 교수·학습 방법

세분화된 쓰기 전략이나 기능을 지도하는 수업에서 활용할 수 있는 교수·학습 방법은 직접 교수법이다. 교사는 학생들에게 그 시간에 학습해야 할 쓰기 전략이나 기능에 대해 설명하고 시범을 보인다. 즉 쓰기 전략이나 기능의 의미와 유용성을 설명하고 그것이 쓰기의 과정에서 언제 어떻게 사용되는지 예를 들어 설명한다. 그리고 나서 그러한 전략이나 기능을 실제 쓰기 활동에서 사용하는 모습을 보여 준다. 그런 다음 학생들에게 그러한 전략이나 기능을 연습해 보도록 한 후 학생들이 학습한 내용에 대해 질문하고 확인한다. 연습이 점진적으로 이루어진 후 교사는 학생들에게 글을 쓸 때 그것을 적용하게 한다.

직접 교수법의 절차는 이를 제시한 학자들에 따라 조금씩 다르다. 그러나 개념이나 기능을 교사가 설명하고 이를 실제로 사용하는 것을 보여 주고 나서 학생들이 연습이나 활동을 통해 이를 학습하도록 하는 큰 방향에는 차이가 없다. 교사는 직접 교수법을 적용할 때 각자 자신의 수업에 맞게 적당한 단계를 선택하거나 재구성하는 것이 필요하다. 예를 들면 비교적 간단한 기능을 학습하거나 학생들의 인지 수준이나 쓰기 능력이 높을 경우 학생들의 연습 단계를 간단히 하거나 교사의 시범에서 바로 학생의 적용 활동으로 넘어 갈 수 있을 것이다. 반면 학습해야 할 기능이 복잡하거나 학생이 쓰기 입문기에 있다면 조이스, 웨일, 캘혼(Joyce, Weil & Calhoun, 2004)이 제안한 것처럼 연습 단계를 교수·학습의 책임이양에 따라 세분하여 수업을 구성하는 것이 좋다.

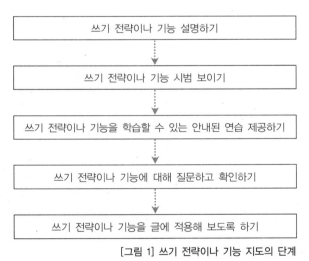

[그림 1] 쓰기 전략이나 기능 지도의 단계

[표 5] 직접 교수법의 절차

6차 교육과정	이재승(1997)	조이스, 웨일, 캘혼(Joyce, Weil & Calhoun, 2004)	에건, 코책 (Eggen & Kauchak, 2001)	천경록(2003)
• 설명하기 • 시범 보이기 • 질문하기 • 활동하기	• 안내 • 예시 • 시범 • 교사 보조 활동 • 학생 독립 활동	• 오리엔테이션 • 프레젠테이션 • 구조화된 연습 • 안내된 연습 • 독립적 연습	• 도입 • 제시 • 안내된 연습 • 독자적 연습	• 설명하기 • 시범 보이기 • 안내하기 • 연습하기 • 성찰하기

(3) 교수·학습 환경

직접 교수법의 성공의 두 축은 학생들이 이해하기 쉽게 모형화된 교사의 설명과 시범, 그리고 구조화되고 점진적인 연습의 제공이다. 교사가 쓰기 전략과 기능을 실제 쓰기 활동에서 사용하는 것을 학생들에게 보여주는 것은 쉽지 않다. 흔히 사고구술법을 시범 보이기 단계의 교수 전략 또는 기법으로 활용하고 있으나, 이것이 적절하지 않은 경우가 많다. 사고구술법 방법론 자체의 문제점이 있기도 하지만, 대부분의 교사들이 그러한 방법으로 자신의 쓰기 과정을 설명하는 것을 연습하거나 배운 적이 없기 때문이다. 정보통신기술(ICT)이 지원되는 교실 환경에서 교사가 실제로 쓰기를 하는 과정을 매체를 통하여 보여 주면 학생들은 좀 더 이해하기가 쉬울 것이다. 컴퓨터와 빔프로젝트를 활용하여 실제로 글을 쓰는 과정을 보여 주면서 설명을 한다면 학생들은 교사의 쓰기 과정을 실제 눈으로 확인할 수 있다.

(4) 일반적 준비 사항

교과서는 교육과정을 해석하여 교수·학습의 자료, 절차와 방법을 제시한 일종의 교재이다. 따라서 중요한 것은 학습자들이 학습해야 할 목표,

즉 교육과정의 내용이다. 만약 학생에게 교과서의 교수·학습 자료가 맞지 않다면 교사는 다른 자료를 준비해야 한다. 또한 교과서는 분량의 제한 때문에 학생에게 다양한 글이나 긴 글을 제시하기 어려우며 교과서의 쓰기 과제가 학생의 흥미와 수준에 맞지 않을 수도 있다. 쓰기 지도에서 직접 글을 많이 쓰도록 하는 것과 함께 다양한 글을 많이 읽어 보게 하는 것도 중요하다. 따라서 교사는 쓰기의 관습이나 전략, 기능 등을 학습할 수 있는 다양한 글 자료와 함께 학생들이 전략이나 기능을 점진적으로 연습할 수 있도록 구조화된 쓰기 활동지를 준비해야 한다.

(5) 학습자들을 위한 안내

글쓰기는 인지적 부담이 큰 활동이다. 이것은 쓰기를 할 때 필자가 주의를 많이 기울여야 한다는 말이다. 또한 쓰기 능력은 그 성장이 바로 눈에 보이지 않는다. 이 때문에 학생들은 쓰기를 어려워하고 싫어하는 경향이 많다. 쓰기 수업 시간에 정성을 기울여 쓰기를 하고, 분량이 짧더라도 글을 완성하는 습관을 들이는 것이 중요하다. 교사의 설명을 주의 깊게 듣고 시범을 관찰하고 난 후, 교사의 안내에 따라 점진적으로 쓰기 활동을 수행하고 나중에는 교사의 보조 없이 혼자 독립적으로 글을 써 보도록 한다. 무엇보다도 학생이 갖추어야 할 태도는 쓰기에 대한 흥미와 자신감이다.

(6) 교수·학습 과정안 예시

교과명	국어	학년 / 학기	7학년 1학기
교 제	생활국어 교과서	지도교사	○○○
일 시	○○○○년 ○월 ○일	대상학급	1학년 ○반
단 원	7. 고쳐쓰기 (1) 고쳐쓰기의 필요성과 방법	차 시	2 / 5 차시
학습 목표	글 전체와 문단 수준에서 고쳐쓰기 하는 방법을 안다.		
교수·학습 방법	직접 교수법		

교수·학습 과정		학습의 흐름	교수·학습 활동		시간	학습 자료 및 유의점
과정	단계	형태		학 생	교 사		

과정	단계	형태	학습의 흐름	학 생	교 사	시간	학습 자료 및 유의점
도입	준비하기	전체학습	전시학습 확인	• 전시 수업을 상기하면서 고쳐쓰기의 필요성을 확인한다.	• 전시 수업에 대한 질문하여 학생들에게 전시 수업 내용을 확인하고 그 내용을 간략히 설명한다. –고쳐쓰기의 필요성 –고쳐쓰기의 단계	3분	전시의 수업과 이번 시간의 내용이 연관되는 것임을 설명하고 수업의 내용을 자세히 예고하며 학생들에게 학습의욕을 불러 일으킨다.
	과제인식		학습 목표 확인	• 수업의 학습 목표를 확인한다.	• 학습 목표를 판서한다.	2분	
전개	설명하기	전체학습	원리 이해	• 교사의 설명을 듣고 글 전체와 문단 수준에서 글을 고쳐쓰는 방법과 고려해야 할 사항에 대해 안다.	• 글 전체와 문단 수준에서 고쳐쓰기 하는 방법을 설명한다. • 글을 고쳐 쓸 때 고려해야 할 사항에 대해 설명한다.	5분	PPT자료 설명의 핵심적인 내용을 메모하게 한다.
	시범보이기	전체학습	교사의 시범	• 교사의 시범을 관찰한다. • 고쳐쓰기에서 의문나는 점을 질문하고 고쳐쓰기 방법에 대해 확인한다.	• 글 전체와 문단 수준에서 글을 고쳐쓰는 시범을 보인다. • 완성된 글을 처음과 비교하여 고쳐쓰기의 필요성에 대해 강조한다.	10분	PPT자료
	연습하기	전체학습	교사 안내하의 학생 참여 활동	• 교사의 안내에 따라 활동지의 글을 고쳐쓴다.	• 학생의 참여를 유도하며 간단한 수준의 글을 글 전체와 문단 수준에서 함께 고쳐쓴다.	15분	고쳐쓰기 활동지 1 자연스럽게 학생의 참여를 유도한다.
		짝활동	교사의 보조하의 고쳐쓰기 활동	• 짝과 의논하며 활동지의 글을 고쳐 쓴다. • 잘 해결되지 않을 때 교사의 도움을 요청한다.	• 짝과 함께 의논하며 글을 고쳐쓰게 한다. • 교실을 순회하며 학생을 지도한다.		고쳐쓰기 활동지 2 학생들이 고쳐쓰기를 하는 동안 교실을 돌며 어려움을 겪는 학생을 지도한다.
		개별학습	학생 독립적 활동	• 독립적으로 글 전체 수준과 문단 수준에서 글을 고쳐 써 본다.	• 연습 1과 2를 바탕으로 하여 개별 학생 혼자 독립적으로 활동지의 글을 고쳐쓰게 한다.		고쳐쓰기 활동지 3 활동지 1에서 3으로 이행할 때 과제 수행의 어려움도 점점 증가하도록 활동지를 구성한다.
정리 및 평가	발표하기	전체학습	학생 발표	• 다른 학생의 발표를 듣고 자신의 고쳐쓰기한 글과 비교해 본다. • 평가지의 체크리스트에 따라 고쳐쓰기에 대해 자기평가를 한다. • 수업 내용을 잘 정리한다.	• 학생들에게 고쳐쓰기 한 내용을 발표하게 하고 적절한 피드백을 제공한다. • 자신의 고쳐쓰기에 대해 평가해 보게 한다. • 글 전체와 문단수준에서 글을 고쳐 쓸 때 고려할 점에 대해 정리한다. • 다음 시간의 수업을 예고한다	10분	실물화상기 평가지 학생의 적극적이고 자발적인 참여를 유도한다.

(7) 활용할 수 있는 전략이나 기법

▌▌매체 활용 수업

이러한 수업은 교사의 설명과 시범이 중심인데, 교사의 설명과 시범을 학생들이 잘 이해하고 관찰하도록 하기 위해 다양한 교수 매체를 활용할 수 있다. 특히 교사의 말로만 설명을 하거나 시범을 보이기 어려울 때는 빔프로젝트라든지 실물화상기 등의 프레젠테이션 도구를 활용하여 학생들이 이해하기 쉽도록 할 필요가 있다.

▌▌협동학습

직접 교수법을 활용한 수업 형태에서는 교사의 설명과 시범 후 학생들의 연습과 활동이 뒤따르는데, 학생 활동을 좀 더 효율적으로 하기 위하여 협동학습 구조를 끌어들일 수 있다. 학생들이 쓰기 전략이나 기능을 배우는 과정에서 짝활동을 하거나 소집단 활동을 통하여 다른 학생들의 수행 과정과 결과를 관찰하여 자신과 비교할 수 있게 한다.

(8) 가능한 문제들에 대한 진단

직접 교수법의 단계를 고정적으로 또는 기계적으로 적용해서는 안 된다. 직접 교수법의 다섯 단계는 고정된 수업 절차가 아니라 어떤 행위가 학생들의 성취에 긍정적으로 기능하는지에 대한 교수 원리 혹은 방향(이성영, 1996)이라는 의견이 있다. 쓰기 전략에 대한 설명을 한 다음에 시범을 보일 수도 있지만, 학생들의 흥미를 끌기 위해 먼저 시범을 보인 후 설명의 단계를 진행할 수도 있을 것이다.

직접 교수법의 단계를 한 시간의 수업에 다 적용하려 해서는 안 된다. 한 차시의 수업에서 직접 교수법의 단계를 다 적용하여 학습할 수 있는 내용도 있을 수 있지만 그렇지 않은 경우도 있다. 사실 앞에서 예로 든 교수·학습 과정안은 직접 교수법을 적용하여 쓰기 전략이나 기능을 지도하는 수업을 보여 주기 위한 것이다. 학생들의 수준에 따라서 또는 고쳐써야 하는 글의 수준이나 길이에 따라서 수업 시간의 배분은 달라질 것이고 한 차시의 수업으로 진행하기 어려울 수도 있다. 학생들이 이해하기 어려운 내용이라면, 교사가 다양한 예를 들어 가며 쓰기의 원리를 설명하는 것으로 한 차시의 수업을 구성할 수도 있다. 시범을 보이고 학생들에게 직접 연습을 하도록 하는 것은 다음 차시의 수업에서 시행할 수도 있다.

누차 이야기했지만 교사의 설명과 시범 후 학생들이 바로 그러한 전략이나 기능을 실행하거나 적용하는 것은 무리이다. 학생에게 충분한 연습 기회를 제공해야 한다.

(9) 이론적 논의들

쓰기 전략이나 기능에 대한 구체적인 연구가 필요하다. 일반적이고 보편적인 쓰기의 과정과 쓰기 전략에 대한 학습은 쓰기의 관습을 막 배우기 시작한 학생들에게는 유용하지만, 초등학교 고학년을 포함하여 중·고등학교 학습자들에게는 유용하지 않을 수 있다. 실제로 구체적인 글쓰기 맥락에서 필요한 쓰기 과정과 전략에 대해 지도해야 한다. 즉 설명문과 수필을 쓰는 과정에서 쓰기의 과정에 접근하는 방법과 적용할 수 있는 쓰기 전략은 다를 것이다. 따라서 학생들이 학교교육에서 생산하도록 교육내용으로 정해져 있는 텍스트들에 대한 연구가 필요하다. 텍스트의 유형과 구조에 대한 연구, 다양한 텍스트의 구체적 특징은 쓰기 수업을 위한 기초 내용이 될 것이다. 과정 중심 쓰기 지도에 대한 대안 내지 보완으로 장르 중심 작문 지도가 많이 거론되는데, 장르 중심 작문 지도는 바로 이러한 점을 해결해야 쓰기 지도에 있어서 실효성을 확보할 수 있을 것이다.

6. 쓰기 워크숍 활동 수업(다차시 수업)

(1) 간략한 도입

이 수업은 쓰기의 과정에 따라 실제로 한 편의 글을 완성하게 하는 수업으로서 초등학교 5학년 학생들을 대상으로 한 블록 수업(2시간 연속 수업)이다. 과정 중심 글쓰기 접근법을 취하여 학생들에게 실제로 쓰기의 과정에 따라 내용을 마련하여 초고를 쓰고 수정을 하여 자신의 글을 출판하게 했다. 또한 개별 학생 혼자 활동하게 한 것이 아니라 소집단을 구성하여 다른 학생과 협동하여 글쓰기를 하도록 했으며 글쓰기의 결과물을 발표하도록 한 수업이다. 이러한 수업은 2~3차시의 연속 수업으로 진행해야 효율적이다.

세분화된 쓰기 전략이나 기능을 연습하는 한 단락 정도의 짧은 글쓰기를 하는 것은 한 차시의 수업으로 진행할 수 있다. 그러나 학생들이 내용의 완결성과 통일성을 갖춘 한 편의 글을 쓰기의 과정에 따라 생산하도록 하는 것은 한 차시의 수업 시간 안에 진행할 수가 없다. 따라서 한정된 학교 수업 시간에는 특정한 장르의 글을 생산하는 데 필요한 지식만을 익히고 실제 글쓰기는 가정에서 하도록 과제로 내 주는 경우가 있는데, 이러한 방식의 수업은 한계가 많다. 교사가 학생들의 글쓰기 과정을 관찰할 수 없으며, 숙제로 부과된 글쓰기는 학생에게 글쓰기에 대한 부정적 태도를 길러줄 수 있기 때문이다.

(2) 교수·학습 방법

쓰기 워크숍은 쓰기의 과정에 따라 글을 쓰면서 동료 학생과의 협력과 협의를 통해 글쓰기에 필요한 자원과 지원을 얻

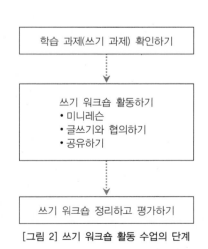

[그림 2] 쓰기 워크숍 활동 수업의 단계

을 수 있다. 쓰기 워크숍에서 미니레슨, 글쓰기, 협의하기, 공유하기의 시간 배분은 확보한 쓰기 수업 시간, 학생들의 수준과 흥미, 쓰기 과제 등에 따라 결정해야 한다. 쓰기 워크숍 수업은 대체로 다음과 같이 진행할 수 있다.

(3) 교수·학습 환경

쓰기 워크숍 활동이 원활하게 진행되도록 교실의 물리적, 심리적 환경을 구성해야 한다. 쓰기 워크숍 활동은 기본적으로 소집단 활동이기 때문에 교실에서 소집단별 자리 배치를 해야 한다. 소집단 내에서는 결속이 잘 되도록, 소집단 간에는 어느 정도 독립성을 확보할 수 있도록, 반 전체로는 교사의 설명이나 시범을 쉽게 듣고 관찰할 수 있도록 소집단의 위치와 자리를 구성해야 한다. 또한 학생들이 출판한 글을 게시하거나 전시할 수 있는 공간을 교실에 확보해야 한다.

자유롭게 의견을 나누고 글을 발표할 수 있는 수업 분위기를 평소에 형성해 두어야 한다. 또한 쓰기 워크숍에서 학생들이 구성원들과 협력하여 글을 쓸 수 있게 하기 위해서 다른 학생의 글에 반응하거나 수정을 위한 피드백을 주는 방법 등을 미리 교육해야 한다.

(4) 일반적 준비 사항

쓰기 워크숍 지도는 일반적인 설명식 수업보다 더 철저한 수업 자료의 준비와 구조화된 수업 계획이 필요하다. 쓰기를 하는 과정에서 학생들이 겪을 문제점이나 학생들이 생산해야 할 특정한 글의 장르적 관습을 잘 파악하고 있어야 학생들이 도움을 요청할 때 구체적인 지원을 바로 할 수 있을 것이다. 쓰기 워크숍 수업에 필요한 독서 자료, 활동지, 수정을 위한 체크리스트 등을 준비해야 한다.

쓰기 워크숍 준비에서 가장 중요한 것은 실질적 글쓰기 시간의 확보이다. 쓰기의 내용을 계획하고 초고를 쓰고 나서 동료들과 함께 돌려 읽으며 수정과 편집하기를 거쳐 최종 원고를 출판하고 공유하는 활동은 한 차시의 수업 시간으로는 거의 불가능하다.

(5) 학습자들을 위한 안내

쓰기 워크숍은 학생 중심적이고 주도적인 쓰기 수업이다. 다른 학생들과의 협력과 협의를 잘 해야 수업이 원활하게 진행된다. 다른 학생들의 글에 건설적인 논평을 해주고 다른 사람의 논평을 마음을 열고 받아들여야 한다. 수정을 위해 서로 다른 사람의 글을 읽고 반응하거나 협의하는 것은 글에서 실수를 찾아내고자 하는 것이 아니라 초고에서 좀 더 나은 글로 가기 위한 과정임을 인식해야 한다. 쓰기 워크숍 중에 의문이 생기거나 문제점이 발생하면 교실을 순회 중인 교사에게 도움을 요청하도록 한다.

(6) 교수·학습 과정안 예시

교 과 명	국어		학년 / 학기	5학년 1학기
교 제	말하기·듣기·쓰기		지도교사	○○○
일 시	○○○○년 ○월 ○시		대상학급	5학년 ○반
단 원	첫째마당 마음의 빛깔 / 2. 경험 속으로		차 시	5~6 / 9
학습 목표	시간을 나타내는 말을 사용하여 시간적 순서에 따라 글을 쓸 수 있다.			
교수·학습 방법	쓰기 워크숍을 통한 과정 중심 쓰기 지도			

교수·학습 과정			학습의 흐름	교수·학습 활동		시간	학습 자료 및 유의점
과정	단계	형태		학 생	교 사		
도입	준비하기	전체학습	전시학습 확인 동기 유발	• 전시 수업을 상기하여 그 내용을 확인한다. • 글을 읽고 시간을 나타내는 말을 정확히 사용하지 않아 의사소통에 오해가 생긴 것을 파악한다. • 의사소통의 문제와 그것을 해결하는 방법을 함께 알아본다.	• 질문을 통하여 학생들에게 전시 수업 내용을 확인하고 그 내용을 간략히 설명한다. • 시간을 나타내는 말을 제대로 사용하지 않아 내용을 이해하기 어려운 글을 보여 준다. • 문제를 해결하는 방법에 대해 간단히 알아본다.	8분	글 자료
	과제 인식		학습 목표 확인	• 학습 목표의 뜻을 이해하고 수업을 준비한다.	• 학습 목표를 제시한다.	2분	학습 목표를 동기유발과 연관지어 설명한다.
전개	미니레슨	전체학습	원리 이해	• 교사의 설명을 듣고 시간적 순서에 따라 글이 어떻게 구성되는지 이해한다. • 교사가 글 쓰는 것을 관찰한다.	• 시간적 순서에 따라 글을 어떻게 구성하는지 설명한다. • 시간적 순서에 따라 글을 쓰는 것을 보여 준다.	15분	시간을 나타내는 말을 사용하여 글을 쓴다.
	글쓰기와 협의하기	소집단학습	쓰기 전 단계 활동	• 자신이 살면서 있었던 중요한 일을 떠올려 정리한다. • 교과서의 인생 곡선에 표시해 본다.	• 자신이 살면서 있었던 중요한 일을 떠올리게 한다. • 이를 정리하여 교과서의 인생 곡선에 표시하도록 해 본다.	40분	사건을 시간 순서로 정리할 수 있도록 지도한다.
		개별학습	초고 쓰기	• 인생 곡선을 바탕으로 자서전을 쓴다. • 시간을 나타내 말을 사용하여 글을 쓴다.	• 인생 곡선을 바탕으로 학생들에게 초고를 쓰게 한다.		시간을 나타내는 말을 사용하도록 한다.
		소집단학습	협의하기를 통한 수정하기	• 구성원들끼리 돌려 읽고 서로의 글에 반응한다. • 체크리스트를 바탕으로 수정할 내용을 판단한다. • 동료의 피드백과 자신의 평가를 바탕으로 초고의 내용과 표현을 수정한다.	• 소집단 구성원들끼리 돌려 읽게 한다. • 시간을 나타내는 말을 사용하여 시간적 순서에 따라 잘 썼는지 평가한다. • 출판을 위해 수정할 내용을 정리하게 한다.		**체크리스트** 시간을 나타내는 말을 사용하여 시간적 순서에 따라 썼는지를 평가하도록 지도한다.
		개별학습	출판하기	• 큰 종이를 접어 작은 책을 만든다. • 내용을 고려해 지면에 글을 배치하고, 내용에 맞는 사진이나 그림으로 꾸민다.	• 작성한 글을 간단한 책으로 출판하게 한다. • 자신이 가져온 사진을 붙이거나 그림을 그려 자서전을 만들게 한다.		**큰 종이, 가위, 풀, 색연필** 책을 꾸미는데 지나치게 신경을 쓰지 않도록 한다.
	공유하기	전체학습	발표하기	• 자신이 만든 자서전을 발표한다. • 다른 학생의 발표를 듣고 이에 반응한다.	• 반 전체 학생에게 자신의 자서전을 발표하도록 한다. • 다른 학생의 글에 적절한 반응을 하도록 한다.	10분	자발적으로 발표하게 한다. 긍정적 분위기를 형성한다.
정리 및 평가	활동 정리하기	전체학습	평가하기	• 시간적 표현을 사용하여 시간 순서에 따라 글을 쓰는 방법과 유의점을 정리한다. • 쓰기 워크숍 활동을 정리하고 평가한다.	• 질문을 통해 시간적 표현을 사용하여 시간 순서에 따라 글을 쓰는 방법과 유의점을 정리하도록 한다. • 쓰기 워크숍 활동을 정리하고 평가한다. • 차시 예고	5분	수업이 끝난 후 학생들의 글을 전시하여 발표하지 못한 학생들의 글도 읽도록 한다.

(7) 활용할 수 있는 전략이나 기법

▪▪ 읽기 워크숍과 통합적 운영

쓰기 교수·학습 방법을 다룬 것이기는 하나 쓰기 워크숍은 읽기 워크숍과 통합해서 운영하는 것이 효과적이다. 학생들이 쓰기 워크숍에서 기행문을 쓴다면 기행문의 구조와 관습적 장치, 특징 등을 지식으로 배우는 것이 아니라 여러 사람들이 쓴 기행문을 읽으면서 파악하도록 하는 것이 좋다. 다양한 기행문을 읽고 그것에 반응을 해 보고 쓰기 워크숍에서 자신의 개성이 드러나는 기행문을 쓰도록 한다.

▪▪ 타 교과와 통합

타 교과와 통합하여 쓰기 워크숍을 운영할 수 있다. 국어 시간이나 쓰기 시간만으로는 실제적인 쓰기 시간을 많이 확보하기가 힘들다. 또 글을 쓰기 위해서는 구체적인 내용이 필요하다. 일상 생활의 경험을 바탕으로 쓸 수 있는 글과 구체적인 자료와 조사가 필요한 글도 있다. 과학과나 사회과의 수업과 통합하여 그 수업에서 탐구하거나 조사한 학습 내용을 바탕으로 보고서를 쓸 수 있다.

▪▪ 컴퓨터와 인터넷의 활용

쓰기를 하고 난 후 출판을 하는 것은, 완성된 글을 독자와 공유하기 위해 특정한 형식으로 만드는 것이다. 컴퓨터와 프린터의 등장으로 데스크톱 출판이 가능해져 전문 필자가 아니더라도 출판의 과정이 더 쉬워졌다. 또한 인터넷을 활용하여 웹게시판에 글을 게시하거나 블로그에 글을 써서 다른 학생들과 쉽게 소통하게 할 수도 있다. 매체 환경의 변화를 고려해 쓰기 교육에서는 컴퓨터를 사용하여 글을 쓰는 방법과 컴퓨터 글쓰기의 특성에 대한 지도가 이루어져야 한다.

(8) 발생가능한 문제들에 대한 진단

쓰기 워크숍 수업은 2~3시간의 블록 수업으로 운영해야 30분에서 60분 정도의 실질적 쓰기 시간을 확보할 수 있다. 그러나 학교 현실에서는 초등학교는 한 교사가 여러 과목을 가르치기 때문에 수업 시간의 조정과 교과 통합적 수업을 운영하기가 상대적으로 용이하나, 중·고등학교는 쓰기 수업을 블록 수업으로 운영하거나 타 교과와 통합하여 진행하기가 쉽지 않다.

(9) 이론적 논의

한 학기 또는 학 학년에서 장기적, 정기적으로 쓰기 워크숍을 운영하기 위해서는 교사가 교육과정의 내용을 해석하고 분석하여 재구성하는 능력이 필수적이다. 또한 학생들에게 필요한 다양한 언어 자료를 준비하고 쓰기 워크숍을 위한 교재도 구성해낼 수 있어야 한다. 따라서 교사양성 기관에서는 예비 교사에게 국어 교육과정과 국어 교과서를 분석, 해석, 평가할 수 있는 능력을 길러 주어야 한다. 또한 교사 양성 기관이나 재교육 기관은 교사들이 쓰기 워크숍을 경험하고 지도 방법을 익힐 수 있는 기회를 제공해야 한다.

7. 출판 프로젝트(프로그램 수업)

(1) 간략한 도입

출판 프로젝트는 한 시간이나 한 단원의 수업이 아니라 적어도 한 학기나 한 학년 차원의 교수·학습 시간을 단위로 쓰기 수업에 지속적으로 적용된다. 또한 쓰기 수업 시간만을 대상으로 한 것이 아니라 국어과의 전 수업 시간을 대상으로 이루어질 수 있는 프로그램 수업이다. 더 범위를 넓혀 초등학교에서는 타 교과의 수업까지 통합해 진행할 수 있다. 따라서 한 차시의 수업에 직접적으로 적용되는 구체적인 교수·학습 방법이 아니라 한 학기나 한 학년에 걸쳐 진행되는 쓰기 교육의 방향이나 모형으로 보는 것이 적절하다.

출판 프로젝트는 쓰기의 과정 중 출판하기 과정을 강조한 것으로서 한 학기나 한 학년 동안 쓴 글을 모아 문집으로 출판하는 것이다. 따라서 한 학기 동안의 쓰기 수업은 문집 출판의 연속 과정 중에 있는 것이며, 이 과정에서 학생들은 동료 학생의 반응과 교사와 협의를 통해 글을 수정하고 출판하는 활동을 하며 문집을 완성해 가는 것이다.

이 수업은 학생의 장기적 성장과 변화를 평가하기 위해 구성하는 포트폴리오와도 연관이 있다. 학생의 쓰기 수행 결과인 글을 모은다는 점에서 출판 프로젝트와 쓰기 포트폴리오는 유사점이 있으나, 글을 수집하여 정리하는 목적에 있어서는 차이점이 있다. 출판 프로젝트는 단순한 자료철을 구성한다기보다는 학생의 수준과 흥미에 따라 자신의 개성이 드러난 책 만들기 활동을 통하여 쓰기에 대한 동기와 흥미를 강화한 수업이라고 할 수 있다.

(2) 교수·학습 모형

출판 프로젝트는 과정 중심 쓰기 지도, 쓰기 워크숍 활동, 범교과적 쓰기 지도 등의 교수·학습 방법이 결합되어 진행된다. 특히 과정 중심 쓰기 지도의 단계 중 출판하기의 단계가 강조되어 운영된다. 보통 쓰기 수업에서 학생이 쓴 모든 글을 출판하지는 않지만, 출판 프로젝트에서는 한 학기 또는 한 학년 동안 쓴 글을 모아 문집 형태로 출판하기 때문에 다른 쓰기 수업보다도 출판하기 단계가 강조된 것이다.

대개 프로젝트 방식의 수업에서는 개별 프로젝트보다는 집단 프로젝트가 과제 수행에 효율적이지만, 출판 프로젝트는 개인별로 프로젝트를 수행해 문집을 출판하는 것이 더 효율적이다. 물론 쓰기 워크숍 소집단별로 자신들의 생산물을 모아 함께 출판할 수 있으며 한 학기를 마치고 학생의 작품 중 가장 좋은 작품들만 모아 학급 문집으로 출판할 수도 있다. 이것은 한 학기 전체의 과정 동안 적용되는 프로젝트라기보다는 학기 마지막에 쓰기 수업을 마무리하는 것이라고 할 수 있다. 또 출판 프로젝트는 정규 쓰기 수업 시간에만 이루어지는 것이 아니라, 쓰기 수업 시간 이외에 교실 밖에서도 운영되기 때문에 과제 수행에서 학생들 자기주도성과 책임감이 담보되어 있어야 한다. 따라서 출판 프로젝트를 적용할 때는 개별적인 출판을 하도록 수업을 설계하는 것이 더 효율적이다.

(3) 출판 프로젝트 프로그램 구성하기

출판 프로젝트를 진행하려면 먼저 계획 활동을 수행해야 한다. 보통 쓰기 지도에서 모든 글을 다 출판하지는 않는다. 수업 시간은 제한되어 있는데, 출판하기 작업은 쓰기 시간을 많이 요구하고 또 학생들의 과제 부담이 많기 때문이다. 그런데 개인 문집을 출판하기 위해서는 많은 글 자료가 필요한데, 쓰기 수업에서 쓰는 글만으로는 문집을 구성하기에 부족하다. 실제로 중학교의 생활 국어 교과서를 분석해 보면 한 학기에 3~5편의 글을 쓰는 것이 고작이다. 따라서 읽기 수업이나 말하기 수업, 문학 수업 등에서도 쓰기 과제를 찾아 학생들이 쓰기 시간 외에도 쓰기를 하도록 해야 한다. 국어 교과서 외에서도 쓰기 과제를 찾아보고 학생들의 생활 경험이나 언어문화에서도 쓰기 과제를 찾아 글을 쓰도록 하는 것이 좋다. 또는 학기 초 학생들과의 회의를 통해 필수과제와 선택과제를 구성해 보는 것도 좋다.

출판 프로젝트 프로그램에 따라 학생들은 한 학기 동안 자신이 생산한 글을 모아서 동료 학생과 교사와 협의를 통해 글을 수정하고 완성해 문집을 구성해 나간다. 학기의 마지막에 학생들은 문집의 내용을 완성하고 작가소개란, 목차, 출판 후기 등을 추가해 문집을 꾸며 프로젝트의 결과물을 내놓는다. 이를 교사, 동료 학생, 학부모와 공유하고, 학생은 마지막으로 자신의 문집 출판 과정에 대해 성찰해 봄으로써 프로젝트 수행을 평가한다

한 학기 단위의 출판 프로젝트는 다음과 같이 구성할 수 있다.

[표 6] 출판 프로젝트의 구성

단 계	시 기	활 동	
출판 프로젝트 계획하기	3월	• 쓰기 과제 정하기 • 출판하기 활동 안내 • 문집 구성 정하기 • 수집 자료의 범위 정하기	
출판 프로젝트 실행하기	4~6월	문집 구성하기	
		• 쓰기 수업 진행하며 출판할 자료 모으기 • 글 수정하기 • 문집에 완성된 글 싣기	• 동료 학생의 반응 보기 • 교사와 협의하기
		문집 출판하기	
		• 문집 완성하기 • 문집 꾸미기	• 교사, 동료 학생 부모와 공유하기
프로젝트 수행 평가하기	7월 초	• 자신의 문집 출판 과정에 대해 성찰하기	

(4) 출판 프로젝트의 방향 및 유의점

출판 프로젝트는 학생들의 자발성과 주도성, 장기적인 노력을 필요로 하고 과제의 양이 많아 학습 시간이 많이 요구되기 때문에 초등학교 고학년이나 중학생의 쓰기 수업에서 운영하는 것이 적당하다. 수행이 어려운 만큼 출판 프로젝트를 끝내고 나면 학생들은 더 많은 성취감을 느끼

게 된다.

　수업의 첫 시간에 학생들과 충분한 협의를 통해 출판 계획을 세워야 학생의 자발성과 주도성을 얻을 수 있다. 또 수업 처음에 전년도 학생들이 구성한 문집 등을 보여 주는 것도 출판 프로젝트에 대한 학생의 흥미를 불러일으키고 이해를 돕는 데 효과적이다. 문집 출판을 위해서 교사와 학생은 작성해야 할 쓰기 과제를 정하고 문집 구성 방향과 수집 자료의 범위를 정해야 한다. 쓰기 수업을 비롯하여 다른 국어 수업 시간에 작성할 수 있는 글과 교실 외에서 작성해야 할 글 등을 적절히 구성하는 것이 좋다. 출판 프로젝트의 목적이 다양한 쓰기 경험을 통해 쓰기 능력을 길러 주고, 문집 출판이라는 성취감을 통해 쓰기에 대한 흥미와 쓰기 동기를 길러 주는 데 있기 때문에, 글의 장르나 주제가 골고루 포함되도록 하는 것이 좋다.

　학생이 꾸준히 흥미를 가지고 문집을 완성해 나가도록 하기 위해서 문집 구성 중에도 교실에 문집을 전시하여 동료 학생의 반응과 교사의 피드백을 받도록 한다. 또한 문집을 꾸미는 다양한 활동, 즉 표지 꾸미기, 목차 만들기, 삽화 그리기, 작가 후기 쓰기 등을 구성하는 것도 문집 출판에 대한 흥미를 유지하는 한 방안이 될 것이다.

　이 수업은 쓰기 워크숍과 함께 운영되면 더 효과적이다. 쓰기 워크숍과 출판 프로젝트와의 차이점은 쓰기 워크숍에서는 모든 작품을 출판하지 않아도 되고, 출판을 하더라도 구두 출판이나 컴퓨터와 프린터를 활용하여 간단히 인쇄를 하거나 게시판에 게시를 하는 등의 다양한 출판 활동을 할 수 있다. 그러나 출판 프로젝트는 한 학기 내지 한 학년 동안 자신이 쓴 글을 모아 책의 형태로 만드는 것이다.

　교육과정의 한계와 학교 수업 시간이라는 현실 때문에 쓰기 워크숍 활동을 하지 않고 쓰기 시간에 개별적 쓰기 활동을 하더라도 출판 프로젝트를 충분히 운영할 수 있다. 다만 쓰기 워크숍에 비해 독자들의 반응, 동료 학생의 반응과 피드백을 체계적으로, 정기적으로 얻을 수 없다는 단점이 있다.

출판 프로젝트의 결과가 문집이라는 책의 형태가 아니어도 된다. 인터넷 블로그를 활용하여 개인 문집 대신 블로그를 만들어 여기에 자신의 쓰기를 올리도록 한다. 이것의 장점은 학생들이 다른 학생의 블로그를 수시로 방문하여 글에 반응을 할 수 있다는 점이다. 또한 블로그 출판은 다른 학생의 반응과 피드백을 바탕으로 자신의 글을 계속해서 수정할 수 있다. 그러나 쓰기 수업을 위한 멀티미디어 교실 환경이 갖추어져야 하고 학생들의 가정에서 모두 인터넷을 사용하고 있어야 한다는 점, 인터넷은 블로그 출판을 위해 접속했지만 다른 작업에 빠지기 쉬운 매체라는 점 등이 수업 실행에 장애가 될 수도 있다.

💬 교사를 위한 안내

> 쓰기 수업을 성공적으로 이끌기 위해서 교사는 쓰기의 과정에서 필요한 개념이나 전략, 기능 등을 직접 교수법으로 가르칠 때의 유의점에 대해서 알고 있어야 한다. 또한 자신의 쓰기를 모형화해 시범 보일 수 있는 능력을 기르도록 해야 한다. 쓰기 워크숍을 통한 쓰기 지도를 잘 하기 위해서는 협의의 기술을 익혀야 할 것이다.
>
> 이 장에서 서술한 쓰기 과정, 쓰기 지도의 방법과 교수 전략 등은 하나의 모델일 뿐 언제나 최선의 방법은 아니라는 점을 명심하자. 교사는 자신의 교실에 맞게, 즉 교실 상황과 학생의 수준과 흥미, 학습 내용에 맞게 쓰기 교수·학습 방법이나 쓰기 지도 모형을 수정해서 운영해야 한다.
>
> 그러나 무엇보다도 가장 중요한 것은 교사 자신이 쓰기를 좋아하고 즐겨 쓰기를 해야 한다는 점이다. 특히 교사의 영향을 많이 받을 어린 학생들이나 쓰기 입문기 학생들의 경우에는 쓰기에 대한 긍정적 가치를 지니게 하고 필자로서의 정체성을 길러주어야 하므로 쓰기 수업에 임하는 교사 자신의 신념과 태도[13]가 중요하다.

[13] 프레저(Frager, 1994)는 쓰기 지도 워크숍에 참석한 교사를 대상으로 하여 필자로서 자신이 글쓰기를 어떻게 바라보고 있는지를 글로 쓰게 했다. 그것을 바탕으로 교사를 세 부류로 분류했다. 그 세 집단은 글쓰기를 고통스럽고 즐겁지 않은 것으로 보는 쓰기에 대한 부정적 감정을 소유하고 있는 교사 집단, 필요에 의한 글쓰기를 인식하고 있는 집단, 자신의 삶과 정체성 형성에 중요한 것으로서 쓰기를 바라보고 있는 집단이다. 이러한 결과의 원인으로서 몇 가지를 분석했는데, 이중에서 그 교사들이 학생 때 쓰기 교육을 받은 경험은 쓰기를 가르치는 교사로서 우리가 고려해 보아야 할 중요한 원인이다. 교사가 쓰기에 대해 어떠한 태도를 지니는가는 그 교사의 쓰기 수업에 큰 영향을 미칠 것이다.

▌ 탐구 활동

01 한 학년을 선택해 국어 교과서와 교육과정에서 쓰기 교육의 내용과 제시된 쓰기 과제를 분석해 보자. 다른 영역의 교육 내용과 관련성을 찾아 보자. 이것을 바탕으로 쓰기 워크숍 활동을 구성해 보자.

02 다음은 출판하기의 다양한 형식이다. 쓰기 수업에서 어떻게 활용할 수 있을지 생각해 보자. 어떤 학생들에게 적용할 수 있을지, 어떤 장르의 쓰기에 적용할 수 있을지 생각해 보자. 각 방법을 쓰기 수업에 적용할 때의 어려운 점과 유의점, 적용했을 때 얻을 수 있는 장점 등을 생각해 보자.

- 반 친구들에게 글 읽어 주기
- 작가의 의자
- 게시판에 게시하기
- 자신의 글을 녹음하기
- 편지 보내기
- 소식지(newsletter)
- 부모님께 읽어드리기
- 학급 신문, 학교 신문 또는 지역사회 신문에 투고하기
- 개인문집 또는 학급문집 만들기
- 학생 잡지에 투고하기
- 쓰기 모임에서 발표하기
- 웹사이트에 올리기

03 이 장에서 제시한 교수·학습 방법을 성공적으로 쓰기 수업에 적용하기 위해서 교사가 갖추어야 할 것은 무엇인지 생각해 보자. 쓰기를 가르치기 위해 교사가 갖추어야 할 것을 지식, 능력, 태도로 나누어 정리해 보자.

▪ 참고할 만한 자료들

• 과정 중심 작문 지도에 대해서는 다음을 보라.

이재승(2002), 글쓰기 교육의 원리와 방법-과정 중심 접근-, 교육과학사.

김정자(2006), 쓰기 '과정'의 초점화를 통한 쓰기 지도 방안-수정하기와 출판하기
    과정을 중심으로, **국어교육학연구 26**, 국어교육학회.

Tompkins, G. E.(2000), *Teaching Writing : Balancing Process and Product*
    (3rd), Merrill Prentice Hall.

• 작문을 위한 문제해결 전략에 대해서는 다음을 보라.

Flower, L.(1993), *Problem-Solving Strategies for Writing*, 원진숙·황정현 역
    (1998), **글쓰기의 문제 해결 전략**, 동문선.

• 작문 워크숍에 대해서는 다음을 보라.

Fletcher, R. & Portalupi, J.(2001), *Writing Workshop*, Heinemann.

Ruddell, R. B.(2002), *Teaching Chilren to Read and Write : Becoming an
    Effective Literacy Teacher(3rd)*, Allan and Bacon.

• 컴퓨터 글쓰기의 특징에 대해서는 다음을 보라.

강민경(1999), 컴퓨터 워드프로세서 프로그램을 사용한 작문 과정에 대한 연구, 서
    울대학교 석사학위 논문.

• 출판하기 활동을 위한 책 만들기에 대해서는 다음을 보라.

박경순·이경규(2005), **창의적인 글쓰기로 아름다운 책 만들기**, 한울림 어린이

Johnson, P.(2001), *Making Books*, 김현숙 역(2001), **메이킹북 : 한 장의 종이로
    만드는 팝업북 31가지**, 아이북.

제 8 장

문법 교수·학습 방법

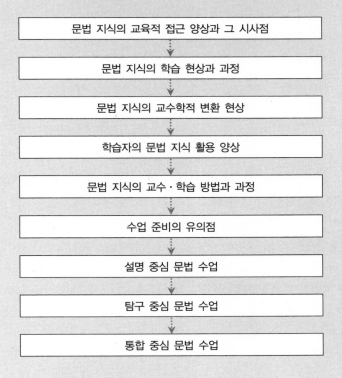

문법 지식의 교육적 접근 양상과 그 시사점

문법 지식의 학습 현상과 과정

문법 지식의 교수학적 변환 현상

학습자의 문법 지식 활용 양상

문법 지식의 교수·학습 방법과 과정

수업 준비의 유의점

설명 중심 문법 수업

탐구 중심 문법 수업

통합 중심 문법 수업

1980년대 중반부터 국어교육에 대한 본격적인 연구가 시작된 지 벌써 20년이 지났다. 그동안 국어과 교육과정에 대한 연구를 비롯하여 국어과 교과서 개발에 이르기까지 획기적인 개선과 비약적인 발전이 있었다. 국어과 교수·학습 방법에 대한 연구 역시 그러한 학문적인 개선과 발전의 동인(動因)이 되었다. '말하기·듣기', '읽기'와 '쓰기'에 관한 교수·학습 방법을 다룬 논문은 일일이 열거하기 힘들 정도이다. 그런데, 유독 문법과 관련된 교수·학습 방법은 양적인 측면이나 질적인 측면에서 볼 때 다른 영역에 비해 그다지 생산적이지 못한 형편이다. 이 장은 이러한 형편을 다소나마 개선하고자 기존의 연구물들을 다음과 같은 몇 가지 관점을 중심으로 정리한 것이다. 먼저 문법 교육에 관한 현장의 목소리를 청취하는 장을 마련하였다. 그리고 다양한 문법 교수·학습 방법 중에서 중심이 되는 축(軸)을 추출할 때, 이론적 토대가 되는 문법 지식의 학습 현상, 문법 지식의 교수학적 변환 현상, 학습자의 문법 지식 활용 양상을 소개하였다. 그리고 이 장의 핵심이 되는 문법 교수·학습 방법 세 가지, 즉 탐구 중심 문법 교수·학습 방법, 설명 중심 문법 교수·학습 방법, 통합 중심 문법 교수·학습 방법의 단계와 실제를 제시하였다. 끝으로 이러한 방법을 적용할 때 필요한 유의점 몇 가지도 함께 제시하였다.

■ 문제 상황

문법 교육을 왜 하는지, 그리고 문법 교육을 하면 효과가 있는지, 학교 문법을 어떻게 가르쳐야 하는지 등은 현장에서 국어를 가르치는 교사, 좀 더 엄밀하게 말하면 문법을 가르치는 교사들의 공통된 고민과 의문이다. 문법 교육의 목적과 효과, 방법과 관련된 이러한 고민과 의문을 해결하는 방안은 무엇인가? 그 방안은 다음과 같은 다양한 목소리를 먼저 귀 기울여 듣는 일에서 찾을 수 있을 것이다.

목소리 ①

"저는 국어학을 연구하는 사람이지만 전부터 문법 교육에 대하여 회의적이었습니다. 무엇 때문에 하고 있는지 모호할 뿐 아니라, 그 효과에 대해서도 부정적인 생각을 가지고 있었습니다. 그러나 문법 교육을 중요시했던 것이 우리의 현실이고 보면, 이에 대해 의문을 가지고 있는 교사라고 하더라도 문법을 무시할 수가 없었습니다. 어떤 이유에서인지는 모르겠으나, 문법을 배워야 국어의 힘이 붙는다고 생각한다든지, 문법 교육을 해야 국어 교사답다는 안도감을 느꼈던 것인지, 별 도움도 되지 않는 문법 교육에 많은 시간을 허비하고 있는 것 같습니다. 현재의 학교 문법이라는 것은 문법 이론을 적당히 정리한 결과물일 뿐 실제로 언어를 움직이는 법칙과는 질적으로 다른 것입니다. 그러나 유감스럽게도 이러한 문법 교육이 반성 없이 전개되고 있는 것이 현실입니다."

● ● ● 김광해 외, 1999 : 74~75에서 재인용

목소리 ②

  "현재 중학교 교과서에서는 3년 동안 12단원을 배우도록 많은 부분이 문법 영역으로 설정되어 있지만, 문법의 전체 체계에 대한 단원이 설정되어 있지 않아 전체 체계에 대해서는 알지 못하고 부분적인 단편적인 지식만을 가지게 되어 있다. …… 수학 능력 시험에 언어 영역 중 문법 문제 출제 빈도는 전혀 없거나, 거의 없는 것이 현실인 이 상황에서 학생들에게 문법 교육을 강요하는 것은 무리일 수밖에 없다. 과목의 특성도 딱딱한 지식 위주로 구성되어 있는데 시험에도 반영되지 않으니 자연히 문법 영역의 학습을 학생들이 소홀히 할 수밖에 없다. …… 채팅 용어를 무분별하게 사용함으로써 단어의 원형을 변형시키고 문법의 영역을 현저하게 변화시켜 버리는 현상을 초래하고 있다. 더구나 초등학생의 경우 이러한 영향력이 현저하므로 학교의 규범 문법에 대해서는 오히려 낯설은 느낌을 가지게 되고, 중·고등학생들조차 상당한 영향을 받아 표준어나 표기법에 대해서도 자신감을 가지지 못하고 글쓰기를 지도할 때, 그 역효과가 뚜렷하게 나타나고 있는 실정이다. …… 학생들은 문법을 귀찮고 까다로우며 재미없는 수업으로 여긴다. 물론 학생들의 태도도 문제가 있지만 구태의연한 방법으로 학습자의 동기 부여와 흥미를 일으키지 못하는 교사의 수업 방법에도 문제가 있다. 즉 문법은 언어 현상을 정리한 것이므로 암기 외에는 다른 방법이 없다는 식의 궁색한 설명이 그러하다."

●●● 최형기·김형철, 2001 : 168~174

목소리 ③

  "교수·학습 현장에서 대다수의 경우 교사는 학습자 중심의 교육이 이루어지고 있다고 생각하나, 학습자의 경우에는 그와 반대로 교사가 그 수업을 일방적으로 끌어가고 있다고 생각하는 경우가 많다. 특히 문법을 제시하고 설명하는 단계에서는 교사의 설명이 길어지고, 일방적인 주입식 교육이 이루어져 교사 중심의 '강의'가 될 것이다. …… 문법만을 제시하고 설명하고 연습하는 과정에서 수업의 단조로움을 피할 수 없게 된다. 일반적으로 문법 또는 유형을 학습시키는 방법으로는 상황 연습, 완성 연습, 문답 연습, 교체 연습 등이 이루어지나 상황 연습을 제외하면 대체적으로 단조로운 수업의 패턴을 피하기가 어렵다는 점을 알 수 있다. …… 교사는 문법의 난이도 및 등급 체계에 맞춰 문법 교육을 하게 되는데, 이 과정에서 산문을 통해 가르쳐야 하는 글말투의 문법이나 문형을 대화문에서 가르치게 되는 경우가 있다. 이는 교재 개발을 할 때, 문법 항목을 산문과 대화문에서 적절하게 설정해야 함에도 불구하고 입말과 글말의 특징을 무시한 채 문법 항목을 설정하였기 때문이다."

●●● 이영숙, 2004 : 39~47

이 장의 학습을 위해 다음과 같은 개념들을 먼저 정리해 두자.

문법 교육 무용론

언어 학습은 기능(skill)이므로 문법 지식은 무용하다. 언어 학습은 의사소통 능력이지 문법 지식 능력이 아니다. 언어 습득과 학습은 다르기에 문법 지식의 학습으로는 자연적인 언어 습득의 수준에 도달하기가 불가능하다. 문법보다 어휘 뭉치(lexical chunks) 학습이 더 중요하다(민현식, 2002 : 77~78).

교수학적 변환

교사가 문법 지식을 잘 가르치려면 역사적 흔적이 제거된 채 교과서에 실려 있는 문법 지식의 생성 과정을 알 필요가 있다. 또한 교사는 그 지식의 개념과 속성을 활동의 그물망 속에 넣어 가르쳐야 한다. 즉 그 지식의 개념과 속성의 기원, 의미, 동기, 사용을 가르치는 과정에 정통해야 한다. 교실 맥락 속에서 교사가 하는 이러한 활동을 인식론자들은 '교수학적 변환'(didactical transposition)이라고 한다.

문법 학습 현상

현상(現象)이란 직접 지각(知覺)할 수 있는, 자연계·인간계에서 일어나는 일 또는 그 모양으로 정의한다. 이 정의에 따르면 현상이라는 개념은 적어도 '직접성', '지각 가능성'과 같은 조건을 필요로 함을 알 수 있다. 문법 학습 현상은 이러한 조건을 충족시키고 있는 것으로 보인다.

탐구 학습

브루너(Bruner)는 이것이 갖는 결과적 측면을 중시하여 '발견'이라는 용어를 사용하였지만 논의의 편의상 '탐구'로 수정하였다. 그 까닭은 문법 지식을 발견한다는 문법 수업 맥락에서 적합하지 않기 때문이다. '발견'과 '탐구'는 후자가 과정의 측면을 강조한다는 점에서 전자와 의미상 차이가 존재한다.

▌관점 갖기

목소리 ①의 주인공은 정확히 누구인지 알기 힘들지만 글 내용을 통해 추론해 볼 때, 예비 국어 교사로 추정된다. 그의 이러한 비판은 최근에 제기된 것이 아니라, 이미 70년대부터 제기되어 온 것이다. 이길록(1972 : 385~386)은 자연스런 언어 환경 속에서 문법에 관한 지식을 안 배워도 언어 법칙을 무의식적으로 터득하여 국어를 이해하고 표현하는 능력을 형성하는 데 아무런 문제가 없다고 주장하였다. 또한 그는 부자연스런 교실 환경 속에서 문법에 관한 지식을 배우고 문법 법칙을 의식적으로 외워도 국어를 이해하고 표현하는 능력을 향상시키지 못한다고 주장했다. 이와 비슷한 주장들은 한마디로 '문법 교육 무용론'으로 해석되기도 한다. 효과적인 문법 교수·학습 방법의 도출(導出)은 이러한 목소리를 경청하고 분석함으로써 시작된다.

목소리 ②의 주인공은 현장에서 문법을 가르치면서 그 문제점을 피부로 느끼고 있는 국어 교사로 보인다. 문법 교육의 무용론을 주장하는 목소리 ①과는 달리, 목소리 ②는 학교 현장에서 문법 교육의 중요성을 인정하면서, 문법 교육의 문제점을 매우 구체적으로 조목조목 따지고 있다. 단편적인 문법 지식을 가르치는 교과서 단원 구성 차원, 문법 내용이 반영되지 않는 입시제도 차원, 문법 질서를 파괴하는 매체 환경의 변화 차원, 문법 지도 방법 차원에 걸쳐 지적하고 있다. 문법 교육은 이러한 다차원적인 양상을 고려하면서 효과적인 문법 교수·학습 방법을 구안해야 할 것이다.

목소리 ③은 외국어로서 한국어 교육을 가르치는 전문가로 보인다. 물론 모국어로서 국어교육과 외국어로서 한국어 교육은 교육의 성격이나 목표, 내용과 방법적인 측면에서 볼 때 상당한 수준 차이가 있다. 그럼에도 불구하고 방법적인 측면에서 볼 때, 발생하는 동일한 문제점은 역시 되새김질해 볼 필요가 있다. '교사 중심의 강의식 주입식 문법 수업', '단조로운 문법 연습 유형', '글말 위주의 정확한 문장만을 추구하는 문법 교육'을 개선할 수 있는 문법 교수·학습 방법이 필요하기 때문이다. 교사 중심에서 학습자 중심으로 책임을 점진적으로 이양(移讓)하는 문법 교수·학습 방법, 문법과 말하기·듣기, 읽기, 쓰기 등과 통합하는 문법 교수·학습 방법, 일상적인 언어 풍경 속에서 살아 숨쉬는 문법 교수·학습 방법 등과 같은 교수·학습 방법상의 방향 전환이 절실하다.

1. 문법 지식의 교육적 접근 양상과 그 시사점

쉐플러(Scheffler, 1965 : 1~6)는 지식에 대한 세 가지 철학적 전통을 이성주의적 전통, 경험주의적 전통, 실용주의적 전통으로 정리하고, 교육과 관련하여 우리가 숙고해 보아야 할 인식론적 문제를 다음과 같이 정리한 바 있다.

  첫째, 지식이란 무엇인가?
  둘째, 가장 신뢰할 만한 또는 중요한 지식은 어떤 지식인가?
  셋째, 지식은 어떻게 만들어지는가?
  넷째, 어떤 방식으로 지식을 탐구해야 하는가?
  다섯째, 어떻게 하면 지식을 가장 잘 가르칠 수 있는가?

교실에서 수업 시간에 교사가 국어 교과서(문법)를 학습자에게 가르치는 교육적인 소통 상황을 고려할 때, 인식론적 문제와 직접적으로 맞닿는 것은 다섯 번째 문제가 될 것이다. 그러나 문법을 잘 가르친다는 것은 그리 쉬운 일이 아니다. 대중적인 전문 작가라 하더라도 문학을 재미있게 잘 가르치는 것이 쉽지 않듯이, 국어학자라고 하더라도 문법을 '재미있게' 가르치거나 '잘' 가르치는 것이 쉽지 않다. 국어학자는 문법 현상과 본질을 객관적으로 관찰하고 그 특징과 원리를 글로 기술하고 설명하는 것으로 그 임무가 끝난다. 그러나 국어 교사는 학습자의 사고 발달 수준에 맞는 문법 용어를 선택해서 가르쳐야 하며 동시에 학습자가 그 문법 현상과 본질을 제대로 이해하고 있는지 점검하면서 가르쳐야 한다. 따라서 문법을 '재미있게' 그리고 '잘' 가르치고 싶은 국어 교사라면 적어도 학습자들이 문법 지식을 어떻게 학습하는지(문법 지식의 학습 과정과 현상), 교사가 학습자를 잘 가르치기 위해 문법 지식을 어떻게 변환하는지(문법 지식의 교수학적 변환), 그리고 학습자가 문법 지식을 어떻게 활용하고 있는지(학습자의 문법 지식 활용 양상) 등을 알아야 한다.

2. 문법 지식의 학습 현상과 과정

(1) 문법 지식의 학습 현상·학습 과정 및 그 구조

교육학에서는 '학습 현상'과 '학습 과정'이라는 개념을 구분하여 사용하고 있다. 학습을 '훈련의 결과 일어나는 행동의 비교적 영속적인 변화'라고 정의한다. '학습 현상'은 이 정의에서 말하는 변화된 행동, 즉 학습의 결과 내지 소산을 의미하는데, 학습 현상 대부분은 실험을 통하여 발견할 수 있는 것들이다. 이와는 달리 '학습 과정'은 행동의 변화를 가져오게 하는 기저의 행동 기제 또는 내적 과정을 일컫는다. 그것은 우리가 관찰해 볼 수 있는 것이 아니라 관찰 가능한 행동(현상)을 통하여 추리해 볼 수 있는 것뿐이다. 교육학에서 설명하는 이러한 학습 현상과 과정이 문법 지식의 학습 현상과 과정에는 어떠한 형태로 작동하고 있는지 살펴볼 필요가 있다.

이성영(1998 : 204~211)은 문법 교육을 학습자들이 언어로 표현하고 표현된 언어를 이해할 때 작용하는 내재된 문법 능력을 가르치는 것이며, 동시에 그것에 대해 학자들이 연구하여 기술한 내용을 가르치는 것으로 정의하고 있다. 그리고 다음과 같이 문법 현상을 '학문 현상'과 '학습 현상'으로서 나누고 그 구조를 설명하고 있다.

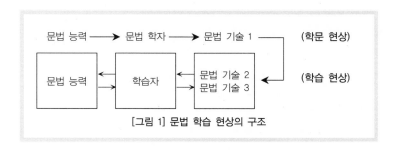

[그림 1] 문법 학습 현상의 구조

학문 현상으로서 문법 현상은 '문법 능력 → 문법 학자 → 문법 기술 1'

처럼 문법 학자들이 문법 능력을 대상화하여 연구함으로써 그 결과로 문법 기술을 생산하는 과정이다. 학습 현상으로서 문법 현상은 '문법 기술 2→학습자→문법 능력'과 '문법 능력→학습자→문법 기술 3'으로 다시 나뉜다. 문법 기술 2의 경우는 전통적인 문법 학습으로 학습자들이 문법에 대한 학자들의 기술 내용을 배움으로써 우리 국어의 구조와 규칙에 대해서 알게 되고, 바른 국어 생활을 영위할 수 있도록 기대한 구조이다. 한편 문법 기술 3의 경우, 즉 '문법 능력→학습자→문법 기술 3'은 학습자들이 자신의 언어를 탐구 자료로 하거나 혹은 자신에게 내재되어 있는 문법 능력을 대상으로 하여 살아 있는 문법 지식을 생산하고자 한 것이다.

(2) 교수·학습 방법상의 시사점

문법 현상의 구조가 주는 첫 번째 시사점은 문법 현상의 구분과 문법 기술(記述)의 개념 분화는 문법 교육의 무용론과 같은 부적절한 논의를 중단하고 생산적인 교수·학습 방법을 설계할 토대를 마련해 주었다는 점이다. 그동안 문법 교육 이론과 교육 방법에 관한 수많은 논의가 있었는데, 그 논의가 생산적이지 못한 까닭은 문법 교육의 층위를 적절하게 구별하지 못할 뿐만 아니라, 서로 다른 층위에서 작동하는 개념을 동일한 층위의 개념으로 취급하거나 학문 현상을 학습 현상과 동일한 것으로 간주하는 일과 같은 착오가 발생하였다. 그 결과 문법 교육 방법을 설계할 때, 누구의 관점에서 문법을 다루어야 할지, 문법 내용을 어느 정도까지 다루어야 할지, 그러한 관점과 내용을 어떻게 가르쳐야 할지 막연할 수밖에 없었다.

두 번째 시사점은 그가 제시한 문법 교육의 몇 가지 고려 사항을 출발점으로 문법 지식의 '학습 현상(現象)'이나 '학습 과정(過程)'과 같은 내용에 교육적으로 관심을 돌리게 되었다는 점이다. 그는 문법 교육을 할 때,

㉠ 학습자들이 소유하고 있는 문법 능력이 어떤 특성을 지니고 있는지, ㉡ 문법을 학습하는 과정에서 작용하는 학습자들의 심리적 특성이 어떠한지, ㉢ 학자들의 문법 기술과 학생들 스스로 찾아낸 문법 기술 사이에 어떤 차이가 있는지를 고려해야 한다고 주장하였다. 비록 그가 문법 지식의 '학습 현상(現象)'과 '학습 과정(過程)'이라는 용어로 ㉠, ㉡, ㉢을 명시적으로 구분하지 않았지만 그는 교수·학습하는 과정에서 이 사항들이 지닌 교육적인 유의미성과 중요성을 알고 있었다. 이 세 가지 중, ㉢은 학습이 이루어진 결과 내지 소산이기에 문법 지식의 학습 현상에 해당하고, ㉠과 ㉡은 학습의 결과를 가져오게 하는 행동 기제 내지 내적 과정이기에 문법 지식의 학습 과정에 해당한다. 그런데 문법 교수·학습 방법을 설계할 때, ㉢과 같은 문법 학습 현상을 관찰하고, ㉠과 ㉡과 같은 문법 학습 과정을 이해한다면, 문법 교육을 더욱 효과적으로 할 수 있을 것이다. 왜냐하면 지금까지 국어 교사가 ㉢과 같은 문법 현상을 관찰한다고 하더라도, ㉠과 ㉡에 대한 이해가 부족하여 교육적인 진단과 처치를 제대로 하지 못했기 때문이다.

문법 현상의 구조가 지닌 세 번째 시사점은 학문 현상을 문법 교수·학습 방법에 '역이용'하자는 것이다. 이성영에서는 아래의 ①을 제외하고 ②와 ③의 과정만 문법 교육에서 다루고자 하였다.

① 문법 능력→문법 학자→문법 기술
② 문법 기술→학습자→문법 능력
③ 문법 능력→학습자→문법 기술

그러나 ①의 과정도 교육적으로 가공만 하면 교수·학습 방법으로 충분히 가능하다. 6차 국어과 교육과정부터 도입된 '탐구 학습 방법'은 바로 ①의 과정을 교육적으로 가공하여 추출한 것이다. 비록 이 방법이 전문가를 흉내 내는 '아류자(亞流者)'를 양산한다 할지라도 문법 교육적으로는 유의미한 활동을 수반하기 때문이다.

3. 문법 지식의 교수학적 변환 현상

(1) 교수학적 변환의 개념과 도식

교사가 문법 지식을 잘 가르치려면 역사적 흔적이 제거된 채 교과서에 실려 있는 문법 지식의 생성 과정을 알 필요가 있다. 또한 교사는 그 지식의 개념과 속성을 활동의 그물망 속에 넣어 가르쳐야 한다. 즉 그 지식의 개념과 속성의 기원, 의미, 동기, 사용을 가르치는 과정에 정통해야 한다. 교실 맥락 속에서 교사가 하는 이러한 활동을 인식론자들은 '교수학적 변환'(didactical transposition)이라고 한다(Brousseaus, 1997 : 21). 이는 교사로 하여금 문법 지식을 '가르치는 과정'과 '아는 과정'이 분명한 차이를 지니고 있으며, 또한 그 과정을 문법 지식의 변형이라는 측면에서 탐구할 필요가 있음을 인식하게 해 준다. 쉐바야르(Chevallard)는 80년대 초 바로 이 문제에 주목하였다. 그가 이론화한 교수학적 변환의 주된 관심사를 간단하게 표현하면, "학문적 지식과 교수적 지식 간의 관계, 예를 들면, 가르친 지식은 학문적 지식의 의미를 보존하고 있는가 아니면 어떤 측면을 왜곡하고 있는가, 왜곡은 어떤 식으로 일어나고 있는가"이다(이경화, 1996 ; 심영택, 2002).

학자와 교사가 함께 모여 대화해야 할 구체적인 내용은 문법 지식에 대한 교수학적 변환의 개념이며, 그 개념이 지닌 목표를 합의 수준으로 끌어내는 일이 될 것이다. 교수학적 변환론의 목표에는 교수학적 변환의 과정을 이해하고 올바른 방향으로 이끌어 가고자 하는 일반적인 목표뿐만 아니라, 문법 지식의 교수·학습 방법 등에서 지식의 의미가 건전하게 다루어지는지를 관찰하고 분석하는 세부적인 목표가 있다. 이러한 세부적인 목표를 달성하는 데 필요한 교수학적 변환의 도식은 다음과 같다.

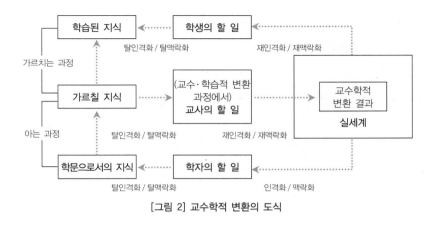

[그림 2] 교수학적 변환의 도식

(2) 교수·학습 방법상의 시사점

이 도식에서 문법 학자가 하는 일, 국어(문법) 교사가 하는 일, 그리고 학습자가 하는 일이 각각 다름을 알 수 있다. 문법 학자는 인격화된 그리고 맥락화된 실세계에 대한 경험을 바탕으로 탈인격화된 그리고 탈맥락화된 학문적 지식으로 만드는 일을 해야 한다. 학자는 이 과정에서 일반적으로 다음과 같은 일을 한다. 자신이 발견했다고 생각한 것을 의사소통하기까지 먼저 그것이 무엇인지 확인하고, 유사한 지식을 재조정하고 낡은 지식과 새로운 지식 등 관련이 있는 지식을 재조정해야 한다. 이에 덧붙여 오류나 무관하다고 보는 모든 반성적 생각은 억눌러야 한다. 또한 이런 잘못된 방향을 이끈 이유를 감추고, 성공을 하게 한 개인적 영향도 감추어야 한다.

한편 국어(문법) 교사는 교육과정이나 교과서에 실린 가르칠 지식을 접하게 되는데, 이 지식은 학문적 지식 중 일부로 교과의 성격과 목표에 따라 선택된 것이며, 학자들의 인격적인 그리고 맥락화된 경험이 생략된 채 주어진 것이다. 교사가 하는 일은 학자가 하는 일과 반대가 되는, 즉 가르칠 지식을 교실 상황에 맞게 교수학적 변환을 거쳐 재맥락화하고, 재인격화하는 일을 한다. 교사는 가르칠 지식을 교수학적으로 변환하면서 다음과 같은 두 단계의 일을 해야 한다. 첫 단계는 형식화된 지식의 풍부한 의미를 살려내는 상황을 구성하는 것이며, 두 번째 단계는 풍부하게 살아난 의미를 효과적으로 저장할 수 있는 표현 모색 상황을 제공하는 것이다(이경화, 1996 : 205). 결국 교사가 해야 할 일은 학습자가 살고 있는 상황을 제시하고, 제안된 문제를 가장 잘 해결할 수 있게 가르칠 지식이 최적의 형태로 나타나는 상황을 제시하는 것이다.

끝으로 학습자가 해야 할 일은 교사들이 만든 문제를 접하고 그 문제를 해결하는 것이다. 이 문제는 상대적으로 특수한 상황과 조건에 맞게 그리고 비교적 자연스럽게 반응하도록 만들었기에 쉽게 풀 수 있을 것이다. 그러나 문제 해결은 학습자들이 해야 할 일의 한 부분일 뿐이다. 학습자들은 탈맥락화된 자신의 지식을 재맥락화하고, 탈인격화된 자신의 지식을 재인격화해야 한다. 그리고 이와 같은 활동을 통해 문화적인 그리고 의사소통적인 지식을 발견하도록 노력해야 한다.

(3) 교수·학습 방법시 유의점

교수학적 변환의 과정에서 주목해야 할 부분은 바로 '문법 지식의 파손성'이다. 쉐바야르는 지식을 주의 깊게 다루지 않으면 그 본래 의미가 쉽게 손상된다고 보았다. 가르치려는 의도에 의하여 지식을 변형할 때에 지식의 의미가 상당히 손상되거나 왜곡될 수 있기 때문이다. 만약 그러한 일이 발생한다면, 교육은 분명 실패할 것이고 학습자들에게 잘못된 지식을 소유하게 함으로써 그 다음 단계로 진전하는 데 치명적인 악영향을 끼치게 될 것이다. 쉐바야르에 따르면, 현재의 학습자를 존중하는 만큼 지식의 이면에 숨어 있는 과거의 학자도 존중해야 하고, 과거의 학자를 존중하는 것은 지식이 지닌 그 의미가 파손되지 않도록 하는 것이다. 이 말은 지식의 의미가 교수학적 변환 과정에서 올바르게 다루어지도록 하는 것이 교육의 가장 중요한 책임임을 표현한 것이다(이경화, 1996). 교수학적 변환론은 교수 현상을 관찰하고 분석함으로써 건전한 교수학적 변환의 방향을 꾀하려는 의도를 가지고 있다. 학문적 지식과 가르칠 지식, 그리고 학습된 지식을 비교해 보면 어느 부분에서 어떻게 왜곡되었는지 알수 있다. 문법 지식을 가르치는 과정에서 행할 수 있는 교사의 교육적 처치는 이러한 관찰과 분석을 토대로 이루어진다. 물론 이 과정에서 학문적 지식 그 자체가 지닌 한계와 문제점을 찾을 수도 있으며 새로운 지식을 생성할 수도 있다.

4. 학습자의 문법 지식 활용 양상

(1) 수준의 개념 세 가지와 학습자의 문법 수준

제7차 국어과 교육과정의 특징 중의 하나는 수준별 교육과정이다(이인제 외, 1997 : 11). 수준별 교육과정에서 '수준'의 개념은 첫째, 학습자가 새로운 교육 내용을 학습하는 시점에서 '학습자의 능력 수준'으로서의 수준이다. 이는 선수 학습 요인 또는 선행 학습의 성취와 관련되어 있는 개념이다. 둘째는 학습자가 '학습하는 내용'과 관련된 수준이다. 학습자의 성취 수준에 따라 학습하게 되는 보충 활동과 심화 활동에서의 학습 범위를 어느 수준까지 다루어야 하는가 하는 범위의 수준이다. 셋째는 학습자들이 '학습한 결과로서 성취한 정도'와 관련된 수준이다. 수준별 교육과정을 구성할 때, 이 세 가지 차원의 수준의 개념을 동시에 고려할 필요가 있다. 선수 학습 요인 또는 선행 학습 요소는 동일 계열의 후속 학습 요소를 결정하기 위해 필요하고, 동일한 학습 요소의 반복 제시의 경우 다루어야 할 범위와 수준을 한정해 주어야 하며, 각각의 교육 내용을 학습자가 학습한 결과로서 도달하기를 기대하는 행동의 변화 수준을 고려하여 제시해야 하기 때문이다. 교육과정이 이러한 수준 개념으로 교육내용을 위계화하고 학습자를 변별하고 학습 과정과 결과를 비교하며 교육적으로 차별화하여 접근한 것은 매우 긍정적인 시도로 보인다. 국어교육 영역 중 문법 교육은 교육 내용을 위계화할 때 이러한 수준별 접근이 가장 적합한 것으로 보인다. 그럼에도 불구하고 학습자가 지닌 문법 지식의 수준을 어떻게 구분할지 그 근거가 다소 막연하여 문법 지식의 교수·학습 방법을 구안할 때 많은 어려움이 있었다.

(2) 학습자의 문법 지식의 수준 5단계

남가영(2003 : 75~81)의 '메타 언어적 활동'에 관한 연구는 이러한 난점을 해결하는 데 많은 도움을 줄 것으로 보인다. 그녀는 학습자의 고쳐쓰기 활동의 구체적 양상을 통해 학습자의 언어 지식 유형과 학습자의 인지적 조절 양상을 다음과 같이 구분하였다. [표 1]에서 메타 언어 활용과 미활용, 분석적 지식과 비분석적 지식, 선택적 주목 가능과 불가능 여부 판단은 부적절한 고쳐쓰기 부분을 지적하는지 여부, 적절하게 고칠 수 있는지 여부, 왜 이렇게 고쳐야 하는지 메타 언어를 활용하여 명시적으로 설명이 가능한지 여부와 같은 기준에 따라 구분한 것이다.

그녀는 학습자의 언어 지식 유형과 인지적 조절 유형을 토대로 학습자의 문법 지식 수준을 [표 2]와 같이 5단계로 구분하였다.

[표 1] 학습자의 언어 지식 유형과 인지적 조절 유형

학습자의 언어 지식 유형	

분석적 지식	• 메타 언어 활용
	  ─명시적 설명 가능 유형(유형 ①)
	
	• 메타 언어 미활용
	  ─명시적 설명 가능 유형(유형 ②)

비분석적 지식	• 분석적 지식으로 전환 가능 유형
	  ─개인적 추론 및 분석(유형 ③)
	  ─개인적 언어 경험(유형 ④)
	  ─직관적 판단(유형 ⑤)
	
	• 분석적 지식으로 전환 불가능 유형
	  ─잘못된 언어 경험(유형 ⑥)
	  ─잘못된 추론 및 분석(유형 ⑦)

학습자의 인지적 조절 유형	

선택적 주목 가능	• 부적절한 부분을 지적하는 유형(유형 ⑧)
	  ─지식 기반 전략의 활용 유형
	  ─비지식 기반 전략의 활용 유형

선택적 주목 불능	• 부적절한 부분을 지적하지 못하는 유형(유형 ⑨) • 문제 해결 자체에 주목하지 못하는 유형(유형 ⑩)

[표 2] 학습자의 문법 지식 수준

	세 부 양 상
단계 ①	문제가 되는 부분에 주목하지 못하는 단계 (1) 지식 : 분석적 지식 / 비분석적 지식 (2) 조절 : 선택적 주목 불능(유형 ⑨, ⑩)
단계 ②	문제가 되는 부분에 주목하되 과제를 해결하지 못하는 단계 (1) 지식 : 비분석적 지식–분석적 지식으로 전환 불가능한 지식(유형 ⑥, ⑦) (2) 조절 : 선택적 주목 가능(유형 ⑧)
단계 ③	문제가 되는 부분에 주목하여 과제를 해결하되, 그에 대한 명시적인 인식이 부족한 단계 (1) 지식 : 비분석적 지식–분석적 지식으로 전환 가능한 지식(유형 ③, ④, ⑤) (2) 조절 : 선택적 주목 가능(유형 ⑧)
단계 ④	문제가 되는 부분에 주목하여 과제를 해결하고, 그에 대한 명시적인 인식이 **충분한 단계(Ⅰ)** (1) 지식 : 분석적 지식(유형 ②) (2) 조절 : 선택적 주목 가능(유형 ⑧)
단계 ⑤	문제가 되는 부분에 주목하여 과제를 해결하고, 그에 대한 명시적인 인식이 **충분한 단계(Ⅱ)** (1) 지식 : 분석적 지식(유형 ①) (2) 조절 : 선택적 주목 가능(유형 ⑧)

(3) 교수·학습 방법상의 시사점

이렇게 구분된 학습자의 문법 지식 수준은 교수·학습 방법을 설계할 때, 다음과 같은 장점을 지닌다. 먼저 교사가 문법 지식의 수준이 서로 다른 학습자를 어떻게 가르칠 것인지를 결정하는 데 도움을 준다. 즉 단계 ①과 같은 학습자 집단이 미진한 문법 지식은 무엇인지, 그리고 이 수준의 집단에게 어떤 지식을 어떤 방법과 전략으로 가르칠 것인지, 어떤 언어 자료와 학습 동기가 적합한지 등을 결정할 때 도움을 준다. 그리고 교사가 이후에 언급할 탐구 중심 문법 교수·학습과 같은 방법을 적용할 때, 학습자를 어떤 모둠별로 구성할지 결정하는 데 도움을 준다.[1] 일반적으로 볼 때, 한 학급의 구성원들의 문법 지식 수준은 서로 다르다. 한 모

[1] 이주행(2003)에서는 동기적 관점과 사회 응집적 관점을 토대로 한 다양한 협동 학습의 접근 방법을 소개하고 있다. 성과과제분담 학습 모형, 토너먼트 경기 학습 모형, 전문가 협력 활동 모형, 팀 보조 개별 학습 모형, 집단 조사 모형, 함께 학습하기 모형 등이 두 가지 관점을 토대로 추출된 모형들이다.

둠을 단계 ①에 해당하는 학습자로만 구성할 것인지, 아니면 단계 ①로부터 단계 ⑤까지 해당하는 5명의 학습자로 골고루 구성할 것인지를 결정하는 데 도움을 준다.

5. 문법 지식의 교수·학습 방법과 과정

문법 지식을 어떻게 가르칠 것인가에 대한 방법적인 연구물은 앞에서 말한 바와 같이 말하기와 듣기, 읽기, 쓰기에 비해 양적으로나 질적으로 볼 때 매우 빈약한 형편이었다. 그러다가 6차 국어과 교육과정에 이르러 국어 지식 영역을 새롭게 획정(劃定)하고 '탐구력'을 중핵적인 사고력으로 삼게 되면서, 문법 지식과 관련된 다양한 방법이 시도되기에 이르렀다. 여기서는 문법 지식과 관련된 교수·학습 방법상의 큰 줄기를 잡는 정도로 그 범위를 한정하고자 한다.

그러면 문법 지식의 학습 현상, 문법 지식의 교수학적 변환 현상, 학습자의 문법 지식 활용 양상에서 추출할 수 있는 큰 줄기는 무엇인가? 그것은 교수·학습 방법상의 축을 문법 학자, 국어(문법) 교사, 학습자로 정하고, 이 세 축을 중심으로 전개될 수 있는 구체적인 방법 하나씩을 소개하는 것이다. 물론 다음에 소개할 방법 세 가지가 세 축을 대표할 만한 것인가는 논란이 될 것이다. 하지만 방법 세 가지가 세 축이 지니고 있는 교수·학습 방법상의 특성을 충분히 보여 준다면 대표성 논란은 어느 정도 해소될 것으로 생각된다.

6. 수업 준비의 유의점

교사가 수업 시간에 문법 교수·학습 방법을 적용할 때는 다음과 같은 점에 유의해야 한다. 먼저 학교급별로 어느 수준까지 문법 교육을 할 것인가를 고려해야 한다. 초등학교는 발음, 문자, 어휘, 문장, 구두점과 같은 기본 사항을 비롯하여, 문법 의식, 즉 말에 대한 자각을 높이고 바르게 말하고 쓰는 습관과 태도를 지도하는 데 주안점을 둘 수 있고, 중학교는 말의 법칙에 관한 지식과 이해에 주안점을 둘 수 있으며, 고등학교는 국어를 효과적으로 사용하는 범위 안에서 문법 체계에 주안점을 둘 수 있다(이길록, 1972 : 395~396). 학교급별 이러한 수준을 결정한다면, 각각의 수준에 맞는 교수·학습 방법을 정하는 것이 필요하다. 앞에서 언급한 세 가지 방법을 학교급별로 적용하면, 초등학교는 주로 통합 중심 문법 교수·학습 방법을, 중학교는 설명 중심의 문법 교수·학습 방법을, 고등학교는 탐구 중심 문법 교수·학습 방법을 적용하는 것이 적절하다고 생각된다.

두 번째 유의점(김진우, 1994 : 54~57)으로는 수업 시간의 양과 집중성, 학급의 크기 등이다. 학습자들이 탐구 중심의 교수·학습 방법으로 문법을 깨우치려면 많은 자료에 오래 집중적으로 노출되어야 하고, 모방하고 연습할 수 있어야 한다. 그리고 수업의 여건으로 학급의 크기도 염두에 두어야 한다. 외국어를 가르치는 경우, 20명 전후의 학습자로 학급을 편성하는 것이 이상적이라고 한다. 우리나라 학급의 크기는 일반적으로 20명 이상인데, 교사의 설명 중심 문법 교수·학습 방법과 다양한 자료로 수업을 하게 되는 통합 중심 문법 교수·학습 방법에서는 그다지 큰 불편함이 없을 것으로 보인다. 하지만 탐구 중심 문법 교수·학습 방법에서는 학습 활동의 형태와 양에 따라서 학급 크기를 조절해야 한다.

7. 설명 중심 문법 수업(단일 차시 수업)[2]

(1) 설명 내용으로서 문법적인 개념과 명제, 그리고 절차

6차 국어과 문법 교육과정에 탐구 학습 방법을 소개했음에도 불구하고, 실제 교육 현장에서는 제대로 이루어지지 못하고 있는 실정이다(이관규, 2002 : 39~40). 이대규(1994a)에서는 문법 지식 전달이 탐구 학습으로 가능하지만, 탐구 학습으로는 부적절하거나 불가능한 수업 내용이 더 많을 수 있으며, 탐구 학습이 교사 중심보다 학습 효과가 더 좋다는 증거도 없다고 주장한다. 그가 '탐구력'을 신장하는 문법 교육의 대안으로 제시한 것은 문법적인 개념과 명제, 그리고 절차와 같은 범주들이다.[3]

■ 문법적인 개념

'문법적인 개념'은 '성분, 주어, 서술어, 관형어, 부사어'인데, 이 개념들은 다음과 같이 분류 개념 체계와 분석 개념 체계로 개념들 사이의 관계가 형성된다.

▶ 분류 개념 체계

```
┌ 성분 = 주성분, 부속성분, 독립성분
├ 주성분 = 주어, 서술어, 목적어, 보어
├ 부속성분 = 관형어, 부사어
└ 독립성분 = 독립어
```

▶ 분석 개념 체계

```
┌ 문장 = 절 + 절 + ……
├ 절 = 구 + 구 + ……
├ 구 = 단어 + 단어 + ……
└ 단어 = 형태소 + 형태소 + ……
```

■ 문법적인 명제

한편 '문법적인 명제'는 둘 이상의 문법적인 개념들로 이루어지는데, 이 개념을 사용하여 언어 현상의 본질, 구조, 기능, 언어 현상을 지배하거나 변화시키는 규칙을 설명한다. 예를 들면, '단순한 문장은 주어부 하나와 서술부 하나로 이루어진다.' 그리고 이러한 명제는 일반성의 수준에 따라 다음과 같이 여러 명제들이 서로 관계를 가지면서 '명제 체계'를 이룬다. 즉 명제 ㉠은 나머지 세 명제보다 일반성의 수준이 높아 나머지 세 명제 ㉡, ㉢, ㉣을 포함한다. 나머지 세 명제는 서로 수준이 같으며 서로 포함 관계는 없다.

🔹 문법적인 명제

㉠ 주성분만으로 이루어지는 문장의 서술어부는 하나 또는 두 개의 주성분으로 이루어진다.

㉡ 서술어부는 서술어 하나만으로 이루어질 수 있다.

㉢ 서술어부는 목적어 하나와 서술어 하나로 이루어질 수 있다.

㉣ 서술어부는 보어 하나와 서술어 하나로 이루어질 수 있다.

■ 문법적인 절차

그리고 '문법적인 절차'는 명제들의 집합으로 이루어지는데, 다음과 같이 문제를 해결하는 단계를 나타낸다.

🔹 문법적인 절차

┌ 절차의 이름 : 두 문장을 관형절이 있는 복합 문장 하나로 만들기
└ 문제 해결 단계

㉠ 관형어절로 만들 문장의 서술어의 어미를 관형사형 어미로 바꾼다.

㉡ 관형어절로 만들 문장의 성분 중에서 주절에 반복될 성분을 뺀다.

㉢ 관형어절을 주절의 피수식어 앞에 배치한다.

(2) 설명된 학습 상태로서 기억과 사용, 그리고 발견

이대규(1994a)에서는 이러한 문법 수업 내용의 범주와 짝을 이루는 학습자의 행동 범주, 즉 학습자에게 학습되기를 바라는 상태를 설정하였는데, 그것이 바로 '기억', '사용' 그리고 '발견'이다. '기억'의 내용은 문법적인 개념과 명제, 그리고 절차이며, 학습자가 이러한 내용을 배우고 저장한 것을 그대로 재생하는 것을 말한다. '사용'은 기억한 수업 내용을 새로운 문법 과제 상황에 적용하는 것이며, '발견'은 전에 학습한 기존의 수업 내용을 수정하고 재조직하는 것이다. 그런데 그는 문법 수업에서 '발견'에 해당하는 행동 특성을 학습시키기 어렵다고 보아 이를 배제하고 다음과 같은 문법 수업 목표 범주를 설정하고 있다.

📖 **문법 수업 목표 범주**
ㄱ 문법적인 개념의 기억
ㄴ 문법적인 개념의 사용
ㄷ 문법적인 명제의 기억
ㄹ 문법적인 명제의 사용
ㅁ 문법적인 절차의 기억
ㅂ 문법적인 절차의 사용

(3) 설명 중심 문법 수업의 단계와 실제

이대규는 문법적인 개념과 명제, 그리고 절차를 학습자들이 잘 기억하고 사용하기 위해서는 탐구 학습 방법보다 '교사 중심' 또는 '설명 수업'을 선호하며, 그 단계를 다음과 같이 제시하고 있다.

(4) 설명 중심 문법 수업의 단계

㉠ 설명 단계 : 문법적인 개념·명제·절차 설명하기, 구체적인 예 제시하기

㉡ 이해 단계 : 수업 내용 기억하기, 질문을 통해 이해 여부 확인하기, 다시 질문하기

㉢ 저장 단계 : 수업 내용 저장하기

㉣ 재생 단계 : 연습 과제 풀기

㉤ 사용 단계 : 새로운 예를 학습한 개념과 명제와 관계 짓기

(5) 설명 중심 문법 수업의 실제

■ 수업 목표

├ 주어로 사용되는 체언에 '-가/-이', '-는/-은' 조사를 붙일 수 있다.
├ 주어로 쓰이는 체언에 '-가/-이' 조사를 붙일 수 있다.
└ 주어로 쓰이는 체언에 '-는/-은' 조사를 붙일 수 있다.

㉠ 설명 단계(지식의 구조 제시)

주어로 쓰이는 체언에는 다음 조사가 붙는다. 주어로 쓰이는 체언에는 '-가' 또는 '-이' 조사가 붙는다. 끝음절이 모음으로 끝나는 체언에는 '-가'가 붙고, 자음으로 끝나는 체언에는 '-이'가 붙는다.

활동 1 (1) 체언+가   나무+가
            (2) 체언+이   구름+이
활동 2 (1) 체언+는   나무+는
            (2) 체언+은   구름+은

예 들기 (1) 목포가 더 멀다.
            (2) 인천이 더 가깝다.

(1)에서 주어로 쓰인 체언 '목포'는 끝음절이 모음으로 끝나므로 '─가'가 붙는다. (2)에서 주로 쓰인 '인천'은 자음으로 끝나므로 '─이'가 붙는다.

ⓛ 이해 확인 단계

활동 1 (1)에서는 어느 말이 주어로 쓰이는가?
활동 2 (2)에서는 어느 말이 주어로 쓰이는가?
활동 3 (1)의 '목포'에는 왜 '─가'가 붙는가?
활동 4 (2)의 '인천'에는 왜 '─이'가 붙는가?

ⓒ 저장 확인 단계

활동 1 주어로 쓰이는 체언에는 어떤 조사가 붙는가?
활동 2 '─가' 조사는 어떤 체언에 붙는가?
활동 3 '─이' 조사는 어떤 체언에 붙는가?

ⓔ 재생 연습 단계(저장을 확인하는 질문과 같거나 비슷한 연습 문제)

활동 1 주어로 쓰이는 체언에는 어떤 조사가 붙는가?
활동 2 끝음절이 모음으로 끝나는 체언에는 어떤 조사가 붙는가?
활동 3 끝음절이 자음으로 끝나는 체언에는 어떤 조사가 붙는가?

ⓜ 사용 연습 단계(학습한 수업 내용을 새로운 예에 관련짓는 연습 문제)

활동 1 다음 (   )에 알맞은 조사는?
　　　　• 나무(   ) 잘 자란다.
　　　　• 비둘기(   ) 나무 위에 앉는다.
　　　　• 바람(   ) 심하게 분다.
　　　　• 보름달(   ) 구름 사이로 나타난다.

교 과 명	중학 국어	학년 / 학기	2학년 1학기
교 재	123~124쪽	지도교사	○ ○ ○
일 시	○○○○년 5월 20일	대상학급	2학년 7반
교수·학습 방법	설명 중심 문법 수업	실행 방법	전체 또는 개별화 학습
단 원	10. 품사의 특성 중 (2)조사의 특성		
학습 목표	• 주어로 쓰이는 체언에 '–가 / –이'와 같은 주격 조사를 붙일 수 있다.		
학습 내용 및 학습 활동 단계	㉠ 설명 단계 • 주어로 쓰이는 체언에는 '–가' 또는 '–이'와 같은 주격 조사가 붙는다. 끝음절이 모음으로 끝나는 체언에는 '–가'가 붙고, 자음으로 끝나는 체언에는 '–이'가 붙는다. (1) 목포가 더 멀다. (2) 인천이 더 가깝다. (1)에서 주어로 쓰인 체언 '목포'는 끝음절이 모음으로 끝나므로, '–가'가 붙는다. (2)에서 주로 쓰인 '인천'은 자음으로 끝나므로, '–이'가 붙는다.		
	㉡ 이해 확인 단계 • 활동 1. (1)과 (2)에서는 어느 말이 주어로 쓰이는가? • 활동 2. (1)의 '목포'에는 왜 '–가'가, 그리고 (2)의 '인천'에는 왜 '–이'가 붙는가?		
	㉢ 저장 확인 단계 • 활동 1. 주어로 쓰이는 체언에는 어떤 조사가 붙는가? • 활동 2. '–가' 조사는 어떤 체언에 붙는가? • 활동 3. '–이' 조사는 어떤 체언에 붙는가?		
	㉣ 재생 연습 단계 • 활동 1. 주어로 쓰이는 체언에는 어떤 조사가 붙는가? • 활동 2. 끝음절이 모음으로 끝나는 체언에는 어떤 조사가 붙는가? • 활동 3. 끝음절이 자음으로 끝나는 체언에는 어떤 조사가 붙는가?		
	㉤ 사용 연습 단계 • 활동 1. 다음 문장에 '–가'나 '–이' 조사를 붙여라. ㅡ보름달( ) 뜨자, 그 소녀( ) 점점 더 초조해 하였다		
지도상의 유의점	• '–는 / –은'과 같은 보조사와 주격 조사의 차이를 설명하는 것은 학생들로 하여금 혼란을 초래할 수 있으므로, 이 단계에서는 가급적 자세한 설명은 생략한다. • 혹시 의문을 계속 제기하는 경우 다음과 같은 예를 제시하며 그 궁금증을 해소하도록 한다. ㅡ철수는 영희는 만났다. →해석1) 철수가 영희를 만남. →해석2) 영희가 철수를 만남. 즉 철수와 영희는 서로 다른 격(주격 또는 목적격)임에도 불구하고 동일한 조사 '–는'이 쓰일 수 있다.		

8. 탐구 중심 문법 수업(다차시 수업)

(1) 문법 지식의 구조와 탐구 학습

"물리학을 배우는 학습자는 다름이 아니라, '물리학자'이며, 물리학을 배우는 데는 다른 무엇보다도 물리학자가 하는 일과 똑같은 일을 하는 것이 쉬운 방법일 것이다. 그 방법은 물리학자들이 하듯이 물리 현상을 탐구한다는 뜻이다(Bruner, 1973)." 이때 브루너가 강조하는 탐구 학습은 '학생들에게 탐구할 문제를 내어 주고 그 해답을 스스로 발견하게 하는 것'처럼 지나치게 문자 그대로 해석하는 수업의 외부적인 특징을 가리키는 것이 아니라, '지식의 구조'를 가르치는 방법상의 원리를 말한다(이홍우, 1992 : 86). 브루너가 지식의 구조를 탐구 학습 방법으로 가르쳐야 한다고 강조한 것은 예컨대 물리학을 '토픽(topic)'으로 보는 것이 아니라, 하나의 '사고방식'으로 보았기 때문이다. 그에 의하면 물리학은 '책에서 베껴낼 수 있는 사실의 더미'가 아니라, '지식을 처치할 수 있는 장치'이다. 즉 우리가 그것에 '관하여 알아야 할(know about)' 그 무엇이 아니라, '할 줄 알아야 할(know how to)' 그 무엇이라는 것이다. 그는 물리학을 배우는 학습자는 물리학의 '관람자'가 아니라, 물리학의 '참여자'여야 한다고 주장한다. 지식의 구조를 가르치는 방법상의 원리로서 탐구가 중요한 것은 바로 이 때문이다(이홍우, 1987 : 37에서 재인용).

김광해(1995)에서는 브루너의 주장과 논리를 문법 교육에 적용하여 탐구 학습이라는 새로운 교수·학습 방법을 개발하였다. 그가 이러한 적용을 시도한 까닭은 문법 지식의 구조가 탐구 학습 방법을 적용하는데 적합하다고 보았기 때문일 것이다. 말하기·듣기, 읽기, 쓰기 영역의 개념과는 달리 문법 개념은 음운-형태소-단어-문장-담화/텍스트처럼 상호 관련성이 강하며 서로간에 질서가 정연한 것이 특징이다. 그는 학습자들이 탐구 학습을 통해 이러한 문법적인 질서를 배울 때, 새로운 경험의 세계를 맛볼 수 있다고 추측하였을 것이다.

그가 구상한 탐구 학습의 단계, 즉 학습자들이 새롭게 경험하게 될 탐구 과정을 보면 문법 학자들이 하는 문법 지식을 탐구하는 과정과 흡사하다. 이러한 유사성은 문법 지식 현상을 보는 학습자의 '안목(眼目)'이 문법학자의 안목과 대동소이(大同小異)함을 암시한다.[4] 학습자의 안목이 중요한 까닭은 '스스로 탐구하고 발견하는 눈'을 기르기 위함이며, 문법 지식을 내면화할 가능성을 높이기 위함이다. 만약 학습자에게 그러한 안목이 생겼다면, 이는 문법 지식과 관련된 여러 가지 활동과 탐구 과제가 학습자에게 의미 있는 것으로 존재하고 작동하고 있음을 의미하기 때문이다.

(2) 탐구 중심 문법 수업의 단계

탐구 학습 방법은 교과의 성격, 엄밀하게 말하면 교과에서 다루고자 하는 지식의 구조에 따라 자주 통용되기도 하고 그렇게 되지 않기도 한다. 과학 교과와 수학 교과는 이 방법을 자주 통용하는 교과에 해당하며, 음악이나 체육과 같은 예·체능 교과는 후자에 해당하는 교과로 보인다. 그런데 교과에 적용하는 탐구 학습 모형과 단계는 동일한 것이 아니라 학자들마다 조금씩 다르다. 이관규(2001 : 44~46)에 따르면, 가설 설정 단계를 포함한 모형(제1모형)과 그렇지 않은 모형(제2모형)으로 대별된다. 그는 가설을 설정하는 제1모형이 문제에 대한 적극적 해결 의지를 표현하는 것이며, 자료 수집 및 분석에 있어서 목표를 가질 수 있기 때문에, 제2모형보다 체계적이고 집중적으로 탐구할 수 있다고 본다.

이중 김광해(1995 : 228~231)에서 제시한 탐구 학습의 단계는 제1모형에 해당하는데, 그 단계와 실제는 다음과 같다.

㉠ 문제 정의 단계 : 문제, 의문 사항의 인식, 문제에 의미 부여, 문제의 처리 방법 모색

[4] 물론 문법학자와 학습자가 문법 현상을 탐구할 때 수준과 안목의 차이가 있을 것이다. 즉 탐구 학습에서 학습자가 하는 '학습'과 문법학자가 하는 '탐구'는 분명한 거리가 있다. 이러한 거리를 강조하다 보면 '탐구 학습'은 실제적으로 적용이 불가능해진다. 이홍우(1987 : 42)에서는 학자와 학습자가 하는 일 사이의 '연속성(連續性)'으로 재해석하고 있다. 즉 지식의 구조라는 말이 나타내고 있는 교육 원리는 전체적으로 학자와 그 학문을 공부하는 학습자 사이의 '연속성'을 강조하는 데 초점이 있기 때문이다.

ⓛ 가설 설정 단계 : 유용한 자료 조사, 추리, 관계 파악, 가설 세우기

ⓒ 가설 검증 단계 : 증거 수집, 증거 정리, 증거 분석

ⓔ 결론 진술 단계 : 증거와 가설 사이의 관계 검토, 결론 추출

ⓜ 결론의 적용 및 일반화 단계 : 새로운 자료에 결론 적용, 결과의 일반화 시도

(3) 탐구 중심 문법 수업의 실제

■ **목표** : 문장 만들기에는 언어의 규칙성이 단어 만들기에는 언어의 비규칙성이 적용됨을 이해한다.

■ **관련 지식** : 언어의 규칙성과 비규칙성, 문장 만들기와 단어 만들기, 어미와 접사, 문장과 단어

■ **대상** : 고등학교 2, 3학년생

■ **탐구 과정(5단계)**

■■ 문제 정의 단계

🖱 **활동 1 [의문 사항의 인식]**

우리말에 나타나는 다음과 같은 예들은 어떤 차이가 있는 것일까?

> • 이 냉장고는 양질의 <u>얼음</u>이 빨리 <u>얼음</u>.
> • 그 무용가는 예술적인 <u>춤</u>을 잘 <u>춤</u>.
> • 나는 요즘에 나쁜 <u>꿈</u>을 자주 <u>꿈</u>.

🖱 **활동 2 [문제에 의미 부여]**

다음과 같은 예들도 원래의 말에 '−음／−ㅁ, −기'가 붙어서 말의 모습이 달라진다. 이 예들은 서로 바꾸어 쓰면 말이 안 되거나 뜻이 달라진다. 이들의 차이점은 과연 무엇일까?

- 이 냉장고는 <u>얼음</u>(*얼기)이 <u>얼기</u>(*얼음)는 잘 어는데 <u>녹기</u>(*녹음)도 빨리 녹는다.
- <u>노름</u>(*놀기, *놀이)에 손을 대면 패가망신하기가 십상이란다.
- <u>놀기</u>(*노름, *놀이)는 노는데 시험칠 일이 걱정이다.
- 술래 잡기 <u>놀이</u>(*놀기, *노름)를 하고 있는 아이들.

▚ 가설 설정 단계

활동 1 [자료 조사]

같은 '-음 / -ㅁ, -기'가 붙을 수 있는 말들을 더 모아 정리해 보자.

〈음 / -ㅁ〉

㉠ 꿈, 잠, 춤, 삶, 죽음, 튀김, 셈, 울음, 믿음, 기쁨, 슬픔
㉡ 열심히 공부함. 열심히 공부하고 있음.

〈기〉

㉠ 달리기, 높이뛰기, 멀리뛰기, 오래달리기, 줄다리기, 술래잡기, 보기, 굽기, 졸이기, 삶기, 튀기기, 볶기, 더하기, 빼기, 나누기, 곱하기
㉡ 앉기, 서기, 앉히기, 세우기, 죽이기, 살리기, 주기, 빼앗기/ 날이 갈수록 살기가 힘들어./ 가기도 잘도 간다. 서쪽 나라로/ 큰 소리를 치기는 잘도 치네만/ 공부를 열심히 하고 있기는 하다.

활동 2 [추리와 가설]

그렇다면 '-이, -음 / -ㅁ, -기'가 붙을 수 있는 말과 그렇지 못한 말의 차이점은 무엇일지 가설을 세워보자.

〈예상되는 학생들의 추리〉

- 혹시 보이는 것과 보이지 않는 것의 차이는 아닐까?
- 동작, 비동작의 차이는 아닐까?
- 품사가 다르기 때문이 아닐까?
- 단어 만들기와 문장 만들기의 차이가 아닐까?
- 규칙성과 비규칙성의 차이는 아닐까?

■■ 잠정적 결론(가설) 검정 단계

🔲 활동 1 [증거 수집]

잠정적 결론(가설)을 뒷받침해 주는 자료를 더 수집해 보자.

🔲 활동 2 [증거 정리]

가설과 자료가 일치하는지 확인해 보자.

🔲 활동 3 [증거 분석]

자료에서 얻은 증거들이 가설을 뒷받침해 주는가? 뒷받침해 주지 못한다면 어떻게 해야 하는가?

■■ 결론 진술 단계

🔲 활동 1 [결론 추출 및 진술]

증거와 가설 사이의 관계를 검토하고 결론을 발표해 보자.

▎결론의 적용 및 일반화

📖활동 1 [새로운 자료에 결론 적용]

이 자료들을 '-음/-ㅁ, -기'의 검토를 통해서 나온 결론과 비교하여 보자. 규칙적인 것은 어떤 것이고 비규칙적인 것은 어떤 것인가? 이중에서 사전에 실리는 말은 무엇이고, 그럴 수 없는 말은 무엇인가? 그 이유는 무엇인가?

> '-이-, -히-, -리-, -기-, -우-, -구-, -추-' / '-이-, -히-, -리-, -기-' / '-었-, -겠-, -더-, -시-' 등이 사용된 다양한 용례

📖활동 2 [결과의 일반화 시도]

지금까지 알아낸 사실의 중요성은 무엇인가? 단어 만들기와 문장 만들기는 각각 어디에 활용할 수 있는가?

> 문장 만들기와 단어 만들기는 그 성격이 각각 다르다. 비슷해 보이는 현상이라도 문장 만들기에 사용되는 것은 '어미', 단어 만들기에 사용되는 것은 '접사'이다.

📖활동 3 [발전]

복수를 나타내는 '-들'은 문장 만들기인가, 단어 만들기인가? 즉, 어미인가? 접미사인가? '-음/-ㅁ, -기'가 붙어서 만들어진 단어들은 의미가 각각 어떻게 다른가?

9. 통합 중심 문법 수업(프로그램 수업)

(1) 통합의 필요성과 통합의 두 차원

화이트헤드(A. Whitehead)는 진정한 의미의 교육을 위해서는 단 하나의 교과목만이 존재해야 하는데 그것은 곧 '생활'이라고 말했다. 그는 지식을 실제의 생활 장면에 적용시킴으로써 이룩될 수 있는 통합 학습의 중요성을 강조하면서, 문화인이 지녀야 하는 특성 중의 하나가 바로 자신을 둘러싸고 있는 '관념들의 구조(structure of ideas)'를 통합적으로 파악하는 것이라고 말한다(국어교육학 사전, 1999 : 749에서 재인용). 국어 교과에서 다루는 언어는 인간의 삶을 의미 있게 하는 주된 통로로서 인간 삶의 모든 부분에 스며들어 있다. 언어는 인간의 삶 전체와 항상 통합되어 있는 것이기에 국어 교과에서는 다른 교과에 비해 통합의 문제가 더욱 중요하게 제기된다(신헌재 외, 1996 : 15). 문법 지식을 가르치고 배우는 경우에도 역시 이러한 통합을 시도할 수 있다. 이때 고려해야 할 점은 문법 지식을 '무엇'과 통합할 것인가와, 문법 지식을 '어떻게' 통합할 것인가이다. 교수·학습 방법을 적용할 때, 전자는 내용상의 통합 문제이고, 후자는 형식상의 통합 문제이다. 김은성(1999 : 112~125)에서는 형식의 차원과 내용의 차원으로 나누어 살펴보고 이 둘을 통합시키고자 하였다. 형식의 차원은 교수·학습의 과정에서 일어나는 상호작용을 중심으로, 교사의 주도로 이루어지는 상호작용을 고려한 '대화를 통한 방법', 학생의 이해와 판단, 자신만의 견해를 밝히는 기회를 제공하는 '쓰기를 통한 방법', 그리고 소집단이나 학급 전체의 상호작용을 통한 '토의법' 세 가지를 들고 있다. 한편 내용의 차원은 먼저 '자료'를 고려해야 하는데, 문법에 대한 다양한 지식과 신빙성이 있는 '자료', 그리고 작품성이 뛰어나고 우리말을 사용하는 전범으로서 가치를 지닌 '문학 제재'를 찾는 일이다. 그리고 찾은 자료를 제시하는 방식도 함께 고려해야 한다.

(2) 통합 중심의 문법 수업의 단계

형식의 차원과 내용의 차원을 통합하면 문법 지식을 교수·학습할 수 있는 다양한 방법이 나올 수 있다. 언어 기능(skill) 영역만 생각해 보아도 말하기·듣기와 통합한 문법 수업 방법, 읽기와 통합한 문법 수업 방법, 쓰기와 통합한 문법 수업 방법 세 가지가 추출된다. 그런데 6·7차 교육 과정과 교과서를 보면, 이 세 가지 통합 수업 방법 중 문법과 쓰기가 상호 관련성이 가장 높은 것으로 보인다(이인제 외, 1996 : 363~364). 다음 <국 어지식 10학년>과 <쓰기 10학년>은 두 영역의 상호 관련성을 보여주는 예이다.

📖국어지식 10학년

내용(3) : 문법 요소들의 기능을 안다.
기본 : 글에 나타난 여러 가기 문법 요소를 찾는다.
심화 : 문법 요소의 쓰임이 잘못된 부분을 찾아 바르게 고친다.
　　　 문법 요소를 이용하여 짧은 글을 쓴다.

내용(6) : 문법에 맞게 국어를 사용한다.
기본 : 문법에 맞게 한 편의 글을 쓴다.
심화 : 다른 사람이 쓴 글에서 문법에 어긋난 부분을 찾아 바르게 고친다.

📖쓰기 10학년

내용(5) : 고쳐쓰기의 일반 원리를 사용하여 글을 고쳐 쓴다.
기본 : 고쳐쓰기의 일반 원리를 사용하여 자신이 쓴 글을 고쳐 쓴다.
심화 : 고쳐쓰기의 일반 원리를 사용하여 다른 사람이 쓴 글을 고쳐 쓴다.

김은성(1999)과 임지룡(2002)에서 제시한 사례를 통해 쓰기와 통합된 문법 교수·학습 단계를 재구성해 보면 다음과 같다.

📖통합 중심 문법 수업의 단계

① 학습 동기 유발하기 : 문법의 필요성을 인식하는 자료 제시, 문법 능력 점검하기 등

② 일상적인 경험 말하기 : 자료와 관련된 유사한 자기 경험 말하기, 경험 비교하기 등
③ 문법적인 직관 키우기 : 구조적인 측면과 의미적인 측면에서 연습 및 활동하기
④ 문법적인 지평 확대하기 : 문법 지식의 안목을 넓히는 성찰적인 글쓰기

(3) 통합 중심 문법 수업의 실제

▣ 활동 1 [학습 동기 유발하기]

다음 글을 읽고, '나'라면 밑줄 친 부분을 어떻게 읽었을지 말해 봅시다.

> 아나운서 이계진 님이 쓴 책에서 보았던 일화 한 가지를 소개하겠다. 아직도 기억에 생생한 83년도 이산가족 찾기 방송 때 어느 아나운서가 그 북새통 속에서도 '애꾸'니 '절름발이'니 하는 원색적인(?) 표현이 씌어진 팻말을 그대로 읽어 나가지 않고, 꼬박꼬박 '한쪽 눈이 안 보이신답니다', '다리가 불편하시답니다'로 고쳐 읽었다고 한다. 만일 이런 순화된 표현을 제대로 쓸 줄 모르는 사람을 방송에 출연하지 못하도록 하거나, 미리 방송 언어에 대한 소양 교육을 받고 거기에서 배운 대로만 말하라는 식이었다면, 그토록 많은 사람들이 방송 출연을 위해 밤새워 줄을 서는 그런 엄청난 일이 가능했을까?
>
> ••• 변정수(1998), '말글살이'의 민주화를 위하여

▣ 활동 2 [일상 경험 말하기]

다음 글을 읽고, 지시 사항에 따라 활동해 보자.

> 제가 늘 타고 다니는 50번 버스를 탔더니 내리는 문짝에 이런 안내문이 붙어 있더군요.
>
> "99년 10월 1일 토큰제 폐지(사용불가)에 따라 4월 1일부터 각 차량에 거스름돈을 준비하였으니 이용 시민께서 자율적으로 거슬러 가시기 바랍니다."
>
> 그리고 밑에는 구리색 토큰을 냈을 때와 은색 토큰을 냈을 때, 얼마를

거슬러 가야 하는지 써 놓았습니다. 제가 이 글을 한번 고쳐 봤습니다.

"99년 10월 1일부터 토큰을 쓰지 않게 되었습니다. 그러니 토큰을 가지고 계시는 분께서는 그 안에 다 써 주시면 고맙겠습니다. 4월 1일부터는 타시는 문 앞쪽에 거스름돈을 마련해 놓았으니, 토큰을 내시는 분께서는 알아서 거슬러 가세요."

이 안내문을 한참 동안 들여다보던 초등학생이 생각나서 고쳐 본 것입니다. 초등학생이 제가 고쳐 써 놓은 글을 읽는다면 더 쉽게 알아보지 않을까 해서요. 버스는 어린이나 할아버지나 다 타는 것이니까 좀 더 쉬운 말로 안내문을 써야 합니다. 그래야 전하는 말을 제대로 전할 수 있습니다.
●●● 박세영, "버스에 붙은 안내글 고치기", 〈우리말, 우리글〉(1999. 6. 10), 제11호, 24쪽

① 안내문에 대해서 글쓴이는 어떤 문제점이 있다고 하였는지 말해 보자.
② 생활 주변에서 좋은 안내문과 좋지 못한 안내문을 조사하고 발표해 보자.

🖰활동 3 [문법적인 직관 키우기]

다음 문장을 문법적인 두 측면(구조적인 측면과 의미적인 측면)을 생각하며 바르게 고쳐 써 보자.

① 본격적인 공사가 언제 시작되고, 언제 개통될지 모른다.
→ 본격적인 공사가 언제 시작되고, 도로가 언제 개통될지 모른다.

② 제자들은 모두 김 선생님을 존경하였고, 김 선생님도 사랑하였다.
→ 제자들은 모두 김 선생님을 존경하였고, 김 선생님도 제자들을 사랑하였다.

③ 인간은 환경을 지배하기도 하고, 때로는 순응하면서 산다.
→ 인간은 환경을 지배하기도 하고, 때로는 환경에 순응하면서 산다.

④ 우리는 그의 고귀한 예술과 정신을 사랑합니다.
→ 우리는 그의 고귀한, 예술과 정신을 사랑합니다.
　 우리는 그의 예술과 고귀한 정신을 사랑합니다.

⑤ 그때 그는 외투를 입고 있었다.
→ 그때 그는 외투를 입는 중이었다.
　 그때 그는 외투를 입은 채로 있었다.

ⓑ 이번 시험에서 나는 몇 문제 못 풀었다.

→ 이번 시험에서 나는 몇 문제만 못 풀었다.

이번 시험에서 나는 몇 문제밖에 못 풀었다.)

🍃활동 4 [문법적인 지평 확대하기]

글쓰기에서 문법의 중요성은 운동 경기 규칙에 비유될 수 있다. 운동 경기를 재미있고 유익하게 진행하기 위해서는 경기 규칙을 잘 익히고 활용해야 한다. 글쓰기에서 문법의 중요성과 문법에 맞는 문장 사용의 중요성을 전하는 글을 써 보자. 그리고 초등학생 수준에 맞게 그 글을 친구와 함께 고쳐 써 보자.

💬 교사를 위한 안내

이 장에서 소개한 방법 이외의 것으로 70년대 이길록(1972)의 형식적 방법과 기회 학습의 방법이 주목된다. 90년대 이후에 나온 모형을 보면, 박영목 · 한철우 · 윤희원(1995)의 개념 학습 수업 모형을 토대로 한 국어 지식 영역의 수업 모형, 이은희(1995)의 직접 교수법을 토대로 한 문법 지식 교수 · 학습 단계, 김광해(1995)의 탐구 학습 방법, 김은성(1999)의 국어에 대한 태도 교육으로서의 인간 모델링, 최형기 · 김형철(2001)의 구성주의 교육 이론을 바탕으로 한 문법 교수 · 학습 방법, 이주행(2003)의 협동 학습의 접근 방법과 다양한 모형들, 남가영(2003)의 메타 언어적 교수 · 학습 방법, 임지룡(2002)의 통합적 문법 교수 · 학습 방법, 이충우(2006)의 언어(규범) 교수 · 학습 모형 등이 있다.

이 장에서 '문법'과 '문법 지식'이라는 용어를 구별하여 사용하였는데, 전자는 일반적인 교수 · 학습 상황에, 후자는 학문적인 개념을 논하는 특수 상황에 사용하였다. 그러나 특이한 경우가 아니면 대부분 문법으로 통용하였다. 또한 언어 지식과 문법 지식은 그 개념이 다르다. 그럼에도 불구하고 이 장의 흐름과 연계하여 볼 때, 언어 지식은 문법 지식과 동일한 개념으로 해석해도 무방할 것으로 보여 문법 지식이라는 용어를 사용하였다.

▌ 탐구 활동

01 다음 문법 교수·학습 방법의 단계를 정리하여 보자.

- 설명 중심 문법 수업의 단계
  ㉠ 설명 단계
  ㉡
  ㉢
  ㉣
  ㉤

- 탐구 중심 문법 수업의 단계
  ㉠ 문제 정의 단계
  ㉡
  ㉢
  ㉣
  ㉤

- 통합 중심 문법 수업의 단계
  ㉠ 학습 동기 유발하기
  ㉡
  ㉢
  ㉣

02 다음 준비 자료를 사용하여, 설명 중심 문법 수업 단계와 탐구 중심 문법 수업의 단계에 맞게
교수·학습 과정안을 구성해 보자(교수·학습 과정안은 10장 문화·매체 문식성 교수·학습 방
법 참조).

- 자료①
  a. 아저씨, 어디 가십니까?
  b. 응, 장에 물건 사러 가.

• 자료②

   a. 비가 오고 (있나이다 / 있습니다 / 있어요 / 있네요 / 있군요)

   b. 김군이 집에 가오. / 당신이 정말 그럴 수 있소.

   c. 나 시방 집에 가네. / 그럼 함께 가세.

• 자료③

   a. 여보게, 이리 좀 오게. / 이봐. 이리 좀 와.

   b. 선생님 같이 (가실까요 / 가시지요 / 가십시다 / 갑시다)

   c. (담임 선생님께서 오실 / 담임 선생님이 오실 / 담임 선생님이 올 / 담임이 올) 때까지 기다리자.

03 다음 두 글 〈가〉와 〈나〉를 비교해 보고, 문장 표현의 질 문제에 착안하여 어느 글의 수준이 더 높은지 말해 보자. 그리고 문법적인 효과가 잘 드러난 부분도 찾아보자.

[가] 이란이 5일 이란을 반대하는 단체가 있는 데를 갑자기 폭격한 것은, 이라크가 걸프전과 그 뒤 유엔의 경제 제재로 약해진 틈을 타서, 골치 아프게 굴던 반대편을 혼내 주고, 이들의 편을 드는 이라크에는 앞으로 조심하라는 두 가지 목적을 가진 것으로 풀이된다.

[나] 이란이 5일 반이란 단체가 있는 지역에 대하여 갑자기 폭격을 가한 이유는, 이라크가 걸프전과 뒤이은 유엔의 경제 제재 조치로 쇠잔해진 틈을 이용, 고질적인 반체제 세력에는 응징을, 이들을 비호하는 이라크에는 경고를 내리려는 이중 포석의 일환으로 해석된다.

▌참고할 만한 자료들

• 문법 교육과 관련된 일반적인 내용은 다음 논문을 보라.

김규선(1971), 언어교육 방법의 변천에 관한 연구, **논문집 7집**, 대구교육대학교.

백낙천(2003), 국어 오용 표현과 문법 교육, **새국어교육 65호**, 한국국어교육학회.

이용주(1979), 교육을 위한 국어 문법 기술의 통일에 대하여, **국어교육 35호**, 한국 국어교육연구회.

이충우(1997), 국어 교육 문법 연구, **국어교육학연구 7집 1호**, 국어교육학회.

최영환(1992), 국어 교육에서 문법 지도의 위상, **국어교육학연구 2집 1호**, 국어교 육학회.

최호철(1995), 국어의 문법 단위와 문법 교육, **어문논집 34집 1호**, 안암어문학회.

• 국어사와 관련된 내용은 다음 논문들을 보라.

김유범(2006), 중세 국어 문법의 효과적 교육을 위한 모색, **청람어문교육 33집**, 청람어문교육학회.

장윤희(2004), 7차 국어과 교과서의 국어사 지식 내용 구성 연구, **어문연구 32집 3호**, 한국어문교육연구회.

• 초·중등 문법 교육의 현황과 실태에 관한 내용은 다음 논문들을 보라.

김진섭(2002), 초등 문법 교육을 위한 탐구 학습 프로그램 연구, **어문학교육 24 집**, 한국어문교육학회.

안주호(2003), 제7차 교육과정에서 '문법' 과목의 위상과 실제, **어문학 81집**, 한국 어문학회.

이도영(2003), 국어 지식 교육의 현실과 혁신적 개선 방안 연구, **어문연구 31집 4 호**, 한국어문교육연구회.

정달영(2002), 현행 교육과정상의 중·고등학교 국어 문법 교육에 관한 연구, **교 육연구 4집 1호**, 대진대학교 교육대학원 교육연구소.

주세형(2005), '내용'과 '방법'으로서 국어 지식 영역의 역할, **한국초등국어교육 27 집**, 한국초등국어교육학회.

홍현수(1983), 중학교 국어 문법 교육의 새로운 방향, **교육논총 3집**, 동국대 교육 대학원.

제 9 장

문학 교수·학습 방법

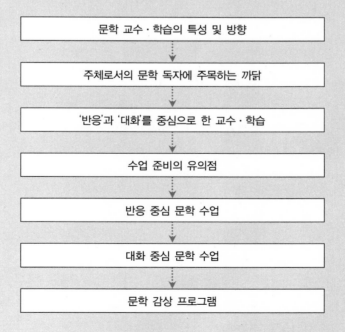

문학 교수·학습의 특성 및 방향

주체로서의 문학 독자에 주목하는 까닭

'반응'과 '대화'를 중심으로 한 교수·학습

수업 준비의 유의점

반응 중심 문학 수업

대화 중심 문학 수업

문학 감상 프로그램

문학교육에서는 오랫동안 훌륭한 문학작품을 골라 학생들에게 제시하는 것을 가장 중요한 과제로 생각해 왔다. 교육과정이 바뀌고 국어 교과서를 새로 만들 때마다 머리를 맞대고 어떤 작품을 읽힐 것인가를 고민했었고, 정전 목록에 대한 그동안의 관심이 이를 말해준다. 반면에 어떻게 가르칠 것인가에 관한 것은 중요하게 생각하지 않았던 것도 사실이다. 하지만 어떤 방법으로, 어떤 과정을 거치면서 가르칠 것인가에 대해 고민하지 않는 한 바람직한 문학교육을 하기는 어려울 것이다.

문학작품을 읽고 감상하면서 학생들의 주체적인 해석과 감상을 중시해야 하며, 나아가 표현교육으로까지 이어져야 한다는 관점은 이제 상식적인 것이 되었다. 그러한 관점을 어떤 교수·학습 방법을 통해 이루어내야 할 것인가가 이 장의 관심이다. 학생들이 문학작품을 즐겁게 읽는 수업, 학생들의 반응을 중시하면서 동시에 주체적이면서 타당한 해석과 감상 및 표현을 강조하는 수업, 교사와 학생의 의미 있는 만남을 중시하는 문학 수업에 대해 알아보기로 하자.

■ 문제 상황

김 교사는 중학교 3학년 국어 수업에서 문학 단원 수업을 준비하고 있다. 김 교사는 문학작품의 의미와 내용을 일방적으로 전달하는 수업이 아니라 학생들의 자유로운 해석과 사고를 배려하는 학습자 중심의 수업을 하려고 한다. 작품을 읽으면서 떠오르는 학생들의 주체적인 문학적 사고를 원활하게 하고 그것을 배려하는 수업이야말로 학생들이 스스로 문학을 즐길 수 있는 중요한 방법이라고 보기 때문이다.

이 수업은 채만식의 <왕치와 소새와 개미와>라는 풍자소설을 스스로 읽고 감상하는 능력을 기르는 것을 목표로 하고 있다. 김 교사는 교사가 작품의 내용을 학생들에게 일방적으로 설명하면서 감상을 주입하는 방식을 거부하고, 학습자 중심의 감상을 중요시하고자 한다. 그 방법으로 택한 것이 바로 학습자의 개인적인 생각이나 느낌을 최대한 존중해 주는 것이었다. 학생들은 문학작품에서 자신이 의미 있다고 생각하는 부분 혹은 문제적이라고 생각하는 부분에 대해 스스럼없이 견해를 발표하였다.

김 교사 : 이 소설 다 읽어 왔죠? 읽으면서 재미있다고 생각했거나 특히 기억에 남는 부분이 있으면 자유롭게 말해 봅시다. 문학작품에 대한 해석은 단 하나만 존재하는 것이 아니라 다양한 해석이 가능하다는 점을 염두에 두고 자유롭게 이야기하도록 해요.
현　　우 : 이 소설을 재미있게 읽었는데 이상한 부분이 많아요. 특히 소설 내용 중에서 "개미는 허리가 잘록 부러졌다."라는 표현이 이상해요.

김 교사 : 뭐가 이상하지?

현　우 : 개미의 허리가 잘록 부러졌다는 것은 개미가 죽었다는 것을 의미하잖아요.

김 교사 : 아……, 그렇구나! 그렇게도 볼 수 있겠네.

미　희 : 선생님, 저도 이상하다고 생각하는 내용이 있어요. 방아깨비인 왕치와 개미는 땅 위에
　　　　서 살고, 소새는 하늘을 날아다니는 새인데, 어떻게 셋이 한 집에 살 수 있는지 이해가
　　　　되지 않아요. 작가가 잘못 생각한 것 아닐까요?

김 교사 : 작가가 상황을 그렇게 설정한 이유가 있지 않을까?

미　희 : 사는 공간이 서로 다른데 한 집에 사는 것은 있을 수 없는 일이라고 생각해요. 현실적
　　　　으로 가능하지 않은 것, 다시 말하면 거짓을 다루고 있기 때문에 이 소설의 내용은 말
　　　　이 안 된다고 생각해요.

학생들 : 맞아! 맞아! (여러 학생이 큰 소리로 동의한다.)

김 교사 : 그래! 그렇게 볼 수 있는 가능성도 있겠군요. (끄덕끄덕)

김 교사 : 선생님도 이 작품을 보면서 이상한 부분을 발견하기는 했어요. 여러분도 스스로 그런
　　　　생각을 많이 했군요. 자, 그럼 다음 활동으로 넘어갈까요? (다음 활동으로 넘어간다.)

(……)

알아 두어야 할 주요 개념들

이 장의 학습을 위해 다음과 같은 개념들을 먼저 정리해 두자.

신비평(New Criticism)

시는 시로서 다루어야 하고, 독립적이고 자족적인 대상으로 간주해야 한다는 관점을 지니고 있다. 이런 관점에서 어떤 작품을 분석하고 평가할 때, 작자의 전기나 그 작품을 창작할 당시의 사회적 조건이나 독자에게 끼치는 그 작품의 심리적·정신적 영향 등에 의존해서는 안 된다고 주장한다. 또 신비평의 원칙은 기본적으로 언어를 중시한다. 즉, 문학은 특수한 종류의 언어로서 과학의 언어와는 다른 것이라고 본다. 과학의 언어는 지시 대상을 정확하게 기술하는 것을 요구하지만 시의 언어는 다른 특성을 지니는데, 그것은 단어, 비유, 상징 등의 의미와 상호작용을 중시하는 것으로 나타난다. 또 신비평은 작품을 해석할 때, 작품을 구성하는 부분들의 복잡한 상호관계와 '애매성'의 상세하고 정밀한 분석을 중시한다. 단어 사이의 관계, 세부적인 의미가 지니는 의의, 이미지나 상징, 작품의 행과 행, 연과 전체가 갖는 연관관계를 파악하려고 노력한다. 에이브럼스(M. H. Abrams, 1989).

반응(response)

반응 중심 교수·학습법에서 중시하는 반응의 개념은 다음과 같다. 첫째, 반응은 환기─텍스트에 의해 구조화된 경험─와는 구별되는 개념이다. 둘째, 반응은 텍스트의 중요성을 배제하지 않고 독자의 위치를 부상시킨다. 셋째, 반응은 독서의 전 과정을 포함시킬 정도로 확대된다. 넷째, 반응은 개인적이면서 사회적·문화적인 행위이다. 다섯째, 반응은 감정과 동일한 것이 아니며, 심리적 감정에 제한시키기보다 페이지에 있는 단어를 이해하는 과정에서의 복잡한 인식 작용을 포함한다.

내적 대화(inner dialogue)

독자의 내면에서 이루어지는 문학적 사고들 간의 대화를 의미한다. 독자들이 텍스트를 읽을 때 독자의 내면에서 이루어지는 '읽기의 극적인 교환'에 주목한 용어이다. 독자가 수동적으로 텍스트의 의미를 받아들인다는 입장보다는 능동적으로 의미를 구체화하는 과정을 중시한다. 읽기 과정에서 나타나는 의미의 창조에 독자가 참여한다는 사실을 강조하는 것이다. 문학 텍스트를 읽는 과정에서 독자들은 주어진 하나의 역할, 즉 이상적 독자로서의 역할이 아니라 여러 독자의 역할을 수행하는 경향이 있다고 한다. 이 관점에 의하면, 내적 대화는 텍스트의 상황이 요구하는 대로 움직이는 다양한 자아들, 즉 텍스트를 읽는 동안에 지배적 읽기를 수행하기 위해 노력하는 독자 내부의 다양한 내적 자아들 사이에 이루어지는 대화를 의미한다.

문학작품의 수용과 생산

문학을 읽고 감상하는 것은 단순히 작품을 읽고 해석하는 데서 나아가 그 작품에 대해 나름대로 의미를 창조하고 표현할 때 의미가 있다. 생산이란 수준 높은 작품 창작만을 의미하는 것이 아니라, 넓은 의미에서 문학적인 표현을 사용하여 말하거나 글을 쓰는 행위를 포함하는 말이다.

■ 관점 갖기

김 교사가 진행한 문학 수업의 특성은 몇 가지로 요약할 수 있다. 우선 교사는 문학작품의 내용을 일방적으로 설명하고 학생들은 그것을 마치 절대적인 풀이인 양 받아적던 수업에서 벗어나고자 했다. 교사 중심의 일방통행식 교수법이 아니라, 학생들의 개인적이고 자발적인 사고나 생각, 감상을 존중하는 수업을 하고자 했던 것이다. 학생들의 자발적인 사고와 감상을 존중하기 위해 교사는 권위적인 위치에서 벗어나 학생과 동등한 위치에서 '같이' 작품을 읽어 나가는 방식을 취하고 있다. 그 과정에서 문학작품에 대한 단 하나의 해석은 있을 수 없으며, 다양한 해석이 있을 수 있다는 것을 강조하고 있다. 실제로 작품에 대해 이런 저런 생각을 이야기하는 학생들의 사고를 부정하거나 오류라고 지적하지 않고, 긍정적으로 받아들이는 모습에서 그것을 확인할 수 있다. 이런 측면에서 보면, 학생들의 해석이나 교사의 해석 모두 다양한 해석의 일부분이라는 점을 강조하면서 학생들의 자유로운 사고를 존중하는 수업임을 알수 있다.

그러나 그뿐이지 않을까? 그러한 수업 방법이 명확하게 지향하는 바가무엇인지, 그리고 그러한 해석 방식을 통해서 무엇을 얻고자 한 것인지구체적으로 가늠하기 어렵다는 문제가 있다. 여기에는 무엇인가 중요한것이 빠져있는 것이다. 학습자 중심의 문학교육이 이런 교수법과 일치할수는 없다. 이 수업의 전체적인 특징은 작품에 대한 학생들의 자유로운생각을 존중하기는 하지만 '무차별적인 해석의 다양함' 또한 허용하는 것이다. 학생 개개인이 지니는 생각이나 감상의 다양함은 존중해야 하지만, 떠오르는 모든 생각을 무조건 존중하는 것 자체만으로 그것이 의미 있는교수법일 수는 없다. 학습자를 존중하고 학습자 중심으로 교육한다는 것이 학습자의 무정부적인 생각 그 자체를 모두 인정하는 것으로 끝나서는안 될 것이기 때문이다.

1. 문학 교수·학습의 특성 및 방향

제6차 교육과정기까지 문학교육의 목표는 '문학작품의 이해와 감상'이었다. 문학작품을 제대로 읽고 감상하는 것이 최종적인 목표였고, 그 목표를 달성하기 위해 문학교육이 설정했던 내용은 문학사 알기, 작가에 대해 알기, 작품의 문학사적 의미 알기, 작품의 표현법 알기 등이었다. 예전의 문학 수업에서는 한 편의 시를 이해하기 위해 시인의 전기, 시인의 시적 경향, 시인의 시기별 작품 경향 등을 학습하고, 그 시에 나타나 있는 표현법, 시의 형태상 특성, 내용상 특성 등을 학습한 후 그 시의 소재와 주제를 정리하는 순서로 공부했다. 이 과정에서 학생들의 자발적이고 주체적인 감상의 기회가 배제되는 것은 물론이다. 교사는 전문적인 연구자들에 의해 결정된 해석 내용을 그대로 전수하고, 학생들은 그것을 받아들이면서 암기하는 수업이 이루어졌다. 그러는 과정에서 학생들의 주체적인 문학감상 능력을 기르지 못했음은 물론 문학을 스스로 즐기며 생활하는 태도 또한 길러주는 데에도 한계가 있었다.

제7차 국어과 교육과정에서 창작교육이 도입되면서 문학 교실은 많이 바뀌고 있다. 문학작품의 이해와 감상뿐만 아니라 실제로 작품을 쓰면서 문학을 즐기는 교육으로의 변화를 유도하고 있다. 그럼에도 불구하고 여전히 학교 현장의 문학 교실에서는 문학작품을 어떻게 해석하고 감상할 것인가가 중요한 과제로 남는 것이 사실이다. 여기에서는 창작교육의 측면보다는 문학작품의 해석과 감상을 위한 교수·학습에 초점을 맞추어 소개하고자 한다. 이를 위해 우선 문학·학습이 취해야 할 몇 가지 방향에 대해 생각해 보기로 하자.

(1) 작품에 대한 학습자의 다양한 해석과 감상 중시

그동안 작품 해석 내용을 일방적으로 전달하는 문학 교수·학습에 대해 안팎에서 문제제기가 이어졌고, 문학교육에서는 그 문제를 해결하기 위해 많은 노력을 해 왔다. 그 노력 중 대표적인 것이 바로 독자, 학습자에 대한 관심이다. 하나의 정해진 해석이나 감상만을 요구하는 것이 아니라 학습자의 다양한 경험과 사고에 따른 해석의 다양성을 인정해야 한다는 관점이다.

학습자에 따라 경험도 다르고 생각하는 방식도 다르기 때문에, 또 각 개인의 관심사가 다르기 때문에 같은 문학작품을 읽고도 느낌이나 생각이 다양할 수 있다. 이것은 문학 교수·학습을 계획하고 실행하는 과정에서 고려해야 할 중요한 지점이다.

예를 들어 김동인의 <감자>에 등장하는 복녀라는 인물에 대한 학습자의 반응은 그야말로 다양할 수 있다. 환경의 변화에 따라 어쩔 수 없이 변화의 과정을 겪었던 복녀를 동정하면서, 인간을 둘러싸고 있는 사회적 환경의 거대한 힘에 대한 인지적 깨달음을 드러낼 수도 있다. 다른 한편, 개인에게 주어진 환경이란 개인의 의지에 따라 얼마든지 변화시킬 수 있다고 생각하면서 복녀의 행동을 퇴폐적이라고 비난할 수도 있다. 또 복녀의 처지에 대해서는 동정하면서도 개인적 의지의 나약함을 비판할 수도 있다. 가난한 농가의 딸로 태어나 비극적인 죽음으로 생을 마감하는 복녀의 삶에 대한 반응은 학습자 자신이 세계를 바라보는 관점의 차이만큼이나 다양할 수 있으며, 그러한 반응의 차이를 문학 수업에서 인정할 수 있어야 한다는 것이다.

(2) 문학 텍스트를 근거로 한 해석 : '근거 있는 해석'의 중요성

해석과 감상의 다양성을 허용하되, 그 다양성이 의미를 갖기 위해서는 그것이 자기 나름의 근거를 가진 것이어야 하며 주체적인 것이어야 한다. 학습자가 문학작품을 읽고 스스로 사고하고 판단하고 평가하며 그 결과를 통해 어떤 선택에 이르는 과정에는 의식적이든 무의식적이든 필히 학습자 개인의 주체적인 판단의 과정이 개입하게 마련이다. 이러한 주체성을 토대로 학습자가 자신의 생각이나 느낌을 표현하는 능력을 중시해야 하는데 그러기 위해서는 항상 자신의 생각에 대한 자기 나름의 근거를 제시하도록 해야 한다. 독자가 문학 텍스트를 해석할 때 제시하는 근거는 문학 텍스트를 근거로 한 것이어야 하며, 독자는 자신의 해석을 가능한 텍스트의 특성 요소를 통해 설명할 수 있어야 한다. 그래야 주체적인 해석 및 감상 능력을 기를 수 있다.

(3) 주체적인 문학 해석 및 감상 능력 평가

학생들의 주체적이고 능동적인 문학 능력에 대한 강조는 평가 방식의 변화를 요구하기에 이른다. 예전에 선택형 평가 일변도로 이루어지던 평가 방식이 1990년대 후반부터 수행평가[1]를 도입하면서 많은 변화를 겪게 되었다. 문학작품에 대한 자신의 감상이나 생각을 주체적으로 표현하는 능력을 평가할 수 있게 된 것이다. 문학교육에서의 수행평가란 문학작품을 읽고 작품을 이해하거나 감상한 내용을 글로 쓰거나 말로 표현하거나 또 일상생활에서 느끼는 서정을 창작하게 하고 그 과정이나 결과를 중심으로 하여 평가하는 것을 의미한다. 예전처럼 미리 답지를 몇 개 제시하고 그 답지 중에서 맞는 정답 하나를 고르게 하는 것이 아니라 문학작품에 대해 독자 개인의 생각이나 느낌을 표현하게 하고 그것을 평가하는 것이다. 이러한 수행평가를 실시하면서 부분적으로나마 학습자 개인의 자유로운 해석이나 감상 능력을 평가할 수 있게 되었다.

이러한 변화는 궁극적으로 독자의 위상이 바뀌었음을 의미한다. 예전처럼 작품에 실린 내용을 해독하고 이해하기만 하면 되는 수동적인 입장에서 벗어나 작가의 생각에 대해 비판하기도 하고 주인공의 성격에 대해 비판하기도 하는, 때로는 작품의 내용을 자신의 관점에 따라 변화시키기도 하는 활동을 통해 독자의 적극성, 능동성을 발휘할 수 있게 된 것이다.

[1] 일반적으로 '수행(performance)'이란 구체적인 상황에서 행동을 하는 과정이나 그 결과를 의미하며, 수행평가란 '학생 스스로 자신이 알고 있거나 생각하고 있는 것, 즉 자신의 능력을 나타낼 수 있도록 답을 작성(구성)하거나, 발표하거나, 산출물을 만들거나, 행동으로 나타내도록 요구하는 평가를 의미한다. 참고로, 여기서 말하는 '행동'이란 단순히 신체를 움직이는 것만을 의미하는 것이 아니라 말하거나, 듣거나, 읽거나, 쓰거나, 그리거나, 만들거나, 더 나아가서 그것을 계획하고 준비하는 과정까지도 포함하는 인간의 모든 활동을 의미한다.

이렇듯 최근 문학교육의 방향은 독자에 많은 관심을 쏟고 있으며, 주체적인 문학 능력을 지닌 독자, 문학을 스스로 읽으면서 즐기는 독자에 대해 관심을 쏟고 있다. 이런 관심을 구체화시키고자 이 장에서는 주로 주체로서의 독자를 위한 문학 수업을 설계하는 방법을 제시할 것이다.

2. 주체로서의 문학 독자에 주목하는 까닭

학교교육에서 오랫동안 문학작품을 읽는 방법을 가르쳐 준 중요한 이론이 하나 있으니, 신비평이 바로 그것이다. 하지만 렌트리키아(F. Lentricchia)는 "신비평은 우리에게 읽는 법을 가르쳐 주었지만, 그것은 동시에 우수한 일차적 글의 '창조적인' 권위 앞에서 우리의 독서 능력을 종속시키고 겸손하게 구는 방법을 가르쳐 주었다."라고 말한 바 있다. 그 읽는 법이란 전문가의 읽기 방식이었고, 학생의 입장에서는 전문가들의 세밀한 작품 읽기 방식에 대한 이해보다는 전문가의 분석 내용을 그저 암기하거나 받아들이는 것으로 만족할 수밖에 없었던 사정이 있었다. 1990년 후반 이후 문학교육에서 시도하고자 했던, 앞에서 서술했던 노력은 이에 대한 극복을 위한 것이었다.

능동적이고 주체적인 독자를 위한 문학교육의 노력은 이런저런 시행착오를 거치면서 그 방향을 찾아가고 있는 중이다. 이런 맥락에서 볼 때, 문학작품의 해석과 감상에서 '다양성'은 분명 중요한 항목이다. 이 다양성의 허용은 문학작품 해석의 측면에서 본질적인 부분이기도 한데, 그것은 한 작품에 대한 해석이 시기에 따라, 혹은 전문가에 따라 다르다는 것에서도 알 수 있다. 문제는 학생들이 이끌어내는 해석이나 감상의 다양함을 존중하되 동시에 바람직한 해석 및 감상 능력을 가질 수 있도록 교육적으로 지도하고 견인해 줄 장치를 마련하는 것이 필요하다는 것, 그리고 그것을 교수·학습 상황에 적용하는 것이 필요하다는 것이다.

학생들의 문학적 사고를 존중한다는 것이 학생들의 모든 생각을 아무런 기준 없이 인정하는 것을 의미하지는 않는다. 학생들의 사고가 작품을 읽고 감상하는 데 적절한 것이며 타당한 것인지 판단하는 과정이 필요하며, 실질적으로 학생들의 문학 능력을 신장시키기 위한 교육적 배려가 있어야 하는 것이다. 학생들의 자유로우면서도 주체적인 문학 능력을 중시해야 하지만, 중요한 것은 이를 교육적인 관점에서 지도하는 교사의 역할에 대한 재인식이 필요하다는 점이다. 다시 한 번, 교육이란 목표를 향해 나아가는 의도적인 과정에서 이루어진다는 점을 확인해야 할 시점이다.

　　교수·학습 방법은 교육적 목표 달성을 위해 의도적으로 짜여진 수업의 과정, 그 과정을 주도해 나가면서 학생들에게 창의적인 활동을 할 수 있도록 배려하는 전문가로서의 교사의 지도, 능동적이고 주체적으로 참여하는 학생의 학습 방법이 의미 있게 조직화되었을 때 교육적 효과를 발휘할 수 있다. 교사가 교육적 안목을 바탕으로 수업을 계획하고 관리하면서 학생들의 자발성을 고려하는 교수·학습 방법, 그리하여 문학을 읽고 표현하는 능력을 신장시키는 수업이야말로 문학교육이 지향해야 할 수업일 것이다.

3. '반응'과 '대화'를 중심으로 한 교수·학습

　　주체성을 지닌 독자를 위한 교수·학습을 지향할 때, 주목해야 할 중요 개념으로 여기에서는 '반응'과 '대화'를 들고자 한다. '반응'이란 문학작품에 대한 학생들의 느낌이나 사고를 자유롭게 표현하는 것에 초점을 두는 용어이며, '대화'란 서로 다른 문학적 사유의 충돌과 교류를 통해 바람직한 해석과 감상 능력을 신장시키는 데 초점을 두는 용어이다. 이 두 개념을 중심으로 한 교수·학습에 대해 살펴보자.

(1) 반응 중심 교수·학습 방법[2]

반응 중심 교수·학습 방법이란 학생들이 문학 경험에 대한 자신의 반응과 감정을 자유롭게 표현하게 하는 것을 중시하는 교수·학습 방법이다. 반응 중심 교수·학습 방법은 주입식·암기식 문학교육에 대해 비판하던 시점에서 문학작품에 대한 학생들의 반응을 중시하는 교수·학습법으로 소개되면서 많은 사람들의 관심을 받았다. 예전의 문학교육은 오랫동안 지식 중심의 문학교육, 그것도 문학을 이해하고 해석하기 위한 방법이나 원리로서 역할을 하지 못하고 단순 지식 중심, 주입식 교육이 이루어지면서 여러 관점에서 비판을 받았던 것이 사실이다. 이런 상황에서 1990년대 초, 작가와 텍스트 중심의 문학교육에서 독자 반응 중심의 문학교육으로 방향전환을 해야 한다고 주장했던 것이다. 로젠블래트(R. M. Rosenblatt)의 이론을 바탕으로 하여 경규진(1993)이 제안했던 반응 중심 수업 단계를 살펴보면 다음과 같다.

2 이 장에서 이루어지는 반응 중심 교수·학습 방법에 대한 설명은 주로 L. M. 로젠블래트(Rosenblatt, 2006), 경규진(1993)을 참조하였다.

■1단계 : 반응의 형성 – 텍스트와 학생의 거래

이 단계의 초점은 학생들이 심미적 독서를 하도록 격려하는 것이다. 학생들에게 문학작품 읽기는 정보나 지식의 습득을 위해서가 아니라 일차적으로 즐거운 경험을 하는 것에 초점을 두어야 하는 것이다. 이를 위해 텍스트에 대한 학생들의 부정적 선입견을 제거하고 어려운 어휘나 표현 등을 쉽게 이해할 수 있도록 해야 한다. 심미적 독서에 방해가 되는 요인을 제거해 주어야 하며, 이를 통해 독자와 텍스트의 일차적인 거래가 이루어지도록 해야 한다.

■2단계 : 반응의 명료화 – 학생과 학생의 거래

이 단계에서는 학생들이 자신의 문학적 반응이 무엇인지 알고, 작품에 대한 첫 반응을 확장하기 위한 넓고 다양한 방식을 경험하도록 한다. 이 대화 중심 교수·학습 방법은 학생들의 반응을 중시한다는 점에서 반응 중심 교수·학습법과 유사하지만 두 가지 점에서 차이를 지니고 있다. 우선, 대화 중심 교수·학습 방법은 '학습'의 측면뿐만 아니라 '교수'의 측면 또한 중시한다. 반응 중심 교수·학습 방법의 경우 학생들의 반응을 중시하는 것에 치우쳐 있었다. 하지만 대화 중심 교수·학습 방법은 수업을 주도해 나가면서 학생들의 창의적인 활동을 배려하는 전문가로서의 교사의 역할 및 교수법 역시 학습법 못지않게 중요하다는 관점을 강조하고 있다. 다른 하나는 문학작품에 대한 학생들의 생각이나 느낌을 구체화하고 표현하는 핵심적인 교수·학습 방법상의 장치이자 학생 스스로 내면화해야 할 전이력 있는 문학 능력으로서 '대화(dialogue)'를 들고 있다.

른바 반응의 명료화 단계인데, 이를 위해 학생과 학생 사이의 거래를 활성화시켜야 한다.

일반적으로 학생들은 텍스트가 주는 많은 단서를 생략하거나 무의식적으로 반응하는 경향이 있다. 학생들은 자신의 반응을 명료하게 할 필요가 있으며, 또한 습관화된 반응을 반성하기 위한 노력이 필요하다. 작품을 읽은 후 동료 집단과의 집단적인 반응은 학생들에게 새로운 아이디어를 도출하도록 도와줄 수 있고 더 나아가 학생들의 자기성장을 도울 수 있다. 특히 반응의 기록은 독서 후에 간단하게 활용할 수 있으며 학생들이 아무 간섭 없이 자신의 반응을 응시하고 성찰하는 데 좋은 전략으로 활용할 수도 있다. 그리고 반응에 대한 질문이나 반응에 대한 토의, 반응의 쓰기 역시 이 단계에서 할 수 있는 주요 학습 활동이다.

■■3단계 : 반응의 심화−텍스트와 텍스트의 상호 관련

자신이 읽은 작품과 다른 작품을 비교하며 읽는 것은 학생들의 반응을 풍부하게 하고 또 문학적인 사유를 촉진시킬 수 있다. 이 단계에서 다른 텍스트와 관련지어 읽는 것은 두 작품의 연결뿐만 아니라 더 큰 범주로 확대시킬 수 있다. 이전 학습에서 읽은 작품과 관련시킬 수 있고, 나아가 동일 작가의 다른 작품 또는 그 작품의 주제, 인물, 문체 등에서 서로 관련지을 수 있는 작품과 비교하는 것도 가능하다. 이러한 과정에서 학생은 텍스트에 대한 확산적인 통찰을 얻을 수 있을 것이다.

(2) 대화 중심 교수·학습 방법[3]

교수·학습의 관점에서 볼 때 '대화'는 세 층위에서 이루어지는데, 이는 수업 현장에서 문학작품을 해석하고 감상하는 과정이기도 하면서 핵심적인 교수·학습 절차와도 밀접한 관련이 있다. 첫째 층위는 문학작품을 읽으면서 독자 개인의 내면에서 이루어지는 내적 대화이며, 둘째 층위는 독자와 독자 사이에 이루어지는 횡적인 대화이고, 셋째 층위는 전문가와 독자 사이에 이루어지는 대화이다. 세 층위의 대화 방식을 구체적으로 살펴보면 다음과 같다.

■■ 대화 1 : 독자 개인의 내면에서 이루어지는 내적 대화

문학 텍스트를 읽는 과정에서 독자의 내면에서 이루어지는 읽기 방식은 독자의 내적 자아들 간에 이루어지는 내적 대화의 형태를 띤다. '내적 대화'란 문학 텍스트를 읽는 과정에서 독자 개인의 내면에서 이루어지는 다양한 문학적 사고들 간의 대화이다. 텍스트를 읽으면서 때로는 문학적 정서와의 동일시를 통해 해당 텍스트의 세계에 공감하기도 하지만, 때로는 고민과 갈등 그리고 망설임을 겪기도 하며 그것은 끊임없는 질문과 대답, 되물음의 형태를 띠면서 이루어진다. 공감하며 읽거나 거리를 두고 읽거나 문학 텍스트에 대한 자신의 문학적 사고를 이런 관점, 저런 관점과 견주어 보고 고민하고 선택하는 과정은 흡사 독자의 내면에서 소리 없이 이루어지는 대화의 형태를 띠는 것이다.

📖 내적 대화의 방식

- 독자의 내적 자아들은 텍스트와 독자에 의해 독자의 내면에서 만들어진 자아들이다.

    이제까지 한 번도 경험하지 못하거나 한 번도 느끼지 못하던 낯선 감정, 경험, 느낌들이 텍스트를 매개로 독자의 내부에서 여러 개의 자아를 형성한다. 그 자아들은 서로 다른 목소리를 지니면서, 기존의 관점이나 가치관을 지닌 자아와는 다른 자아의 모습으로 내면에 자리한다.

- 문학 텍스트가 독자에게 제기하는 질문에 대해 독자의 내적 자아들이 대답하거나 반문하거나 공감 혹은 비판하면서 이루어진다.

    문학 텍스트는 독자에게 말하고자 하는 무언가를 가지고 있다. 제목, 시어, 시행, 시연, 그 외 시적 장치 그리고 인물, 사건, 갈등, 배경 등을 통해 독자에게 말을 거는 것이다. 궁극적으로 그것을 활성화시키는 것은 독자의 몫으로, 그러한 특성들을 독자가 발견하고 스스로 질문을 던지면서 내적인 대화를 나눌 때 비로소 문학 텍스트 읽기가 활성화된다.

■■ 대화 2 : 현실적 독자 사이에서 이루어지는 횡적 대화

독자 간 대화, 즉 학생과 학생 사이에 이루어지는 대화는 현실적 독자들 사이에서 이루어지는 횡적 대화의 형태를 띤다. 이것은 내적 대화를 통한 독자 개인의 문학 텍스트 읽기가 얼마나 타당한 것인지 다른 사람들을 설득하는 것이면서 동시에 자신의 문학적 사유를 공개하고 타인의 사유와 동등하면서도 횡적인 대화를 통해 문학적 사유의 폭을 넓히고 조정하는 과정이다.

📖 현실적 독자 간의 대화 방식

- **내적 대화 과정에서 형성된 '근거'를 바탕으로 하여 대화를 나눈다.**
  독자와 독자 간 대화는 토의의 과정 혹은 토론의 과정을 통해 이루어지는 것이 좋다. 내적 대화 과정에서 형성된 근거를 중심으로 토의와 토론을 할 때, 공동사고가 가능해지며 서로 생각과 느낌을 나누면서 그 근거들에 대한 의미를 확인할 수 있다. 독자들 간의 대화를 통해, 자신이 그 시를 왜 그렇게 해석했는지 근거를 말하면서 소통할 수 있다면, '근거 있는 해석'은 대화의 과정을 거치면서 좀 더 타당한 해석으로 나아가는 길을 마련할 수 있다.

- **독자 개인의 '근거'는 다른 근거와의 상호 경쟁을 통해 다른 근거로 전환될 수도 있고, 좀 더 타당한 근거로 거듭날 수도 있다.**
  이 대화의 과정은 네가 옳으냐 내가 옳으냐를 가리는 차원이 아니라 나의 문학적 사유 방식과 타자의 문학적 사유 방식이 만나 대화의 과정에서 좀 더 의미 있는 문학적 사유 방식을 배우는 협동학습의 과정이다. 독자 상호 간의 대화는 서로 다른 혹은 대립적인 사고들의 상호작용을 통해 새로운 의미를 유추하고 추론할 수 있도록 하는 역할을 한다.

- **오독(誤讀)을 '잘못된 해석'이 아니라 '좀 더 타당한 해석을 위한 적극적 기회'로 삼는다.**
  독자 간 읽기 과정에서 명백하게 틀린 해석을 할 수도 있다. 하지만 오독을 두려워해서는 안 된다. 오독 역시 의미 있는 시 읽기 과정이 될 수 있다. 오독이 잘못된 읽기가 아니라 타당한 해석을 향해 나아가는 과도기적 과정이라는 관점을 취할 필요가 있는 것이다. 오히려 오독을 대화의 장으로 적극 끌어들여 학생들 간의 대화를 통해 사고의 기회를 갖거나 수정의 기회를 가질 수 있다. 독자 간의 대화는 타당한 근거를 중심으로 이루어지는 과정이며, 오독조차도 대화의 장에 등장시킴으로써 자신의 해석에 대한 문학적 근거에 대해 사유할 수 있는 기회를 제공할 수 있다.

■■ 대화 3 : 이상적 독자와 현실적 독자 사이에서 이루어지는 종적 대화

교사와 학생 사이에 이루어지는 대화는 전문적 중개자로서의 교사와 학습자 사이, 다시 말하면 이상적 독자와 현실적 독자 사이에 이루어지는 종적 대화라는 특성을 지닌다. 종적 대화라는 것은 이 대화가 교사가 교육적 관점을 견지하면서 통제하는 성격을 지닌다는 것, 이상적 독자로서의 교사와 현실적 독자로서의 학생이라는 차이에 근거를 둔 대화임을 의미한다. 그렇다고 해서 독자에게 특정 의미를 제시하거나 강요하는 것을 의미하지는 않는다. 내적 대화, 독자 간 대화를 통해 해결하지 못했던 것이나 횡적 대화 과정에서 오독으로 끝난 부분, 텍스트의 의미상 결락된 부분에 대해 교사의 지도 아래 대화를 나누는 것이다. 이 대화에서 교사의 역할은 새로운 관점을 제시하거나 의도를 가진 질문을 던짐으로써 새로운 문학적 사유를 가동시키는 것이다. '전문적 중개인'으로서의 교사와 학생이 나누는 대화는 근거 있는 해석을 타당한 해석으로 전환시키는 데 결정적 역할을 할 수 있으며, 또 다른 관점에서 해석이 가능하다는 것을 보여줄 수 있다. 이런 과정을 통해 이상적 독자와 현실적 독자 사이의 거리를 좁힐 수 있다는 특성도 있다.

🗨 이상적 독자와 현실적 독자 사이의 대화 방식

• 중개자로서의 전문가(교사)의 역할이 부각되는 대화이다.

이상적 독자인 전문가는 질문하고 현실적 독자는 단답으로 답변하는 식의 대화를 의미하지 않는다. 이 대화는 동등한 두 주체가 나누는 대화가 아니라 학습 목표 혹은 성취 기준을 달성하기 위해 전문적 중개자로서의 교사와 학습자 사이에 이루어지는 교수의 한 형태로서, 중개자로서의 교사의 역할이 부각되는 대화 방법이다. 서로 질문하고 답하는 형식을 지니지만 즉각적인 결론이나 답을 요구하는 것이 아니라 문학적 사유를 구체적으로 전개시키고 또 전환시키는 과정을 이끌어내기 위한 대화이다.

• 이상적 독자와 현실적 독자 간의 대화는 타당한 해석으로 나아가기 위한 과정이다.

현실적 독자 간의 대화가 여러 문학적 '근거'가 벌이는 경쟁 관계 속에서 좀 더 의미 있는 근거를 탐색하는 과정이라면, 전문가와 현실적 독자 간의 대화는 타당한 해석으로 나아가기 위한 과정이다. 전문가는 학습자와의 대화를 통해 학습자의 일상적인 사유 방식, 관습적인 사유 방식으로부터 문학적 사유로 전환할 수 있도록 새로운 문제를 제기하고, 기존의 안목에서 한 걸음 더 나아가 새로운 사물과 세계를 반성적으로 성찰할 수 있는 시각을 제공해야 한다. 문학의 표면적 진술에 숨어 있는, 겉으로 말하지 않은 것을 이끌어낼 수 있도록 질문을 던지면서 대화를 유도해야 하는 것도 전문가의 몫이다. 이런 과정을 통해 무원칙적으로 뻗어나가는 해석의 방향을 조정할 수 있다.

• **문학 텍스트를 읽으면서 이루어지는 이상적 독자와 현실적 독자의 대화는 일정한 결론에 도달하지 않고 문제제기를 공유하는 것으로 끝날 수도 있다.**
다만 여기서 중요한 것은 교사가 텍스트의 이면에 실린 의미를 발문을 통해 대화 위로 끌어올려 학습자의 감상 기제로 작용할 수 있도록 해야 한다는 것이다. 교사는 학생들의 견해에 대하여 비판적인 질문을 하거나 새로운 사고를 할 수 있도록 유도함으로써 무한대로 뻗어나갈 수 있는 사고를 조정하는 역할을 해야 한다.

여기서 '대화 1', '대화 2', '대화 3'의 관계는 대화의 일반적인 절차이기는 하지만, 꼭 선조적으로만 이루어지는 절차는 아니라는 점에 유의해야 한다. 기계적으로만 적용해서는 안 된다는 의미다. '대화 1'에서 '대화 3'까지의 절차를 거치는 과정에서 다시 회귀적으로 돌아가 이전 단계의 대화도 수행할 수 있다. '대화 2'나 '대화 3' 단계에서 얼마든지 독자 개인의 내적 대화가 이루어질 수 있으며, '대화 3' 단계에서 교사의 지도에 따라 '대화 2'로 돌아가 특정 쟁점을 가지고 대화를 나눌 수도 있다.

다만 절차가 중요한 이유는 '대화 2'는 '대화 1', 즉 독자가 개인적으로 작품에 대해 사유하고 자신이 생각하는 근거에 대해 마련해야 가능하며 그래야 독자 간의 대화가 교육적 의미를 가질 수 있기 때문이다. 충분한 사유 과정 없이 이루어지는 독자 간 대화는 즉각적인 사고를 바탕으로 하기 때문에 비효율적일 수 있다. 마찬가지로 '대화 3' 역시 독자 간 대화가 과연 문학적으로 의미 있게 이루어졌는지 성찰하는 기회를 제공한다는 점에서 차후 단계로서의 의미가 있다. 독자 간 대화에 대한 '전문가의 교육적 판단'이 이루어지고, 그에 따라 오독을 수정할 수 있는 기회를 가질 수 있기 때문이다. 독자 간 대화에서 충분히 의미 있는 대화가 이루어졌다면, 그것이 어떤 점에서 의미 있는 대화인지 아는 것도 교육적으로 의미가 있다. 결국 3단계에 이르는 대화의 차이는 각 대화 단계에서 핵심적으로 수행하는 대화의 유형이 무엇인가 하는 점이다.

그리고 무엇보다 중요한 것은 대화 중심 교수·학습 방법의 최종 목표는 내적 대화의 활성화에 있다. 교수·학습의 절차로 제시하는 '대화 2'나 '대화 3'은 사실 좀 더 밀도 있는 내적 대화 능력을 신장시키기 위하여 교육적으로 구성한 단계이다. 교수·학습 상황을 벗어나 학생이 개인적으로 문학작품을 읽을 때는 대부분 내적 대화의 단계로 끝나는 경우가 많다. 스스로 작품을 읽으면서 사유하고 성찰하는 과정을 통해 해석하고 감상하는 것이다. 따라서 '대화 2'나 '대화 3' 단계는 궁극적으로 좀 더 의미 있는 내적 대화 방식을 배우기 위한 단계라고 할 수 있다.

〈참고〉 현대시 교수·학습과 관련하여 '반응·기술하기 → 비교·확장하기 → 분석·심화하기 → 대화·자기화하기' 과정도 중요한 참조가 될 수 있다. 각 과정별로 할 수 있는 활동을 들면 다음과 같다(김대행·우한용·정병헌·윤여탁·김종철·김중신·김동환·정재찬, 2000 ; 정재찬, 2006).

1. **반응·기술하기**
   - 인상과 상상
   - 반응의 명료화와 기술화
   - 오독과 정독
   - 인지적 사고와 정의적 사고의 결합
   - 반응 글쓰기

2. **비교·확장하기**
   - 문제 해결적 사고와 비교하기
   - 확장하기
   - 비교·확장을 통한 사고력의 발달

3. **분석·심화하기**
   - 회귀를 통한 성찰
   - 분석하기
   - 심화하기

4. **대화·자기화하기**
   - 대화를 통한 자기화
   - 적극적 독자로서의 글쓰기
   - 자기화로서의 글쓰기
   - 평가하기

4. 수업 준비의 유의점

이제 반응 중심 교수·학습과 대화 중심 교수·학습을 바탕으로 수업을 설계할 때 유의해야 할 점을 제시하고자 한다.

(1) 반응 중심 수업을 설계할 때 유의할 점

반응 중심 교수·학습 방법의 가장 큰 특성은 문학작품에 대한 학생들의 반응이나 생각을 자유롭게 표현하는 것이다. 그런데 텍스트와의 관계를 고려한 반응이라 하더라도 학생들의 반응에 대한 적절한 교수법적 대응 방식에 대한 지침이 없다는 것이 실질적인 교수·학습 과정에서 겪는 어려움이라 할 수 있다.

이와 관련하여 반응 중심 교수·학습 방법은 '반응의 형성', '반응의 명료화', '반응의 심화'라는 과정을 제시하고 있으며, 학생들의 반응을 중시해야 한다고 강조한다는 점에서 의미 있는 방법이다. 하지만, 그것이 어떤 종류의 반응인가 혹은 학생들이 명백한 오독에 해당하는 반응을 보였을 경우 그것을 어떻게 수정하고 교정하는가에 대한 별다른 대안이 없다는 점 역시 한계라 할 수 있다.

따라서 반응 중심 교수·학습 방법은 독자의 자발성과 능동성이 충분히 고양되어 있을 때, 주체성과 문학작품의 이해 수준이 적절할 때 적용하면 좋다. 해석하기 어려운 작품 혹은 작품을 해석하고 감상하는 데 심리적 거리가 발생할 수 있는 작품은 되도록 반응 중심 교수·학습을 적용하지 않는 것이 좋다. 쉽게 이해할 수 있는 작품, 심각한 오독이 발생할 가능성이 적은 작품을 대상으로 하여 적용하는 것이 적절할 것이다.

(2) 대화 중심 수업을 설계할 때 유의할 점

대화 중심 수업의 핵심은 작품에 대한 해석과 감상이 학생 개인의 차원에서만 이루어지는 것이 아니라 근거를 중심으로 하여 다른 독자들과 나누는 대화, 그리고 무엇보다도 전문가와 나누는 대화에 있다. 이 과정에서 오독에 빠지거나 편향된 해석이나 감상으로부터 성찰할 수 있는 계기를 마련하고 좀 더 의미 있는 방식을 습득할 수 있는 기회를 가질 수 있는 것이다.

교사는 대화 중심 수업을 하기 전에 해당 작품에 대해 가능한 해석이 어떤 것이며, 그 근거는 무엇인지에 대해 충분히 준비를 해야 한다. 여러 비평이나 연구 논문을 참조하여 작품에 대한 다양한 관점을 충분히 숙지하고 있어야 한다. 그래야 대화 과정에서 등장하는 다양한 학생들의 사고에 어떻게 대처해야 할지 혹은 학생들의 오독을 해결하기 위해 대화를 어떤 방향으로 끌어가야할지 판단하는 데 도움을 얻을 수 있다. 그리고 학생들의 사고를 진작시킬 수 있는 대화에 필요한 단서를 얻을 수도 있다.

이제까지 이야기했던 것을 바탕으로 하여 이제 문학 교수·학습 방법을 소개하고자 한다. 여기에서는 문학 수업의 특성을 살리기 위해 단일 차시 수업보다는 다차시 수업을 전제로 하여 소개할 것이다.

5. 반응 중심 문학 수업(다차시 수업)

(1) 간략한 도입

반응 중심 교수·학습 방법을 활용하여 중학교 시 단원 수업을 해보자. 작품은 중학교 2학년 1학기 국어 교과서에 제시된 박목월의 <가정>이라는 시를 대상으로 한다. 수업은 총 3차시로 계획한다. 이 시는 학생들이 비교적 쉽게 이해할 수 있는 시이고, 표현의 측면에서도 그리 이해하기 어려운 부분은 없다. 학생들이 시를 즐겁게 읽고 자신들의 느낌이나 생각을 자유롭게 표출할 수 있는 기회를 제공하기 위해 반응 중심 교수·학습 방법을 적용하려는 것이다.

가 정

박 목 월

지상에는
아홉 켤레의 신발.
아니 현관에는 아니 들간에는
아니 어느 시인의 가정에는
알전등[4]이 켜질 무렵을
문수(文數)[5]가 다른 아홉 켤레의 신발을.

내 신발은
십구 문 반(十九文半)
눈과 얼음의 길을 걸어
그들 옆에 벗으면
육 문 삼(六文三)의 코가 납작한
귀염둥아 귀염둥아
우리 막내둥아.

미소하는
내 얼굴을 보아라.
얼음과 눈으로 벽을 짜올린
여기는 지상.
연민[6]한 삶의 길이여.
내 신발은 십구 문 반.

아랫목에 모인
아홉 마리의 강아지야.
강아지 같은 것들아.
굴욕과 굶주림과 추운 길을 걸어
내가 왔다. 아버지가 왔다.
아니 십구 문 반의 신발이 왔다.
아니 지상에는
아버지라는 어설픈 것이
존재한다.
미소하는
내 얼굴을 보아라.

4 알전등 : 갓이 없는 전구. 또
는 전선 끝에 달려있는 맨 전구.

5 문수(文數) : 신발의 크기를 나
타내는 길이의 단위. 60~70년
대 많이 사용하던 단위. 1문은
2.4cm 정도.

6 연민 : 불쌍하고 가련하게 여김.

(2) 교수·학습 모형

이 수업에 적용한 반응 중심 교수·학습의 수업 단계는 다음과 같다.

1단계 : 텍스트와 학생의 거래 → 반응의 형성

    (1) 작품 읽기
        심미적 독서 자세의 격려
        텍스트와의 거래 촉진

2단계 : 학생과 학생 사이의 거래 → 반응의 명료화

    (1) 반응의 기록
        짝과 반응의 교환
    (2) 반응에 대한 질문
        반응을 명료히 하기 위한 탐사 질문
        거래를 입증하는 질문
        반응의 반성적 질문
        반응의 오류에 대한 질문
    (3) 반응에 대한 토의(또는 역할 놀이)
        짝과의 의견 교환
        소그룹 토의
        전체 토의
    (4) 반응의 반성적 쓰기
        반응의 자유 쓰기(또는 단서를 놓은 쓰기)
        자발적인 발표

3단계 : 텍스트와 텍스트의 상호 관련 → 반응의 심화

    (1) 두 작품의 연결
    (2) 텍스트 상호성의 확대

* 태도 측정

경규진에 의해 제안된 이 수업 모형은 이후 이희정(1999), 한국교육과정 평가원 교수·학습 사이트(http://www.classroom.re.kr)에 의해 약간씩 변형을

거치면서 소개되었다. 중요한 것은 이 수업 모형을 기계적으로 적용하는 것이 아니라 '반응의 형성, 반응의 명료화, 반응의 심화' 단계별 핵심적인 활동을 중심으로 하여 교수·학습 과정을 구안할 필요가 있다는 점이다. 학습 목표가 무엇인가에 따라, 교수·학습 상황이 어떤가에 따라 '반응의 형성' 이전 단계와 '반응의 심화' 이후 단계에 여러 다양한 활동을 조직화할 수 있다. 이제 반응 중심 교수·방법을 문학 수업에 어떻게 적용해야 할지 생각해 보자.

(3) 교수·학습의 중점

▪▪ 수업을 위한 학생들의 준비

수업 시간에 작품을 처음 대하면서 갑자기 어떤 반응을 기대하는 것은 작품에 따라 무리일 수도 있다. 문학작품을 읽으면서 충분히 생각하거나 느끼는 과정 없이 학습 활동을 하게 되면, 학생들은 상투적인 반응을 보일 수 있다. 작품을 읽어 보면서 자신의 느낌이나 심미적인 경험 등을 미리 정리해 두는 것도 좋다. 성공적인 수업을 위해 학생들은 다음을 준비하도록 한다.

- **학생들은 수업 전에 시를 미리 읽어 오도록 한다.**
  시를 미리 읽으면서 잘 모르는 시어나 표현들을 스스로 찾아보고, 그 의미를 생각해 보도록 한다. <가정>이라는 시에 등장하는 '들깐', '문수(文數)', '연민한' 등의 시어의 사전적 의미를 미리 찾아보는 것도 시를 일차적으로 이해하는 데 도움이 된다.
- **학생 스스로 작품에 대해 사고하는 시간이 필요하다.**
  그리 어렵지 않은 시이므로 시에 대해 생각하는 시간을 갖는다. 시에 등장하는 화자의 마음, 아홉 자식을 대하는 아버지의 마음 등을 떠올려 본다.
- **작품에 대한 자유로운 반응을 글로 써서 제출하도록 한다.**
  이 시를 읽으면서 아버지의 마음을 떠올릴 수도 있고, 일반적으로 우리 삶에서 가정이 의미하는 바가 무엇인지 생각할 수도 있다. 시를 읽으면서 떠올린 생각을 자유롭게 글로 써 본다.

■ 수업 활성화를 위한 교사 활동

학생들이 스스럼없이 편하게 자신의 반응을 드러낼 수 있도록 해야 한다. 따라서 수업을 하면서 교사는 다음에 유의하도록 한다.

- 학생들이 자신의 반응을 자유로운 분위기에서 드러낼 수 있도록 분위기를 조성한다.
  강압적인 분위기나 순서대로 반응 말하기 등 강요에 의한 반응 표현보다는 스스로 자유롭게 말할 수 있도록 수업 분위기를 조성한다.
- 아무 반응이 없으면 적절한 질문을 던지면서 학생들의 반응을 활성화한다.
  아무도 반응을 보이지 않으면, '이 시를 읽으면서 처음으로 떠오른 것이 무엇인가?', '이 시 속의 아버지의 마음을 떠올려 보았는가?' 등과 같이 학생들의 반응을 활성화할 수 있는 질문을 던지면서 반응을 유도한다.
- 학생들의 반응을 최대한 존중한다.
  잘못된 반응이라 하더라도 오류를 지적하지 말고 스스로 자신의 느낌이나 생각, 해석을 수정할 수 있도록 도와준다.

■ 교수·학습의 구체화 방안들

이 시는 학생들이 어렵지 않게 읽을 수 있는 시이다. <가정>이라는 시에 등장하는 시적 화자의 마음을 떠올리는 활동을 중심으로 반응을 보이도록 한다. 학생 자신의 어머니, 아버지의 모습을 떠올리면서 시를 읽을 수도 있다. 되도록이면 이 시에 등장하는 시적 화자의 마음에 대한 학생들의 자유로운 반응을 표현하는 기회를 제공한다.

반응의 명료화 과정에서 '아홉 켤레의 신발'을 바라보는 아버지의 마음, '얼음과 눈으로 벽을 짜올린/ 여기는 지상./ 연민한 삶의 길', '아버지라는 어설픈 것' 등의 표현은 중학교 2학년 학생으로서 어느 정도 사고를 필요로 하는 표현일 수 있다. 자신의 느낌이나 생각을 토대로 학생들이 서로 질문을 하거나 토의를 하는 활동을 하는 것이 필요하다.

반응의 심화를 위해 '가정'이나 '자식을 생각하는 부모의 마음'을 드러내는 다른 시를 읽어보는 활동이 필요하다. 또 이 시의 화자가 아버지이기는 하지만, 어머니의 마음을 떠올려 보는 활동을 하는 것도 좋다. 이를 위해 시의 화자를 어머니로 하여 개작시 혹은 모방시를 써 보는 활동도 필요할 것이다.

(4) 과제 제시 전략

수업을 진행하기 전이나 수업 절차에 따라 교수·학습을 진행하면서 다음 과제를 제시할 수 있다.

■■ 수업 전 과제

수업을 하기 전에, 다음 신문 기사를 미리 나누어 주고 활동을 하게 할 수 있다. 수업 시간에 학생들이 적절한 반응을 보이지 않을 경우, 다음과 같은 과제를 중심으로 해서 반응을 유도할 수도 있다.

> 다음은 한 가족에 관한 사건을 다룬 신문 기사이다. 〈가정〉에 등장하는 시의 화자가 이 기사에 등장하는 아버지에게 편지를 쓴다고 가정해 보자. 시의 화자가 되어, 시에 등장하는 시어나 시구를 활용하여 편지를 써 보자.

가정의 달 5월, 무너지는 '천륜' / 무정한 아버지

생활고를 비관한 30대 가장이 세 딸에게 극약을 먹이고 본인도 극약을 먹고 자살을 기도했다. 지난 14일 오후 12시 50분쯤 충남 논산시 관촉동 모 원룸에서 김모 씨(35)와 자녀 3명이 극약을 먹고 신음중인 것을 김씨의 누나(37)가 발견, 병원으로 옮겼다. 다행히 이들 네 식구는 생명에는 이상이 없는 것으로 알려졌다.

김씨와 큰딸(6)·둘째딸(5)은 병원에서 응급치료 후 귀가했으며 막내딸(3)은 모 대학병원에서 입원치료를 받고 있다.

경찰은 "동생의 아내(25)가 지난 10일 가출했으며 평소 생활고를 비관해 왔다."라는 누나의 말에 따라 김씨가 자신의 처지를 비관, 동반 음독자살을 시도한 것이 아닌가 보고 정확한 경위를 조사하고 있다.

경찰은 15일 김씨를 상대로 음독경위 등을 조사한 후 김씨에 대해 살인미수혐의로 구속영장을 신청키로 했다.

• • • 대전일보(金在喆·兪善皓 기자)

■■ 반응의 명료화 이후 단계 과제 : 다른 작품과 관련하여 작품 감상

반응의 심화 단계에서 해야 할 활동을 위해 다음 시를 미리 읽어 오라고 학생들에게 과제를 제시할 수 있다. 김종길의 <성탄제>는 중학교 3학년 국어 교과서에 등장하는 시이기는 하지만, '가정'과 '아버지'라는 핵심어를 중심으로 했을 때 <가정>이라는 시와 유사한 측면이 있어 활용이 가능하다. <성탄제>를 읽고 <가정>과 비교할 때, 느낌이나 생각이 어떤 점에서 유사하거나 다른지 서술하도록 하는 과제를 제시한다.

성탄제(聖誕祭)

김 종 길

어두운 방 안엔
바알간 숯불이 피고,

외로이 늙으신 할머니가
애처로이 잦아드는 어린 목숨을 지키고 계시었다.

이윽고 눈 속을
아버지가 약(藥)을 가지고 돌아오시었다.

아, 아버지가 눈을 헤치고 따 오신
그 붉은 산수유(山茱萸) 열매

나는 한 마리 어린 짐승,
젊은 아버지의 서늘한 옷자락에
열(熱)로 상기한 볼을 말없이 부비는 것이었다.

이따금 뒷문을 눈이 치고 있었다.
그 날 밤이 어쩌면 성탄제(聖誕祭)의 밤이었을지도 모른다.

어느 새 나도
그때의 아버지만큼 나이를 먹었다.

옛 것이란 거의 찾아볼 길 없는
성탄제(聖誕祭) 가까운 도시에는
이제 반가운 그 옛날의 것이 내리는데,

서러운 서른 살 나의 이마에
불현듯 아버지의 서느런 옷자락을 느끼는 것은,

눈 속에 따오신 산수유(山茱萸) 붉은 알알이
아직도 내 혈액(血液) 속에 녹아 흐르는 까닭일까.

■■ 반응의 심화 단계 이후 과제
: 관련 있는 다른 시를 골라 소개하고 자신의 느낌이나 생각 발표

반응의 심화 단계 이후 <가정>과 소재나 주제 측면에서 관련 있는 다른 시(혹은 소설, 산문 자료 등)를 개인적으로 선택하여 소개하고, 그 시에 대한 자신의 생각이나 느낌을 비교하여 발표하도록 한다.

(5) 평가 계획

수업 전에, 또는 수업을 진행하면서 학생들에게 부여했던 과제를 중심으로 평가할 수 있다. 학생들의 반응을 중심으로 평가할 경우, 반응이 맞는가 틀리는가를 중심으로 하지 말고 얼마만큼 자신의 반응을 구체적으로 드러내는지에 초점을 둔다. 또 반응에 대한 토의나 쓰기 활동을 대상으로 할 경우, 다른 사람의 반응을 존중하면서 자신의 반응을 드러내는가 또 점차로 작품에 대한 설득적인 반응을 보이는가를 중심으로 평가한다.

6. 대화 중심 문학 수업(다차시 수업)

(1) 간략한 도입

이 수업에서 활용하게 될 교수·학습 방법은 '대화 중심 교수·학습 방법'이다. 이 방법은 작품에 대한 학생들의 개인적인 해석과 감상을 중시하면서 동시에 타당한 해석과 감상을 강조한다. 학생들이 자유로우면서도 주체적으로 작품을 감상할 수 있다는 장점이 있으며, 특히 다양한 유형의 대화를 통하여 문학적 사유를 나누고 공유함으로써 바람직한 작품 해석과 감상 방식에 대해 자연스럽게 배울 수 있는 교육적 기회를 제공할 수 있다.

이 수업에서는 이용악의 <낡은 집>을 읽고 감상할 것이다. <낡은 집>은 1930년대 고향을 떠나 유랑하는 우리의 민족 현실을 반영하고 있는 수작으로 꼽히는 시다. 고등학교 2학년 학생의 수업이라는 점을 전제하고 '대화 중심 교수·학습 방법'을 적용해 보기로 한다. 특히 이 수업은 지금의 현실과는 다른 시공간 속에 존재하는 현실을 학생들이 어떻게 공감할 것인가에 초점을 맞출 필요가 있다.

낡은 집

이 용 악

날로 밤으로
왕거미 줄치기에 분주한 집
마을서 흉집이라고 꺼리는 낡은 집,
이 집에 살았다는 백성들은
대대 손손에 물려줄
은동곳도 산호관자도 갖지 못했니라.

재를 넘어 무곡을 다니던 당나귀
항구로 가는 콩시리에 늙은 둥글소
모두 없어진 지 오랜

외양간엔 아직 초라한 내음 그윽하다만
털보네 간 곳은 아모도 모른다.

찻길이 놓이기 전
노루 멧돼지 쪽제비 이런 것들이
앞뒤 산을 마음 놓고 뛰여다니던 시절
털보의 셋째 아들은
나의 싸릿말 동무는
이집 안방 짓두광주리 옆에서
첫울음을 울었다고 한다.

'털보네는 또 아들을 봤다우
송아지래두 불었으면 팔아나 먹지'
마을 아낙네들은 무심코
차그운 이야기를 가을 냇물에 실어보냈다는
그날밤
저릎등이 시름시름 타들어가고
소주에 취한 털보의 눈도 일층 붉더란다.

갓주지 이야기와
무서운 전설 가운데서 가난 속에서
나의 동무는 늘 마음 조리며 자랐다.
당나귀 몰고간 에비 돌아오지 않는 밤
노랑 고양이 울어 울어
종시 잠 이루지 못하는 밤이면
어미 분주히 일하는 방앗간 한 구석에서
나의 동무는
도토리의 꿈을 키웠다.

그가 아홉살 되든 해
사냥개 꿩을 쫓아다니는 겨울
이 집에 살던 일곱 식솔이
어대론지 살아지고 이튿날 아침
북쪽 향한 발자옥만 눈 우에 떨고 있었다.
더러는 오랑캐령 쪽으로 갔으리라고
이웃 늙은이들은
모두 무서운 곳을 짚었다.

지금은 아무도 살지 않는 집
마을서 흉집이라고 꺼리는 낡은 집
계절마다 먹음직한 열매
살구나무도 글거리만 남았길래
꽃피는 철이 와도 가도 뒤 울안에
꿀벌 하나 날아들지 않는다.

(2) 교수·학습 모형

대화 중심 문학 교수·학습을 위한 수업의 절차를 '시 수업'을 전제로
하여 제시하면 다음과 같다.

[표 1] 대화 중심 문학 교수·학습을 위한 수업 절차와 주요 학습 활동의 예

절 차	주요 학습 활동의 예
시를 이해하는 데 필요한 지식 이해하기	• 해당 시와 관련 있는 문학적 지식 이해하기 • 대화 중심 읽기 방식에 대한 안내
시 낭송하기	• 시의 분위기나 어조 파악하기 • 낭독자의 목소리를 선택하여 시에 맞게 낭송하기 • 시의 의미 예측하기
〈대화 1〉 독자 개인의 내적 대화	• 시 텍스트에 근거하여 시 이해에 필요한 질문을 스스로 생성하고 답하기 • 상호 경쟁적인 읽기 중 스스로 가장 타당한 근거를 제시할 수 있는 읽기(지배적 읽기)를 선택하기 • 독서 스토리 작성하기
〈대화 2〉 독자와 독자들 간의 대화	• 타당한 근거를 내세울 수 있는 시의 해석과 다른 독자의 근거를 비교하며 대화 나누기 • 타당한 근거와 관련 있는 내용 찾아보기 • 모호한 내용을 명료화하며 각 근거의 설득력을 비교하며 타당한 해석 내용 판단하기
〈대화 3〉 교사(전문가)와 독자의 대화	• 그동안의 대화 과정에서 제시되지 않은 새로운 관점 제시하기(교사) • '대화 2'에서 오독이 발생한 경우 수정하기 • 여러 관점 간의 경쟁적 대화를 통해 좀 더 근거 있는 해석의 가능역 설정하기
시의 의미 정리하기	• 가장 타당하다고 생각되는 시의 의미 정리하기 • 모작, 개작, 모방 시 창작하기 • 독서 스토리 완성하기

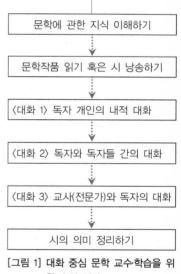

[그림 1] 대화 중심 문학 교수·학습을 위한 수업 절차

(3) 교수·학습의 중점

■ 수업 준비를 위한 학생들의 준비

학생들은 작품을 미리 읽어오도록 한다. 작품을 읽어보면서 자신의 느낌이나 미적인 경험 등을 '독서 스토리 쓰기' 형태로 미리 정리해 두는 것이 좋다. 성공적인 수업을 위해 학생들은 다음 준비를 하도록 한다.

- **학생들은 수업 전에 작품을 미리 읽어 오도록 한다.**
  미리 읽으면서 잘 모르는 시어나 표현들을 스스로 찾아보고, 그 의미를 생각해 보도록 한다. <낡은 집>은 1930년대에 창작한 작품이기 때문에 낯선 시어가 등장한다. '은동곳', '산호관자', '무곡', '저릎등', '글거리' 등 시어의 사전적인 의미를 우선 파악하고, 함축적 의미가 무엇일지 생각해 본다.
- **학생 스스로 작품에 대해 사고하는 시간이 필요하다.**
  이 시의 내용에 대해 스스로 생각하면서 '낡은 집'을 둘러싼 사람들의 삶에 대해 생각해 보는 시간을 가진다.
- **작품에 대한 생각을 글로 써서 제출하도록 방법도 활용할 수 있다.**
  일차적으로 파악한 이 시의 의미 혹은 이 시가 던지는 문제 제기 등에 대해 '독서 스토리 쓰기' 형식으로 글을 써 본다.

■ 수업 활성화를 위한 교사의 활동

학생들이 자신의 문학적 사유를 대화를 통해 드러내고 타당한 해석으로 나아가는 과정을 중시해야 한다. 이를 위해 교사는 다음에 유의하도록 한다.

- **교사는 '전문적 중개인'이라는 점을 중시해야 한다.**
  교사는 학습자와의 대화를 통해 학습자의 일상적인 사고 방식, 관습적인 사유 방식으로부터 문학적 사유로 전환할 수 있도록 새로운 문제를 제기하고, 기존의 안목에서 한 걸음 더 나아가 새로운 사물과 세계를 반성적으로 성찰할 수 있는 시각을 제공할 수 있어야 한다. 또 근거 있는 해석에서 타당한 해석으로 나아갈 수 있도록 도와야 한다.
- **상대방의 의견을 존중하면서 대화를 나눌 수 있도록 분위기를 조성한다.**
  특히 독자 간 대화를 나눌 때 이 부분이 중요하다. 자신의 해석이나 감상만

이 옳다는 생각에서 벗어나 다른 사람의 의견을 존중할 수 있어야 한다. '해석의 다양성' 측면에서 상대방의 해석도 타당할 수 있기 때문이다. 상대방의 반응에 대해 사소한 부분을 꼬투리를 잡으면서 지속적으로 질문을 하거나, 자신의 의견이 정당하다는 것을 과도하게 주장할 경우, 교사가 좀 더 핵심적인 부분을 중심으로 대화를 나눌 수 있도록 유도한다.

- **'오독은 잘못된 해석'이라는 관점을 벗어나 오독은 타당한 해석을 향해 나아가는 과도기적 과정 중 하나라는 점에서 접근한다.**
  학생들이 잘못된 해석을 할 경우, 오히려 적극적으로 드러내어 활발한 대화의 장으로 끌어들일 필요가 있다. 그 오독을 대화를 위한 중요한 자료로 삼을 수 있다는 의미다.

교수·학습의 구체화 방안들

대화 중심 문학 교수·학습 방법에서 유의해야 할 것은 학생들의 문학적 대화를 진작시키기 위해 교사가 수시로 던져야 할 각종 '질문 목록'이다. 특히 내적 대화를 유발하는 질문 방식에 대해서는 교사가 예를 들어 주면서 활성화시킬 필요가 있다.

내적 대화를 활성화하기 위한 질문 목록

내적 대화 단계에서 학생들은 자신의 내면에서 어떤 내적 대화를 나누어야 할지 잘 모를 수 있다. 다음 질문들을 통해 문학적 사유로 이어질 수 있도록 하되, 유의 사항이 무엇인지 분명하게 주지시킨다. 독자 스스로 내적 대화를 활성화할 수 있는 방식을 교사가 시범을 보여줄 수도 있다.

- **'문학 텍스트는 나에게 무엇을 말하고 있는가?'**
  이 대답은 소재 차원의 답변이나 문학 텍스트에 대한 객관적인 설명을 요구하는 것이 아니다. 또한 해당 작품의 주제를 한 마디로 말하라는 것도 아니다. 작품을 읽으면서 느꼈던, 문학 텍스트가 독자에게 어떤 말을 걸고자 하는가를 중심으로 내적 대화를 시작하도록 돕는 질문이다.[7]
- **'그것을 어떤 방식으로 말하고 있는가?'**
  이것은 시에 나타난 수사법을 단편적으로 생각해 보라는 의미가 아니다. 문학 텍스트가 독자에게 어떤 말을, '어떤 방식으로 걸고 있는가'를 중심으로 생각해 보라는 의미다. 그 대답을 수사법의 차원에서 할 수도 있겠지만, 그

[7] 이 시를 '고난과 천대를 받아 왔던 북녘지방 사람들의 이야기' 혹은 '30년대 말 농토를 잃고 가난을 이기지 못해 고향을 떠나는 농민의 이야기'로만 설명하는 것은 피상적인 읽기다.

경우에도 중요한 것은 그 수사법이 어떤 효과를 가지면서 텍스트의 의미 형성에 기여하는가 하는 점일 것이다.

• '왜 그렇게 생각하는가', '무엇이 그런 생각을 가능하게 했는가?'
  실질적인 근거를 만들기 위한 질문이다. 자신이 그렇게 생각하거나 해석한 이유에 대해 스스로 질문하면서 작품 해석의 근거를 정리해 보도록 한다.

이 목록은 질문을 한 번 던지고, 그 질문에 한 번 답하는 과정을 요구하는 것이 아니다. 우선 첫째 질문부터 시작해서 다른 질문으로 나아갈 수도 있다. 중요한 것은 하나의 질문에 대해 하나의 답을 이야기하는 것이 아니라 가능한 여러 답들을 떠올리면서 어느 것이 좀 더 타당한 답일까 내적인 대화를 나누도록 하는 것이다.

교사는 〈낡은 집〉에 대해 독자들이 다음과 같은 질문을 하면서 내적 대화를 나누도록 유도할 수 있다.

  • 이 시는 '어떤 사람들에 대한 이야기일까?
  • 이 시에 등장하는 인물들은 왜 가난한가?
  • 이 시는 일제 강점기에 가난하게 살았던 농민들의 모습을 왜 드러내고자 했을까?
  • 소년이 지닌 도토리의 꿈은 실현될 수 없는 것일까?
  • 왜 이 시기에 비극적 유이민이 생기게 되었는가?
  • 털보네의 삶이 그렇게 된 궁극적인 원인은 무엇인가?

독자는 이에 대해 스스로 답변을 찾아가는데, 이 과정에서 내면의 또 다른 자아가 제시하는 의견에 대해 수긍하거나 머뭇거리는 것, 그리고 다른 관점이나 가치관을 수용하는 과정은 곧 내적 대화를 통해 지배적 읽기를 수행하는 과정이다.

독자가 스스로 제기했던 내적 질문은 제2연의 '재를 넘어 무곡을 다니던 당나귀/ 항구로 가는 콩시리에 늙은 둥글소/ 모두 없어진 지 오랜'이라는 시구에 주목한 내적 자아의 읽기, 곧 30년대 한국의 식민지 현실에 주목한 내적 자아와의 대화를 통해서 그 답변을 마련할 수 있다. 항구로 콩을 실어가는 데 동원된 털보네 당나귀와 늙은 소를 떠올릴 수 있으며, 이는 곧 일제의 곡물 수탈 때문에 헐벗고

굶주리던 우리 민족의 삶을 떠올리는 내적 자아의 도움을 받을 수 있는 것이다.

내적 대화의 과정에서 "송아지래두 불었으면 팔아나 먹지"라는 인간의 출생이 짐승의 출생보다도 환영받지 못하는 마을 아낙네들의 충격적인 언술에 대해 강한 거부감을 느낄 수도 있다. 이 경우 강한 거부감을 느끼는 내적 자아와 그럴 수밖에 없었던 사정과 '털보의 붉은 눈'의 의미를 추적하면서 당시 상황을 이해하는 자아 간의 경쟁적 대화 역시 가능할 것이다. 내적 대화의 출발과 과정은 독자가 알고 있던 상식적인 세계, 공준된 기준에 대한 문제 제기를 통해 이루어진다. 그 상식을 깨고 새로운 안목을 형성하는 것은 때로는 갈등과 고통을 수반하기도 하지만, 새로운 관점과 세계에 대한 인식을 통한 즐거움 또한 동반할 수 있다. 이런 내적 대화를 통해 털보네의 삶이 비난받을 것이 아니라 같이 아파하고 고민해야 할 삶이라는 지배적 읽기를 형성할 수 있는 것이다. 독자들에게 털보네 삶은 충격적이고 상상하기 어려운 삶이지만, 시 텍스트가 활성화시킨 또 다른 내적 자아와의 대화를 통해 이 시가 제기하는 시적 사유에 동참함으로써 비로소 공감이 가능해지는 것이다. 이 과정에서 지배적 읽기를 수행하는 내적 자아는 그 관점을 뒷받침할 수 있는 나름대로의 근거를 확보했을 때 가능하다. 그 근거는 우선 시 텍스트에 기반한 것이어야 한다.

📖 학습자 간 대화를 활성화하기 위하여

내적 대화를 통해 일제 강점기를 배경으로 한 시라고만 이해했던 독자는 다른 독자와 대화를 나누는 과정에서 그동안 관심을 기울이지 못했던 <낡은집>의 창작 시기인 '1938년'의 의미를 생각할 수 있는 계기를 마련할 수도 있으며, <낡은집>의 배경이 된 북방 변경이 전통적으로 우리 역사에서 소외되고 버려진 지역이었으며 그 지역에 살던 사람들의 순수성과 정체성에 대한 새로운 깨달음을 얻을 수도 있다. 일제 강점기 북방 변경 농민들의 삶의 실상을 앎으로써 새로운 시적 이해에 도달할 수도 있는 것이다.

📖 교사와 학생 사이의 대화를 활성화하기 위하여

이용악의 <낡은집>이 객관적인 어조의 표현을 통해 궁극적으로 독자의 몫으로 남겨둔 의미를 최종적으로 구축하는 과정이 바로 이 유형의 대화에서 이루어질 수 있다. 독자들이 선택한 몇 가지 타당한 해석을 중심으로 한 대화를 위해, 때로는 오독을 교정하기 위해, 때로는 의미의 완결성을 위해 교사는 끊임없이 문제를 제기할 수 있다. 마을 아낙네의 언술을 직접 인용으로 표현한 이유는 무엇인가? 과연 털보네의 삶이 그들만의 삶으로 끝나는 것인가? 시인은 이 시를 통해 무슨 이야기를 하고 싶었던 것일까? 털보네가 이 땅의 현실을 이기지 못해 좀 더 나은 곳이라고 선택한 오랑캐 땅이 '무서운 곳'이라면, 그들이 버리고 떠난 이 땅은 어떤 곳으로 규정할 수 있는가 등의 물음이 그것이다. 그런 질문을 통해 교사와 학생들이 시적 사유를 나눔으로써 '전문적 중개인'으로서의 교사는 근거 있는 해석을 타당한 해석으로 전환시키는 데 결정적 역할을 해야 한다.

(4) 과제 제시 전략

▣ 독서 스토리 쓰기 : 교수·학습 과정 중에

독서 스토리란 문학작품을 읽고 느끼고 자기화하는 과정을 독자의 입장에서 이야기 형식으로 서술하는 것이다. 독서 스토리 쓰기는 독자의 내면에서만 이루어지던 공감, 고민, 갈등의 과정을 가시화함으로써 자신의 시적 사유를 되돌아보고 성찰할 수 있다는 장점이 있다. 그곳에 독자의 다양한 내적 자아가 지녔던 기대, 망설임, 기대가 무산되거나 확인되는 과정 등을 담을 수 있다. 또한 독서 스토리 쓰기 활동은 지배적 읽기를 수행하면서 그 기준이 되었던 다양한 근거를 가시화하는 작업이기도 하며, 텍스트에서 제공한 여기저기 흩어져 있는 세부적인 표현으로부터 시적 장치를 식별해 내고, 그 시적 장치가 시 텍스트에서 기여하는 바를 중심으로 텍스트의 의미를 구성하는 과정을 서술하는 것이기도 하다. 또한 토의나 토론 과정에서 접한 새로운 관점이나 새로운 문학적 사유가 무엇이며 그것이 어떤 의미를 지니는지에 대해서도 서술한다.

■■ 영상시 만들기 : '시의 의미 정리하기' 절차에서

세 단계의 대화 단계를 마치고, 학생들 개개인이 내면화한 시의 의미를 바탕으로 하여 영상시 만들기 과제를 제시하는 것도 좋다. 캠코더, 영상편집기, 간단한 애니메이션 제작 도구를 이용하여 시에 알맞은 음악, 소리, 문자, 이미지, 플래시 등을 결합하여 <낡은 집>을 영상시로 만들어 발표하도록 한다. 이 활동은 개별적으로 하기보다 조별로 만들도록 하는 편이 좋다. 영상시를 발표한 후 수업 관련 인터넷 사이트에 올리고, 학생들이 상호 평가를 하도록 하는 것도 좋다.

[그림 2] 영상시의 예 : 도종환의 시배달 사이트[8]

[8] 도종환 시인의 인터넷 사이트에서 문학 집배원 도종환 시인이 배달하는 시를 보고 들으면서 감상할 수 있다.
도종환, "도종환의 시", 2007. 2. 12. http://poem.cbart.org

(5) 평가 계획

교수·학습 과정에서 수시로 이루어지는 교사의 판단, 수시로 이루어지는 조언 등은 문학 수업 자체를 역동적으로 만들어 주는 힘이다. 교사가 평가의 중심에 서서 전문가의 관점에서 판단·조언하고, 수업 과정 중에 학생 개개인의 능력에 대해 수시 평가를 한다면, 진정한 의미에서의 실질적인 피드백이 가능해질 것이다. 시험지에 의존하던 양적 평가방법으로부터 주어진 상황과 여건에서의 판단, 사후평가가 아니라 수업 상황에서 즉각적인 피드백을 줄 수 있는 평가를 하게 되면 학습 과정 자체가 평가 과정이 되며, 상호평가나 자기 평가도 다양하게 활용할 수 있다. 문학 교수·학습에서의 평가는 되도록이면 교수·학습 과정에서 평가하거나 수행평가 방식을 활용한다.

독서 스토리 쓰기 결과물을 바탕으로 평가를 할 수도 있다. 수업 시작전에, 또는 수업을 진행하면서 학생들에게 부여했던 과제를 중심으로 평가하도록 한다. 예를 들면 영상시를 인터넷 사이트에 탑재한 후, 답글을 통해 상호 평가를 유도할 수도 있고 그 결과물에 대해 교사가 평가할 수도 있다.

7. 문학 감상 프로그램(프로그램 수업)

(1) 교수·학습 설계의 방향

국어 교과서에 실려 있는 문학작품, 수업 시간에 다루는 문학작품만으로는 문학을 즐기는 생활을 하기에 부족하다. 그야말로 문학 능력을 기르고, 문학을 생활화하기 위해서는 단위 수업 차원을 넘어 장기적인 관점에서 준비되는 문학 교수·학습 프로그램을 마련할 필요가 있다.

많은 학교들이 학기 초 혹은 학년 초에 학생들이 읽어야 할 도서 목록을 제시한다. 그런데 그 도서 목록이 실질적으로 수업과 연계되고, 평가와 연계되지 않는다면 별다른 의미가 없게 된다.

따라서 일 년 혹은 한 학기 교수·학습 계획을 하면서 문학 단원과 관련하여 문학작품 목록을 제시하고 이를 근거로 다양한 학생 감상 활동을 촉진하는 문학 감상 프로그램을 운영할 필요가 있다. 이 프로그램을 통해 문학 단원의 학습 목표와 관련하여 다양한 작품을 읽게 하고, 해당 단원의 교수·학습에 도움이 되게 할 수 있을 것이다.

제시하는 작품 목록은 문학 단원의 학습 목표에 적절한 것이면서 동시에 사고의 외연을 넓힐 수 있는 것이어야 한다. 예를 들면 해당 작품에 대한 비평문, 해당 작품의 내용과 관련 있는 최근 소설 등이 그 예다.

(2) 교수·학습의 조직

▓▓ 작품 목록 제시

• 학기 초 혹은 학년 초에 작품 목록을 제시한다.
• 해당 학년에서 다루어야 할 성취 기준(혹은 학습 목표)에 도달하기 위한 작품을 선정한다. 제시한 작품과 관련 있는 뛰어난 비평문도 같이 제시하여 새로운 관점에서 작품을 볼 수 있는 기회를 제공하도록

한다. 최근 소설도 포함하여 같이 비교하면서 읽도록 한다.
- 긴 시간을 필요로 하는 장편소설이나 대하소설을 제시하는 것도 좋다.

■ 작품 선정의 예

◐ **작가의 개성이 잘 드러나는 작품을 제시하는 방식** : 고등학생을 대상으로
할 때, 작가의 개성이 잘 드러나는 작품 목록을 제시하는 것도 의미
가 있다. 작가 나름대로 형성한 독특한 작품 세계를 비교하며 읽도
록 한다.

이상의 <날개>, 손창섭의 <비오는 날>, 이호철의 <타향>, 김승옥의
<무진기행>, 오정희의 <중국인 거리>, 신경숙의 <풍금이 있던 자
리>, 배수아의 <푸른 사과가 있는 국도> 등

◐ **소재의 측면에서 유사한 작품을 묶어 제시하는 방식** : 유사한 소재를 각기
다르게 형상화한 작품을 통해 소재에 대해 다각도로 접근하고, 또 내
적 대화의 방식을 활성화하면서 읽는 데 도움을 줄 수 있다. 예를 들
면 6·25 전쟁을 다룬 작품을 다음과 같이 몇 가지로 분류(이정숙,
1998)할 수도 있다.

- 6·25 전쟁의 상처를 그린 소설 : 1950년대, 60년대 초에 발표된 많은 소
  설들
- 6·25 전쟁이 배경으로 그려지면서 이데올로기를 다룬 소설 : 최인훈의
  <광장>, 이문열의 <영웅 시대>, 조정래의 <태백산맥> 등
- 어린 시절 겪은 전쟁의 흔적들을 어른이 되어 그린 소설 : 윤흥길의
  <장마>, 전상국의 <아베의 가족>, 현기영의 <순이삼촌>, 김원일의
  <노을> 등
- 여전히 지속되고 있는 전쟁과 분단의 문제를 오늘을 배경으로 다룬 소
  설 : 박완서의 <엄마의 말뚝1>, 문순태의 <문신의 땅>, 김원일의 <환
  멸을 찾아서>, 유재용의 <어제 울린 총소리> 등
- 이산가족의 문제를 외국을 배경으로 그린 소설 : 최윤의 <아버지 감
  시>, 이문열의 <아우와의 만남>, 정소성의 <아테네 가는 길> 등

문학작품 읽기 과정이나 결과를 볼 수 있는 다양한 활동 제시

영상시 제작하기

시간이 필요한 영상시 제작의 경우도 가능하다. 시 목록을 제시하고, 그중 학생이 좋아하는 시를 선택하여 자신이 해석한 그 시의 의미를 잘 드러낼 수 있도록 영상시를 제작하는 것도 좋다. 또 학생들이 창작시를 쓰고 영상과 소리를 곁들여 영상시를 제작하고 인터넷 사이트에 올린 후, 학생들 간 상호평가를 하는 것도 가능하다. 일정 기간을 주고 인터넷 사이트에 올리게 한 다음, 학생들의 영상시에 대해 평가하는 답글을 달도록 한다. 영상시 제작 과제는 모둠별로 제시할 수도 있다.

문학작품을 읽는 과정에서 자신의 생각이나 느낌을 표현할 수 있는 '포트폴리오'와 '활동지'

둘 다 결과물을 차곡차곡 모아두도록 한다. 수업 관련 인터넷 사이트에 올리게 한 후 평가할 수도 있다.

포트폴리오(문학 감상 기록장)법

평소에 읽은 문학작품에 대한 느낌이나 감상을 수시로 기록하도록 하고, 교사는 그 과정과 결과를 평가할 수 있다.

문학 감상 기록장의 예

학년, 반 : _____ 이름 : _____ 읽은 기간 : _____

(1) 제목(혹은 책 이름) / 작가	
(2) 작품에 대한 줄거리 / 인상적인 대목	
(3) 작품에 대한 전체적인 감상	
(4) '나'에게 주는 의미	
(5) 관련되는 작품	
(6) 이해할 수 없었던 부분	
(7) 하고 싶은 이야기	
(8) 다음 계획	
(9) 기타	
(10) 교사의 의견	

각 항목의 내용

① **제목 / 작가** : 문학작품의 제목과 작품이 실린 출처, 그리고 지은이의 이름과 간단한 소개를 덧붙인다.

② **작품에 대한 줄거리 / 인상적인 대목** : 작품 전체의 내용을 요약적으로 제시한다 (소설의 경우, 사건 중심, 인물 중심으로 정리할 수도 있으며, 시의 경우, 자신이 해석한 전체적인 의미 등을 정리할 수 있다. 그리고 자신에게 가장 감명 깊었던 부분을 쓰고 그것이 인상적이었던 이유에 대해 서술한다).

③ **작품의 전체적인 감상** : 작품을 읽고 느낀 바를 자유로운 형식으로 기술한다.

④ **'나'에게 주는 의미** : 현재의 '나'의 관점에서 혹은 현재의 '나'가 처하고 있는 상황에서 그 작품을 어떻게 해석할 수 있는지, 그리고 그 작품은 나에게 무슨 의미가 있는지 서술한다.

⑤ **관련되는 작품** : 작품의 주제나 표현상의 특징 등에서 환기되는 다른 작품을 기록해 둔다.

⑥ **이해할 수 없었던 부분** : 이해할 수 없었던 부분을 확인하는 것도 중요하다. 이해하기 어려운 부분이 어디였는지, 그 이유는 무엇인지 적는다. 이후의 독서 계획에 자극을 줄 수 있으며, 교사가 학생의 상태를 감안하여 조언하거나 지도하는 데 도움을 줄 수 있다.

⑦ **하고 싶은 이야기** : 이 작품과 관련하여 자신이 하고 싶은 이야기를 내용에 상관없이 자유로운 형식으로 서술한다.

⑧ **다음 계획** : 이 작품을 통해 무엇에 관심이 생겼으며, 그 관심을 위해 어떤 작업을 할 것인지를 서술한다. 다른 작품을 읽을 수도 있으며, 특정 주제나 분야에 관한 책을 읽겠다는 내용이 있을 수 있다.

⑨ **기타** : 기타 자신이 하고 싶은 자유로운 이야기를 적는다.
   • 기간 : 한 학기
   • 최소 분량 : 10편 이상(장편 소설일 경우, 그 이하여도 됨)

◆ 자신의 생각이나 느낌을 표현할 수 있는 '활동지' 활용

문학작품을 읽고 다음 활동을 할 수 있도록 목록을 작성하여 제시한다. 여러 질문 중 몇 개를 선택하여 자신의 생각을 구체적으로 서술하도록 한다. '활동지'는 한글 파일로 작성하여 학급 홈페이지에 탑재한 후, 필요에 따라 학생들이 활용할 수 있도록 한다. 한 학기에 두어 번 학생들의 결과물을 걷어 평가할 수 있다.

- 이 작품은 우리 삶의 어떤 측면을 이야기하고자 한 것인가?
- 나는 이 작품이 드러내고자 한 바에 동의하는가? 동의하거나 동의하지 않거나 그 이유를 구체적으로 쓰라.
- 이 작품에서 가장 인상적이거나 감동적으로 읽은 부분이 있다면 무엇인가?
- 이 책을 읽고 새롭게 깨달은 것이 있거나 반성적으로 성찰한 것이 있다면 무엇인가?
- 이 책은 나에게 어떤 점에서 도움을 주었는가?
- 이 책을 읽고 누군가와 대화를 나누고 싶다면 주제를 무엇으로 할 것인가?
- 이 작품을 누군가에게 추천하고 싶다면 누구에게 추천하고 싶은가? 그 이유는 무엇인가?
- 만일 이 책을 끝까지 읽지 않았다면 그 이유는 무엇인가?

(3) 평가 및 교수·학습 결과의 송환

단일 차시 차원의 교수·학습이 아니라 장기간에 걸쳐 이루어지는 만큼 평소에 학생들이 문학작품을 읽으면서 스스로 활동을 할 수 있도록 하고 평가하는 방식이 필요하다. 작품을 읽은 후 할 수 있는 다양한 활동, 예를 들면 에세이 쓰기, 창작하기, 모둠별 토론 보고서 작성하기 등을 하도록 하고 평가 자료로 활용할 수 있다. 앞에서 제시한 포트폴리오나 활동지를 토대로 하여 평가하는 것도 좋다.

💬 **교사를 위한 안내**

> 문학 교수·학습은 학생들이 문학을 즐기고 생활화할 수 있도록 하는 것이 가장 중요한 목표다. 이를 위해 교사로서 주의해야 할 점으로 다음을 들 수 있다.
>
> 우선, 교사는 문학작품에 대한 학생들의 해석이나 감상 과정에서 불가피하게 학생 자신의 성향과 배경의 영향을 받을 것이라는 사실에 대처할 준비가 되어 있어야 한다. 즉 그 영향을 수용하기는 하되, 작품에 대한 오독으로 연결되지 않도록 유도할 필요가 있다.
>
> 다음으로 교수·학습 과정에서 원활한 의견 교환의 분위기를 조성해야 한다. 학생은 자유로이 감정을 드러내고 판단을 하고 싶도록 느껴야 한다. 이를 위해 교사는 자연스럽게 학생들의 의견 교환을 유도할 수 있어야 한다. 날카로운 논쟁보다는 작품 해석이나 감상의 근거에 대한 서로 다른 의견을 제시하면서 서로의 문학적 사유 방식에 대해 성찰할 수 있는 계기를 마련할 수 있어야 한다.
>
> 문학 수업에서 학생들의 반응이나 대화 과정에서 교사가 판단해야 할 가장 중요한 내용은 학생의 사고와 판단이 작품에 대한 정확한 해석에 근거한 것인가가 아니라, 그가 자신의 생각과 느낌을 제대로 표현하는가 그리고 그 표현하는 생각과 느낌이 진실한가 하는 것이다.

▌ 탐구 활동

01 문학작품을 한 편 선택하고, 반응 중심 교수·학습 방법 중 '반응 형성하기 단계'를 위한 단일 차시 수업 지도안을 작성하라.

교 과 명		학년 / 학기	
교 재		지 도 교 사	
일 시		대 상 학 급	
교수·학습 방법		실 행 방 법	
단 원			
학습 목표			

과정	단 계	형 태	학습의 흐름	교수·학습 활동		비고
				교사의 지도	학생 활동	
도입	준비 하기 (3분)	전체 학습				
	과제 인식 (2분)					

02 다음 중 〈자료1〉은 제3차 교육과정의 고등학교 국어 교과서에 실린 활동 중 일부이며, 〈자료2〉는 제7차 교육과정의 고등학교 국어 교과서에 실린 활동 중 일부이다. 두 자료를 교수·학습 자료로 하여 작품 해석 능력을 목표로 하는 수업을 계획할 때, 계획의 차원에서 어떤 차이가 있겠는지 설명하시오.

[자료 1]

1-1. 글을 읽을 때에는 암시(暗示)된 내용도 찾아 이해하도록 하자.

1-2. 이 시(시조)들의 주제를 알아보자.

2-2. 다음은 무슨 뜻인가?

　(가) 백마(白馬) 타고 오는 초인(超人) (무엇을 기대하는가?)

　(나) 타고 남은 재가 다시 기름이 됩니다. (어떤 정신인가?)

　(다) 무덤 풀 욱은 오늘 이 '살'부터 있단 말가. (무엇을 한탄하는가?)

　(라) 죽어도 아니 눈물 흘리오리다. (사실인가?)

　(마) 아아, 이렇게도 간절(懇切)함이여! (무엇이 간절한가?)

　(바) 찬란한 슬픔의 봄 (무엇이 찬란하고 무엇이 슬픈가?)

2-3. 다음에 관하여 알아보자.

　(가) 비유(譬喩)

　(나) 상징(象徵)

3-1. '아름다움과 진실'에 관하여 생각해 보자.

　　　　　　　　　－제3차 교육과정의 고등학교 국어 교과서에 실린 활동 중 일부

[자료 2]

[함께하기] 3. 이 시의 화자인 '나'에게 전하고 싶은 말을 구상하여 다음 활동을 해 보자.

(1) 자신이 하고 싶은 말을 발표해 보자.

(2) 다른 사람의 발표를 듣고, 자신의 생각과 어떻게 다른지 메모해 보자.

(3) 이해할 수 없거나 동의할 수 없는 부분을 메모하여 발표자에게 질문해 보자.

　　　　　　　　　－제7차 교육과정의 고등학교 국어 교과서에 실린 활동 중 일부

03 대화 중심 교수·학습 방법을 적용하여 수업을 하고 있다. '독자와 독자 간 대화' 단계에서 두 학생이 다음과 같이 관점의 차이를 보이면서 대화를 나누었다. 전문가와 독자 사이의 대화 단계에서 교사로서 어떻게 대화를 이끌어 갈 것인지 계획을 말해 보라.

■'가' 학생

　　이 시의 주제는 '이별의 정한'이다. 이 시의 화자는 원하지 않는 이별의 순간을 맞이하는 여인이며, 그 여인은 지금 눈앞에 닥쳐온 이별의 상황에 대해 이야기하고 있다.

　　이 시의 화자는 '연인으로부터 버림받지만 슬픔에 앞서 연인을 말없이 고이 보내드리고(1연), (진달래꽃을) 아름따다 가실 길에 뿌려드리며(2연), 떠나는 연인에게 짓밟힘도 마다하지 않고(3연), 마침내 죽어도 눈물 흘리지 않기로 결심한다.'

　　그런데 연인에게 버림받아 증오심과 원한에 빠진 사람이 이처럼 맹목적인 순종이나

관용의 미덕만을 보여준다는 것이 상식적으로 과연 가능한 것인가에 대해 생각해 볼 필요가 있다.

화자는 극한적, 절망적 상황을 피하기 위해, 그리고 비록 공상이라 할지라도 언제인가 돌아올 님과 다시 만나고자 하는 희망을 위해 증오와 원한이라는 내적 감정의 진실을 숨기고 그 대신 겉으로 사랑과 순종의 미덕을 보여 주고 있다.

화자가 심층적인 감정을 숨기고 반어적인 표현을 써서 표면적으로 순종의 미덕만을 보여 준 이유는 무엇일까? 그것은 현실적으로는 자신을 버리고 떠나는 님이지만 속마음에서는 이를 사실로 받아들일 수 없다는 생각, 즉 님에 대한 집념과 미련의 잠재의식에서 오는 것이라 할 수 있다.

■ '나' 학생

이 시는 지금 눈앞에 닥쳐온 이별의 상황에 대한 진술이 아니라 불명확한 가상적 상황에 대한 진술이다. '나 보기가 역겨워 가실 때에는'이라는 구절이 말해주듯이 '이별'은 아직 현실로 닥쳐온 것이 아니며, 그럴 가능성이 보이는 것도 아니다.

이 시의 화자는 언젠가 자신이 원치 않는 방식('나 보기가 역겨워')으로 이별하게 되는 상황이 오더라도 '영변에 약산 진달래꽃을 아름따다/ 가실 길에 뿌릴지언정 죽어도 아니 눈물흘리겠노라'고 말하고 있다.

사랑에 빠진 여자가 '나 보기가 역겨워 가실 때에는'이라는 상황을 설정해 놓고 그 때 자신이 어떻게 할 것인가를 이야기하는 것은 크게 부자연스러운 일이 아니다. 이 시의 화자가 굳이 이별이라는 불행한 상황을 상정한 것은 자신의 사랑을 둘러싼 상황과 가부장제 사회에서 사는 여인들의 사랑이 부닥치게 되는 보편적인 운명을 깊이 통찰하고 있기 때문이다. 이 정도의 통찰력을 갖춘 여인이라면 상대방의 감정 변화를 담담하게 받아들이는 것이 쉽지는 않겠지만 아주 불가능하지는 않을 것이다. 이렇게 보면 '나 보기가 역겨워 가실 때에는/ 말없이 고이 보내드리오리다'라는 단순한 체념이 아니라 그런 세상 이치에 대한 깨달음에서 나오는 것이라 할 수 있다.

사실 고통스러운 이별의 순간이 실제 다가온다 하더라도 자신의 인간적 존엄을 지키면서 사랑의 숭고함을 손상시키지 않겠다는 의지를 피력할 수 있는 것은, 이 시의 화자가 자신의 감정을 적절히 통제할 수 있을 만큼 성숙되고 절제된 인격의 소유자임을 말해준다. 뿐만 아니라, 그것은 이 시의 화자가 가부장제 하의 여인들이 항용 그렇듯이, 자신을 사랑하는 남자에게 정신적으로나 인격적으로 완전하게 예속되어 있는 존재가 아님을 말해 준다. 다시 말해 이 시의 화자는 상대에게 깊은 사랑을 느끼고 있지만, 결코 그에게 정신적으로 의존하거나 예속되어 있지 않은 주체적이고 독립적인 정신의 소유자인 것. 주체적이고 독립적인 정신을 지닌 강인한 여성화자라 할 수 있다.

[참고 자료] 오성호(1999), 예술자료로서의 시 읽기, **문학교육학 4호**, 한국문학교육학회.

04 다음은 중학교 3학년을 대상으로 하는 황동규의 〈즐거운 편지〉라는 시이다. 이 시를 대화 중심 교수·학습 방법을 적용하여 지도하려고 한다. '내적 대화'를 활성화하기 위한 질문 목록을 작성해 보라.

즐거운 편지

황동규

1 내 그대를 생각함은 항상 그대가 앉아 있는 배경에서 해가 지고 바람이 부는 일처럼 사소한 일일 것이나 언젠가 그대가 한없이 괴로움 속을 헤매일 때에 오랫동안 전해 오던 그 사소함으로 그대를 불러 보리라.

2 진실로 진실로 내가 그대를 사랑하는 까닭은 내 나의 사랑을 한없이 잇닿은 그 기다림으로 바꾸어 버린 데 있었다. 밤이 들면서 골짜기엔 눈이 퍼붓기 시작했다. 내 사랑도 어디쯤에선 반드시 그칠 것을 믿는다. 다만, 그 때 내 기다림의 자세를 생각하는 것뿐이다. 그동안에 눈이 그치고 꽃이 피어나고 낙엽이 떨어지고 또 눈이 퍼붓고 할 것을 믿는다.

▌참고할 만한 자료들

• 반응 중심 문학교육에 대해서는 다음의 논의를 보라.

Rosenblatt, L.M(1995). *Literature as Exploration*, New York : Modern Language Association of America. 김혜리·엄해영 역(2006), **탐구로서의 문학**, 한국문화사.

경규진(1993), **반응 중심 문학교육의 방법 연구**, 서울대 박사논문.

경규진(1995), 문학교육을 위한 반응 중심 접근법의 가정 및 원리, **국어교육 87**, 한국국어교육학회.

염창권(1999), 반응중심 문학교육의 현재와 전망, **한국언어문학 43**, 한국언어문학회.

이희정(1999), **초등학교의 반응중심 문학교육 방법 연구**, 한국교원대 석사논문.

류덕제(2005), 반응 중심 교육에 대한 비판적 고찰, **어문학 90**, 한국어문학회.

• 대화 중심 문학교육에 대해서는 다음 논의를 보라.

최미숙(1998), 문학적 장치의 대화적 교수·학습 방법, **문학 교수·학습 방법론**, 구인환 외, 삼지원.

최미숙(2006), 대화 중심의 현대시 교수·학습 방법, **국어교육학연구 26**, 국어교육학회.

• 문학교육에서의 교수·학습에 대해서는 다음 논의를 참조할 수 있다.

구인환 외(1998), **문학 교수·학습 방법론**, 삼지원.

구인환 외(1989), **문학교육론**, 삼지원.

김대행·우한용·정병헌·윤여탁·김종철·김중신·김동환·정재찬(2000), **문학교육원론**, 서울대학교 출판부.

김성진(2004), 문학 교수·학습 방법론 연구, **국어교육학연구 21**, 국어교육학회.

박영목·한철우·윤희원(1997), **국어과 교수학습 방법 탐구**, 교학사.

정재찬(2006), 현대시 교육의 방향, **문학교육학 제19**, 한국문학교육학회.

최지현(1998), 문학감상교육의 교수학습모형 탐구, **선청어문 26**, 서울대학교 국어교육과.

제 10 장

문화·매체 문식성 교수·학습 방법

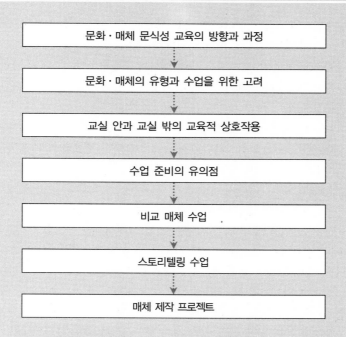

문화·매체 문식성 교육의 방향과 과정

문화·매체의 유형과 수업을 위한 고려

교실 안과 교실 밖의 교육적 상호작용

수업 준비의 유의점

비교 매체 수업

스토리텔링 수업

매체 제작 프로젝트

이 장에서는 문화·매체 문식성 교육을 위한 교수·학습 방법과 그 적용 예를 살펴보기로 한다. 문화·매체 문식성은 오늘날 개인들에게 요구되는 '읽고 쓰는 능력'(literacy)이 전통 사회에서와는 달리 광범위하게 확장되고 심화되었음을 반영하는 개념이자, 국어교육에서 수행해야 할 영역 통합적 교육 내용으로 점차 그 중요성이 강조되고 있다. 일부에서는 국어교육의 목표와 내용이 통합적 맥락에서 설정되어야 한다는 관점에서 문화·매체 문식성 발달을 위한 독립적인 교육 목표와 내용을 갖출 것을 요구하기까지 한다. 문화·매체 문식성 교육에서는 교육과정 변인을 다른 '영역'의 교육에서보다 넓은 범주로서 다룬다. 이는 문화·매체 문식성이 개념적으로뿐 아니라 실제적으로도 교실 밖의 언어 현실에 직접 맞닿아 있기 때문이다. 따라서 교수·학습을 설계하고 조직하는 데에 있어서도 이를 고려할 필요가 있다. 이 장에서는 언어가 기호적·매체적 측면에서 어떻게 실현되는지를 다루는 단일 차시 수업과 언어의 의미 조건에 매체 관습과 체제가 어떻게 작용하는지를 다루는 다차시 수업, 그리고 문화적 경험 체계가 언어 이해에 어떤 영향을 미치는지를 다루는 프로그램 수업에 대해 살펴보기로 하자.

■ 문제 상황

대중매체 특히 인터넷 매체가 가지는 해악을 논하는 사람들이 자주 이야기하는 것 중 하나가 아이들이 주체적으로 풀어 나가는 과제 해결 능력의 상실이다. 인터넷이 아이들에게 정보의 바다로서 유용할 것이라 생각해서 과제를 내줬더니만 웬걸 이게 무슨 일인가! <네이버> '지식인'에게 물어 보고 백과사전에서 따온 것을 그대로 베껴 내기만 한다는 것이다.

그런데 이게 내 생각으로는 반은 맞고 반은 틀린 이야기 싶다. 좀 당돌하게 말하자면 위와 같은 결과물을 낸 것은 아이들의 잘못이라기보다는 아이들에게 종합적인 사고가 필요한 과제를 제시하지 못한 교사의 실수가 아닌가 하는 것이다.

그래서 고민 끝에 내놓은 것이 '고전시가, 현대시, 대중가요 얽어 읽기' 수행평가이다.

"하나의 주제 혹은 공통점 아래 고전시가, 현대시, 대중가요 한 편씩을 고르고 시적 상황, 화자의 태도와 정서, 심상(이미지, 형상성), 운율(음악성), 표현법(함축성) 등을 비교해 보라."는 요지의 수행평가를 내주고 적절한 사례를 교사가 제시하니, 처음에는 손사래를 치며 어렵다던 아이들이 제출 소감에서는 커다란 성취감을 피력한 것이다.

이 과제의 핵심은 대중가요 얽어 읽기에 있다. 왜냐하면 고전시가와 현대시는 참고서와 인터넷에 분석과 해설이 넘쳐나지만, 대중가요는 베낄 만한 자료가 전혀 없다는 점이다. 그러다 보니 학생 자신이 좋아하거나 관심이 많아 해설을 붙일 수 있는 대중가요를 먼저 찾고 다시 고전시가/현대시를 얽어 내는 아이들이 많았고, 이러한 과정 속에서 참고서/인터넷의 뻔한 정보와 해석은 무의미해졌다. 고전시가-현대시-대중가요를 한 데 묶어내려는 노력 속에서 아이들은 이전 세대의 문학적 자산과 자기 세대의 문학적 자산을 얽어 읽기 위해 자신만의 시각과 해석을 드러내야 했던 것이다.

● ● ● 홍완선, '대중가요로 여는 시 수업'에서

▌ 관점 갖기

수업에서 매체나 문화 양식을 다루는 국어 교사들이 안게 되는 일반적인 고민거리 중 하나는 그것들이 교육이라는 관점에서 볼 때 정선되어 있지 않다는 점이다. 대중문화나 인터넷을 원천으로 하는 경험의 대상들은 정리되어 있지 않고 심하게 말하면 '비교육적'이기까지 한 것처럼 보인다. 하지만 여전히 이것들은 유용하며 매력적이기까지 하기 때문에, 교사들은 이것과 교육과정(에 근거하고 있다고 그들 나름으로는 생각하는 어떤 자료들)을 결합하여 수업으로 이끌려고 한다.

홍 교사는 '고전시가'와 '현대시'를 대중가요와 엮어(얽어) 읽게 하려고 한다. 그렇게 하려는 까닭은 이 수업이 작품의 시적 상황이나 화자의 태도나

알아 두어야 할 주요 개념들

이 장의 학습을 위해 다음과 같은 개념들을 먼저 정리해 두자.

매체언어교육으로서의 국어교육

모든 교육은 매체를 다룬다. 그중 어떤 교과는 매체를 수단으로 부리며, 어떤 교과는 매체를 대상으로 다룬다. 국어교육은 매체를 형식이자 통로이자 양식으로서 다룬다. 국어교육에서 매체는 언어이다. 언어는 인간이 사용하는 가장 복잡하고 동시에 가장 기초적인 매체이다. 다른 어떤 매체보다 교육적 효용성과 파급성이 크며, 이 때문에 언어를 교육 내용으로 삼는 국어교육은 타 교과와 비교할 때 기초 교과(primary subject)이자 기간 교과(key subject)이며, 중핵 교과(core subject)로서의 성격을 함께 갖는다.

국어교육으로서의 매체언어교육

매체언어교육은 국어교육 이외의 방법으로도 실행될 수 있다. 하지만 국어 수업에서 실행되는 매체언어교육은 국어교육으로서의 성격을 지녀야 한다. 이는 국어 수업에서 매체언어교육이 단순히 매체를 통해서 실행할 수 있는 모든 교육으로 확장되지는 않는다는 것을 의미한다. 국어교육으로서 매체언어교육은 교과 간의 통합교육의 성격이 아닌, 영역 간의 통합교육으로서 기능한다. 이 때문에 매체언어교육이라는 독립적인 이름을 지니고 실행될 때에는 매체는 수단이나 대상의 의미보다는 통로(channel)나 양식(mode)으로서 의미를 지니게 된다.

문화 · 매체 문식성

'읽고 쓸 수 있는 능력'이라는 의미에서 출발한 문식성의 개념은, '읽고 쓰는 것'이 본질적으로 '이해하고 표현하는 것'이라는 이해에 근거하여 지금까지 계속 심화되고 확장되어 왔다. 매체의 수용과 생산 또한 이해와 표현이라는 맥락에서 문식성의 개념에 포괄되고 있는데, 문제는 매체의 속성이 단일하지 않고 그 대상도 광범위하여 문식성이나 매체 문식성 같은 용어로는 명확히 그 성격을 밝히지 못한다는 데 있다. 국어교육에서 매체는 사회 문화적 환경과 맥락 속에서 특정한 방식으로 약속된 기호의 체계로 존재한다. 예컨대 매체를 이해한다는 것은 매체 자체를 이해한다거나 매체가 담고 있는 내용을 이해한다기보다는 매체가 당대 사회에서 어떤 의미로 약속되며 어떻게 소통되는지를 이해하는 것을 뜻하게 된다. 이를 고려할 때, 문화와 매체는 적어도 국어교육에서는 내용 · 형식 관계처럼 한 몸을 이루어 작용한다고 보아야 한다. 따라서 이를 제대로 표현하기 위해서 이 책에서는 문화 · 매체 문식성이라는 용어를 사용한다. 문화 · 매체 문식성이란, 말하자면 매체를 통해 실현되는 문화와 사회 문화적 환경 속에서 맥락화되어 있는 매체를 통합적으로 이해하고 그 이해한 바를 나타낼 수 있는 능력이라 할 수 있다.

이 장의 학습을 위해서는 아래에 제시한 개념들에 대해서도 정리해 두어야 한다. 이 개념들을 각자 조사해 보자.

매체 양식과 매체 형식 / 다중매체언어(복합다중 매체언어) / 이해와 표현의 불균등성 / 기호적 · 매체적 실현 / 매체 관습 / 문화적 경험 체계

정서, 심상, 운율 등을 파악해야 하는 수업인데, 아이들이 그만 인터넷에서 자료들을 그대로 베껴 내는 바람에 과제 수행이 제대로 되지 않았기 때문이다. 그런데 수행평가의 과제를 내어준 후, 결과는 어떻게 나타났을까? 홍 교사는 아이들이 '커다란 성취감을 피력'했다고 했지만, 실제로 아이들이 맛보았을 성취감이 고전시가나 현대시로부터 온 것이라고 보기는 어려울 듯하다. 많은 아이들이 '자신이 좋아하거나 관심이 많아 해설을 붙일 수 있는 대중가요를 먼저 찾고 다시 고전시가 / 현대시를 엮어 내었'다고 했다. 이는 좋게 말하면, 대중가요를 이해하는 방식으로 고전시가나 현대시를 이해하는 패러프레이즈(paraphrase : 환언)를 한 셈이지만, 비판적으로 보자면 자의적 오독(misreading)에 빠진 것이다. 그리고 이는 어떻게 평가하든 간에 수업의 목표로부터 떨어진 활동들이 이루어진 것일 수밖에 없다. 그러니 '이러한 과정 속에서 참고서 / 인터넷의 뻔한 정보와 해석은 무의미해졌다'는 것은 결코 자랑할 만한 일이 아니다. 애당초 그 '뻔한' 정보와 해석은 체험이 없는 결과여서 문제였던 것이지, 결과 그 자체가 무의미했던 것은 아니었기 때문이다.

홍 교사의 사례는 활동을 살리는 과정에서 교육 목표 / 내용이 실종되는 문화·매체 관련 수업의 전형적인 모습을 보이고 있다. 아이들은 다른 곳에서 다른 체험을 했고, 그 가운데 성취감을 느꼈고, 그리고는 자기식대로 이해한 작품들을 남겼다. 왜 그러한 활동을 했는지는 문제되지 않았다. 여기서 우리는 몇 가지 문제점을 발견할 수 있다. 우선 홍 교사는 문화·매체를 '문학적 자산'으로 여기고 있다. 이것은 홍 교사뿐 아니라 오늘날 점차 많은 국어 교사들이 받아들이고 있는 관점이기도 하다. 그런데 이렇게 기능이나 수단 이상의 그 무엇이 되면 문화·매체에 대한 / 관한 수업은 그것이 기능이나 수단이었을 때와는 전혀 달라진 그 무엇이 되고 만다. 원래의 학습 목표를 달성할 수 없게 된 수업에서 국어 교사들은 다음의 질문을 자신 스스로에게 되물어야 한다. "이 수업을 해야 하는 이유는 무엇인가?"

홍 교사는 고전시가나 현대시는 이전 세대의 문학적 자산으로 대중가요는 아이들의 문학적 자산으로 분류해 두고 있다. 과연 대중가요는 아이들의 것인가? 대중문화나 대중매체는 쉬운 것인가? 혹은 친숙한 것인가? 쉽거나 친숙하다면 쉽거나 친숙한 만큼만 그들의 것인가, 아니면 쉽거나 친숙하지 않은 부분까지도 그들의 것인가, 그도 아니라면 그래도 쉽거나 친숙한 것을 그들의 것이지 않겠느냐고 가정한 홍 교사의 생각은 잘못된 것인가? 유감스럽게도 이 질문들에 대한 답변은 단순하지도 간단하지도 않다. 홍 교사는 잘못된 가정을 했을 수도 있겠지만, 그보다 이전에 이미 지나치게 성급한 단정을 한 셈이다.

홍 교사는 시 수업을 하기 위해 대중가요를 끌어들이고 있다. 수업 중에 '문화적 자산'으로까지 격상되는 대중문화와 대중매체들이 수업에 도입될 때에는 수단으로 활용될 목적이 있어야 한다. 하지만 이 수업에서는 결국 문화·매체 자체가 내용처럼 격상되고 말았다. 이러한 현상은 아직까지 문화·매체에 대한 국어 교사들의 이해가 혼선을 빚고 있음을 보여 준다. 수단으로 활용되었을 때에는 수단으로 기능하게 해야 한다.

우리는 문화·매체 양식을 다루는 국어과 수업을 위해 우선 다음의 전제들을 공유해 둘 필요가 있다. 첫째, 국어과 수업은 문자나 음성언어 형식 외에는 매체의 기능적 숙달을 목표로 삼지 않아야 한다. 매체의 유형과 형태는 계속해서 새롭게 확장되고 있으며, 학교교육은 그 모든 매체들을 익힐 수도, 익혀야 할 필요도 없다. 그중 일부를 학교교육이 다루게 되겠지만, 국어과는 그중에서도 일부만 다루게 된다. 선택의 기준은 그것이 국어교육 목표 실현에 적합하며 효과적이냐 하는 것이다. 둘째, 국어과 수업은 문화·매체가 담고 있는 내용이나 문화·매체 양식 그 자체를 교육 내용으로 삼지 않아야 한다. 이는 국어교육과 다른 교과의 교육이 문화·매체 양식을 교과 내에 끌어들이는 데 있어서 서로 다른 목적과 방식을 가지고 있기 때문이다. 국어교육에서는 사고력, 감수성, 의사소통능력, 문화 수용 및 창조 능력 등을 다루지만 기본적으로 언어 능력을 목표이자 내용으로 삼아야 한다.

1. 문화·매체 문식성 교육의 방향과 과정

[1] Lakoff, G. & Mark Johnson (1980), Metaphors We Live By, Chicago & London : The Univ. of Chicago Press.

[2] 미장센(mise-en-scene) : 원래의 의미는 '무대 위에서의 배치'를 뜻하는 말로 연극에서 무대 위에 펼쳐지는 시각 요소들의 구성을 통칭했다. 영화에서 이 개념을 차용하면서 프레임이나 화각, 구도 같은 정적 공간 구성뿐 아니라 인물의 움직임이나 카메라의 움직임, 화면 같은 시간적 이동에 따른 공간 구성까지도 포괄하게 되었다.

[3] 프레임(frame) : 각 화면(shot)을 이루고 있는 필름의 개별 조각을 말한다. 이 개념은 영화가 만들어져 상영되는 단계마다 서로 다르게 정의된다. 촬영 과정에서는 카메라를 통해 들여다보는 장면의 구도로, 편집 과정에서는 필름에 현상된 낱낱의 정지 사진으로, 그리고 상영 과정에서는 극장의 어둠과 화면을 가르는 경계선으로 규정되는 것이다. 그러나 어떻게 정의되든 간에 이 개념은 영화가 프레임을 통해 비친 세계이며 프레임을 경계로 어두운 객석의 현실 세계와 구분된다는 것을 의미한다는 점에서 일치한다.

인간의 사고는 유한한 개수의 패턴화된 방식으로 작용한다.[1] 복잡한 것은 단순화하고, 어려운 것은 쉬운 것으로 전환하며, 낯선 것은 익숙한 것에 빗대어 이해하려고 한다. 이를테면, 표현의 과정도 그에 준하여 추론하고 적용하려고 한다. 문화·매체 문식성 발달을 위한 교육에서는 이러한 일반적인 사고 패턴의 어떤 부분은 유보해야 할 필요가 있다.

학생들이 낯선 매체를 대하게 되었다고 가정하자. 그러면 그들은 낯선 매체에 반응할 수 있게 하는 사고 패턴을 활용하게 될 것이다. 이를테면 낯선 것은 익숙한 것에 빗대어 이해할 수도 있다. 이제 그들이 상업 영화를 보게 되었다고 가정해 보자. 그들은 화면(shot)과 화각(angle)과 미장센(mise-en-scene)[2]을 모르더라도 서사물을 이해하는 방식으로 영화를 이해할 수 있다. 그들은 영화의 복잡한 서사 구조나 프레임(frame)[3] 구성법에 대해 모르고 있더라도 '전쟁 이야기'나 '공포 이야기' 같은 익숙한 분류법에 따라 이야기를 간명하게 만들어 이해하게 될 수도 있을 것이다. 영화의 매체적 특성(전언성, 형상성)에 대해 전혀 공부해 본 적이 없는 사람이라도 어느 정도는 영화를 영화적 사건으로 단순화할 수 있을 것이며, 이를 자신의 직접 경험이나 독서 체험과 연계하여 이해할 수도 있을 것이다. 말하자면, 이러한 이치에 따라 단순화하거나 간명하게 하거나 익숙하게 함으로써 매체를 수용할 수 있을 것이다.

하지만 이것을 자생적인 문화·매체 문식성의 확장과 심화 과정이라고 할 때, 여기에는 다음과 같은 문제들이 원천적으로 내재한다.

첫째, 이 사고 패턴은 편의적이기는 하지만 적절하고 정확한 것은 아니다. 매체는 단순히 도구적으로만 존재하는 것이 아니라 소통의 통로로서, 문화의 양식으로서 존재하며, 근본적으로 약속된 기호 체계로 존재하기 때문에, 이를 알지 않고서는 그 매체의 의미나 기능이나 작용을 제대로 알 수 없게 된다. 따라서 이 사고 패턴을 통해 학생들이 영화를 제대로 이해했다고 말하기는 쉽지 않다.

둘째, 이 사고 패턴이 유용하다고 가정할 경우에도, 소설이나 그밖의 서사물이 영화보다 쉽거나 단순하거나 친숙하다고 단정할 근거가 생기는 것은 아니다. 이 사고 패턴에 유의미한 익숙함이란 '능숙함'을 요구한다. 하지만 능숙함이 없이도 어떤 대상에 대해 익숙한 느낌을 가질 수 있으며, 이는 경험적 누적에서 비롯된다. 과연 학생들은 소설을 영화보다 더 능숙하게 다룰 수 있는가? 혹은 교사는 소설을 영화보다 더 능숙하게 다룰 수 있는가? 어떤 시대, 어떤 계층, 어떤 문화적 환경에서는 그럴 수 있겠지만, 항상 그런 것은 아니다.

셋째, 이 사고 패턴은 모든 문화·매체 양식(형식)에 대해 적용되기 때문에 문화·매체 간의 경험 차이를 무시하거나 간과하게 할 수도 있다. 이는 문화·매체 문식성 교육의 취지를 흔들리게 할 가능성이 크다.

문화·매체 문식성의 발달은 자신이 이해하는 방식에 따라 이루어질 수 있다. 하지만 지나치게 완만하며 왜곡될 수도 있는 발달의 방향에 대해서는 교육적 처치가 필요하다. 국어교육으로서 문화·매체 문식성 교육이 되기 위해서는 다음과 같은 교육 방향으로의 접근이 필요하다.

- 문화·매체 문식성 교육의 본질은 학생들의 언어 능력을 발달시키는 것이다.
- 문화·매체 문식성 교육의 초점은 학생들로 하여금 매체 문화 소양을 갖추게 하는 것이다.
- 문화·매체 문식성 교육의 지향은 사회적으로 자유로운 문화 향유와 문화적 평등과 다원주의적 소통의 가능성을 확대시키는 것이다.

이를 위해 국어과 수업은 모든 매체가 아닌, 기호적 형상화와 언어적 의미 실현에 초점을 둔 문화·매체 양식(형식)들에 관심을 가져야 한다. 이를테면, '사진 찍는 법'은 아니지만, '특정한 방식으로 사진 프레임에 피사체를 담는 것이 어떤 의미를 지니는지 아는 것'은 국어과 수업을 통해 다루게 될 문화·매체 문식성 교육의 내용이 될 수 있다.[4]

4 '영화에서 화면(shot)과 장면(scene)의 기술적 구분 원리를 아는 것'은 과도한 욕심에 해당하지만, '부감(crane shot)이나 원경(long shot), 끊이지 않고 찍게 되는 긴 장면(long take) 등으로 인물의 심리나 인물 간의 관계, 사태의 심각성이나 객관성 등이 어떻게 표현되는지 아는 것'은 문화·매체 문식성 교육의 내용이 될 수 있다. '트로트(trot)를 부르는 것'은 적절하지 않지만, '트로트의 가사가 전형적이고 통속적인 까닭을 시대적 상황과 결부시켜 이해하는 것'은 교육 내용이 될 수 있다.

수업은 이러한 교육 내용을 통해 학생들로 하여금 특정적 사회적 형식이나 맥락이 의미를 어떻게 형성하며 어떻게 소통시키고 어떻게 영향을 미치는지 이해할 수 있게 해 주어야 한다. 국어과 수업에서라면 매체는 독립적으로 존재하는 것도 아니고, 독립적으로 교수·학습될 수 있는 것도 아니다. 따라서 매체가 어떤 요소들로 이루어져 있다거나 어떤 작동 원리를 가지고 있다거나 하는 내용으로 수업이 시작될 수는 있을지라도 그러한 내용에 도달되도록 조직해서는 안 된다. 질문의 끝에는 '그것은 무엇이냐'가 아니라 '그것은 너에게 어떤 의미를 지니느냐'가 있어야 한다.

문화·매체 문식성 발달을 위한 국어과 수업은 전문적 지식이나 기능이 아닌, 좀 더 자유롭고 공평한 문화 향유를 지향해야 한다. 수업은 매체 수용·생산 능력이 뛰어난 일부의 학생들과 그렇지 못한 학생들 간의 격차를 벌리는 방향으로 전개되어서는 안 된다. 이러한 수업에서는 일부의 학생들이 어떤 매체들의 수용이나 생산에 특별한 소질을 보이면서 교사에게 적지 않은 기대와 만족감을 제공한다 하더라도, 그래서 그 수업이 대단히 활기찬 동력이 얻어진 것처럼 여겨지게 된다 하더라도, 다른 일부의 학생들을 바로 그 문화·매체 양식(형식)의 소외자로 남기는 문제를 야기한다.

2. 문화·매체의 유형과 수업을 위한 고려

국어과 수업에서 다루게 되는 문화·매체에는 크게 세 가지 유형이 있다. 음성·문자 매체와 시청각·영상 매체, 그리고 디지털·통신 매체가 그것이다. 최병우·이채연·최지현(2000 : 17~18)에 따르면, 이것들은 각기 구별되는 '전언성'과 '형상성'을 가지고 있기 때문에 일정한 매체 양식으로서 구분된다. 음성·문자 매체는 전통적인 매체 양식으로 언어 기호라는 분절 체계를 갖는다. 이러한 특성 때문에 논리적이며 분석적이고 합리적인 매체 특성을 지닌다고 한다. 매체 실현에서 단일 매체 요소가 매체 형식의 기초를 이루는 매우 경제적이며 확장성 있는 특성을 지니고 있어서 다른 매체 양식으로 변용되기 쉽다. 하지만 음성·문자 매체를 통한 문화·매체 문식성 교육은 기존의 국어교육 영역에 통합되어 교수·학습될 수 있기에 따로 검토하지 않는다. 예컨대 수업에서 광고 분석을 수행할 경우에도 '광고'의 기호적·매체적 실현이나 관습이 주로 음성·문자 매체로서 특성을 갖는다면 독자적 교수·학습 방법을 적용하는 것보다는 읽기 수업이나 쓰기 수업의 교수·학습 방법을 준용하는 것이 더 효과적일 것이다.

하지만 만약 '광고'의 기호적·매체적 실현에 시각 자료의 작용이 지배적이라면 별도의 교수·학습 방법이 필요하게 될 수 있다. 왜냐하면 이때 '광고'는 더 이상 음성·문자 매체 양식이 아닌, 시청각·영상 매체 양식으로서의 특성을 지니게 되며, 시청각·영상 매체 양식에서는 둘 이상의 매체 요소가 하나의 기호 작용을 하며, 이중 어느 하나 혹은 그 이상의 요소에 근거해 일정한 형식을 취하는 복합 매체성이 나타나기 때문이다. 예컨대, 시각 이미지로 표현된 신문 광고나 음악과 영상의 결합을 통해 나타나는 텔레비전 광고를 이해할 수 있기 위해서는 음성이나 문자로 이루어진 전언(message)의 의미를 결정하는 이미지와 소리의 기호적 속성과 규약을 알아야 한다. 시청각·영상 매체 양식은 국어교육에서 '복합다중매체언어'로 명명된다.

디지털·통신 매체는 음성·문자 매체와 시청각·영상 매체의 특성을 함께 지니고 있는 변이된 매체 양식이다. 여러 매체 요소가 하나의 기호 작용을 하면서도 매체 실현 면에서는 유연하다. 시청각·영상 매체는 음성·문자 매체로 쉽게 번역되지만, 디지털·통신 매체는 음성·문자 매체를 대체하는 경향이 있다.

매체 유형과 그 특성을 고려할 때, 국어과 수업에서는 다음과 같은 점들을 유의해야 한다.

- 문화·매체 문식성 교육에서 전통적인 음성·문자 매체 양식을 다루지 않는 것은 이 매체 양식을 다른 영역의 수업에서 내용으로나 방법으로 다룰 수 있기 때문이다. 국어과 수업에서는 음성언어나 문자언어 또한 매체로서 고려되어야 하며, 그것도 사회 문화적 맥락과 관습에 의해 기호적 의미가 실현될 수 있는 매체로서 고려되어야 한다. 이는 시청각·영상 매체나 디지털·통신 매체에 대한/'―를' 통한 수업에서 음성·문자 매체가 항상 관계 개념으로 다루어져야 한다는 것을 뜻하기도 한다.
- 매체 유형별로 기호적 성격이나 매체 실현 방식이 달라지는 까닭에 쉽게 선택하거나 배제하는 매체 형식들이 생기게 마련이다. 시청각·영상 매체는 양식성이 강하며 그 까닭에 다른 매체 양식에 비해 그 자체가 교육의 대상으로 선택되는 경향이 있다. 그런데 양식성이 강한 경우 매체의 수용과 생산은 그만큼 전문적 기능이나 실행 능력이 필요하게 된다. 시청각·영상 매체에 대한 교육이 필요 이상으로 심화되는 경향을 보이는 것은 이 때문이다. 하지만 이와 다른 이유에서 매체 형식이 선택적으로 동원되기도 한다. (실제 수업에서는 이와 차이를 보이지만) 적어도 디지털·통신 매체에 대한 논의는 시청각·영상 매체 못지않다. 그 까닭은 이 매체의 양식성 때문이 아니다. 대개 그 논의도 매체의 하드웨어적 특성을 다루고 있다. 그럼에도 불구하고 디지털·통신 매체 형식 자체가 교육의 대상이 되는 것은 그것이 음성·문자 매체 형식과 '다르다'는 전제를 이미 설정해 두었기 때문이다. 디지털·통신 매체는 아직까지는 그 자체의 양식적 특성을 확고하게 구축하지 못한 것으로 보인다. 국어과 수업에서 디지털·통신 매체를 끌어들여 올 때에는 이를 충분히 고려해 두어야 할 필요가 있다.
- 국어과 수업에서 매체 형식과 매체 양식은 구별되어야 한다. 직접 다루는 것은 구체적인 개별 매체 형식들이 되겠지만, 교육의 내용으로는 이보다 일반화된 매체 양식 차원에서 다루어질 필요가 있다. 그것이 문화·매체 문식성 교육의 방향에도 부합하며 취지와도 맞는다. 게다가 문화·매체 문식성 교육을 매체 형식에까지 구체화하고 상세화하는 것은, 국어과 수업에서 모든 매체 형식들을 다루지 않는 조건에서는 현실적으로도 적절하지 못하다.

3. 교실 안과 교실 밖의 교육적 상호작용

문화·매체 문식성 교육은 그것이 다루는 교육 내용에 따라 소요되는 시간 및 공간과 재조직되는 관계들과 수행해야 할 과제들과 필요 능력을 다르게 요구하는 수업으로 구체화된다. 그렇기에 국어 교사는 문화·매체를 다루는 다양한 수업을 준비할 수는 있지만, 그것이 어떤 수업 형태로 실현될 것인지 미리 그 모습을 그려둘 수 있어야 한다.

일반적인 국어과 수업에서는 교사가 교육 내용을 매개하여 학생들과 상호작용하게 되는 관계 구조가 형성된다. 하지만 문화·매체 문식성 발달을 위한 수업에서는 매체가 교육 내용으로부터 분리된다. 이는 음성·문자 매체를 교수·학습의 수단으로 삼아 음성·문자 매체 사용 능력을 기르는 목적을 달성하게 되는 전통적인 국어과 수업과는 다른 교육 사태가 발생한다는 것을 의미한다. 수단·목적의 매체 요소가 동일한 것은 음성·문자 매체에서 일어날 수 있는 거의 유일한 사태이다. 시청각·영상 매체나 디지털·통신 매체를 다룰 때에는 그 목적이나 결과적 양상이 시청각·영상 매체나 디지털·통신 매체로 회귀하지 않는다. 결국 국어교육 내용이나 목표는 언어 능력의 발달에 있기 때문에, 도달하게 되는 것도 언어적으로 변용된 매체 수용·생산 능력인 것이다. 따라서 수업 관계 모형은 (A)가 아닌 (B)처럼 설정되며, 교육 내용은 매체와 혼동되지 않는 것으로 규정된다(최병우·이채연·최지현, 2000 : 68).

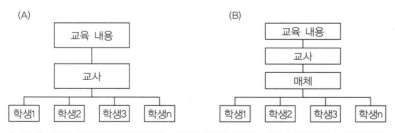

[그림 1] 다인수 학급에서의 전통적인 수업 관계(A)와 문화·매체 수업에서의 수업 관계(B)

다인수 학급에서 수업이 이루어지는 조건은 교육적으로 바람직하다고 볼 수 없다. 교사와 학생 간의 언어적 상호작용을 고려한다면, 특히 불리한 교육 여건이 될 수 있다. 하지만 학생들 간의 상호작용이 원활하게 이루어질 수 있다면 이 불리한 여건은 다르게 이해될 수도 있다. 문화·매체 문식성 교육에서는 교사가 역할 모델을 할 수 있는 경우가 그리 많지 않다. 이 때문에 수업에서는 교사와 학생 간의 언어적 상호작용보다 더 중요한 상호작용들이 고려되어야 한다. 학생들 간의 상호작용도 그중 하나이다. 이 관계가 긍정적으로 조성된다면, 다인수 학급은 교육적으로 의미 있는 상황 여건이 될 수 있다. 다만 이때 교사는 학생들을 균질화하지 말아야 하며, 그렇게 되지 않도록 수업 상황을 조성해 주는 것이 필요하다. 이는 교실 밖의 공동체를 대할 때에도 마찬가지이다.

교실 밖 공동체들은 동질적이지 않다. 따라서 수업 상황에서 '사회 문화적 맥락'이라는 말 하나로 설명될 수 있는 대상이 아니다. 교실 밖 공동체들과의 관계는 수업의 근본 조건이 되는데, 이것은 교사에 의해 통제되지 않는다. 따라서 이러한 관계를 고려하여 수업 관계 모형을 설정할 필요가 있다. 이때 교사는 수업에서 다음과 같은 사항들을 교수·학습 과정에 적용하고 구체화해야 한다.

- 학생들에 따라 관계 설정되는 교실 밖 공동체는 서로 다를 수 있다. 이를 통해 교실 안 학생들(또는 학생 집단)의 속성은 다양성을 갖게 된다. 교사는 이러한 다양성을 학생들이 수용하고 인정해야 할 교육의 방향으로 설정해야 한다.
- 학생에 따라 친숙한 매체 양식이나 형식들이 다를 수 있다. 학생 간의 이러한 편차는 교육의 질적 수준 차이를 고착하는 방향으로 수업을 왜곡시킬 수도 있다. 교사의 역할은 이러한 차이를 다양한 역할 모델의 창출로 이끄는 일이다.
- 일반적인 수업에서와 마찬가지로 교사 한 사람이 모든 학생들을 개별 지도하는 것은 현실적으로 불가능하다. 하지만 교사는 학생 간의 상호작용에 개입하여 그들의 교육적 영향 관계를 촉진시키는 방법으로 이 문제를 현저히 완화할 수도 있다. 이 수업은 학생 중심적 수업이 되어야 한다.
- 수업에서 교실 내의 상호작용과 교실 밖의 상호작용은 결합되어야 한다. 교실 밖의 상호작용은 실제 매체 양식이나 형식들을 다룰 수 있는 환경을 제공하고, 교실 내의 상호작용은 그 상호작용의 방향을 결정하게 된다.

4. 수업 준비의 유의점

수업을 준비하면서 교사는 먼저 문화·매체 문식성 발달에 이 수업이 어떻게 기여할 수 있을지를 점검해야 한다. 이는 수업을 준비할 때 살펴야 할 것들과 유의해야 할 것들을 미리 정리할 수 있게 해 준다.

- 문화·매체 문식성 교육은 국어교육 내에서 이루어진다. 관련 교육과정 내용은 국어교육의 각 영역에 부분적으로 반영되어 있기는 하나, 수업의 실행은 영역 통합으로 이루어지는 것이 바람직하다. 이때 교육과정 내용을 재해석하는 것이 불가불 필요해진다. 문화·매체 문식성 교육의 초점과 지향을 반드시 전제 삼아야 한다.
- 문화·매체 문식성 교육에서 매체 수용과 생산 간에는 능력과 수준의 불균등성이 존재한다. 생산의 매체 형식을 수용의 매체 형식에 반드시 일치시켜야 하는 것은 아니다. 교사는 학생들에게 기대하는 매체 생산 능력을 고려할 때 이를 반드시 염두에 두어야 한다.
- 문화·매체 문식성 교육은 친숙한 매체를 동원해 낯설고 복잡하고 어려운 매체에 접근하는 것과 유사한 방식으로 교수·학습해야 할 매체를 친숙하게 만듦으로써 목표를 달성할 수 있다. 이를 위해서는, 첫째 매체의 규칙과 방식에 대한 지식을 익힐 수 있게 해야 하고, 둘째 매체 환경을 이해할 수 있게 해야 하고, 셋째 교실 밖에서 매체들이 어떤 교육적 작용을 하게 되는지 고려할 수 있게 해야 하고, 넷째 교사 자신이 적절한 스키마와 배경 지식을 동원할 수 있어야 한다.
- 문화·매체 문식성 발달을 위한 수업이 교실 밖에서도 이루어질 수 있으며, 근본적으로는 교실 밖과의 연계 수업의 형식을 갖추어야 한다. 이는 수업의 단위가 신축적일 수 있을 뿐 아니라 그러하기도 해야 하는 까닭이 된다. 그 까닭은 매체 실현이 본질적으로 교실 밖에서 이루어지고 있고, 그중 대부분은 음성·문자 매체 양식과는 달리 교실에서 재연되기 어렵기 때문이다.
- 교실 밖의 장면을 고려하여 수업을 조직할 때 교수·학습의 주체는 개인보다는 공동체를 단위로 하는 것이 바람직하다. 매체는 담론의 형태로 문화 양식을 통해 생산되고 소통되며 수용된다. 매체를 생산하고 소통하며 수용하는 주체에 대한 고려도 이에 부합되어야 한다. 때로 교수·학습 주체는 가상공간의 연결망에 근거를 두고 광범하며 다층적으로 이루어지는 비대면적인 복수의 공동체에 속할 수 있다. 이것은 교수·학습의 중요한 단서가 된다.

문화 · 매체 문식성 발달을 위한 국어과 수업으로는 다음 세 가지 내용이 설정될 수 있다. 이 장에서는 이를 각각 단일 차시 수업, 다차시 수업, 프로그램 수업으로 구체화하여 제시하였으며, 비교를 위해 '광고 및 영화'를 대상 매체로 삼았다.

- 문화 · 매체의 전언성과 형상성을 이해하기 위한 수업 : 비교 매체 수업
- 문화 · 매체 양식의 관습과 체제를 이해하기 위한 수업 : 스토리텔링 수업
- 문화 · 매체 양식의 체험과 제도화를 위한 수업 : 다차시 매체 제작 프로젝트

5. 비교 매체 수업(단일 차시 수업)

(1) 간략한 도입

예시된 수업은 고등학교 1학년 수준에서 설정되었다. 하지만 중학교 전체 학년 수준에서 실행할 수 있다. 수업은 교실 내에서 이루어지며 수업 과정에서 구체적인 문화 · 매체 형식을 결정하게 된다. 하지만 수업 중 간단히 다룰 수 있는 경우가 아니면 수업 전에 집에서 미리 경험해 오게 할 수도 있다. 수업에서는 전언 내용이 어떤 과정을 통해 특정한 매체 형식으로 만들어지는지, 또는 특정한 매체 형식에서 어떻게 전언 내용을 확인할 수 있는지를 다루게 된다. 하지만 매체 형식보다는 매체 양식에 초점을 두고 일반화하여 다루는 것이 바람직하다.

(2) 교수 · 학습 방법

이 수업에서 사용하게 될 교수 · 학습 방법으로 '비교 매체 학습법'을 제안한다. 비교 매체 학습법은 학생들이 매체들 간의 유사성과 차이를 점검하는 과정을 통해 특정한 매체 양식이 지닌 전언성과 형상성을 추론

하고 일반화하여 검증할 수 있도록 하는 교수·학습 방법이다. 모형으로는 상보적 교수·학습 모형을 기본으로 한다. 따라서 이 교수·학습 방법을 실행하는 과정에서 소집단이 기본 학습 단위가 되며, 소집단 내에서 그리고 소집단 간의 협력 학습이 실행 방식이 된다(소인수 학급이나 심화·보충 학습을 위해 수업을 재조직할 때에는 개별화 학습 형태를 취해도 무방하다).

비교 매체 학습법의 기본적인 교수·학습 절차는 오른쪽 [그림 2]와 같다.

이 모형에서 '과제 인식'과 '과제 수행에 대한 평가'는 교수·학습 활동에 대한 메타적인 평가로서 의미를 지닌다. 실제 수업에서는 각각 도입 단계에서의 진단 평가와 정리 단계에서의 형성 평가로서 기능하게 될 것이다.

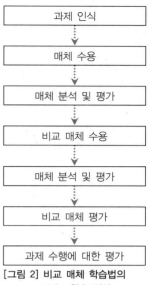

[그림 2] 비교 매체 학습법의
교수·학습 절차

(3) 교수·학습 환경

비교 매체 학습법은 '학습법'으로 표현되고 있는 것처럼 교수·학습 상황에서 학생들의 역할이 주도적이다. 학생들은 매체 활동을 선택적으로 수행하게 될 것이다. 이것을 촉진하고 동시에 바람직한 방향으로 잘 조정해 줄 수 있기 위해 다음과 같은 교수·학습 환경을 제공하는 것이 좋다.

- 학생들이 다양한 매체에 친숙하다고 알려지고 있기는 하지만, 실제 수업에서 학생들이 쉽게 접근할 수 있는 매체 양식들이 많은 것은 아니다. 학생들의 자발적인 활동을 돕기 위해 다양한 매체들에 접근할 수 있는 환경들을 제공하는 것이 필요하다. 여기에는 인터넷, 신문 스크랩, 잡지, 동영상 클립(clip) 등이 포함된다.
- 매체 중 일부는 학생들로 하여금 준비하게 할 수도 있고, 일부는 교실에 설치·비치할 수도 있다. 단, 이 수업을 위해 학생 모두에게 컴퓨터나 인터넷 환경을 제공하는 것은 필수적이지 않으며, 경우에 따라서는 바람직하지도 않다.

- 인터넷이나 신문 스크랩, 잡지, 동영상 클립 등은 가능한 한 정선되고 정리된 것이 바람직하다. 교수·학습 활동 도중에 대상 매체나 비교 매체의 적합성이나 적절성이 문제되었을 때에는 바로 대체할 수 있도록 한다.

(4) 일반적 준비 사항

이 수업의 영역 통합적 특성을 구현할 수 있어야 한다는 점에서 학습 활동도 교과서 밖에서 교사가 따로 준비해 두는 것이 좋다. 이를 위해서는 크게 두 가지 준비를 해 둔다.

- **시연 도구** : 만약 수업에서 다루는 매체가 시청각·영상 매체이거나 디지털·통신 매체일 경우 파워포인트(Power Point) 프로그램 같은 시연 도구(presentation tool)가 필요하게 된다. 이 시연 도구의 활용에는 기술적 준비나 진행상의 시간 확보가 중요하다. 단일 차시 수업의 제한된 시간 동안 원활하게 수업 진행이 이루어지기 위해서는 수업 전에 미리 시연 도구를 준비해 두어야 한다. 학습 목표나 주요 학습 내용은 별도의 수단(별도의 칠판이나 탈부착 가능한 패널)을 통해 수업 시간 중 지속적으로 제시될 수 있도록 한다.
- **개별·모둠 활동지** : 이 수업에서는 수업 내용의 전달이 판서와 같은 고정된 방식이 아니라 시연과 같은 역동적 방식으로 이루어지기 때문에, 학생들의 입장에서는 적절한 시점에서 적절한 학습 내용 정리가 쉽지 않을 수 있다. 이런 수업 환경에서는 주요 활동 내용을 빈칸이나 유도 제시문으로 구조화한 활동지를 만들어 두고 나누어 줌으로써 활동과 학습 내용 기록이 함께 이루어질 수 있도록 할 필요가 있다. 이 활동지는 수업의 정리 단계에서 자기 평가지(또는 상호 평가지)로 활용될 수 있다.

(5) 학습자들을 위한 안내

- 소집단 협력 학습에서는 학습자의 능동성이 중요하다. 토의 조직하기, 질문 내용 생성하기, 내용 구조화하기 등의 학습 전략과 기법 등을 활용하여 학습 활동이 의미 있는 단위로서 조직될 수 있도록 노력하는 것이 필요하다.
- 토의의 의의는 자신의 생각을 조리 있게 말하는 것보다 다른 학습자들의 생각을 잘 정리하여 수용하는 것에 있음을 이해하게 한다.

(6) 교수 · 학습 과정안 예시

교 과 명	고등학교 국어	학년 / 학기	1학년 1학기
교 재	58~63쪽	지도교사	○○○
일 시	○○○○년 ○월 ○일(○요일) ○교시	대상학급	1학년 ○반
교수 · 학습 방법	비교 매체 학습법	실행 방법	소집단 협력 학습
단 원	2. 정보의 조직과 활용 (1) 다매체 시대의 언어활동		
학습 목표	1. 방송매체가 전달하는 정보를 재조직하며 듣고 읽는다. 2. 방송매체가 전달하는 정보를 비판적으로 수용할 수 있다.		

과정	단계	형태	학습의 흐름	교수 · 학습 활동		비 고
				학 생	교 사	
도입	준비 하기 (3분)	전체 학습	• 배경 지식 활성화 • 초점화와 동기 유발	• 전시 수업을 상기하면서 방송매체의 일반적인 정보 전달 특성을 정리한다. • 방송매체 중 광고에 초점을 두고, 자신이 경험한 흥미롭거나 문제적이었던 광고를 발표한다.	• 학생들의 흥미 유발을 위해서 스트레칭을 하게 한다. • 전 차시 수업을 이번 시간의 내용과 연관됨을 설명한다.	※ 수업 전 확인사항 : 학습지 전달
	과제 인식 (2분)		• 학습 목표 확인	• 학습 목표를 함께 읽으며, 수업 후 자신이 어떤 능력을 갖게 될지 전망한다.	• 교사가 칠판에 학습 목표를 붙인다.	**학습 목표판**
전개	매체 수용 (5분)	전체 학습	학습 내용 1 -상업광고의 정보 전달 특성 -내용 및 작용 분석 -내용 및 작용 평가	• 학습지 활동 후 시연(프레젠테이션)되는 상업 광고를 관심을 가지고 본다. • 광고의 역사적 형성 배경과 개괄적인 특징에 대한 설명을 들으며 내용을 정리한다. • 광고의 내용 및 작용을 분석하고, 평가할 것 과제로 받고, 필요에 따라 적절한 질문을 형성하여 의문을 해소한다.	• 설명의 핵심적인 내용은 활동지에 기록하게 한다. • 광고는 아무런 설명 없이 1회 보여주고, 과제 제시 후에 다시 1회 보여준다.	**스크린 준비** 프로젝터 작 동-광고동영 상자료1
	매체 분석 · 평가 (10분)	모둠 학습	• 매체 수용과 재조직 • 매체 평가	모둠별 토의를 통해 과제를 수행한다. 〈활동 1〉 • 다음과 같은 항목들에 대해 분석하고, 모둠별 토의를 통해 정리한다. ㄱ. 전달 대상 ㄴ. 소통 상황 ㄷ. 표현 내용 ㄹ. 표현 방식 ㅁ. 전달 의도 • 다음과 같은 항목들을 기준으로 평가하고, 모둠별 토의를 통해 정리한다. ㄱ. 적절성 평가 ㄴ. 효과성 평가 ㄷ. 윤리성 평가	• 수업 전 모둠별로 앉아 있게 한다. • 토의 중 질문 사항은 대표를 정해, 지정된 교사의 자리에 와서 질문을 하게 한다. • 학습자들의 토의에 귀를 기울이고 모둠원 모두 토의에 참여할 수 있도록 유도한다.	**프로젝터 off**

			학습 내용 2			
전개	비교 매체 수용 (5분)	전체 학습	학습 내용 2 -공익 광고의 정보 전달 특성 -내용 및 작용 분석 -내용 및 작용 평가	• 학습지 활동 후 프레젠테이션 되는 공익 광고를 관심을 가지고 본다. • 공익 광고의 일반적인 특징과 상업 광고와의 일반적인 차이점에 대한 교사의 설명을 들으며 내용을 정리한다. • 공익 광고가 상업 광고의 공통적인 특징을 비교 분석하고, 이로부터 광고 매체의 정보 전달 방식과 작용에 대한 일반적 설명을 과제로 부여 받고, 필요에 따라 적절한 질문을 생성하여 의문을 해소한다.	• 설명의 핵심적인 부분은 활동지에 기록하게 한다. • 광고는 아무런 설명 없이 1회 보여주고, 과제 제시 후에 다시 1회 보여준다.	**프로젝터 on** 프로젝터 작동-광고동영상자료1
	매체 분석 · 평가 (10분)	모둠 학습	• 매체 수용과 재조직 • 매체 평가 • 광고 매체의 일반적 특성	모둠별 토의를 통해 과제를 수행한다. 〈활동 2〉 • 다음과 같은 항목들에 대해 분석하고, 모둠별 토의를 통해 정리한다. ㄱ. 전달 대상 ㄴ. 소통 상황 ㄷ. 표현 내용 ㄹ. 표현 방식 ㅁ. 전달 의도 • 다음과 같은 항목들을 기준으로 평가하고, 모둠별 토의를 통해 정리한다. ㄱ. 적절성 평가 ㄴ. 효과성 평가 ㄷ. 윤리성 평가 • 공익 광고와 상업 광고의 공통적인 특징을 모둠별 토의를 통해 정리한다.	• 수업 전 모둠별로 앉아 있게 한다. • 토의 중 질문 사항은 대표를 정해, 지정된 교사의 자리에 와서 질문을 하게 한다. • 학습자들의 토의에 귀를 기울이고 모둠원 모두 토의에 참여할 수 있도록 유도한다.	모둠별로 대표 발표자를 정하여 발표 준비를 하게 한다.
	비교 매체 평가 (8분)	전체 학습	토의 내용 발표·정리하기	• 모둠별 토의 내용을 발표하고, 발표 내용을 정리하여 광고의 일반적인 매체 특성과 정보 표현·전달 방식을 정리하여 개인별 활동지에 기록한다.	• 모둠별 토의 내용을 발표할 때, 중핵적인 내용들은 판서를 통해 정리한다.	
정리	과제 수행 평가 (7분)	전체 학습	학습 목표 확인 및 형성평가	• 학습 목표를 확인하고 자기 및 상호 평가를 통해 목표 달성 여부를 점검한다.	• 개인별 활동지의 상호 평가 항목은 모둠 내의 다른 학습자와 교차하여 평가할 수 있게 지도한다.	
			과제 부여 및 차시 예고	• 각 모둠의 장은 학생 개인별 활동지를 수합하여 제출한다.	• 차시 수업인 〈허생전〉의 본문을 읽어오는 과제를 제시한다.	

(7) 활용할 수 있는 전략이나 기법들

▪▪ 초점화하기

광고는 다른 매체에 비해 상대적으로 실행 시간이 짧고 내용이 간명하기 때문에 분석이 용이한 편이다. 하지만 함축성이 크거나 다른 매체를 맥락(패러디 광고처럼)으로 삼는 등, 요구되는 문식성 수준 자체가 높을 수도 있기 때문에, 교수·학습 목표에 따라 '적용 사례'에서처럼 교사가 분석 대상을 초점화해 주거나 초점화할 수 있는 단서를 제공해 주어야 할 경우도 있다.

▮ 질문 내용 생성하기

'적용 사례'와는 달리 활동의 구체적인 내용들을 학습자들이 직접 산출하도록 지도할 수도 있다. 이러한 수업에서는 교수·학습 목표가 학습자들에게 상시적으로 확인되고 점검될 수 있는 환경을 제공해 줄 필요가 있다(예: 칠판 상단이나 편측에 학습 목표가 기재된 패널 게시, 학습 활동의 규칙을 사전에 정하여 활동 중 수시로 상기하도록 조성).

(8) 가능한 문제들에 대한 진단

광고는 정보 전달과 소구(appeal)를 핵심적 속성으로 하는 대중 매체이다. 객관성은 전자의 속성에 의해, 그리고 과장과 주관화는 후자의 속성에 의해 형성되며, 성공적인 광고는 이 두 측면을 모두 갖는다. 따라서 어느 한 측면에만 초점을 두고 광고를 이해하게 하는 것은 매체의 본질과 기능을 불완전하게 이해하게 하거나 오해하게 하는 부정적 교육 효과를 낳을 수 있다.

대중 매체를 수업 장면으로 끌고 들어올 때에는 매체에 대한 학습자의 친숙함이나 흥미 말고도 매체 자체가 지니고 있는 교육적 작용이나 효과에 대한 충분한 고려가 필요하다.

(9) 이론적 논의들

비교 매체 학습법은 전형적이며 특징적인 사례를 통해 다양한 변이 현상들을 원리적으로 이해할 수 있게 하는 수업 방법이다. 본질적으로 유추에 따른 사고 활동에 기초하고 있기 때문에 비교 대상이 되는 매체는 충분히 이해 가능하며 기준이 될 수 있는 것이어야 한다.

[적용 사례] 수업에서 활용할 수 있는 활동지

01 아래의 물음에 대한 자신의 생각을 정리한 후, 모둠별 토의를 해 보자.

　가. 누구를 대상으로 한 광고인가?

　나. 이 광고는 어떠한 시청 상황을 가정하고 있는가?

　다. 이 광고가 직접적으로 말하고 있는 바는 무엇인가?

　라. 이 광고가 말하지 않고 있는 바는 무엇인가?

　마. 이 광고에서 두드러진 표현 방식은 무엇인가?

　바. 왜 그러한 표현 방식을 사용했다고 보는가?

　사. 광고주의 의도는 무엇이겠는가?

02 아래의 물음에 대한 자신의 생각을 정리한 후 모둠별 토의를 해 보자.

　가. 이 광고는 광고의 일반적인 요건을 충족하고 있는가?

　나. 이 광고는 잠재적 소비자들에 대해 충분한 효과를 거두고 있는가?

　다. 이 광고는 광고의 윤리성을 준수하고 있는가?

[참조] 에너젠 TV광고(http://ad.donga.co.kr)

01 아래의 물음에 대한 자신의 생각을 정리한 후, 모둠별 토의를 해 보자.

　가. 누구를 대상으로 한 광고인가?
　나. 이 광고는 어떠한 시청 상황을 가정하고 있는가?
　다. 이 광고가 직접적으로 말하고 있는 바는 무엇인가?
　라. 이 광고가 말하지 않고 있는 바는 무엇인가?
　마. 이 광고에서 두드러진 표현 방식은 무엇인가?
　바. 왜 그러한 표현 방식을 사용했다고 보는가?
　사. 광고주의 의도는 무엇이겠는가?

02 아래의 물음에 대한 자신의 생각을 정리한 후 모둠별 토의를 해 보자.

　가. 이 광고는 광고의 일반적인 요건을 충족하고 있는가?
　나. 이 광고는 잠재적 소비자들에 대해 충분한 효과를 거두고 있는가?
　다. 이 광고는 광고의 윤리성을 준수하고 있는가?

03 공익 광고와 상업 광고의 공통적인 특징은 무엇인지 생각을 정리해 보자.

[참조] 공익 광고 '타인에 대한 배려'(한국방송광고공사, http://www.kobaco.co.kr)

6. 스토리텔링 수업(다차시 수업)

(1) 간략한 도입

이 다차시 수업에서는 소단원 혹은 대단원 단위에서 문화·매체 양식에 대한 교수·학습이 이루어질 것을 예상한다. 하지만 실제 실행하기에는 소단원 단위에서 수업을 결합하여 운용하는 것이 수월하며 교수·학습의 단위로도 적합하다. 2, 3차시로 이루어지는 교수·학습 과정에서는 필연적으로 단위 수업 사이의 '빈 시간'을 '독립적 학습 활동 시간'으로 유의미화하는 수업 조직이 중요하다. 단일 차시 수업에서와 달리 다차시 수업에서는 교실 밖 공동체에서 갖게 되는 학습자들의 상이한 문화·매체 경험들이 교실 내의 교수·학습 활동에 통합된다. 교사는 문화·매체 양식의 관습과 체제에 대한 '객관적' 이해 수준을 사전에 상정하는 대신, 학습자 간의 경험 차이를 교수·학습 과정에서 오히려 드러냄으로써 이해의 폭과 깊이를 확장하고 심화하는 수업을 전개해야 한다. 이는 문화·매체 양식의 관습과 체제가 바로 이러한 방식으로 작용하기 때문이다.

(2) 교수·학습 모형

다차시 수업의 교수·학습 모형으로 '스토리텔링 수업 모형'을 제안한다. 스토리텔링(Storytelling)이란, 말 그대로 이야기를 나누는 것을 말한다. 하지만 이야기에 대해 말하는 것이라기보다는 이야기로 말하는 것에 가깝고, 따라서 말하는 이의 개인적인 내적 경험과 그렇게 된 내력을 듣는 이와 공유한다는 의미를 갖는다. 스토리텔링을 수업 모형으로 삼는 까닭은 우리가 매체를 이해하고 수용하며 그 속에서 살아가는 방식이 동일하지 않기 때문이며, 그럼에도 불구하고 일상에서는 이를 별로(혹은 거의) 자각하지 못하고 살아가기 때문이다.

스토리텔링 수업 모형은 무의식적으로 작용하는 문화·매체 양식의 관습과 체제를 이해하기 위한 교수·학습 모형으로서 적합성을 지닌다. 이 수업 모형은 크게 두 가지 교육 내용을 지닌다. 하나는 체험을 의미 있게 하는 것이며, 다른 하나는 체험을 자각하게 하는 것이다. 스토리텔링 수업 모형은 개별적인 매체 경험을 원인과 동기와 의도와 배경이 있고 그 결과적 양상과 영향과 효과가 있는 사태로 받아들이게 함으로써 문화·매체 양식을 의미 있는 대상으로서 받아들이게 한다. 또한 스토리텔링 수업 모형은 자신의 경험 속에 개입되어 있는 집단적이고 무의식적인 변주와 각색 과정을 들추어내게 함으로써 문화·매체 양식 자체의 실제를 이해하게 한다.

2차시 통합 수업으로 상정한 스토리텔링 수업 모형의 기본적인 교수·학습 절차는 아래와 같다.

이 교수·학습 모형의 절차들은 두 개의 독립된 차시 수업이 교실 밖 학습 활동을 매개로 연계되면서 하나의 수업으로 통합되도록 조직되어 있다. 이중 'A'는 교실 안 활동이며, 'B'는 교실 밖 활동을 나타낸다.

교실 안 활동 중 'A[1]'은 매체 경험을 서사화하는 과정이다. 서사화 과정에서 학습자들은 각기 유사하게 혹은 상이하게 이해한 매체 형식들을 이야기로 구성하면서 자신이 이 매체 형식을 어떻게 의미화하고 있으며, 다른 학습자들이 또한 어떻게 의미화하고 있는지 이해하게 된다. 수업은 유사하거나 상이한 매체 경험들이 어디서 비롯되었는지를 물음으로써 매체 경험을 문화적 차원으로 확장시키며, 아울러 특정한 매체 형식이 문화 양식으로서 어떻게 기능하고 작용하는지 이해하려는 학습자들의 능동적인 교실 밖 활동 'B'를 유도한다.

교실 밖 활동인 'B'는 매체 경험을 개인이 아닌 공동체적 경험으로서 인식하게 되는 과정이다. 또한 이 과정은 특정한 매체 형식이 매체 양식이라는 일반화된 관습과 체제 속에서 형성된 것임을 이해하게 되는 과정

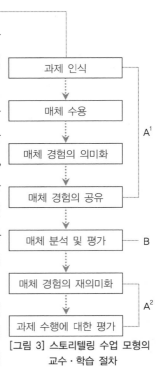

[그림 3] 스토리텔링 수업 모형의
교수·학습 절차

이기도 하다. 학습자는 (교실 안 활동의 교사·학습자 관계와는 구별되는) 교실 밖 공동체의 상호작용 속에 참여하여 교실 밖 활동을 수행하게 된다. 이때 매체 경험은 다른 매체들과의 비교 경험으로 확대될 뿐 아니라 같은 매체의 다양한 실현들에 대한 경험으로 확장되기도 한다.

학습자가 매체 형식이 어떤 제도적 관습과 체제 속에서 실현되는지를 이해하게 되는 과정에서 교실 안 활동인 'A²'의 근거가 마련된다. 교실 안 활동인 'A²'는 앞선 교실 안 활동인 'A¹'에서 비자각적으로 이루어졌던 매체 경험의 의미를 자각하게 되는 과정이다. 학습자 스스로 자신에게서 비자각적으로 각색되었던 경험의 실체를 각성하게 한다. 따라서 교실 안 활동인 'A²'는, 말하자면, 자신의 개인적인 경험의 숨겨진 기원을 분석하고 평가하는 활동을 하게 된다.

이 교수·학습 모형에서도 단일 차시 수업에서와 마찬가지로 '과제 인식'과 '과제 수행에 대한 평가'가 절차로 포함되며, 이 절차는 교수·학습 활동에 대한 메타적인 평가로서 기능한다.

(3) 교수·학습의 중점

스토리텔링 수업 모형은 교실 안과 교실 밖을 연계하는 수업으로 실현된다. 이는 문화·매체 경험이 교실 안에서 재현될 수 있다고 가정하는 단일 차시 수업과는 다른 인식적 접근을 요구한다. 단일 차시 수업에서 학습자가 겪게 되는 매체 경험이 본질적으로 교육적 경험의 성격을 지니게 된다면, 다차시 수업에서는 교육적 경험과 일상적 경험이 맞부딪히는 특수한 경험 상황을 학습자들이 대하게 된다.

이러한 수업에서 학습자들은 다음과 같은 내용들에 대해 이해하게 된다.

- 같은 매체 형식이나 양식에 대한 매체 경험은 동일하지 않으며, 결과적으로

매체 경험의 대상은 경험 주체에 따라 동일하지 않다.

- 어떤 경험 주체가 경험한 매체 형식이나 양식은 그가 속한 교실 밖 공동체에 의해 공동으로 경험된 것이며, 결과적으로 그 공동의 경험에 의해 매체의 양식과 형식이 인지된다.
- 어떤 매체 경험은 사회적·제도적·이데올로기적으로 변형된 것이며, 결과적으로 경험되는 것은 이 변형의 과정이다.
- 어떤 가치 있는 매체 경험들은 경험된 사실로 인해 가치 있게 되며, 결과적으로 어떤 매체 경험을 할 것인지 선택하는 행위에 의해 가치 있게 된다.

이 수업에서는 매체 경험의 비자각성과 변형성과 가치성이 비판적으로 검토되며, 매체 경험의 의미화와 다양화와 선택이 교육적으로 지향된다. 하지만 이 수업에서 매체 경험은 비판적 인식의 대상으로만 여겨지지는 않는다. 이 수업에서 매체 경험은 교실 밖 공동체를 경험 공동체로 받아들이게 하며 교실 밖 공동체에 대한 유대감을 증진하게 한다.

궁극적으로 이 수업에서 학습자의 매체 경험은 매체를 기술이 아닌 문화로서 이해할 수 있게 하는 단서가 된다.

(4) 단일 차시 수업과의 비교

앞에서 다루었던 광고를 스토리텔링 수업으로 이끌어 왔을 때, 어떻게 수업을 조직하고 운영할 수 있을지 생각해 보기로 하자.

우리는 비교 매체 학습법에서 매체 형식의 드러난 의미와 숨겨진 의도를 찾는 활동을 전개한 바 있다. 그 정도가 강하든 혹은 약하든 간에 교실에 '들어온' 텍스트에는 드러난 의미와 숨겨진 의도가 있다. 이 텍스트는 극장 영화, 실연되고 있는 연극이나 무용, 또는 상호작용성이 큰 인터넷 게시판 글쓰기 등과는 달리 교실 안에서도 독립적으로 실현될 수 있는 것이어서 단일 차시 수업으로 소화할 수 있는 매체가 된다. 또한 이 수업에서 교사는 일종의 역할 모델(role model)이 되는데, 왜냐하면 교실 안으로 들어온 매체는 재현 가능한 매체이거나 혹은 재현 가능한 것을 전제로 인지되거나 규정된 매체이며, 이를 교육적으로 통제하거나 운용할 수 있는 주체로는 교사 외에는 없기 때문이다.

상업 광고를 매체로 한 앞서의 단일 차시 수업과 비교해 보자. 그 수업에서 교사나 학습자는 일반적으로 광고주의 의도라든가 광고 제작자들의 창조적 재능, 매체가 소통되는 채널(인쇄 매체나 방송 매체 등의 실질적인 조건) 등에 대해 고려하지 않는다. 주어진 수업 환경에서 이러한 것들은 파악되지 않는다. 단일 차시라는 시간 조건과 교실이라는 공간 조건을 고려하지 않는다면, 수업은 교육 내용의 섣부른 강요나 주입으로 귀결되기 십상이다. 만약 이에 대한 활동이 필요하다면, 수업의 조건이 바뀌어야 한다.

다차시 수업은 단일 차시 수업과는 수업의 조건이 다르다. 학습자들은 교실 밖의 공동체로 연결된다. 매체 경험은 교실 밖에서 이루어질 수 있다. 교사는 굳이 역할 모델이 되기 위해 애쓸 필요가 없으며, 매체에 대한 전문적 지식이나 기능이 반드시 요구되지도 않는다. 여전히 학습자 혼자서는 광고주의 의도나 광고 제작자들의 창조적 재능이나 매체가 소통되는 채널 등에 대해 이해할 수 없겠지만, 교실 밖 공동체에서 매체의 기능과 작용에 관한 더 풍부하고 다양한 이해를 할 수 있다.

이 수업은 과제 중심적인 수업이 된다. 학습 목표 대신 학습 과제를 설정하여 수업을 진행한다. 예컨대 학습 과제로는 아래와 같은 것이 설정될 수 있다.

■ 학습 과제

• 상업 광고에서 장면을 혼동하게 하는 기법이 사용되는 까닭은 무엇인지 이해하고, 이를 비판적으로 평가할 수 있다.

• • • 매체 자료로 단일 차시 수업에서 활용했던 상업 광고를 활용한다고 할 때, 수업의 절차는 아래와 같이 설정될 수 있다. 각 절차는 교사의 지도 발문 형식으로 제시하였다.

■ **수업 절차**

- 광고의 내용을 이야기로 말해 보자.
- 각자가 이해한 이야기에서 표현상의 차이를 보이는 부분은 무엇인지 말해 보자.
- 차이를 보이는 표현은 어떤 의미를 지니고 있는지 말해 보자.
- 다른 광고들에서 이와 유사한 사례가 있는지 찾아보고, 이러한 사례들이 나타나는 까닭을 생각해 보자.
- 광고 내용을 이야기로 만들었을 때 사용한 표현은 어떤 근거나 배경에서 선택된 것인지 설명해 보자.
- 자신이 이해한 방식대로 광고가 소통되게 하기 위해 광고에 사용된 관습이나 장치는 무엇인지 생각해 보자.
  - ・・・ 이 수업은 광고를 하나의 이야기로 이해하게 하는 데 목적이 있지 않다. 모든 학습자가 하나의 이야기로 특정 광고를 이해하게 하는 데 목적이 있는 것도 아니다. 이 수업이 끝나고 나서도 학습자들은 서로 다른 이야기로 광고를 이해하게 될 수도 있다. 그 대신 각자 이해한 광고를 논리화하는 가운데 발견되는 각색이나 변형이 어디서 비롯된 것인지 탐구하게 하는 데 초점을 두고, 이를 통해 매체 양식과 문화에 대한 이해에 이르도록 돕는 것이 중요하다.

젊은이 여러분.

젊은이 여러분.
이제 에너젠을 즐길 시간입니다
경쟁자가 잠든 사이 승리의 에너지를 채우는

젊은이 여러분.
이제 에너젠을 즐길 시간입니다
경쟁자가 잠든 사이 승리의 에너지를 채우는
새나라의 새일꾼이 됩시다

■ **예시 활동**

01 광고의 내용을 이야기로 말하게 할 때에는 나중에 제시된 내용이 앞 내용에 대한 해석 맥락이 되게 하는 것은 바람직하지 않다. 다시 말해, 광고 전체의 의미를 먼저 파악하고 나서 각 장면의 의미들을 이에 따라 해석하는 방식으로 이야기가 구성되어서는 안 된다. 급작스러운 맥락 전환이나 이미지 대비가 빈번하게 나타나는 광고에서 부가적 설명 방식의 서사화는 학습자의 비자각적 각색 과정을 제대로 살피지 못하게 할 수 있기 때문이다. 광고의 내용을 이야기로 옮길 때 초점을 두어야 하는 것은 얼마나 완전하고 정확하게 서사를 만드느냐가 아니라 어떻게 해서 그러한 서사를 만들었느냐이다.

02 학습자들에게는 이 광고에서 맥락의 전환 부분이 어떻게 이해되느냐가 학습 방향의 중요한 단서가 된다. 첫 장면에서 모호해 보이는 상황과

인물들의 연령과 분위기는 보는 사람에 따라 서로 다르게 읽힐 수 있는 여지를 제공한다. 일에 열중하고 있는 증권사의 투자분석가들처럼 보이기도 하고, 홈쇼핑 전화 상담원들처럼 보이기도 하며, 관제소나 통제실의 요원들처럼 보이기도 한다(물론 연령이 낮은 시청자들 가운데 일부에게는 그들이 게이머처럼 보이기도 한다). 어떻게 보는 경우이든 그들은 무엇인가 중요한 일을 심각한 태도로 열중하고 있다. 마지막 장면을 이해하기 위해서는 특정 온라인 게임에 대한 배경 지식이 있어야 한다(대부분의 학습자들은 이에 관한 배경 지식을 가지고 있다). 배경 지식이 있다는 전제에서, 인물들은 즐거운 놀이를 하고 있는 중이다. 그리고 이것은 명백히 심각한 일이거나 중요한 일은 아니다. 따라서 첫 장면과 마지막 장면에서 이해의 충돌이 일어나게 된다. 전망은 위배되고, 이야기는 질서가 깨진다.

03 단일 차시 수업에서 이미 광고가 이를 통해 어떤 가치를 실현하려고 하는지 학습했을 것이다. 이를테면 학습자들은 광고의 드러난 의미, "○○○○○는 많은 에너지를 필요로 하는 경기다.", "경기에서는 경쟁자를 이겨야 한다.", 그리고 "○○○은 에너지를 채워준다.", 그리고 숨겨진 의도, "청소년들에게 게임은 새 나라의 일꾼을 만드는 일과 다름없다.", "○○○을 마시는 것은 가치 있는 일이다." 같은 것을 알게 되며, 이를 통해 광고가 특수한 방식으로 메시지를 전달하는 매체임을 이해하게 된다. 복합 차시 수업에서 교사와 학습자들은 이러한 이해에 머물지 않는다. 교사가 다음과 같은 발문을 던져 봄직하다. "첫 장면과 마지막 장면의 차이를 통해 광고가 암묵적으로 시청자들에게 전달하고 있는 메시지는 무엇인가?", "광고는 '소비'에 대한 시청자들의 태도를 어떻게 변화시키고 있는가" "광고의 첫 장면에 대한 이해가 서로 달랐던 까닭은 무엇인가?", "이러한 방식으로 메시지를 강화하는 광고로 어떤 것들이 있는가?"

7. 매체 제작 프로젝트(프로그램 수업)

(1) 교수·학습 설계의 방향

프로그램 수업이란 대단원 차원, 혹은 한 학기나 연중 차원의 교수·학습 시간을 단위로 하여 이루어지는 수업을 말한다. 교수·학습의 시간이 긴 것은 그만큼 교수·학습의 내용 규모가 크고 전체적(holistic)이기 때문이다. 대개 이런 정도의 교육 내용은 교육과정에서 낱낱이 분해하지 못하는 한 다루지도 않는다. 하지만 다루지 않는다고 덜 중요하거나 교육할 수 없다는 뜻은 아니다. 그 대신 교수·학습은 목표가 아닌 과제를 갖게 된다.

문화·매체 문식성 확장의 가장 기본적인 교육 중 하나인 '책 읽기 독서교육'을 보더라도 어렵지 않게 알 수 있듯이, 프로그램 수업은 '금방 획득할 수 있는 목표, 곧바로 반응하는 활동, 쉽게 변화하는 인간' 같은 것을 가정하지 않는다. 그 대신 장기적인 계획과 꾸준한 실천과 여유로운 믿음을 가정한다. 수업은 매시간 유사하면서도 조금씩 진전을 해 간다. 지난 시간과 이번 시간, 그리고 앞으로 계속 진행될 또 다른 시간들은 독립적인 수업이 되기보다는 하나의 수업 속에서 이루어지는 하위 과정이나 단계들이 되기 때문에, 무엇인가 금세 바뀌거나 나아질 것을 전제하지는 않게 된다.

잘 운영되는 '책 읽기 독서교육'은 매시간 각기 다른 책을 읽어가는 속성의 방법을 쓰지 않는다. 많은 책을 읽게 하는 대신, 같은 책을 읽더라도 조금씩 읽고 생각을 많이 하게 한다든가, 매번 다른 방식으로, 혹은 다른 것에 초점을 두고 읽게 함으로써 더 풍부하고 깊은 경험을 하게 한다. 프로그램의 의미는 그것이 잘 짜여진 있는 순서를 가지고 있다는 것보다는 그 전체가 하나의 꾸러미로서 기능한다는 것에 가깝다. 좀 더 제도적인 성격을 갖는 대중 매체에 대해 프로그램 수업이 이루어질 때에는 이러한 관점과 접근이 간과되어서는 안 된다.

여기서는 프로젝트 방식의 프로그램 수업을 제안한다. 프로젝트는 기획하고 구체화하고 객관화하는 과정으로서 표현 교육과 긴밀한 상관성을 지닌다. 문화·매체 문식성 교육의 내용 중 하나로서 '매체 생산'을 중심 내용으로 설정해 봄직하다. 단일 차시 수업의 자료로 활용된 '공익 광고'를 대상으로 하여 수업의 과정을 살펴보기로 하자.

- 이 수업의 목적은 광고 제작 능력을 갖추게 하는 데 있지 않고, 광고를 생산하고 소비하는 체험을 통해 광고 양식에 대한 이해 능력을 갖추게 하는 데 있다.
- 이 수업에서 학생들은 기획의 과정에서부터 소통과 향유의 과정까지 능동적이고 자주적으로 수행할 수 있도록 권장된다.
- 이 수업에서 학습의 과정은 학습자 자신이 활동을 주도해 간다는 측면에서 연속적이며 점검과 송환이 간헐적으로 이루어진다는 측면에서 비연속적이다.
- 이 수업에서 학습자의 포트폴리오는 학습 경험의 심화와 심화된 경험의 기록이 누적적으로 구축되어야 한다.
- 이 수업은 대단원 수준의 통합 수업 또는 연중 수업, 재량 학습 수업 등에서 운영할 수 있다.

(2) 교수·학습 모형

프로젝트 방식의 프로그램 수업에서는 개별화된 프로젝트보다는 집단화된 프로젝트가 과제 수행에 효과적이다. 집단화된 프로젝트가 교사에게 있어서 수업 관리의 효율성을 높여주기도 하지만, 그보다 중요한 이유는 학습 활동이 대부분 교실 밖에서 이루어지는 자주적인 과정이 되어야 하기 때문이다. 지속적인 학습 동기가 부여되고 과제 통제가 효과적으로 이루어지기 위해서는 학습자 상호 간의 협력자적 관계가 설정되어야 한다.

여기서는 '매체 제작 프로젝트'를 주제로 한 프로그램 수업 모형의 기본적인 교수·학습 절차를 소개한다.

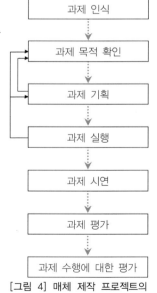

[그림 4] 매체 제작 프로젝트의 교수·학습 절차

이 교수·학습 모형에서는 일반적인 프로젝트 학습법처럼 '목적(목표) 확인→기획→실행→시연(평가)'의 절차를 갖는다. 절차는 학습자 중심으로 조직되어 있으며, 교사는 점검 및 송환(feedback)을 통해 학습 과정을 돕는다. 이 과정이 일련의 연속된 수업으로 이루어지지 않기 때문에, 교사의 개입은 비연속적이게 된다. '점검 및 송환'은 학습자의 필요와 요구에 근거하여 이루어지도록 한다.

단일 차시 수업에서나 다차시 수업에서처럼 '과제 인식'과 '과제 수행에 대한 평가'는 교수·학습에 대한 메타적 평가에 해당한다.

(3) 교수·학습의 조직

수업이 '매체 제작 프로젝트'로 이루어지기는 하지만, 이 수업의 중점이 광고를 제작하는 데에 있는 것은 아니다. 오히려 광고 기획과 제작과 소통의 전 과정에서 학습자의 능동성이 발현되는 것이 중요하다. 그렇기 때문에 각 단계별 활동의 많고 적음과 시간적 지연 여부는 학습자의 이해 수준과 준비 정도에 따라 달라져야 한다. 이는 마치 방송국 견학과 같은 방식으로 학습의 흐름을 미리 결정해 두어서는 안 된다는 뜻이다.

A, B, C의 각 단계는 학습자 주도로 이루어지게 되며, 이 과정은 대부분 교실 밖 활동(실제로는 수업 외 활동)을 통해 이루어지게 될 것이다. 교사는 학습자들의 교실 밖 활동을 위해 (웹 카페, 커뮤니티, 클럽 등으로 불리는) 온라인 게

매체에 대한 기능적 사용 능력이 부족한 학습자들을 모둠으로 묶어 기획 중심의 프로젝트를 진행할 수 있도록 한다(광고 목적 확인, 수용자 분석, 소통 매체 분석, 아이디어 산출 등).

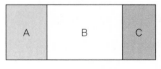
매체 제작에 관심이 많은 학습자들을 모둠으로 조직할 때에는 매체의 기술적 측면보다는 관계적 측면(표현과 수용의 관계)에 주목하여 프로젝트를 진행할 수 있도록 지도한다.

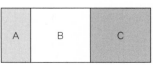
매체 문화에 관심이 많은 학습자들을 모둠으로 조직할 때에는 매체 생산자의 의도와 매체 수용자의 이해 사이의 일치나 차이에 주목하여 그 원인과 의미를 탐구하는 프로젝트를 진행할 수 있도록 지도한다.

[그림 5] 매체 제작 프로젝트의 시간 배분 방식(예)-A : 광고 기획, B : 광고 제작, C : 광고 소통

시판을 활용하도록 도울 수 있다.

'매체 제작 프로젝트'는 학습자들의 시연을 산출물로 삼는다. 하지만 이 경우 시연 내용이 완성된 형태의 광고만을 의미하지는 않는다. 각 모둠에서 프로젝트의 초점을 무엇으로 삼느냐에 따라 산출물은 광고 시안 (draft)이 될 수도 있고, 완성된 형태의 광고물이 될 수도 있으며, (주로 온라인 매체를 통해 실행된) 광고물에 대한 잠재적 수용자들의 반응이 될 수도 있다.

(4) 교수·학습 결과의 평가 및 송환

평가를 위해 요구되는 평가 자료에는 프로젝트 기획 단계, 즉 '과제 목적 확인' 단계에서 수행한 활동들을 기술한 프로토콜(protocol)을 반드시 포함되도록 하며, 전체 프로젝트 과정이 포트폴리오로 구축되어 있어야 한다. 교사는 이를 학습자들이 주지하도록 '과제 인식 단계'에서 사전 지도해야 한다.

평가는 학습자 상호 평가와 교사에 의한 평가로 구성된다. 이를 위해 프로토콜과 포트폴리오에 대한 개관이 시연에 포함되도록 한다.

수업의 단위가 크고 현실적으로 같은 학년 교육과정 내에서는 반복되기 어렵기 때문에, 평가는 총괄 평가로서 이해되기 쉽다. 하지만 시연이 광고 매체의 생산과 수용에 대한 다양한 이해를 돕는 기회가 되기도 한다는 점에서 보면, 여전히 형성 평가적 성격도 지니고 있다고 할 수 있다. 따라서 평가 결과가 광고 매체에 대한 학습자들의 이해를 심화할 수 있는 방향으로 송환되도록 상호 평가나 교사에 의한 평가가 잘 정리될 필요가 있다.

교사를 위한 안내

　　문화·매체 문식성 교육은 새로 개정될 교육과정에 근거를 두고 구체화될 것이다. 하지만 지금까지는 문화·매체 문식성 관련 연구들이 구체적인 교수·학습 방법을 제안하는 데에까지는 이르지 못한 상황이다. 이러한 까닭에 이 장에서는 검증된 교수·학습 모형이나 방법을 소개하지 못했다. 앞에서 제시한 교수·학습 방법들도 잠정적인 가설 모형에 따른 것이기에, 현장에서는 좀 더 다양한 적용 사례들이 이론적으로 논리화될 필요가 있다.

▌탐구 활동

01 홍보 포스터를 제작하는 활동을 지도하는 상황을 가정해 보자. 무엇을 어떻게 지도해야 할 것인가? 다음 질문들에 답하면서 그 구체적인 내용을 도출해 보자.

(1) 어떤 교육과정적 근거에 따라 이 활동을 지도할 수 있을까? 가능한 성취 기준들을 찾아 제시해 보자.

(2) 이 활동이 미술과 교수·학습과 구별되는 점은 무엇인지 근거를 들어 밝혀 보자.

(3) 다음 두 가지 입장 중 하나를 선택하여 교수·학습 방법을 구체화해 보자.

- 홍보 포스터 제작의 목적은 효과적인 정보 전달과 설득에 있는 만큼, 문자나 시각 자료의 선택이나 각 요소들의 구도 및 배치 등과 같은 편집 기술의 사용은 문화·매체 문식성 교육의 중요한 내용 요소가 된다.
- 매체 사용은 문화적 맥락을 전제하고 있는 만큼, 송신자와 수신자의 관계, 각각의 배경 지식과 정서, 심리적·사회적 환경, 의사소통 수단의 사회적 규약과 관습 등에 대한 이해와 적용이 문화·매체 문식성 교육의 중요한 내용 요소가 된다.

02 다음은 2007년 개정 국어과 교육과정에 포함된 8학년 '쓰기' 영역의 성취 기준과 예시 내용 요소들이다. 이에 근거하여 교수·학습할 때 필요한 발문 항목을 7개 이상 작성해 보라.

| (5) 영상 언어의 특성을 살려 영상으로 이야기를 구성한다. | • 영상 언어의 특성을 이해하기
• 일상적 경험이나 사회적 사건을 바탕으로 이야기 구성하기
• 관객이나 시청자의 관심과 흥미를 고려하여 영상물 만들기 |

▌ 참고할 만한 자료들

• 문화 교육, 혹은 매체 교육에 관한 일반적 논의들에 대해서는 다음의 논의를 보라.

　김대행(1998), 매체언어 교육론 서설, **국어교육 97**, 한국어교육학회.

　이채연(2001), 인터넷 매체언어 활용의 교수학습 모형과 실제, **새국어교육 61**, 한
　　　　　국국어교육학회.

　전국국어교사모임(2005), **매체교육의 길찾기**, 나라말.

　정현선(2004), **다매체 시대의 국어교육과 문화교육**, 역락.

　최지현(2001), 매체언어이해론을 위한 근본논의, 독서연구 6집, 한국독서학회.

　데이비드 버킹엄(정현선 역, 2004), **전자매체 시대의 아이들**, 우리교육.

• 문화·매체 문식성 교육의 교수·학습방법에 대해서는 다음의 논의를 보라.

　이채연(2007), 매체언어교육의 교수 학습 방법, **국어교육학연구 28집**, 국어교육
　　　　　학회.

　최병우·이채연·최지현(2000), **매체언어교육방법에 관한 연구**, 서울대 국어교육연
　　　　　구소 보고서.

　최지현(2007), 매체언어교육의 교수·학습 방법 탐구, **국어교육학연구 28집**, 국어
　　　　　교육학회.

　Buckingham, D.(1990), *Watching Media Learning : Making sense of media
　　　　　education*, New York : Falmer Press. 정현선 역(2004), **전자매
　　　　　체 시대의 아이들**, 우리교육.

　Tyner, Kathleen(1998), *Literacy in a Digital World : Teaching and Learning
　　　　　in the Age of Information*, Lawrence Erlbaum Assoc Inc.

　Kress, G. R. (1997). *Before writing : Rethinking the paths to literacy*,
　　　　　London, New York : Routhledge.

　Lemke, J. L. (1997). Metamedia literacy : Transforming meanings and
　　　　　media. In Reinking, D., McKenna, M., Labbo, L. & Kieffer
　　　　　R.D. (Eds., 1997). *Literacy for the 21st Century :
　　　　　Technological Transformation in a Post–typographic World*.
　　　　　Erlbaum.

통합적 교수·학습 방법

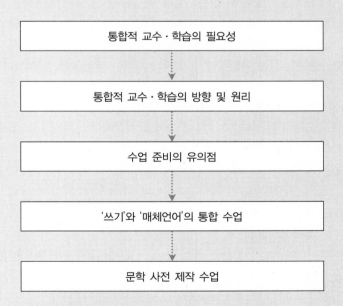

이 장에서는 영역 혹은 교육 내용을 통합하여 교수·학습하기 위한 방법을 모색해 보고자 한다. 우리의 일상적인 언어생활에서 언어는 대부분 통합적인 모습으로 실현된다. 듣고 나서 말하거나, 읽은 후에 글을 쓰고, 문학작품을 읽고 나서 글을 쓰기도 한다. 그런데 국어교육에서는 그동안 듣기, 말하기, 읽기, 쓰기, 문법, 문학 등 각 영역별 교육에 치중하여 교육해 왔다. 물론 각 영역별 교육을 강화함으로써 각 영역별로 다루어야 할 교육 내용이 무엇이며, 어떻게 가르쳐야 하고 어떻게 평가해야 하는가에 대하여 독자적인 논의를 진행할 수 있었고, 어느 정도 그 성과를 거둔 것도 사실이다. 하지만 이제는 각 영역별 언어 능력을 통합하여 지도하는 것이 자연스러우면서도 효율적이라는 논의가 폭넓게 받아들여지고 있다. 이는 우리들의 실질적인 언어생활을 고려한 학습 목표의 통합을 전제로 하여 지도해야 한다는 의미다. 때로는 해당 영역의 학습 목표에 도달하기 위한 과정에서 부분적으로만 통합이 이루어질 수도 있다. 이 장에서는 이러한 통합적 교수·학습이 왜 필요하고 어떻게 지도해야 하는지에 대하여 알아보기로 한다.

■ 문제 상황

김 교사는 인터넷 백과사전 제작 수업을 진행했다. 인터넷 백과사전에 올리기 위한 표제어를 선정하고 표제어의 내용을 정리하여 인터넷에 올리는 수업이었다. 이 수업은 선정한 표제어에 대해 유용하면서도 객관적인 내용을 작성해서 인터넷 백과사전 사이트에 올리는 작업을 포함했다. 그렇기에 객관적인 정보를 중심으로 하여 대상을 설명하는 글을 쓰는 것을 목표로 삼는 쓰기 교육과 매체언어의 특성을 살려 글을 쓰는 매체언어 교육의 통합이 필요했다. 수업을 진행한 후 학생들과 이 수업에 대하여 평가활동을 하는 과정에서 김 교사는 다음과 같은 반응을 얻었다.

김 교사 : 여러분! 이제까지 진행했던 '인터넷 백과사전 제작하기' 수업에 대하여 평가를 해 봅시다. 이 평가는 앞으로 우리가 수업을 어떻게 해야 할지 계획하는 데 도움을 줄 수 있을 거예요.

미　희 : 솔직히 인터넷 백과사전에 글을 올릴 때 어떻게 해야 할지 잘은 모르겠어요. 하지만 정말 재미있는 수업이었어요. 특히 학교에서 컴퓨터를 가지고 수업한다는 것이 재미있었어요.

상　규 : 컴퓨터로 딴짓을 하지 못하도록 해야 할 것 같아요. 학생들이 게임이나 인터넷 검색만 하는 경우도 있었거든요.

진　영 : 우리가 만든 사전 내용이 인터넷 백과사전에 실리게 되어 정말 뿌듯합니다. 하지만 사전 내용을 열심히 만들었는데, 나중에 보니 삭제되어 정말 아쉬운 경우도 있었습니다. 다음부터는 삭제되지 않도록 노력하겠습니다.

철　수 : 교과서로 수업하는 것보다 컴퓨터로 하니까 훨씬 재미있고 수업 집중도도 높았습니다. 이런 수업을 많이 했으면 좋겠습니다.

▌관점 갖기

김 교사가 진행했던 인터넷 백과사전 제작하기 수업에 참여했던 학생들의 반응은 대체로 긍정적이다. 재미있고, 집중도도 높았고, 뿌듯하다는 반응이 나오는 것을 보면 학생들이 그 수업에 몰입해서 참여했다는 것을 알 수 있다. 하지만 통합적 교수·학습의 측면에서 볼 때, 무엇인가 핵심적인 것이 빠져 있다는 것을 알 수 있다. 중요한 것은 학생들이 자신들이 참여한 수업의 목표가 무엇이고, 배워야 할 내용이 무엇인지 정확하게 인지하지 못하고 있다는 점이다.

수업에 대한 평가라면 과연 학습 목표에 도달했는가, 학습 목표를 위한 학습 활동은 적절한 것이었나 등이 평가 기준이어야 할 것이다. 통합적 교수·학습에서 유의해야 할 것은 통합하고자 하는 목표가 무엇인가 하는 점이다. 김 교사가 진행했던 수업은 '정보를 전달하는 글 쓰기'라는 쓰기 교육의 목표와 '매체언어의 특성을 살려 제작하기'라는 매체언어 교육의 목표를 통합하여 '인터넷 백과사전 제작하기'라는 형태로 진행한 것이었다. 그런데 학생들은 모두 인터넷을 활용하여 수업을 했다는 데서 오는 만족감에 그칠 뿐, 자신들이 그 수업을 통해 도달해야 할 목표가 무엇이었는지, 자신들의 활동이 무엇을 목표로 한 것이었는지 제대로 인식하지 못하고 있다. 이것은 학습 목표를 분명하게 인지시키지 못하고 주어진 활동만을 하는데 그쳤기 때문에 나타난 현상으로 볼 수 있다. 한편, 학습 목표를 통합해서 수업했는데, 학생들이 하나의 목표만을 인지하는 것도 문제다. 통합적 교수·학습에서 유의해야 할 사항은 통합하고자 하는 것이 무엇인지, 그리고 그것을 어떤 방식으로 교수·학습할 것인지 학생들에게 분명히 인지시켜야 한다는 점이다.

알아 두어야 할 주요 개념들

이 장의 학습을 위해 다음과 같은 개념들을 먼저 정리해 두자.

매체언어

매체는 의미를 드러내고 전달하며 나아가 해석을 필요로 한다는 점에서 그 이해와 표현 방식의 측면에서 볼 때 언어의 측면에서 초점화하여 접근할 수 있다. 매체 언어는 다양한 매체에 실현된 언어의 특성에 주목한 용어로, 기존의 언어가 주로 음성언어와 문자언어로 이루어진 것이었다면, 매체 언어는 텍스트의 종류에 따라 음성, 문자, 소리, 이미지, 동영상 등이 복합적으로 통합되면서 의미를 형성한다는 특성을 지닌다. 이렇게 하여 매체언어는 다양한 기호가 복합적으로 작용하여 의미를 형성하는 독특한 언어 체계를 지니는 것이며, 이러한 매체 언어로 표현된 매체 텍스트는 의미를 생성하는 문법적인 구조를 가지고 있는 음성언어나 문자언어처럼 상세한 분석이 가능해진다.

매체 텍스트

매체 텍스트는 매체언어로 표현된 의미 담지체로서, "여러 다른 형식의 커뮤니케이션 수단에 의해 전달되는 다양한 프로그램, 제작된 영화 영상 작품, 이미지, 웹사이트 등(D, Buckingham, 2004 : 17)"을 의미한다. 매체 언어로 표현된 매체 텍스트는 의미를 생성하는 문법적인 구조를 가지고 있는 음성언어나 문자언어처럼 상세한 분석이 가능해진다.

인터넷 백과사전

인터넷 백과사전이란 인터넷의 특성을 살려 제작한 백과사전을 의미한다. 기존의 서적 형태로 출판된 백과사전들이 인터넷에 정보를 제공하는 것은 제외한다. 브리태니커나 두산 백과사전 역시 인터넷에 사이트를 개설하거나 포털 사이트와 계약을 맺는 등으로 정보를 제공하는데, 이것은 서적 형태의 백과사전과 크게 다르지 않다. 예를 들면, 위키 백과, 포털 사이트의 오픈백과사전류 등을 들 수 있다.

1. 통합적 교수·학습의 필요성

오말리와 피어스(O'Malley & Pierce)에 의하면, '통합'이란 "언어 능력들의 통합, 어떤 경우에는 내용 영역 간 지식과 능력들의 통합(1995 : 5)"을 의미한다. 여기에서 통합의 두 가지 측면을 추출할 수 있는데, 그 하나는 바로 '언어 능력들의 통합'이며, 다른 하나는 '내용 영역 간 지식과 능력들의 통합'이다. '언어 능력들의 통합'은 말하고 듣고 읽고 쓰는 능력을 통합한다는 것이며, 내용 영역 간 지식과 능력들의 통합은 교과 간 통합, 그리고 지식과 능력의 통합 문제를 제기한다. 언어 능력들 간의 통합에 주목할 때, 말하고 듣고 읽고 쓰는 활동을 학습 목표나 학습 내용에 따라 통합하여 지도하는 것이 좋다. 그리고 지식과 언어 능력들 간의 통합에 주목할 때, 각 활동에 관한 지식과 활동을 통합하고, 다른 한편으로 영역 간 지식과 활동을 통합 지도하는 것이 좋을 것이다. 여기에서는 '언어 능력의 통합'에 초점을 맞추어 교수·학습의 필요성을 살펴보자.

실질적으로 말하기, 듣기, 읽기, 쓰기 활동이 통합적으로 이루어지는 우리들의 일상적인 언어활동의 양상을 고려한다면, 서로 관련 있는 활동을 통합하여 지도하는 것이 좀 더 효과적이다. 듣기 활동이 오로지 듣기만으로 이루어질 수 없기 때문에 말하기, 듣기, 쓰기 등 다른 언어 능력과 결합하여 지도하는 것이 효율적이며, 읽기 활동은 읽은 내용을 다른 차원의 텍스트로 표현하는 행위를 내포하기 때문에 말로 표현하거나 글로 옮겨야 비로소 그 과정이 완성될 수 있다는 것, 그리고 이해 행위는 직접 관찰하기 곤란하므로 말하기나 쓰기 활동과 통합하여 지도해야 한다는 것도 모두 통합적 교수·학습의 필요성을 강조하는 견해이다.

언어 능력은 상호 보완적 측면이 있다. 읽기 능력이 쓰기 능력을 활성화하고 쓰기 능력이 말하기 능력을 활성화하기도 한다. 또 여러 자료와 텍스트를 읽으면서 이루어진 읽기 능력은 말하기 상황에서 매우 중요한 역할을 하기도 한다. 말하고 듣고 읽고 쓰는 능력을 따로따로 분리해서 지도하기보다는 이러한 측면을 고려하여 통합적으로 지도함으로써 언어 능력을 신장하는 데 기여할 수 있다.

최근의 국어교육은 일상적인 언어활동이 이루어지는 다양한 상황을 전제로 하는 경우가 많다. 언어 상황이 배제된 진공 상태에서 이루어지는 언어활동으로는 언어 능력 신장에 별다른 도움을 주지 못한다는 것을 확인했기 때문이다. 이런 점을 고려할 때, 말하고 듣고 읽고 쓰는, 그리고 문법 능력과 문학 능력이 통합적으로 이루어지는 실질적인 언어 상황을 강조하기 위해서도 통합적인 교수·학습은 필요하다.

언어활동의 통합적 교수·학습은 언어활동의 측면뿐만 아니라 평가의 효율성 측면에서도 의미가 있다. 평가하는 데 걸리는 시간이나 노력의 효율성을 생각할 때 더욱 그러하다. 특히 말하고 듣고 읽고 쓰는 활동을 직접 관찰하여 평가하는 것이 필요한 국어과 평가의 경우, 이해 능력과 표현 능력을 결합하여 평가하는 것은 매우 중요하다. 읽거나 들은 것을 말하거나 글로 쓰지 않는 한 이해 능력을 평가하기란 어렵기 때문이다. 이해 능력을 표현을 통해서 평가해야 한다면, 두 능력을 동시에 평가하는 것이 효율적이면서도 현실적인 대안이라 할 수 있을 것이다.

2007년 개정 국어과 교육과정에서는 '4. 교수·학습 방법'의 '가. 교수·학습 계획'에서 국어활동의 총체성을 고려하여 영역 간, 영역 내의 학습 요소를 통합하여 지도할 것을 제시하고 있다. 구체적인 내용은 다음과 같다.

> 3) 국어 활동의 총체성을 고려하여 영역 간, 영역 내의 학습 요소를 통합하여 지도한다.
>   가) 각 영역에서 해당 영역의 고유성이 반영되어 있는 학습 요소와 통합이 가능한 학습 요소를 구분하여 지도하되, 학습의 효율성을 높일 수 있도록 한다.
>   (1) 국어 표현과 이해의 원리와 과정을 고려하여, 말하기와 쓰기를 통합하고, 듣기와 읽기를 통합한다.

(2) 국어 활동에서 사용되는 음성언어와 문자언어의 특성을 고려하여 듣기와 말하기, 읽기와 쓰기를 통합한다.

(3) 문법이나 문학과 관련된 담화 또는 글과 문학작품을 읽거나 듣고 자신의 생각과 느낌을 표현하게 함으로써 문법 및 문학 영역과 듣기, 말하기, 읽기, 쓰기 영역을 통합한다.

나) 동일 영역의 내용 요소 중, 학습의 효율성을 높이는 데 적합한 요소를 통합하여 지도한다.

다) 매체 관련 내용 요소를 지도할 때에는 듣기, 말하기, 읽기, 쓰기, 문법, 문학 영역과의 통합을 고려하여 지도한다.

라) 여러 영역을 통합하여 지도하기 위해 자료를 개발할 때에는 교육 내용과 학습 상황에 맞게 다양한 방법을 모색하도록 한다.

(1) 주제를 중심으로 내용 요소를 유기적으로 통합하여 조직한다.

(2) 다양한 상황을 중심으로 관련되는 내용 요소를 통합하여 조직한다.

(3) 종합적인 사고가 요구되는 문제 상황을 제시하고 이를 해결하는 과정에서 필요한 내용 요소를 통합하여 조직한다.

(4) 다양한 담화 또는 글을 중심으로 내용 요소를 통합하여 조직한다.

2. 통합적 교수·학습의 방향 및 원리

국어 능력의 통합이 각 언어활동의 산술적인 통합, 기계적인 통합이어서는 안 된다. 자칫 통합적 교수·학습을 잘못 이해하여 활동을 통합하여 지도하기만 하면 되는 것으로 오해하는 경우가 있다. 활동이 지니는 교육적 의미라든지 성격에 대한 고려보다도 말하고 듣게 하고, 읽고 쓰기만 하면 통합적인 수업으로 이해하는 것이다.

그러나 통합적 교수·학습에서 기본적으로 전제해야 할 것은 실제 가능한 언어 상황을 전제로 각 영역의 교육 내용, 다시 말하면 학습 목표(성취 기준)에 의한 통합이 이루어져야 한다는 점이다. 읽기 영역의 목표가 '내용의 타당성을 판단하며 글을 읽을 수 있다.'이고, 쓰기 영역의 목표가

'근거를 제시하면서 설득력 있는 글을 쓸 수 있다.'일 경우를 가정해 보자. 이 경우, 두 개의 목표를 통합하여, 어떤 글이나 신문에 실린 글의 내용을 판단하면서 읽고 그에 대한 자신의 판단을 근거로 제시하면서 설득력 있는 글을 쓰는 수업을 계획할 수 있다.

이렇듯 학습 목표에 의한 통합을 전제로, 언어활동의 성격에 따라 통합의 유형을 결정해야 한다. 언어 자료를 중심으로 말하고 듣고 읽고 쓰는 언어활동의 성격을 고려할 때, 통합의 가능성은 '활동의 동시성', '활동의 연속성', '활동 원리의 동일성' 등이 이루어지는 경우를 들 수 있다.

'활동의 동시성'이란 수업 상황에서 두 개 이상의 언어활동이 동시에 이루어지는 경우를 의미하며, '활동의 연속성'이란 언어 자료나 주제를 중심으로 언어활동, 예를 들면 이해와 표현 활동이 연속적으로 이루어지는 경우를 의미한다. '활동 원리의 동일성'이란 언어활동을 가능하게 하는 원리적 지식이 동일한 경우를 의미하며, 이 유형의 수업에서는 다른 유형보다 좀 더 긴밀한 통합적 교수·학습이 이루어질 수 있다.

(1) '활동의 동시성'을 중심으로 한 수업

'활동의 동시성을 중심으로 한 수업'이란 두 가지 이상의 활동이 선후 관계없이 동시에 이루어지는 활동을 학습 목표로 하는 것으로, 이런 경우 동시에 이루어지는 언어활동을 통합하여 교수·학습하는 것이 효율적이다. 예를 들면 '맞춤법을 안다'라는 학습 목표와 '맞춤법에 맞게 글을 쓴다'라는 학습 목표를 들 수 있다. 글을 쓰는 활동과 맞춤법을 고려해야 하는 활동은 무엇이 '선(先)'에 해당하는 활동이고, 무엇이 '후(後)'에 해당하는 활동인지 구분하기 어렵다. 물론 맞춤법에 관한 지식을 먼저 알고 있어야 하지만, 그것을 활용하여 직접 글을 쓰는 활동은 동시에 이루어진다고 볼 수 있다. 알고 있는 맞춤법을 적용하는 활동과 글을 쓰는 활동은 동시에 이루어지기 때문이다.

(2) '활동의 연속성'을 중심으로 한 수업

'활동의 연속성을 중심으로 한 수업'이란 두 가지 이상의 학습 목표가 선후 관계를 가지면서 시간상 연속적으로 이루어지는 활동을 통해 실현할 수 있을 때 계획할 수 있다. 문학작품 혹은 어떤 글을 읽고 나서, 그리고 어떤 이야기를 듣고 나서 토론하거나 쓰는 활동이 그 예이다. '활동의 연속성'이 성립하는 예로는 문학작품이나 읽기 제재를 읽고 토론하거나 문학작품이나 읽기 제재를 읽고 글(감상문 등)을 쓰는 경우, 또 듣고 나서 말하는 경우 등이 있다. 주로 이해 활동을 한 후 '……에 대하여' 표현하는 활동을 한다는 특성을 지닌다. 이러한 유형에 속하는 통합의 예로는 '문학－읽기－말하기/듣기', '문학－읽기－쓰기', '듣기－말하기', '듣기－쓰기' 등을 들 수 있다.

(3) '활동 원리의 동일성'을 중심으로 한 수업

'활동 원리의 동일성을 중심으로 한 수업'은 활동은 다르지만 그 활동을 가능하게 하는 원리가 유사한 경우에 활용할 수 있는 유형이다. 문학작품에 나타난 표현 방식을 활용하여 말하거나 쓰는(표현하는) 활동을 할 경우가 이에 해당한다. 예를 들면, '문학작품의 인물 성격 묘사에 나타난 글쓰기 방식을 안다(문학).'라는 학습 목표와 '문학적 표현 방식을 활용하여 자신의 성격을 드러내는 글을 쓴다(쓰기).'라는 학습 목표를 통합한 수업을 들 수 있다.

이상에서 제시한 통합적 교수·학습의 세 가지 유형이 완전히 상호 배타적인 것이 아님에 유념해야 할 것이다. 교수·학습 상황이나 학습 목표에 따라 교사가 다양한 통합의 방식을 계획할 수 있으며, 때로는 두 가지 유형이 결합할 수 있는 여지도 있다.

3. 수업 준비의 유의점[1]

- 통합적 교수·학습을 계획할 때에는 학습 목표, 학습 내용, 교수·학습 환경 등을 종합적으로 고려한다. 통합적 교수·학습이 어떤 경우에나 효율적인 것은 아니다. 통합적 교수·학습은 학습 목표, 학습 내용, 교수·학습 환경의 측면에서 통합하여 지도하는 것이 의미 있을 경우에 한해서 실시해야 한다.

- 특정 학습 목표를 위한 활동에서 부수적으로 어떤 활동을 했다고 해서 통합적 교수·학습으로 볼 수는 없다. 예를 들어 문학 수업을 위해 읽기와 쓰기 활동이 이루어졌다고 해서 읽기와 쓰기를 모두 통합하여 지도했다고 할 수는 없다. 읽기와 쓰기를 통합적으로 지도할 때, 단순히 읽기와 쓰기 활동이 있었느냐가 중요한 것이 아니라 읽기와 쓰기 능력을 위한 학습 목표를 통합하여 교수·학습을 계획하고 운용하느냐가 중요하다.[2]

- 둘 이상의 영역을 통합하여 지도할 때에는 학습자의 학습 활동이 한 영역에 치우치지 않도록 한다. 자칫 한 영역의 학습 목표가 부각될 경우, 다른 영역의 학습 목표에 해당하는 활동이 부수적인 것으로 떨어질 우려가 있기 때문이다. 다만, 이 원칙을 기계적으로 적용하여, 각 영역에 해당하는 활동의 수나 시간 배분이 무조건 동일해야 한다는 의미로 해석해서는 안 된다. 읽기와 쓰기를 통합적으로 지도한다고 해서 항상 같은 비중으로 다루어야만 하는 것은 아니다. 어느 한 차시에서는 읽기 활동이 거의 다루어지지 않았지만 다음 차시에서는 읽기 활동이 더 많이 다루어질 수 있다. 문제는 해당 교수·학습에서 각 영역의 목표에 분명하게 도달하도록 수업을 진행했느냐일 것이다.

- 통합 지도를 하려면 시간 운영의 융통성을 기하는 것이 좋다. 한 차시 내에서 하기 어려우면 두세 차시를 묶어서 하는 것도 생각해 볼

[1] '수업의 유의점'에 제시한 내용 중 일부는 한국교육과정평가원 교수·학습센터(http://www.classroom.kice.re.kr)에 제시된 내용을 참고하였다.

[2] '읽기'와 '쓰기'의 통합 모형에 대해서는 '제7장 읽기 교수·학습 방법'을 참조하라.

수 있다. 두 시간이나 세 시간을 연속 차시로 운영하는 방법도 있다. 참고로 2007년 개정 국어과 교육과정에서는 '4. 교수·학습 방법'의 '나. 교수·학습 운용'에서 국어활동의 총체성을 고려하여 영역 간, 영역 내의 학습 요소를 통합하여 지도할 때의 유의 사항을 다음과 같이 제시하고 있다.

3) 영역 간, 영역 내의 학습 요소를 통합하여 지도할 때에는 다음과 같은 사항에 유의한다.
   가) 둘 이상의 영역을 통합하여 지도할 때에는 학습자의 학습 활동이 한 영역에 치우치지 않도록 한다.
   나) 영역 간의 공통점과 차이점을 고려하여 통합적 교수·학습의 효율성을 높인다.
   다) 학습자가 한 영역에서 학습한 내용을 다른 영역에 적용하는 과정을 충분히 이해하고 수행하도록 지도한다.
   라) 학습 요소의 통합 취지에 알맞은 방법으로 교수·학습을 전개한다.

4. '쓰기'와 '매체언어'의 통합 수업(다차시 수업)

(1) 간략한 도입

이제 통합적 교수·학습 방법을 적용하여 수업을 해보자. 여기에서는 중학교 3학년 수업을 전제로 하여 인터넷 백과사전 제작 수업을 할 것이다. 특히 인터넷 백과사전인 위키(Wiki) 백과사전[3]을 제작하는 수업, '쓰기'와 '매체언어'를 통합하는 수업을 할 것이다.

최근 인터넷 수용자가 아니라 생산자에 대한 관심이 높아지고 있고, 이런 맥락에서 UCC(User Created Contents)에 대한 관심이 고조되고 있다. 매체를 이해하기 위해서는 매체를 분석하는 활동뿐만 아니라 학습자 스스로

[3] 한국어명 '위키 백과'인 위키피디아는 열린 백과사전으로, 배타적인 저작권을 갖지 않고 누구나 자유롭게 이용 및 출판할 수 있다. 위키 백과는 리처드 스톨먼이 설립한 자유 소프트웨어 재단(Free Software Foundation)에서 만든 라이선스(GNU Free Document License) 형식으로 배포된다. 즉 상업적인 이용도 가능하지만 구입자나 인터넷 사용자나 별 차별 없이 이용할 수 있다. 위키 백과는 200개 이상의 언어로 서비스되고 있으며, 모두가 함께 만들며 자유롭게 글을 쓸 수 있는 다국어판 인터넷 백과사전이다. 또 배타적인 저작권을 가지고 있지 않기 때문에 사용에 제약을 받지 않는다. 한국어 위키 백과 역시 한국어만 알고 있으면 국적에 상관없이 누구나 참여가 가능하다. 참고로, '위키피디아'는 하와이 호놀룰루공항의 무료 셔틀 버스 이름인 '위키위키'와 '백과사전'이란 영어 단어를 합성한 말이다. '위키위키'는 하와이 말로 '빨리 빨리'란 뜻이라고 한다.

콘텐츠를 제작하는 활동이 필요하다. 이런 점에서 볼 때, 위키 백과사전 제작 교육은 사전을 이용하는 능력뿐만 아니라 콘텐츠를 개발하는 능력을 중시하기 때문에, 미디어 사회에서 능동적이고 주체적인 매체언어 능력을 신장시키기 위한 교육으로서의 역할을 할 것이다. 또한 쓰기 교육의 측면에서 볼 때, 인터넷 백과사전 제작은 객관적 정보를 전달하는, 정보 전달을 위한 글쓰기 교육에 유용한 수업이 될 수 있을 것이다.

이 수업은 총 4차시로 계획하였다. 4차시로 계획하기는 했지만 학생들의 활동의 진행 상황에 따라 혹은 수업 방식에 따라 유연하게 늘이는 것도 가능하다. 차시별 교수·학습 내용은 다음과 같다.

[표 1] 인터넷 백과사전 제작을 위한 차시별 교수·학습 내용

구 분	교 수 · 학 습 내 용
1차시	**인터넷 백과사전의 특성 알기** • 종이책 백과사전과 인터넷 백과사전의 특징 비교하기 • 위키 백과를 예로 들어 인터넷 백과사전 이용하는 방법 알기
2차시	**인터넷 백과사전 제작 방법 알기** • 인터넷 백과사전에 등재된 특정 표제어의 내용 설명 방식 분석하기 • 인터넷 백과사전에 내용 올리는 방법 알기 • 인터넷 백과사전에 수록할 표제어를 선정하기
3차시	**표제어 내용을 위한 지식과 정보를 탐색·정리·구성하기** • 표제어 설명을 위한 정보를 찾고 정리하고 구성하기 • 인터넷 백과사전의 내용 페이지에 준비한 표제어 관련 내용 수록하기
4차시	**인터넷 백과사전 표제어 내용 수록하기** • 표제어 내용 인터넷 백과사전 사이트에 올리기 **사전 내용 발표하고 평가하기, 사후 활동 논의하기** • 인터넷 백과사전에 올린 사전의 내용을 발표하기 • 인터넷 백과사전 내용에 대해 평가하기, 이후 사전 내용 관리 방식 논의하기

특히 매체 텍스트 생산 수업은 상당히 많은 시간을 필요로 한다는 점을 고려하여 교수·학습을 계획해야 한다. 매체 텍스트를 제작하는 활동 자체가 아직은 낯설기 때문에 제작 방법 자체를 이해하는 데 시간이 걸

리기도 하며, 또 제작 과정에서 이런 저런 시행착오를 겪기도 하고, 다시 수정하기도 하는 시간을 필요로 하기 때문에 계획했던 시간보다 오래 걸리는 경우가 많다. 제작이나 탐구 수업을 위해서는 섬세한 안내와, 충분한 시간 배정이 되지 않으면 실제 교실 수업 상황에서는 하기가 쉽지 않다. 충분한 시간 배정을 해주는 것이 꼭 필요하며, 그동안 학습한 여러 개의 학습 목표를 통합하여 활동을 하는 것도 의미가 있다.

(2) 교수·학습 모형

인터넷 백과사전 제작 수업을 위해서는 인터넷 백과사전의 특성을 알고, 표제어를 선정하고, 표제어에 담을 내용을 정리하는 과정이 필수적이다. 이런 과정을 고려하여 교수·학습 모형을 제시하면 다음과 같다.

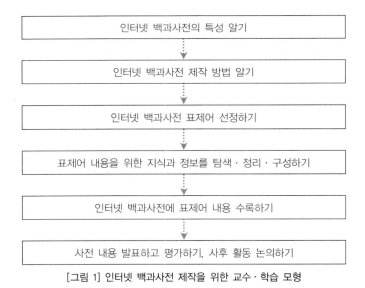

[그림 1] 인터넷 백과사전 제작을 위한 교수·학습 모형

이러한 수업 절차 중 4차시를 위한 수업지도안을 간략하게 제시하면 다음과 같다.

교 과 명	중학교 국어	학년 / 학기	3학년 2학기
교 재	중학교 국어 3-2 교과서	지도교사	김 ○ ○
일 시	2008. 10. ○	차 시	4/4
교수·학습 방법	통합적 교수·학습 방법	교수·학습 자료	
단 원	3. 글과 사전		
학습 목표	• 대상에 대한 객관적인 정보를 전달하는 글을 쓴다.('쓰기') • 사전의 내용을 만들어 인터넷 백과사전에 수록할 수 있다.('매체언어')		

단계	형태	교수·학습의 절차	교수·학습 활동		비고
			학생 활동	교사 활동	
준비하기 (2분) 과제 인식 (3분)	전체 학습	학습 목표 확인 및 학습 동기 유발하기	• 학습 목표 확인하기 – '쓰기'의 학습 목표와 '매체언어'의 학습 목표를 확인한다. • 4차시 학습 목표 확인	'쓰기'의 학습 목표와 '매체언어'의 학습 목표를 모두 달성해야 하는 것임을 강조한다.	
			• 이전 활동에 대한 상기와 검토 – 지난 시간에 작성한 표제어 내용이 '정보 전달을 위한 글'의 관점에서 적절한 것인지 다시 한 번 검토한다.		

활동1 (10분)	모둠 학습	인터넷 백과사전 표제어 내용 수록하기	• 표제어 내용 인터넷 백과사전 사이트에 올리기
			  – 모둠별로 3차시에 조사한 내용을 다시 정리한다.
			  – 인터넷 사전에 올릴 문서를 제작한다.
			  – 사전의 내용 정리 방법이나 사전 문서 제작 방법을 제대로 이해하지 못한 경우 질문을 통해 해결한다.
				– 문서 제작 방법은 '위키 백과 시작하기' 학습지를 다시 한 번 참조하도록 지도한다.
				– 저작권에 저촉되지 않도록 베껴 쓰지 않고 자신이 직접 작성해야 하는 것임을 다시 한 번 상기시킨다.	

활동2 (10분)
 	
활동3 (15분)
	모둠 학습	사전 내용 발표하고 평가하기, 사후 활동 논의하기	• 인터넷 백과사전에 올린 사전의 내용을 발표하기
			  – 모둠에서 완성한 백과사전의 페이지(문서)들을 모둠별로 발표한다.
			  – 내용이 미흡한 표제어를 보충한 경우, 원래 문서를 미리 제시한 후 모둠이 제작한 문서를 발표한다.
			  – 내용이 없었던 표제어를 새로 넣은 경우, 어떤 점에서 백과사전에 수록될 필요가 있는 내용인지 밝히면서 발표한다.
			  – 백과사전 사이트에서 내용이 삭제된 경우, 그 이유를 함께 밝히도록 한다.
				– 모둠 활동을 하면서 참조한 책이나 지식의 출처를 꼭 밝히면서 발표하도록 지도한다.	

			• 인터넷 백과사전 내용에 대해 평가하기, 이후 사전 내용 관리 방식 논의하기
			  – 다른 모둠 발표 내용에 대해 서로 평가한다.
			  – 백과사전의 내용을 만들어 보는 활동을 통해 서로 느낀 점을 이야기한다.
			  – 백과사전에 올린 내용에 대해 이후 어떻게 관리할 것인지 논의한다.
				– 백과사전에 적합한 내용을 수록했는지 피드백을 한다.
				– 잘 한 모둠은 칭찬한다.
				– 내용이 미흡한 경우, 보완할 점을 지적한다.	

정리 (5분)	전체 학습	학습 목표 확인 및 자기 평가	• 학습 목표를 다시 상기시키면서 학습 목표 도달 정도를 스스로 평가한다.		
		과제 부여 및 차시 예고	• 차시 수업 목표를 인지하고, 필요한 사전 과제를 확인한다.	– 차시 수업 목표를 미리 알려주고, 필요한 사전 과제를 제시한다.	

(3) 교수·학습의 중점

■■ 수업을 위한 학생들의 준비

● 수업 전에 사전 찾는 방법을 알아 둘 필요가 있다

서적 형태의 사전을 찾는 방법을 미리 확인하고 특정 표제어를 중심으로 사전을 찾으면서 국어사전과 서적 형태 백과사전의 특성을 비교하여 알아 둘 필요가 있다. 이런 과정을 통해 백과사전의 특성을 분명하게 알수 있다. 그리고 인터넷 백과사전(위키 백과)에 대한 소개를 하고 종이책백과사전과 인터넷 백과사전에서 표제어를 찾아보는 활동을 하면서 종이책 백과사전과 인터넷 백과사전의 차이를 아는 것도 필요하다.

● 서적 형태의 백과사전과 인터넷 백과사전의 차이를 알아둔다

서적 형태의 백과사전의 경우 표제어와 관련된 다양하고 구체적인 정보와 지식을 해당 분야의 전문가가 집필하고 출판사에서 책으로 출판한다. 그런데 출판 이후에 등장하는 최신 표제어는 담기 어렵다는 점에 대한 이해가 중요하다. 서적 형태의 백과사전은 제작 기간이 길고, 또 한번 제작된 경우 다시 새로운 내용을 담기까지 오랜 시간이 걸린다는 점을 강조할 필요가 있다.

반면 인터넷 백과사전(위키 백과)의 경우 정보를 얻기 위해 활용하기도 하지만, 자신이 어떤 정보와 지식을 다른 사람에게 제공하고 싶을 때도 활용한다는 점, 누구나 제작에 참여할 수 있으며 인터넷상에서 다른 사람들에 의해 조금씩 내용이 수정되는 특성이 있다는 점 등에 대한 교육을 통해 인터넷 백과사전의 특성을 분명하게 알도록 해야 한다. 인터넷 백과사전에 대한 구체적인 지식은 표제어를 선정하고 지식을 구성하는 데 중요한 전제 역할을 한다.

▪▪ 수업 활성화를 위한 교사 활동

◈ 매체 텍스트 제작 활동에서 교사가 미리 시범을 보이는 것도 의미가 있다

다시 말하면 제작의 전체적인 과정, 즉 인터넷 백과사전에 올릴 표제어를 선정하고 자료 조사를 통해 내용을 탐색·정리·구성하는 과정을 교사의 시범 보이기를 통해 구체적인 방법을 미리 알려주는 것이다. 인터넷 백과사전 제작은 학생들의 자발성과 능동성, 그리고 창의성을 요구하는 활동으로서, 학생들의 자기주도성이 바탕이 되지 않으면 제대로 하기 어렵다는 특성을 지닌다. 교수·학습 과정에서 학생들이 스스로 활동을 할 수 있도록 활동의 방향과 지침, 방법 등에 대해 자세하게 알려주어야 한다.

◈ 개별 활동보다는 모둠 활동을 권장할 필요가 있다

매체 텍스트를 제작하는 수업을 할 경우, 학생 개인의 차원에서 하는 것도 의미가 있을 수 있지만, 그보다는 모둠 활동을 통해 서로 협동하여 문제를 해결할 수 있도록 하는 것이 좋다. 혼자서 해결하기 어려운 부분을 서로 도와가며 해결할 수 있으며, 새로운 아이디어를 떠올리는 방법을 서로 배울 수 있고 다른 학생의 제작 기술 등을 배우는 기회도 제공한다.

▪▪ 교수·학습의 구체화 방안들

◈ 인터넷 백과사전 표제어 선정의 유의 사항

우리 삶의 문제적인 부분, 우리 삶을 이해하는 데 필요한 지식이나 정보가 무엇인지 반성적으로 성찰하는 태도를 강조하도록 한다.

백과사전의 표제어로 올릴 수 있는 것이 무엇인지에 대해 아는 것은 매우 중요한 활동이다. 학생들은 백과사전에 올릴 적절한 표제어를 정하는 과정에서 어려움을 겪을 수 있다. 표제어를 정하는 과정은 곧 우리 사회와 삶에서 의미 있는 지식이 무엇인가를 정하는 것이며, 이를 위해서는 우리 삶과 우리 사회에 대해 되돌아보고 성찰하면서 과연 지금의 우리에게 필요한 지식이 무엇인가를 되묻는 과정을 필요로 한다. 이것은 매체 텍스트 생산 교육이 단지 텍스트를 기계적으로 '생산'하는 데 목적이 있는 것이 아니라 우리 삶을 반성적으로 성찰하고 나아가 성찰을 바탕으로 매체 문화를 향유하는 데 있음을 전제로 한다는 점에서 강조해야 할 부분이다.

📖 표제어 내용 작성시 유의 사항

정보나 지식을 요약하거나 정리하는 능력보다는 의미 있는 정보를 '생성하는 능력'을 중시한다.

표제어를 선정했으면, 표제어에 담을 지식이나 정보를 찾아 정리하는 과정을 거쳐야 한다. 이를 위해 주로 참조할 수 있는 자료로는 해당 표제어 관련 전문 서적, 각종 신문 기사, 서적 형태의 백과사전, 표제어와 관련하여 정보를 제공하는 공신력 있는 사이트 등이다. 특히 각종 사전과 백과사전을 직접 찾아보고 활용하면서 의미 있는 지식이나 정보를 찾고 정리하는 활동은 단순 정보 검색이 아니라 객관적이면서 전문적이며, 우리에게 의미 있는 정보란 무엇인가에 대한 사유를 동반한다는 점에서 매우 의미 있는 활동이다. 이 활동에서 중요한 것은 다른 자료를 통해 찾은 정보를 체계적으로 정리하는 작업 못지않게 다양한 정보를 탐색하고, 그 정보를 중심으로 새로운 지식이나 정보를 생성하는 능력을 중시해야 한다는 점이다.

📖 표절의 위험성을 강조한다

다른 책이나 사이트 혹은 자료의 내용을 그대로 옮겨 놓는 것은 표절에 가까우며 인터넷 백과사전에 올릴 수 없다는 것을 주지시켜야 한다. 이것은 인터넷 백과사전의 제작 방침이 그러하기 때문이기도 하지만, 나아가 현대 사회에서 필요한 능력이 정보를 찾는 능력, 자신이 찾은 정보를 바탕으로 새로운 지식이나 정보를 만들어내고 유통시키는 능력이 중요해졌기 때문이다. 위키 백과는 저작권에 저촉되는 것을 엄격하게 금하고 있기 때문에 제작한 내용이 다른 자료의 내용을 그대로 옮긴 경우, 전체적으로 혹은 부분적으로 삭제된 경우가 발생할 수 있다.[4]

■■ 교수 · 학습 자료

인터넷 백과사전 제작 방법 지도 시, 다음 자료를 활용할 수 있다. 학생들이 제작 방법을 쉽게 이해할 수 있도록 친절한 자료를 작성하도록 하며, 예를 들면서 설명하는 것이 좋다.

인터넷 백과사전 제작 방법[5]

> **인터넷 백과사전(위키 백과 시작하기)**
>
> 1. 편집에 앞서 알아야 할 것
>   (1) 위키 백과는 어디까지나 백과사전입니다. 개인적인 내용이나, 추측성 내용을 적지 맙시다.
>   (2) 위키 백과는 저작권에 문제가 없는 글만 실을 수 있습니다. 인터넷에 있는 글을 함부로 퍼오면 안됩니다.
>   (3) 위키 백과는 항상 다섯 가지 기본 원칙을 따르고 있습니다.
>   ① 위키 백과는 백과사전입니다.
>   ② 위키 백과는 '중립적인 시각'에서 바라봅니다.
>   ③ 위키 백과의 글은 우리 모두의 것입니다.
>   ④ 위키 백과에서는 다른 사용자를 존중합니다.
>   ⑤ 위키 백과에는 엄격한 규칙이 없습니다.
>   (4) 의견이나 질문이 있을 경우에는 사랑방에 적어주시기 바랍니다.
>   (5) 간단한 문법 테스트나 연습은 모래상자에서 하시기 바랍니다.
>
> 2. 편집화면
>   (1) 편집 툴바 : 굵은 글씨, 기울인 글씨, 내부 고리, 바깥 고리, 두 번째로 큰 문단 제목, 그림 추가, 미디어 파일 링크, 수식, 위키 문법 무시하기, 내 서명과 현재 시간, 가로줄

---

[4] 실제 학생들이 인터넷 사전을 제작하는 과정에서 저작권에 저촉되지 않게 내용을 만들고 구성하는 것은 쉽지 않은 일이다. 학생들이 워낙 '펌질'에 익숙하고 자신이 스스로 내용을 구성하는 능력이 부족하기 때문이다. 이는 국어교육에 시사하는 바가 매우 크며, 최근의 인터넷 문화에 대한 반성적 고찰을 요하는 부분이다. '펌질'에 익숙한 인터넷 이용자는 다른 사람이 생성한 정보를 읽거나 활용하는 능력은 있지만, 지식을 생성하는 데에는 일정 정도 제약이 따른다는 것을 보여주는 중요한 사례로 볼 수 있다. 인터넷이 생활화되면서 중시해야 할 능력으로 지식을 탐색하고 이용하는 것도 중요하지만 지식을 구성하고 생성하는 능력도 중시해야 한다.

[5] 위키 백과사전 사이트(http://ko.wikipedia.org)를 방문하면 사전 제작을 위한 방법을 상세하게 알 수 있다.

3. 위키 문법

(1) 문단 제목 ==제목==

===작은 제목===

(2) 글의 문단을 나누려면 문단과 문단 사이에 빈 줄을 하나 집어 넣으면 됩니다. 한 문단 안의 글에서는 글이 끊어져 있어도 자동으로 이어집니다.

(3) 문장과 문장을 문단을 나누지 않고 분리시키려면
를 사용해야 합니다.

(4) 콜론 기호(:)를 문장의 가장 앞에 쓰면 들여쓰기를 할 수 있습니다.

(5) [[와]] 사이에 제목을 집어 넣으면 자동으로 다른 문서로 가는 고리가 만들어짐.[[집]]

(6) 다른 웹사이트 주소를 쓰면 자동으로 하이퍼링크가 연결됩니다.

(7) [와]을 사용하면 웹사이트의 설명을 쓸 수 있습니다.

(8) 굵은 글씨체는 작은 따옴표를 세 번 둘러싸면 됩니다. : '''굵게'''

(9) 기울인 글씨체는 작은 따옴표를 두 번 둘러싸면 됩니다. : ''기울여서''

(10) 다섯 번 둘러싸면 두 글씨체가 모두 적용됩니다. : '''''굵고 기울어진 글씨'''''

4. 틀

백과사전을 작성하다보면 중복되는 내용을 한번만 작성해서 계속 사용할 수 있도록 만들어 주는 것이 틀입니다. －자주 쓰이는 틀에 대해서 알고 싶으시면 틀 목록을 보시기 바랍니다.

5. 분류

분류(카테고리)는 문서를 주제별로 나누기 위한 목록입니다.

6. 새 문서 만들기

(1) 새로운 문서를 만들려면, 찾기에 만들고 싶은 문서 이름을 입력한 뒤 "가기"를 클릭하세요.

(2) 그리고 "문서가 없습니다. 문서를 만들 수 있습니다"라는 메시지가 뜨면, 그 메시지를 클릭하여 내용을 입력하세요

(4) 과제 제시 전략

■■ '인터넷 백과사전의 특성 알기' 수업 전 과제 제시

서적 형태의 백과사전과 인터넷 백과사전(예 : 위키 백과)의 차이를 조사하는 과제를 제시한다. 다음 표를 제시하고 조사하도록 할 수 있다.

구 분	서적 형태의 백과사전	인터넷 백과사전 (위키 백과의 경우)
만드는 사람들		
만드는 방법		
수록된 내용의 차이		
사용자와 사용 방법		
어느 경우에 사용하나?		

■■ '인터넷 백과사전 표제어 선정하기' 수업 전 과제 제시

서적 형태의 백과사전에 실린 표제어와 인터넷 백과사전에 실린 표제어의 특성을 조사·분석하는 과제를 제시한다. 특히 인터넷 백과사전에 실린 표제어의 특성을 미리 살펴봄으로써 시간에 구애받지 않고 최근의 관심사도 표제어로 등장한다는 점을 알도록 한다. 표제어를 분석하는 활동을 통해 종이책 백과사전에는 출판한 이후 주목을 받는 용어를 수시로 올리기 어렵다는 점을 알도록 한다.

(5) 평가 계획

이 수업에서는 두 가지에 초점을 두고 평가해야 한다. 우선 이 수업의

목표는 '대상에 대한 객관적인 정보를 전달하는 글을 쓴다.'('쓰기' 영역)와 '사전의 내용을 만들어 인터넷 백과사전에 수록할 수 있다.'('매체언어' 영역)의 두 학습 목표를 통합하여 운용한 수업이다. 학생들이 '적절한 표제어를 선택하여 인터넷 백과사전에 내용을 성공적으로 올렸는가'도 중요한 평가 항목이지만, 올린 내용이 '대상에 대한 객관적인 정보를 전달하는 글로 적절한가' 하는 것도 중요한 평가 항목이다.

5. 문학 사전 제작 수업(프로그램 수업)

(1) 교수·학습 설계의 방향

학습 목표, 학습 내용, 교수·학습 환경 등을 고려하여 통합하여 지도하는 것이 적절하다고 판단할 경우 다양하게 통합의 방식을 구현할 수 있다. 수업 시간에는 다루기 어려운 장편소설을 읽고('문학' 영역), 소설 내용에 대한 자신의 생각을 특정 관점을 택하여 타당성 있게 글을 쓰는('쓰기' 영역) 과제를 제시하는 것도 의미 있는 방법이다. 또 문학작품이나 의미 있는 읽기 자료를 읽고('문학' 혹은 '읽기' 영역), 모둠별로 토론을 한 후('말하기·듣기' 영역) 토론의 결과물을 보고서 형태로 제출하도록 하는 방법도 가능하다.

(2) 교수·학습의 조직 : 인터넷 문학 사전 제작하기

여기에서 소개하는 것은 문학 영역과 매체언어 영역을 통합하여 교수·학습을 계획한 경우다. 한 달 혹은 두 달 정도의 기간을 주고 모둠별로 문학작품·작가·작품 줄거리 등을 소개하는 인터넷 문학 사전을 제작하도록 한다. 이 경우에는 모둠별로 작가를 지정하거나 혹은 특정 시기

의 작품을 지정하거나 작품 주제를 지정하여 각기 다른 유형으로 작성하
도록 한다. 과목별 인터넷 사이트에 학생들의 결과물을 제시하도록 하고,
다른 학생들의 댓글을 통해 상호 평가가 이루어지도록 한다. 그러한 결과
물에 대해 교사가 평가하도록 한다.

[학습 목표] 인터넷 문학 사전 사이트를 만들고, 표제어를 선정하여 내용 탑재하기
- 여러 가지 매체에서 조사한 내용을 분류하여 요약하는 글을 쓸 수 있다.
('쓰기' 영역)
- 문학작품 · 작가 · 작품의 줄거리 등을 소개할 수 있다.('문학' 영역)

[그림 2] 학생이 작성하여 인터넷 백과사전에 올린 작가 소개 글

이제까지 통합적 교수·학습의 방법에 대해 소개하였다. 여기서는 통합적 교수·학습의 유형을 중심으로 하여 평가의 유의점을 제시하고자 한다.

- 활동의 동시성 중심의 평가에서는 학습 목표에 의한 두 가지 이상의 활동이 선후 관계없이 동시에 이루어지기 때문에, 평가 상황에서 학생들이 보이는 반응을 두 개의 활동으로 나누기 어려운 성격을 지닌다. 그렇다 하더라도 각각의 학습 목표에 어느 정도로 도달했는가 하는 것을 영역별로 평가해야만 의미 있는 평가 결과를 피드백할 수 있다.
- 활동의 연속성 중심의 평가에서는 활동 자체가 연속성을 지니기 때문에 채점 기준도 연속적으로 이어지는 부분을 분명하게 밝혀 주는 것이 좋다. 또 먼저 하는 활동을 우선 평가한 다음, 그것을 토대로 하여 다음 활동을 평가하는 방안도 가능하다.
- 활동 원리의 동일성 중심의 평가는 통합의 정도가 가장 긴밀한 유형이기는 하지만, 고차원적인 사고를 요하는 경우가 많다. 따라서 충분한 시간적인 여유를 주면서 평가하는 것이 좋다.

▋ 탐구 활동

01 본문에서 소개하고 있는 '쓰기와 매체언어의 통합적 교수·학습'을 참고하여, 3차시에 해당하는 수업 지도안을 작성하라.

3차시	<표제어 내용을 위한 지식과 정보를 탐색·정리·구성하기> • 표제어 설명을 위한 정보를 찾고 정리하고 구성하기 • 인터넷 백과사전의 내용 페이지에 준비한 표제어 관련 내용 수록하기

02 다음은 '읽기' 영역과 '쓰기' 영역을 통합하여 수업을 하면서 학생들에게 제시한 학습 활동이다. 통합적 교수·학습의 측면에서 다음 활동을 평가하라.

[학습 목표]
• 표현의 효과를 고려하며 글을 읽을 수 있다.(읽기)
• 표현의 일반 원리를 사용하여 효과적으로 글을 쓸 수 있다.(쓰기)

[과제] 글에 나타난 효과적인 표현 방식을 파악하고, 그것을 활용하여 글을 쓸 수 있다.

[활동] 1885년 미국의 프랭클린 피어스 대통령은 지금의 워싱톤 주에 살던 북미 인디언 수와미족의 추장 시애틀씨에게 그의 땅을 정부에 팔아달라고 요청했다. 다음은 이에 대해 시애틀 추장이 피어스 대통령에게 보낸 답신이다. 밑줄 친 부분을 중심으로 (가) 이 글에 나타난 글쓰기 방식을 설명하고 (나) 이 글의 글쓰기 방식을 활용하여 '오늘날의 청소년 문화'를 비판하는 글을 쓰라.

<읽기 자료 : 여기서는 일부만 제시함>

─신세계에 보내는 메시지─

(전략)

백인들이 우리들의 생활방식을 이해하지 못한다는 것을 우리는 알고 있습니다. 백인들에게 어떤 한 부분의 땅은 나머지 부분의 땅과 마찬가지입니다. 왜냐하면 그들은 밤중에 그 땅에 와서 자기들이 필요로 하는 모든 것을 가져가는 이방인이기 때문입니다. 땅은 그들의 형제가 아니라 적입니다. 그들이 어떤 땅을 정복하면 그들은 곧 그곳으로 옮겨갑니다. 그들의 왕성한 식욕은 대지를 마구 먹어치운 다음 그것을 황무지로 만들어 놓고 맙니다. 당신네 도시의 모습은 우리 인디언들의 눈을 아프게 합니다. 그러나 그것은 아마 우리가 야만인이어서 이해하지 못하는 탓이겠지요.

(중략)

우리가 백인들이 꾸고 있는 꿈과 그들이 긴긴 겨울밤에 그들의 자녀들에게 그려주는 희망과 그들의 마음 속에 불태우고 있는 미래의 비젼을 알게 된다면 우리는 이해를 할 수 있을지도 모르겠습니다. 그러나 우리는 야만인들입니다. 백인들의 꿈은 우리들에게는 감추어져 있습니다. 그리고 그것들이 감추어져 있기 때문에 우리는 우리의 길을 가게 될 것입니다. 만일 우리가 동의한다면 우리는 당신이 약속한 인디언 보류지를 확보하게 될 것입니다.

(후략)

■ 참고할 만한 자료들

• 통합적 교육에 대해서는 다음 논의를 보라.

한국교육과정평가원, "KICE 교수학습 센터", http://www.kice.re.kr.

최미숙(2000), 국어교육 평가의 원리와 실제, **국어국문학 126**, 국어국문학회.

한귀은(2006), 소설과 텔레비전 드라마의 통합적 교육 방안 : TV 단막극을 중심으로, **문학교육학 20**, 한국문학교육학회.

O'Malley, J. M. & Pierce, L. V.(1996), *Authentic Assessment for English Language Learners*, Addison-Wesley Publishing Company.

• 매체언어 교수·학습 방법에 대해서는 다음 논의를 보라.

이채연(2007), 매체언어 교육의 교수 학습 방법, **국어교육학연구 28**, 국어교육학회.

전국국어교사모임 매체연구부(2005), **국어시간에 매체읽기**, 나라말.

전국국어교사모임 매체연구부(2005), **매체 교육의 길 찾기**, 나라말.

최미숙(2006), 매체 텍스트 표현 교육의 실제 : 인터넷 백과사전 제작 수업을 중심으로, **상명대학교 교육 연구소 논문집**, 상명대학교 교육연구소.

최병우·이채연·최지현(2000), **매체언어와 국어교육 : 매체언어의 교수-학습에 관한 연구**, 서울대 국어교육연구소 연구보고서.

최지현(2007), 매체언어 교육을 위한 교수·학습 방법 탐구 : 문화·매체 문식성 개념을 중심으로, **국어교육학연구 28**, 국어교육학회.

제 12 장

국어과 수업의 계획과 평가

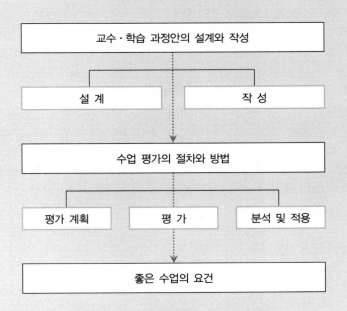

개요

이 장에서는 국어과의 수업 계획과 평가(planning and assessment of lesson)의 방법에 대해 공부한다. 수업 계획은 효과적인 수업을 하기 위한 사전계획이다. 수업을 계획하는 교사는 학습 목표와 학습 과제를 분석하고 학습 내용을 조직한다. 학습 내용을 잘 지도하기 위해 적절한 교수·학습 모형과, 방법, 매체 등을 선택하고 필요한 학습 자료를 제작하거나 재구성한다. 이러한 계획을 바탕으로 교사는 교수·학습 과정안을 작성한다. 교수·학습 과정안의 작성은 성공적인 수업 진행을 위해서 필수적이며 교사의 수업 개선을 위한 반성적 의사 결정과 수업평가를 위한 자료로도 활용될 수 있다. 수업 평가는 궁극적으로는 수업이 전체 학습자의 학업 성취도를 신장시키는 데 얼마나 기여했는지를 측정하기 위해서 실행되지만, 국어 수업의 전체적인 '효율성' 제고를 위해서 필수적으로 요구되는 교육과정 실행의 한 절차이다. 수업 평가는 교사로서 자신이 수행하고 있는 국어 수업이 얼마나 효과적이고 타당한지, 또한 좋은 수업이 되기 위해서는 어떤 점들이 더 필요한지를 객관적으로 생각해 볼 수 있도록 하기 때문이다. 먼저, 이 장의 내용을 살펴보면 다음과 같다. 첫째, 교수·학습 과정안의 구성과 제작시의 유의점을 소개한다. 둘째, 수업 평가의 개념과 구체적인 방법 및 절차를 소개한다.

■ 문제 상황

김 교사는 N중학교 2학년 국어를 담당하고 있는데 교내에서는 수업을 잘 하기로 정평이 나 있었고, 학생들로부터도 어느 정도 신임을 얻고 있었다. 석 달 전, 시교육청 소속 연구원으로부터 수업 장학 연구와 관련하여 모범 수업 관찰 협조 의뢰를 받아 '할 수 없이' 수업 녹화를 허락했다. 수업 장면을 다소 인위적으로 설정할 수도 있었지만, 실제 있는 그대로의 교실 상황과 분위기를 자연스럽게 녹화하는 것이 연구에 더 도움이 될 듯하여 아무런 조작을 가하지 않았다. 그러나 오늘 수업 관찰의 분석 결과에 대한 보고서를 받아보고, 당황스러운 감정을 감출 수 없었다. 김 교사는 보고서에서 예시 자료로 든 N중학교 K교사의 수업 평가 결과가 자신의 수업을 모델로 했음을 단번에 알아차릴 수 있었는데, 그 결과는 '교사와 학생 모두에게 도움이 되지 않는'다는 수준의 평점을 받았기 때문이다. 수업 평가 방법은 수업 평가의 내용 요소를 항목화하여 체크리스트 방식으로 이뤄졌고, 바이스 외(Weiss et al., 2003)의 평가 척도에 근거해 판단한 결과로는 수업의 효율성 면에서 가장 낮은 점수인 '비효과적인(ineffective)' 수업으로 나타났다. 그날 수업을 곰곰이 회상한 김 교사는 2학기 첫 단원에서 '작가와 작품의 관계, 작품 속에 드러난 작가의 생각과 삶을 파악하는' 학습 목표를 지닌 문학 수업이 2학년 학생에게는 다소 어려운 면이 있었음을 상기했다. 학생들은 1920~30년대의 시대 상황에 대한 역사적 지식이 부족하고, 수감과 관련된 특수 어휘도 상당히 생경하게 느낄 것이기 때문에, 평소 자상하던 성격의 김 교사는 학생들이 이해하지 못한 표정을 보일 때마다 긴 설명을 차근차근 여러 번 반복했다. 김 교사는 이러한 배경 지식이 탄탄해야지만 문학 작품의 감상이나 학습자 반응 중심 수업이 이뤄질 수 있다고 보았다.

그러나 총평을 쓴 기술지란에는 '교사는 읽기 전 어휘 및 개념 학습에 15분(수업의 3/10) 이상을 할애했고, 같은 설명을 3번 이상 반복하는 발화를 7회나 했다'로 적혔다. 김 교사는 학생들이 학습 목표를 달성하기 쉽도록 '단원의 성격에 따라서 특별히 읽기 전 활동에 심혈을 기울였던 의도와 행위들'이, 질적 평가가 아닌 양적 평가로 측정될 때는 비효과적인 것으로 분석될 수 있다는 사실에 씁쓸해졌다.

■ 관점 갖기

수업은 교실이라는 구체적이고 물리적인 상황 속에서 교사의 지도와 학습자의 학습이 상호작용하는 역동적인 과정이다. 따라서 수업을 '교수·학습 과정'이라 하고, 기존의 교수법(instruction) 중심으로 기술된 지도안 또는 교안(教案)을 최근에는 교수와 학습의 상호작용을 강조한 개념의 '교수·학습 과정안(plan of teaching-learning process)'이라고 부른다. 성공적인 수업을 하기 위해 교사는 사전에 수업 계획을 철저히 하고 수업 계획에 따라 수업을 진행한다. 수업이 끝난 후에는 자신의 수업을 평가하고 그 결과를 다음 수업을 위한 개선 자료로 이용한다.

앞에서 예시한 문제 상황(김경주, 2005 : 284, 재구성)은 수업 평가에 대한 두 가지 중요한 시사점을 제공한다. 첫째는 평가의 방법, 즉 분석 및 기술의

알아 두어야 할 주요 개념들

이 장의 학습을 위해 다음과 같은 개념들을 먼저 정리해 두자.

수업 계획

수업 계획이란 학습자들이 학습 목표를 효율적으로 달성할 수 있도록 학습 내용과 학습 활동 및 제반 요소를 사전에 설계하는 활동을 말한다.

교수·학습 과정안

교수·학습 과정안이란 교과 지도 계획을 문서로 작성한 것으로 실제 수업의 설계도라고 할 수 있다. 학습 목표, 학습 내용, 학습 과정과 방법, 교수 매체와 자료 등의 내용이 담겨 있어야 한다.

수업의 효율성
(teaching effectiveness research)

수업 효율성이란 학습자의 학업 성취 수준을 최대한 높여주기 위해서 투입되는 활동 또는 동원되는 자원을 최소화하여 최대한의 성과를 거둘 수 있는 것(박성익, 1987)을 의미한다. 과거에는 효율적인 수업의 근원을 교사 효과(teacher effectiveness)로 국한하는 경향이 강했지만, 지금은 수업 중에 수행하는 수업 행위 및 수업 기술과의 관계를 더 중시하게 되었으며, 그 결과 수업의 효율성 제고를 목적으로 하는 수업 평가의 개념은 교육과정 평가와 교육 환경 평가를 모두 포괄하는 학교 평가의 일환으로 확대되었다.
수업의 효율성에 대한 근래의 연구 결과를 종합하면(Weil & Murphy, 1982 ; 변영계, 2004 : 23-32 ; 교육학대백과사전, 1999 : 1704~1709, 재인용) 과정-산출 패러다임(process-product paradigm)을 중심으로 수업분석표를 만들 수 있다.

수업 연구 및 수업 분석의 패러다임

수업 평가를 바라보는 관점은 수업 연구의 패러다임(Paradigms of Research on Teaching)의 변화에 따라 바뀌어왔다. 이제까지 가장 많이 연구되고, 연구의 주류를 이룬 관점은 '과정-산출 패러다임'으로, 교사와 교사의 수업행동을 중요한 변인으로 다루며, 학생들의 학습에 대한 교사의 행동이나 교수 행위의 효과성을 알아보고자 하는 연구이다. 즉, 이 관점은 '교사가 수업을 어떻게 조직하는가, 그들이 사용하는 자료와 방법은 무엇인가, 학생들과 어떻게 상호작용하는가'의 차이에 따라 학습자의 학습이 달라질 것이라고 가정한다. 이 외에, 학습자의 인지구조상의 변환을 중시하는 '중재과정 패러다임(the mediating process paradigm)', 문화기술적 관점을 중시하는 '교실생태 패러다임(the classroom ecology paradigm)', 교사와 학생의 사고 과정 탐구를 중시하는 '인지 패러다임(the cognitive science paradigm)' 등으로 나뉜다.

이 장의 학습을 위해서는 아래에 제시한 개념들에 대해서도 정리해 두어야 한다. 이 개념들을 각자 조사해 보자.

좋은 국어과 수업의 조건 / 국어과 교수·학습의 요소 / 평가 회의

연구들이 학급 조직 방식, 교과
서의 질, 학교 시설, 교사의 자
질 등이 학생의 학업 성취에 영
향을 준다는 결과를 보이지만,
수업 기술과 학업 성취와의 관
계(Ormrod, 2000), 교사의 수업
행위와 학습 효과 간의 상관관
계(Glickman, 2002) 등을 연구한
많은 교육자들은 그보다는 교사
의 교수 요인('어떻게 가르치느
냐'와 관련된 수업 기술 또는 수
업 행위)이 효율적인 수업과 매
우 밀접한 상관이 있음을 밝히
고 있다(변영계 외, 2004 : 25).
이에 따라, 교수 기술에 해당하
는 교사의 교수법, 교수 발화,
교사의 수업 행위 등을 수업 평
가의 주요한 내용 요소로 설정
한다. 이와 함께 교실의 상황 맥
락적 요인을 추가하기도 한다.

방법 등에 따라 평가의 결과가 달라질 수 있음을 보여준다. 수업의 효율
성*에 대해 평가한다면, 평가 방식에 따라 각각 달리 기술될 수 있다. 예
컨대, 동일한 교육 현상에 대해서, '교사가 3분 이상의 설명을 5번 했다'
는 식의 양적 평가를 할 수도 있고, '교사는 같은 내용의 설명을 깊이를
다양하게 변화시키면서 5번이나 했다. 이는 학생들의 이해도에 완벽성을
요구하는 교사의 행동이었지만 일부 학생들에게는 효과는 없었다(김경주,
2005 : 284)'와 같이 질적 기술을 중심으로 평가할 수도 있는데, 이들 차이
는 평가 방법에 따라 같은 현상을 각기 다르게 해석할 수 있음을 보여준
다. 이렇듯 평가 방법을 선택할 때는 어느 방법이 더 많이 사용되는지
또는 현재 유행되는지를 고려하기보다는 어떤 평가 방법이 평가하려는
대상 또는 현상의 본질을 더 잘 드러낼 수 있는지, 또한 실재에 대한 분
석과 평가를 얼마나 쉽고 효과적으로 달성하게 하는지를 먼저 고려해야
한다.

둘째는 수업 평가 방법이 목적 지향적이고, 평가 도구가 아무리 객관성
과 타당성을 지니고 있다 하더라도 본질적으로 평가를 수행하는 사람, 교
실 및 수업을 관찰하는 사람이 수업에 대한 전문가적 안목을 갖고 있지
않으면 제대로 된 평가가 이뤄질 수 없다. 수업에 대한 전문가적 식견이란
수업을 바라보는 일종의 감식안(connoisseurship)으로, 우수한 수업과 그렇지
못한 수업에 대한 판단 기준, 좋은 수업에 대한 상(像), 교육에 대한 공정하
고 확고한 가치관을 의미한다. 수업 평가가 아무리 과학적인 방법으로 수
행된다 하더라도 수업을 바라보는 올바른 관점이나 교과 수업에 대한 전
문적 지식을 갖추고 있지 못하면 현대와 같은 다가치한 사회에서 해석의
주관을 갖지 못하고, 남이 만들어 놓은 수업 평가의 틀을 아무런 문제의식
없이 따르게 된다. 따라서 위의 예와 같이, 하나의 수업을 이렇게도 저렇
게도 판단할 수 있는 것이다.

수업을 관찰, 분석, 평가하는 것은 수업이라는 교육 현상을 보다 잘 이
해하기 위해서이다. 잘 이해한다는 것은 수업이 잘 짜여진 수업지도안의

절차화된 모형을 얼마나 잘 실행하고 있는가 하는 점을 보는 것이 아니라, 수업이라는 실제적인 현상에서, 예상하지 못한 학습자들의 다양한 반응과 요구들이 어떻게 드러나며, 교사는 이들을 어떻게 조정하면서 목표를 향해 수업을 성공적으로 이끌어나가는지, 그 역동적인 상호작용 과정을 이해하는 것이다. 따라서 양적이고 객관적인 평가 기준(criterion)을 획일적으로 적용하기보다는 평가 준거(norm)에 따라 기준을 융통성 있게 조정하거나, 혹은 관찰 기술과 같은 질적인 방법을 병행하는 것이 바람직하다. 여기서는 평가의 도구로서 관찰 기술과 체크리스트 방식을 인용하여 몇 가지 예를 들어 보도록 하겠다.

[표 1] 수업 효율성 요인과 수업 분석 요인(예시)

수업 효율성 요인			수 업 분 석 표		기술 평가
측면	범주	수업 효율성 요소	대범주	분석 요소	
교사	수업자가 결정하는 수업 사태 (인성적 특성)	수업자의 과제지향적 수업 행동	교사의 수업 행동	과제 지향적 분위기를 유도했는가?	
		적극적인 수업 행동		수업 내용이나 교수·학습의 활동의 선택에 교사가 적극적으로 관여했는가?	
		학업 성취에 대한 관심		학습자의 학업 성취에 관심을 가지고, 높은 기대치를 보이는가?	
		협동과 책무성을 강조하는 성향		학습자 간의 협동과 학습에 대한 책무성을 인식시키는가?	
		민주적이고 온화한 분위기		민주적이고 경직되지 않은 분위기를 조성했는가?	
	수업 행동	순시 및 감독*		순시 및 감독으로 학습자의 수업을 파악하고 있는가?	
수업 방법 (수업 기술)	교수·학습의 구조화	체계적이고 단계적인 수업 절차	수업 전개 (Rosens hine, 1987 : 60–61)	수업 목표를 간략히 설명했는가?	
				선수 학습을 상기시켰는가?	
				학습 내용을 단계적으로 제시하고 학생 연습을 제공했는가?	
				분명하고 구체적인 질문으로 학습자의 이해도를 확인했는가?	
				학습의 초기 단계에 친절한 안내와 지도를 했는가?	
		구체적인 수업 모형의 적용		체계적인 피드백을 제공했는가?	
				요약 설명을 하거나 학습 미완성 단계의 학생에 대해 지도했는가?	
				성취 수준에 도달할 때까지의 계속 연습의 기회를 제공했는가?	
				구체적인 수업 모형을 적용했는가?	
학습자	수업자와 학습자의 상호작용	수업자의 효과적인 질문 기술	학생 참여와 피드백	질문을 많이 하는가?	
				확산적인 질문보다 수렴적 질문을 많이 하는가?	
		적절한 보상을 통한 학습자 행동의 변화		질문의 난이도를 적절히 조정하는가?	
				적절한 피드백을 제공하는가?	
				학습자의 대답을 긍정적으로 수용하는가?	
				보다 정확한 대답이 나오도록 유도하는가?	
		교사의 상호작용 방식의 변화를 통한 학습자 학습 태도의 변화		학습자가 수업과 질문에 적극적으로 참여하는가?	
수업 지원 체제	교수 매체·수업 환경	학급 조직 방식(인적 구성 변화)	수업 형태	학급 조직 형태가 학습자 간의 상호작용을 잘 촉진하는가?	
				학급 또는 소집단 형태의 인적 구성이 효과적인가?	
		교수 매체의 적절한 활용	교재 및 교구 활용	교과서를 적절히 활용하는가?	
				보조 교재를 적절히 활용하는가?	
				교구를 적절히 활용하는가?	
				기타 수업 환경이 효과적으로 조성되었는가?	

* 교수·학습의 과정에서 학습자들은 개별적으로 또는 소집단으로 나뉘어 다양한 학습활동을 하게 되는데, 여러 학습자들이 각기 다양한 학습을 할 때, 수업자는 학습자들이 무슨 일을 어떻게 하고 있는지를 정확하게 그리고 계속적으로 파악하는 일이 대단히 중요하다. 이러한 수업자의 수업 활동을 순시와 감독이라고 하며, 수업자가 순시와 감독을 하는 경우, 학생들이 학습 과제를 수행하는 데 소비하는 시간량(Actual Learning Time : ALT)이 순시와 감독을 하지 않는 수업의 경우보다 훨씬 많았다고 밝히고 있다(Rosenshine, 1979). 완전학습 이론에서 제기했듯이(J.B. Carroll, 1963) 학습에 실제 소비한 시간량은 각 학습자들의 학업 성취에 직접적인 영향을 주기 때문에(Peterson & Wallberg, 1979 ; Denham & Lieberman, 1980), 교수의 행동으로 매우 중요하다.

1. 교수 · 학습 과정안의 설계와 작성

(1) 수업 계획의 개념과 필요성

수업은 교육활동의 가장 중핵적인 작용으로 교사가 학습자의 학습을 조장하고 촉진시키며, 도와주는 활동이라고 할 수 있다. 국어 수업의 양상을 제대로 파악하기 위해서 수업의 보편적 특성과 함께 타 교과와 구별되는 국어 수업의 특성을 파악해 내야만 한다. 국어 수업은 교육과정의 원리 아래 교재를 매개로 교사와 학습자 사이에 이루어지는 상호작용 과정이며, 국어 교사와 학생, 국어교재(국어교육 내용)는 국어 수업의 핵심적인 요소라고 할 수 있다. 국어 수업이 잘 이루어지기 위해서는 국어 교육과정이 타당하고 적절하게 구성되어야 할 것이며, 교재는 교육과정의 원리를 반영해 구성되어야 한다. 교사는 교육과정과 교재의 내용을 이해하고, 학습자의 특성을 파악하며, 교육내용에 맞는 효율적인 교수 방법을 적용해야 하다. 수업이란 사태에는 학습자와 교사, 교육의 목표와 내용, 교수 매체, 수업 환경 등의 요소가 다양하게 결합되어 있다.

수업의 계획, 운영, 평가 과정에서 가장 중요한 역할을 하는 것은 바로 교사이다. 국어 수업의 성공은 국어 교사가 수업을 어떻게 계획하고 운영하는지에 달려 있다. 교육과정과 교재가 잘 만들어져 있다 하더라도 교사가 그것을 효과적으로 조직하고 배열하지 않으면 수업이 잘 이루어질 수 없다. 반면에 교육과정과 교재가 부족한 점이 있다 하더라도 교사가 그것을 재구성하여 수업 계획을 잘 세우면, 수업이 성공적으로 이루어질 가능성이 크기 때문이다.

좋은 국어 수업은 일차적으로 국어 수업 계획을 바탕으로 이루어진다. 수업을 하기 전에 충분히 계획한 수업은 그렇지 않을 때보다 수업의 효과를 높이는 데 더 효과적이다. 교사는 수업 계획을 통해 단원 및 차시 구성 요소들을 일관성 있게 잘 조직하여 각 활동이 개별적으로나 전체적

• 교과 내용 : 교과의 내용에 따
라 교수에 있어서 다른 접근법
이 필요하다. 작문을 가르칠 때
와 문학을 가르칠 때, 지식을 가
르칠 때와 기능을 가르칠 때, 가
치를 내면화해야 할 때 교사는
각기 다른 교수 모형과 방법을
계획해야 할 것이다.
• 교육목적 : 성취하고자 하는 교
육 목적의 수준이나 정도는 교
수 방법의 결정에 영향을 미칠
것이다.
• 학습자 특성 : 학습자의 특성
또한 중요한 변인인데, 학습자
의 적성, 학습 동기, 선수지식,
태도 등도 수업계획에 큰 영향
을 미친다. 국어 수업에서 고려
해야 할 중요한 학습자 특성은
학습자의 언어 능력, 언어 경험,
언어문화 등이다.
• 제약 조건 : 교수 매체, 인
적·물적 자원, 시간, 재원 등의
제약은 교육 외적 요인이지만
교수 방법에 영향을 미치는 중
요한 변인이다. 예를 들면, 매체
를 활용하여 수업하는 것이 더
효과적이지만, 교실의 ICT 환경
이 이를 뒷받침하지 못할 수도
있다.

으로 조화를 이루도록 해야 한다. 국어 교사는 교수·학습 과정 속에서 학습자들이 학습 목표에 도달할 수 있도록 하기 위해서 국어 교수·학습의 변인[1]을 고려하여 국어 수업 계획을 구체적으로 세워야 한다.

수업 계획은 교사라면 누구나 다 하고 있는 일이다. 다만 계획의 형식과 정도성과 체계성, 구체성에 있어서 차이가 있을 뿐이다. 수업 계획에는 한 개의 단원을 기준으로 하는 계획이 있을 수도 있고, 또 한 시간의 수업을 위한 계획도 있을 수가 있다. 그리고 수업을 계획하는 활동에는 대체로 학습 목표를 정하고, 학생들이 학습 목표에 도달하게 하기 위하여 어떠한 학습 자료를 사용하여 어떠한 학습 활동을 전개할 것인가를 구상하는 일이 포함될 것이다. 즉 수업 계획[2]이란 "학습자들이 학습 목표를 효율적으로 달성할 수 있도록 교사가 수행해야 할 제반 활동과 요소를 계획하는 활동"을 말한다.

수업 계획은 단기적인 것과 장기적인 것이 있다. 수업 계획은 흔히 장기계획과 단기계획으로 대별되고, 장기 계획은 연간 계획, 월간 계획, 단원 계획을 포함하고, 단기 계획에는 주간 계획, 일일 계획, 시간 계획을 포함하고 있다. 우리나라는 교과의 구조가 단원으로 구성되어 있기 때문에 본격적인 수업 계획은 단원 지도 계획과 이것을 중심으로 하여 단원의 교수·학습을 위한 차시 계획으로 보아야 할 것이다.

수업을 계획할 때 해야 할 일은 학습 목표 및 학습 과제 분석, 학습 과제의 계열화 또는 조직화, 필요한 수업 및 학습 자료의 제작 혹은 선택 등이다. 임찬빈 외(2006)에서는 국어과 수업 평가 기준으로 '지식 및 능력', '계획', '실천', '전문성' 4개의 대영역을 설정했다. 이중 '계획' 영역은 곧 교사의 '수업 설계'를 의미하는데, 이것은 다시 5개의 평가 기준 요소로 구성되어 있다. 이 5개의 평가 기준 요소의 내용을 살펴보면 곧 교사가 수업 계획을 하는데 있어 수행해야 할 과제를 알 수 있다.

① 학습 목표와 내용 선정

교사는 국어과 학습 내용 및 학생들의 다양한 특성과 요구를 고려하여 학습 목표를 명료하게 설정하고, 국어과 교육과정과 교과서를 분석하여 학년·단원의 위계성과 계열성에 적합한 학습 내용을 선정 조직하기 위한 계획을 수립한다.

② 교수·학습 모형 및 절차 계획

교사는 국어 학습 목표 도달에 적절한 국어 수업의 일반적 절차와 국어과 교수·학습 모형을 이해하여, 이에 적절하고 효율적인 국어 수업의 절차를 계획한다.

③ 교수·학습 활동 및 방법 계획

교사는 학생들에게 유의미한 언어적 학습 경험을 제공하는 학습 활동과 방법을 구안하여 조직하고 수업 시간을 배분하며 이를 지원하기 위한 집단 운영 계획을 수립한다.

④ 학습 자료 및 매체 활용 계획

교사는 국어 수업에서 학생들에게 유의미한 학습이 일어날 수 있도록 다양한 학습 자료와 매체, 필요한 자원 활용을 계획하며, 필요한 경우 교과서에 제시된 제재나 활동을 재구성하거나 대안적인 자료의 활용에 대한 계획을 수립한다.

⑤ 학생 평가 계획

교사는 학생들의 학습 성취를 확인하기 위해 학습 목표와 일치하는 타당한 평가 기준과 방법을 수립하고 학생들의 이해 수준과 학습 발전 정도를 확인하여 수업 개선을 가져올 수 있는 평가 결과 활용의 계획을 마련한다.

이외에 수업 계획에서 학습 목표와 국어 교과 내 타 영역, 타 단원, 타 학년과의 관련성 문제를 고려해 보아야 한다. 학생들의 지적 발달 수준과 타 교과와의 관련성도 고려해 보는 것이 좋다.

이러한 수업 계획을 바탕으로 교사는 수업 계획서를 작성해야 한다. 수업을 계획한 교사의 머릿속에는 계획의 내용이 들어있겠지만, 수업 계획을 체계화하고 정리하기 위해서는 수업 계획서를 작성하는 것이 필요하다. 또한 다른 교사와 수업 계획을 공유하거나 피드백을 받기 위해서, 또는 수업을 끝낸 후 자신의 수업을 평가하기 위해서도 머릿속의 수업 계획을 형식화하는 것이 필요하다. 그런데 김정자(2005)의 조사에 따르면 교사들은 대체로 수업 전에 수업 계획을 세우고 있는 것으로 대답했으나,

2 수업 계획 대신 '수업 설계'라는 용어가 사용되기도 한다. 김인식·최호성·최병옥 편(2000)에서 수업 설계는 흔히 지금까지 수업자가 해 왔던 단원전개 계획이나 수업 지도안 작성이라는 활동과 거의 같다고 하겠으나 수업의 사전 계획성과 과학성을 더 강화해야 한다는 점에서 수업 설계라는 말을 사용한다고 밝히고 있다. 그리고 주어진 어떤 수업 목표를 성취시키기 위하여 제공하거나 고려되어야 할 여러 가지 요소를 수업이 실시되기 전에 보다 체계적으로 계획하고 준비해야 하기 때문에 수업 설계라는 말을 사용한다는 것이다.

조사 대상 교사의 대부분이 교수·학습 과정안을 구체적으로 작성하고 있지 않는 것으로 드러났다. 교사들은 차시 수업 계획보다는 장기 수업 계획(연간 또는 학기별 계획)과 대단원 수업 계획을 더 중요하게 여기고 있었다. 수업을 성공적으로 이끌기 위해서는 장기 계획, 대단원 계획, 각 차시의 수업 계획이 다 중요하다. 학기나 학년 시작 전에 전체적 시각에서 한 학기나 학년의 수업 운영의 원칙과 방향을 정하고, 단원 진행 및 구성 계획을 세우는 동시에 각 차시의 수업을 계획하고 필요한 학습 자료와 평가 자료를 마련하는 것은 교사에게 큰 부담이 되는 일일 것이다. 그러나 교사에게 수업은 전문성과 책무성을 요하는 핵심 직무이며, 수업 전에 수업을 철저히 계획하는 것은 수업 운영의 기본 요건이다. 특히 수업 경험이 부족한 초임 교사에게는 수업 계획을 철저히 수립하고 이를 나타낸 수업 계획서를 작성하는 것이 필수적이다.

(2) 교수·학습 과정안의 작성

■ 교수·학습 과정안 작성의 이점

교사의 수업 계획을 문서로 형식화한 것에 대해서 학습전개안, 교수안, 교안, 학습 지도안, 지도안 등의 다양한 명칭이 사용되어 왔다. 수업은 교사의 일방적 전달이 아니라 교사와 학생의 상호소통을 통해 이루어진다는 점에서 이들 용어보다는 교수·학습 과정안이라는 용어를 사용하는 것이 더 적절하다고 본다. 교수·학습 과정안을 구체적으로 작성하면 교사는 수업 진행과 평가 면에서 여러 가지 이점을 얻을 수 있다.

- 교수·학습 과정안을 작성하면서 교사는 자신의 학급에 적절한 학습 자료와 방법을 찾게 된다.
- 교수·학습 과정안을 작성하는 과정에서 교사는 교육과정이나 교과서의 학습 내용이나 방법 상의 문제점을 발견할 수 있다.
- 교수·학습 과정안의 작성을 통하여 수업에 편안하게 임하고 수업을 원활

히 진행할 수 있다. 이것은 특히 수업의 우연성과 즉흥성을 감당하기 어려운 초임 교사에게는 교수·학습 과정안 작성의 중요한 이유가 된다.
- 교수·학습 과정안은 교사의 수업 평가를 위한 준거 및 자료가 된다.
- 교수·학습 과정안을 통하여 교사는 자기의 수업을 평가하고 개선할 수 있게 된다.
- 교수·학습 과정안은 다른 교사와 소통 수단이 될 수 있다. 교수·학습 과정안을 통하여 서로의 수업 구조와 내용에 대해 알게 된다.

교수·학습 과정안이 갖추어야 할 요건

교수·학습 과정안은 학습 과제의 내용에 따라 창의적이고 개성적으로 작성할 수 있다. 그러나 교사에 따라 학습 과제에 따라 다른 지도안을 작성할 수 있다 하더라도 교수·학습 과정안으로서의 기본적인 틀과 내용을 갖추어야 한다. 즉 교수·학습 과정안은 그 수업에서 도달해야 할 목표가 설정되어 있어야 하고, 선행 학습과의 관련성, 지도할 내용과 학습활동, 거기에 필요한 자료와 지도 방법, 평가의 방법 등이 포함되어야 한다. 교수·학습 과정안이 갖추어야 할 요건에는 다음과 같은 것들이 있다.

- 세분화된 목표 및 핵심 질문
- 목표 달성의 내용과 방법
- 학습 원리나 교수법
- 개인차에 따른 학습의 준비, 자료, 시간 배당, 평가 방법의 제시
- 간단하고 명료한 진술
- 사용의 용이성
- 적용의 신축성과 융통성

이러한 일반적 요건 이외에 국어 교사는 국어 교수·학습 과정안을 작성할 때 국어 수업의 특성을 고려해야 한다. 국어 수업에서는 층위가 다른 두 언어, 즉 교수·학습 대상으로서의 언어와 교수·학습 수단으로서의 언어가 사용된다. 국어 수업은 학생들의 국어 사용 능력을 신장시키는 것을 목표로 하는데, 이것은 실제 국어의 사용을 통해 이루어진다. 따라서

국어 교사는 수업을 계획할 때 수업에서 사용할 언어 자료를 철저히 준비해야 하며 교수·학습 과정안 작성시에도 이를 중요하게 고려해야 한다.

■ 교수·학습 과정안의 형식

교수·학습 과정안은 계획의 구체성에 따라 세안(細案)과 약안(略案)의 두 가지로 구분된다. 세안은 수업에 관한 자세하고 구체적인 계획서이며 약안은 수업 계획과 관련된 주요한 사항만으로 간략하게 작성된 수업 계획서이다.

세안

교수·학습 과정안을 작성할 경우에 포함되어야 할 요소 또는 내용에 대해서 규약으로 정해진 일반적인 원칙은 없다. 학교에 따라 또는 교과의 특성이나 교사의 견해에 따라 교수·학습 과정안의 구성 요소는 달라질 수 있다. 그러나 대체로 다음과 같은 항목들이 교수·학습 과정안에 포함되고 있다.

- 단원명 또는 단원의 개관
- 단원 설정의 이유
- 단원의 학습 목표
- 단원의 주요학습 내용(또는 학습 과제)과 체계표(또는 구조도)
- 지도상의 유의점
- 단원의 차시별 지도 계획
- 본시의 수업 목표
- 본시의 수업 전개 계획
- 평가계획
- 수업매체(교수·학습 자료) 또는 참고 자료

이러한 요소들을 갖추고 있는 것이 세안의 형식이다. 하지만 이 역시 학습해야 할 교과의 성격이나 수업 상황에 따라 포함되는 요소들이 조금 다른 모습을 보이기도 한다. 다음은 종래부터 사용되어온 교수·학습 과정안(세안)의 한 형식이다. 이것은 관습적으로 사용되어 온 형식으로서 교과의 성격이나 수업 상황 등에 따라 교사가 수정하여 사용할 수 있는 것이다.

[표 2] 교수·학습 과정안(세안)의 형식

국어과 교수·학습 과정안

일 시	년 월 일(요일) 제 교시
장 소	
대 상	제 학년 반 명
지도교사	

Ⅰ. 단원명

Ⅱ. 단원 설정의 이유
   1. 학습 심리상
   2. 학습 경험상
   3. 사회적 요구

Ⅲ. 단원 학습의 목표
   1. 이해면
   2. 태도면
   3. 기능면

Ⅳ. 학습 지도 내용 및 지도상의 유의점
   1. 학습 지도 내용
   2. 학습 지도 체계표
   3. 지도상의 유의점

Ⅴ. 교수·학습 계획(총 ○시간)

학습 내용	시간 배당	참고 자료	관 련	준 비	비 고
					본시

Ⅵ. 지도 과정
   1. 본시 주제
   2. 본시 학습 목표
   1)
   2)
   3)
   3. 교수·학습과정

과 정	학습 내용	학습 활동		시간	학습 자료 및 유의점
		학생	교사		
도 입					
전 개					
정리·평가					

Ⅶ. 평가

※ 약안을 쓸 때에는 Ⅱ, Ⅲ, Ⅳ, Ⅴ항을 생략한다.

■ 단원명

단원명을 진술하는 방식에는 제목식, 방법식, 문제식이 있다. 제목식은 '표준어'와 같이 학습해야 할 내용이 나타난 제목을 적는 것이다. 방법식은 '표준어의 개념을 알아보자'와 같이 무엇을 하자는 식으로 진술하는 방식이다. 문제식은 질문이나 의문의 형식으로 진술하는 방식으로서, 예를 들면 '표준어는 어떻게 제정되었는가'와 같이 단원명을 진술하는 것이다. 그런데 학교교육에서는 교육과정을 바탕으로 구성된 교과서를 학습의 내용으로 삼고 있으므로, 국어 교과서의 대단원명이나 소단원명을 단원명으로 설정하면 된다.

■ 단원 설정의 이유

단원 설정의 이유는 단원이 학습 내용으로 설정된 이유를 밝히는 것이다. 주로 주제 또는 단원의 교재로서의 의미와 이것을 선정한 이유를 쓰는데, 우리나라 학교교육에서 교사는 이미 정해진 교과서의 설정된 단원을 가르치고 있기 때문에 이 부분은 생략될 수 있다.

■ 단원의 학습 목표

단원 전체에 대한 학습 목표를 쓰는데, 목표는 이해, 기능, 태도로 나누어 세밀하게 명시한다. 무엇보다도 학습 목표를 진술할 때는 학습 내용면과 더불어 행동면이 동시에 진술되도록 한다. 행동면도 교과별로 다르나 이해, 태도, 기능에 한정하지 않고 구체화, 명세화하는 것이 좋으며 학습 과정이 아닌 학습의 결과로 나타나는 학생의 변화된 행동으로 진술해야 한다.

■ 단원의 학습 내용과 지도 계획

단원의 학습 내용과 그 시간 배분을 정한다. 단원을 지도하는데 필요한 시간과 시간별 지도 내용을 순서대로 진술한다. 이런 의미에서 차시별 내용뿐만 아니라 수업에서 사용할 학습 자료와 준비물, 타단원이나 교과와의 관련사항도 제시하는 것이 일반적이다. 이러한 사항을 순서대로 진술하는 열거식 방법도 있으며, 다음과 같이 지도 계획을 표로 나타내기도 한다.

[표 3] 지도 계획

차시	학습 내용	자료 및 준비물	관련사항
1			
2			
3			
...			

■ 차시별 학습 지도 계획(본시의 지도 계획)

본시의 지도 계획은 단원 지도 계획에서 차시별 배당한 계획과 내용을 대상으로 차시별로 구체적으로 교수·학습 과정을 구성한 것이다. 예컨대 본 단원의 학습에 소요되는 시간이 총 3시간이라면 세 개의 차시별 학습 지도 계획(시안)이 작성된다. 본시의 지도 계획(시안)에는 다음과 같이 본시의 학습 목표와 학습 전개 과정이 포함되어야 한다.

```
제 1 차시 학습 지도 계획
    1. 학습 목표
    2. 학습 전개
       가. 도입 단계
       나. 전개 단계
       다. 정리 단계

제 2 차시 학습 지도 계획
    1. 학습 목표
    2. 학습 전개
       가. 도입 단계
       나. 전개 단계
       다. 정리 단계

제 3 차시 학습 지도 계획
    1. 학습 목표
    2. 학습 전개
       가. 도입 단계
       나. 전개 단계
       다. 정리 단계
```

차시별 학습 목표는 단원에서 배분된 학습 내용의 목표를 기술한다. 학습 목표는 '안다, 파악한다' 등의 추상적 용어보다는 '비교한다, 분석한다' 등의 명시적이고 구체적인 용어로 진술하는 것이 좋다. 학습 전개의 과정은 대개 '도입−전개−정리'의 3단계를 거친다. 또는 때에 따라 '도입−전개−정리 · 평가−발전'의 과정을 거치기도 한다. 학습 전개의 주요 내용은 위의 형식처럼 학습 지도의 단계에 따라 교수 · 학습의 내용과 방법을 열거식으로 진술해도 되고, 앞에서 제시한 것처럼 표를 구성하여 나타내어도 좋다. 학습 전개의 단계별 주요 활동을 제시하면 다음과 같다.

[표 4] 학습 전개의 단계별 주요 활동

단 계	주요 활동
도 입	1. 동기유발 2. 목표 인지 3. 선수학습 관련짓기
전 개	1. 학습 내용의 제시 2. 학습 자료의 연계 3. 학습자의 참여 4. 다양한 수업기법의 활용 5. 시간과 자원의 관리
정 리	1. 요약 정리 2. 강화 3. 일반화 4. 보충 및 차시 예고

■평가

단원 지도 과정상의 평가 계획을 구체적으로 진술한다. 예컨대 선수학습 정도를 알아보기 위한 진단 평가가 필요한가, 필요하다면 어떻게 할 것인가, 학습 진행 과정 중에 수시로 하는 형성 평가는 어떻게 할 것인가, 단원 지도가 끝난 후 학생의 목표 달성도를 알아보기 위한 총괄 평가는 어떻게 할 것인가에 대한 구체적인 방법을 진술한다.

📖약안

세안은 대체로 특별한 수업(예컨대 연구수업, 공개수업, 대표수업)을 할 경우에 많이 작성되며, 평소에는 수업 계획과 관련된 주요 사항을 진술한 약안이 많이 작성된다. 다음의 교수 · 학습 과정안 형식은 약안의 한 예이다.

[표 5] 교수·학습 과정안(약안)의 형식

교 과 명		학년 / 학기	
교 제		지도교사	
일 시		대상학급	
단 원		차 시	
학습 목표			
교수·학습 방법			

교수·학습 과정			학습의 흐름 (학습 내용)	교수·학습 활동		시간 (분)	학습 자료 및 유의점
과정	단계	형태		학생	교사		
도입							
전개							
정리 및 평가							

　이 장에서 제시한 수업 계획서 즉 교수·학습 과정안의 형식은 하나의 모델일 뿐이다. 과목의 특성이나, 학습 내용의 성격, 교육 방법, 학습자의 수준 등에 따라 교수·학습 과정안의 형식은 달라질 수 있다. 학습해야 할 과제의 성격에 따라 교수·학습의 중점이 달라질 수 있으며, 수업 계획의 단위를 어떻게 설정하느냐에 따라 수업 계획의 구체성과 범위가 달라질 수 있기 때문이다. 그러나 어떠한 형식의 교수·학습 과정안이든지 간에 교수·학습 과정안에는 수업 계획의 핵심이 드러나 있어야 한다. 즉, 학습 목표, 교수·학습의 단계와 방법, 교수·학습 활동 등에 대한 고려는 반드시 있어야 된다.

2. 수업 평가의 절차와 방법

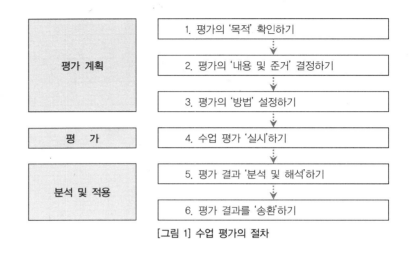

[그림 1] 수업 평가의 절차

(1) 평가의 목적 확인하기

수업을 평가하는 이유는 일반적인 학업 성취도 평가와 마찬가지로 크게 두 가지이다. 즉 하나는 서열화이고, 다른 하나는 수업의 장단점을 알아내고 개선을 위한 대안 모색에 앞선 진단이 그것이다. 서열화를 위한 평가는 장학이나 선발을 목적으로 하는 경우이고, 대부분은 교사와 교수·학습의 과정, 수업 환경 등을 전반적으로 진단하여 다음 수업의 개선을 위한 자료를 수집하기 위해 평가를 실시한다. 그러나 이러한 일반적인 상위 목적을 설정하고 나서, 구체적인 국어과 수업 상황에서 어떤 평가 목적을 가지고 평가에 임할 것인가를 명시적으로 확인하는 것이 중요하다.

(2) 평가의 내용 및 준거(기준) 결정하기

국어과 수업 평가는 다른 교과나 일반적인 수업 현상에서 드러나는 수업 평가의 틀 외에도, 국어과 수업의 특수성을 반영한 평가 준거(평가의 내용 항목, criteria)를 정하고, 각 평가 준거에 따라 단계급별 성취 수준을 기술한, 판단의 근거로서 평가 기준(standards)을 기술해야 한다. 예컨대, 읽기 수업 평가라면 교사의 판서, 발문 유형, 학습 기회 제공 등과 같은 일반적인 수업 요소 외에도, 읽기 학습 내용의 수준과 범위, 구체적인 읽기 모형의 적용 여부와 효과 등 읽기 수업 관련 요소를 포함해야 한다.

먼저, 평가의 준거를 위한 평가 내용 요소를 결정해야 하는데, 수업의 실체적 요인을 중심으로 정할 수도 있고, 이에 수업의 과정적 요인을 포함시켜 설정할 수도 있다. 다음 표에서처럼 평가 영역(측면)이 결정되면 각 영역의 하위 평가 항목을 세분화하고, 각 평가 기준과 각 단계에 포함될 만한 용인 가능한 수준을 함께 기술해야 한다. 이러한 평가 준거와 기준은 원칙적으로 매차시마다 달리 설정되어야 하겠지만, 국어과의 내용 영역별로 몇 가지 유형화가 가능하다. 예컨대, 말하기·듣기 수업, 읽기 수업, 쓰기 수업, 문법 수업, 문학 수업에 따라 각 수업의 특성이 드러나도록 평가 내용을 차별화할 수 있다.

[표 6] 평가의 내용과 평가 기준(예시)

측 면	내 용	기 준	용인수준
수업의 실체적 측면	교 사		
	교 재		
	학습자 상호작용		
수업의 과정적 측면	목 표		
	내 용		
	방 법		
	평 가		
수업의 배경적 측면	언어적 배경		
	심리적 배경		
	사회적 배경		
	학문적 배경		
	환경적 배경		

다음으로, 수업을 평가한 후 전체적인 판단을 내리기 위해 기준을 상세하게 기술하여 안내할 필요가 있는데, 이 역시 국어 수업의 특성을 반영한 성취 수준으로 기술해야 한다. 예컨대, 바이스 외(Weiss et al., 2003)의 경우는 과학과 '수업 관찰'의 결과, 수업의 질에 대한 평가 기준을 5개의 등급(level)으로 구분하여 제시하였는데, 이를 국어과로 바꿔보면 다음과 같다.

[표 7] 수업 질에 대한 등급 기술(예시)

등급(1-5)	등급명	통합 등급	표준 특성 기술 (description of Standards' Character)
Level 1	아주 비효과적인	Ineffective Instruction	국어 활동(do Korean : 말하기, 듣기, 읽기, 쓰기)을 성공적으로 이끌어 갈 능력을 개발시키거나 지식과 기능(disciplines, skill)에 대한 학생들의 이해를 전혀 향상시킬 것 같지 않은
Level 2	매우 제한된	Elements of Effective Instruction	국어 활동을 성공적으로 이끌어 갈 능력을 개발시키거나 지식과 기능에 대한 학생들의 이해를 향상시키기에는 수업 설계, 실행, 내용 적절성 등에서 문제가 많은
Level 3	다소 제한된	Beginning Stages of Effective Instruction	목적지향적이고, 학생들의 참여도가 있지만, 국어 활동을 성공적으로 이끌어 갈 능력을 개발시키거나 지식과 기능에 대한 학생들의 이해를 향상시키기에는 아직 약한
Level 4	꽤 효과적인	Accomplished, Effective Instruction	목적지향적이고 학생들의 참여도가 높아서, 국어 활동을 성공적으로 이끌어 갈 능력을 개발시키거나 지식과 기능에 대한 학생들의 이해를 다소 향상시킬 것 같은
Level 5	아주 효과적인	Exemplary Instruction	국어 활동을 성공적으로 이끌어 갈 능력을 개발시키거나 지식과 기능에 대한 학생들의 이해를 향상시킬 수 있는

(3) 평가의 방법 설정하기[3]

[3] 다음 내용은 길양숙(1996), Griffith(1972), Good & Brouphy (1986)의 내용을 참조한 것이다.

본격적인 수업 평가의 방법은 대개 '수업 관찰, 수업 분석, 평가회의' 등의 절차를 수반한다. 수업 상황은 평가자나 평가 방법에 의해서 결과가 다르게 평가될 수 있기 때문에 수업을 관찰·기술하는 것만으로 끝나서는 안 되고, 관찰한 결과를 체계적으로 분석하고, 이를 해석하기 위한 평가 회의로 끝난다. 이러한 일반적인 절차에 따라 수업 평가의 하위 방법들을 구성하고 수업을 진단한다.

이렇듯 수업의 효율성을 높이는 주요 요소들을 찾아내고, 이들 분절된 요소들을 중심으로 수업을 분석하는 것을 수업 분석(instructional analysis)이라고 하는데, 이는 요소들의 특성과 역할에 대한 개별적인 이해를 높일 수는 있지만, 실제 그런 요소들이 수업에서 총체적으로 작용했을 때 어떤 효과를 이뤄내는지를 설명하는 데는 미흡하다. 따라서 '수업 관찰' 또는 '교실 관찰'이라는 다른 연구 방법을 통해서 수업을 있는 그대로 기술함으로써 수업을 보다 잘 이해할 수 있다는 관점에 따라 수업 관찰 연구가 수업 평가를 대체하는 방법으로 호응을 얻고 있다. 따라서 평가의 방법은 질적 평가 방식과 양적 평가 방식을 병행하는 것이 좋다. 여기서는 각각의 평가 도구인 '자유기록'과 '체크리스트' 방식을 가지고 설명해 본다.

(1) 자유기록은 수업상황을 시간대별로 기록하되 주요 사건을 기록하고, 그와 구분된 해석을 덧붙이는 것이다. 모든 수업 사태를 다 기록할 수는 없으므로 관찰하려는 행동이나 수업의 측면을 선택하여 이를 평가 내용으로 항목화하고 이를 중심으로 기록한다. 이때 관찰의 편의를 위해 관찰 안내(Instructional Assessment Report Guide 혹은 Observation Guide)를 활용할 수도 있다. 이것은 수업의 각 단계를 관찰할 때 염두에 둘 것을 상기시킨다. 관찰 안내의 예를 일부만 수록하면 다음과 같다.

[표 8] 관찰 기록 안내지(예시 자료)

관 찰 안 내				
단원명 또는 차시명				
프로그램, 영역 또는 과정				
영 역	범 주	관 찰 대 상		기술란
1. 수업	가. 목적	– 목적은 정의되어 있는가? – 목적은 행동적 진술방식으로 진술되었나? – 학생의 능력범위 안에 있는 것인가? – 교사가 제안한 것인가 학생이 제안한 것인가? 교사가 제안했다면 학생들의 동의는 받았는가?		※ 기술란
	나. 동기			
	다. 복습과 준비			
	라. 전개			
	마. 내용과 자료			
2. 교실 환경				

(2) 체크리스트는 교사, 학생, 교실 등 수업에 관여하는 구체적인 부분에 대해 장단점에 관한 정보를 수집하고, 평가의 객관성을 유지하기 위해 고안된 것으로 널리 쓰인다. 이는 관찰해야 할 일련의 사건(사태 : 학습결과, 학습과정, 교사의 인성 등)을 나열하고, 평가자가 그 사건의 존재 정도를 적절한 칸에 표시하는 방법으로, 시간을 절약하게 하지만 보다 기본적인 쟁점보다는 표면적이고 중요하지 않은 것에 집중할 수 있다는 단점도 있다. 관찰 항목에는 관찰자의 주관적인 판단의 여지가 많은 것이 있는가 하면 객관적이고 관찰하기 쉬운 항목도 섞여 있는데, 평가의 목적과 상황에 따라 평가 내용 항목을 먼저 결정하되, 관찰 항목의 개념들은 가급적 관찰 가능한 행동으로 번역해야하고, 명료하게 표현되어야 한다. 다음은 읽기 수업 평가를 위한 체크리스트의 예이다.

[표 9] 읽기 수업 체크리스트(예시)

수업 흐름		분 석 요 소	분석 등급
도 입	학 습 분위기	학습자의 요구와 관심사를 고려하며 학습활동을 전개한다.	
		흥미 있는 발문을 활용하여 학습 분위기를 조성한다.	
	학습 목표	학습자의 성취 수준을 고려하여 학습 목표를 구성한다.	
		학습 내용을 명확하게 설명하고 안내한다.	
전 개	읽기 전	미리보기 전략을 활용하여 스키마를 활성화한다.	
	읽 기	직접 읽기 활동을 제공한다.	
	읽은 후	모둠별 협동학습을 하면서 함께 글을 쓰거나 토론을 하게 한다.	
	학습 과제	학습 과제에 차시 활동의 목적과 가치가 반영되어 있다.	
	학습 자료	다양한 수업 자료를 학습 상황에 맞게 적절히 활용하고 있다.	
	내용 전달	중요한 수업 내용을 강조하거나 요점을 제시한다.	
	학습 기회	교사의 발문에 응답할 수 있는 시간과 기회를 제공한다.	
	발 문	학습자의 발달 단계를 고려하여 발문을 한다.	
	지 명	다양한 방식을 활용하여 학생들의 학습 활동 참여를 유도한다.	
	피드백	교사와 학생의 생각을 서로 비교하면서 긍정적으로 피드백한다.	
	평 가	수업내용과 평가 내용이 일치한다.	
	판 서	판서의 시기와 내용과 양이 적절하다.	
	학습 환경	수업 형태에 맞게 학습자의 행동을 관리하고 지도한다.	
정 리		중요한 학습 내용을 판서하면서 정리한다.	
수업환경		수업 시간에 다양한 매체를 적절히 활용할 수 있다.	

(3) 절충적 방법으로서, 예를 들어, 자유기록과 체크리스트 방식을 결합한 방법이 있다. 세부적으로 구분된 각 평가 내용 항목마다 일일이

4 수업은 'Ⅰ.수업 내용, Ⅱ.수업
실행, Ⅲ.교실 문화, Ⅳ.전체 평가
(서열화) 등으로 구분해서 각각
평가할 수 있는데, 여기서는 '수
업 내용'의 영역에 대해서만 번
역·예시한다. 이에 대한 자세한
내용은 www. horizon-research.com
참조

점수화하거나 체크하는 것이 아니라, 관찰 안내에 따라 주요 관찰 지점을 살펴보되, 이를 먼저 정한 평가 등급에 따라 범주별로 통합 점수(Synthesis Rating)를 매기는 방식으로 변형할 수 있다. 바이스(Weiss, 2003)가 과학 수업에 사용하기 위해 제시한 교실 관찰 기록지(classroom observation protocol)[4]를 토대로 국어과 '교실 관찰 기록지'를 다음과 같이 적용해 볼 수 있다.

[표 10] 교실 관찰 기록지(예시)

교실 관찰 기록지(classroom observation protocol)

배경 정보

교사명 :   시 간 :   ~

관찰 일자 :   관찰자 :

학년(Grade Level) :

1부 : 수업 성격(Lesson Characteristics)

Ⅰ. 수업의 목적 : 교사에 의하면, 이 수업의 목적은 무엇이며, 단원의 목표는 수업과 얼마나 관계가 있는가?
Ⅱ. 기술 : 한 두 문단으로 당신이 관찰한 수업을 기술하시오.
(이 경우 이 수업이 학습의 전체 단위 중 어디에 속하는지 적으시오)

2부 : 수업 등급 판정(Lesson Ratings)

Ⅰ. 국어 수업 내용은 다음 정도를 반영한다.
• 수업 내용이 단원의 현재 목적과 일치한다.
• 국어 수업 내용이 중요하고 가치 있다.
• 국어 수업 내용이 이 반 학생들의 발달단계에 적절하다.
• 학생에게 제시된 문제, 질문, 설명(또는 다른 명시적인 목적) 등은 이해될 만하거나 흥미로운 것이다.
• 학생들은 수업 목표와 관련된 중요한 국어적 아이디어에 지적으로 몰두한다.
• 교사가 제공한 내용 정보는 정확하다.
• 교사는 (대화를 통해) 국어적 개념에 대한 이해 과정을 시범 보인다.
• 국어 수업은 비판적 이해와 창의적 표현 활동에 의해 풍성해지는 것으로 묘사될 수 있다.
• 다른 교과 영역이나 이론, 또는 실제 세계의 맥락과 적절히 관련된다.
• 국어 수업 내용은 이 수업의 목적과 학습자의 발달 단계 또는 학습자의 요구에 합리적이다.

통합 등급

1	2	3	4	5
국어 수업 내용이 국어교육에 대한 현재 기준(standard)을 전혀 반영하지 않는다.				국어 수업 내용이 국어교육에 대한 현재 기준을 최대한 반영한다.

등급 측정에 대한 근거 기술

Ⅱ. 수업 실행은 다음 정도를 반영한다.

Ⅲ. 국어 교실 문화는 다음 정도를 반영한다.

Ⅳ. 수업에 대한 전체적인 등급 판정(ratings)
   A. 국어에 대한 학생들의 이해 정도에 대한 수업 효과 측정
   B. 국어 수업의 질에 대한 요약 기술

3부 : 교사와 관찰자의 소견(reflections)

Ⅰ. 반성적 실천가로서 교사는 다음 정도를 반영한다.
   - 교사는 이 수업이 단원 학습 목표(goals)의 성취에 얼마나 적절한지에 대해 이해하고 있다.(관찰 전 면담)
   - 단원에 대한 교사의 평가 계획은 학생들의 개념 이해를 평가하기 위한 적절한 기회가 됨을 이해하고 있다.(관찰 전 면담)
   - 교사는 관찰된 수업의 장점과 단점을 이해하고 있다.(관찰 후 면담)
   - 교사는 어떤 학생들이 완전히 파악했는지에 대해 어느 정도까지 이해하고 있다. (관찰 후 면담)
   - 수업 또는 단원의 학습 목표를 달성하는 데 필요한 다음 단계나 적절한 재지도를 이해하고 있다.(관찰 후 면담)
   - 계속 전문가로서의 성장하기 위한 교사의 아이디어는 통찰력이 있으며, 국어 교사로서 그 능력(skill)을 발전시킬 수 있을 것이다.(관찰 후 면담)

   통합 등급

1	2	3	4	5
반성적 실천가로서 교사의 능력이 아주 적게 입증된다.				반성적 실천가로서 교사의 능력이 충분히 입증된다.

Ⅱ. 당신의 관찰과 수업 등급 판정(lesson rating)을 토대로 할 때, 교사의 특별한 장점은 무엇이고, 개선점은 무엇인가?

Ⅲ. 교사가 설정한 중요 부분에 대해 당신이 제공할 수 있는 피드백은 무엇인가?

Ⅳ. 당신의 관찰과 교사의 소견을 토대로 할 때, 교사가 국어 교사로서 전문적인 성장을 계속할 수 있도록 당신은 어떤 제안을 해 줄 수 있는가?

(4) 평가하기

　도일(Doyle, 1986)의 지적대로 교실에는 여러 과제와 사건이 공존하고, 이들이 서로 영향을 주며, 진행속도도 여간 빠르지 않다. 이런 상황은 사건이 진행할 방향을 예측하기 어렵게 한다. 학생들이 보는 앞에서 빠른 결정을 내려야 하는 교사는 심리적 압력을 받고, 따라서 긴장하고 당황하기도 하며 문제 해결에 온 신경을 쓰게 된다. 이런 상황에서 교실에서 일어나는 사건의 의미를 제대로 파악하기는 쉽지 않다. 따라서 수업을 관찰하고, 결과를 즉시 분석하는 일은 교사 자신이 혼자 할 수도 있지만, 교장, 장학사, 동료교사, 전문가, 연구자 등과 함께 실시할 수 있다. 여러 사람이 함께 수업을 평가하면 다소의 긴장은 따르더라도 다양한 시각에서 진단할 수 있고, 문제 해결의 아이디어를 많이 얻을 수 있다. 이는 집단과정이 반성을 더욱 자극하기 때문이다.

　전술한 평가 절차에 따라, 교실 수업을 관찰하면서 중점적인 평가 내용 항목에 따라 자유롭게 기술하거나, 체크하거나 또는 평가 준거와 기준에 따라 등급 판정을 정하는 등의 평가 활동을 하면서, 평가 후의 회의에 대비한다.

(5) 평가 결과 분석 및 해석하기

　반성(reflection)은 대상과의 거리가 있을 때 일어난다고 한다. 따라서 결과를 객관적으로 분석하고 해석하기 위해서는 적절한 거리두기가 필요하다. 이를 위해서 교사들은 자신의 수업을 자신이 평가하는 데에서 그치지 않고 제3자(동료 교사나 장학사 등)의 개입을 허용하거나 자신의 수업을 녹화하기도 한다. 이렇게 타인에 의해 기술되거나 객관적으로 영상화된 자신의 수업을 다시 바라볼 때, 대부분의 교사들은 자신은 그렇지 않을 것이라는 막연한 짐작이 깨지고 개선점을 발견하게 되는데, 이것은 수업 개선을 위한 피드백이 적용되는 시점이다. 예컨대, 교사들은 자신의 수업내용을 학생들이 이해하고 있는지 확인하지 않으며, 대화를 독점하고, 연습의 기회를 충분히 제공하지 않거나 수업 모형을 상황에 따라 변형하여 사용함으로써 본래의 의도를 곡해하는 경우가 잦다(길양숙, 1995, 1999)는 것을 발견하게 된다. 따라서 수업 평가의 결과가 수업 개선에 구체적으로 어떻게 기여할 수 있는지와 관련된 환류적(feed-back) 논의로서 '평가 회의' 와 같은 실행이 함께 따라야 한다. 이때 토론은 형식적이지 않은 것이 더 효과적이며, '대안을 말하고 설득하는 방식(tell and persuade)'보다는 '말하고 듣는 방식(tell and listen)'이 보다 적절하다.

수업평가는 관찰과 자료분석 외에도 회의를 통해서 수업을 개선하는 효과가 높아진다. 회의준비와 회의과정을 통해 관찰자도 수업에 대한 이해가 깊어지며, 수업을 한 교사는 수업개선의 방향을 모색할 수 있다. 관찰자도 단지 한 번 본 것으로 좋은 피드백을 하기는 어렵다(길양숙, 2001). 따라서 수업을 관찰한 후에는 관찰 자료를 분석하고, 수업환경, 교육과정, 교사 등 관련 사항들을 고려하며 수업의 적절성과 효율성, 장단점, 대안 등을 숙고하여야 한다. 이는 교사와 관찰자가 수업 문제에 대한 공동의 인식을 갖고 대안을 찾는 문제 해결 과정이다.

3. 좋은 수업의 요건

국어과 수업 사례들을 수집·분석한 연구 결과(이주섭 외, 2002), 좋은 국어과 수업은 다음과 같은 유형을 띤다 : ① 협동 학습을 통해 활발한 의미 구성 경험을 제공한 수업, ② 수업과 수행평가의 상호 의존을 통해 평가의 본질을 지향한 수업, ③ 대중 매체의 활용을 통해 국어과의 외연을 확장한 수업, ④ 다양한 독서 교육 프로그램을 적용한 수업 등이다.

좋은 국어과 수업 사례에 대한 관찰, 면담, 분석, 해석의 과정을 통해 드러난 좋은 국어과 수업은 교사가 뚜렷한 철학을 가지고 학생들과 인격적으로 상호작용하며, 효과적인 교수 화법을 구사하고, 교사로서의 전문성 신장(professional growth)을 위해 계속적으로 노력하는 실천가(practitioner)로서, 충실한 수업 준비를 바탕으로 한 적절하고 구조화된 수업 방법과 평가 방법을 활용한다는 특성을 보인다. 이를 통해서 주로 교사의 자질, 즉 인성적 측면과 수업 행동(수업 기술)적 측면에 의존도가 높다는 것을 알 수 있는데, 이 외에도 학교 측의 적극적인 교수 지원도 좋은 수업, 즉 수업의 효율성에 중요한 역할을 한다.

이외에 수업 평가의 요소로 환원될 수 있는, 교실에서의 효과적인 수업 실행의 중요한 원칙(A.W. Chickering & Z.F. Gamson, 1987, AAHE)을 제안한 연구 결과를 인용하면 다음과 같다 : ① 학생과 교수 간의 접촉을 격려할 것, ② 학생들 간의 상호 이익(reciprocity)과 협동을 개발할 것, ③ 적극적인 학습을 독려할 것, ④ 수행에 대해 즉각적인 피드백을 줄 것, ⑤ 과제에 대해 집중할 수 있는 시간량을 강조할 것, ⑥ 높은 기대치[5]에 대해 서로 이야기할 것, ⑦ 학습에 대한 다양한 능력과 방법에 대해 존중할 것 등이다. 이들은 교사의 인성적인 측면과 수행적 측면을 동시에 강조하면서도 전체적으로 정의적인 영역에 대한 주의를 더욱 기울일 필요가 있음을 함축하고 있다. 이는 수업이라는 것이 단순히 물리적이고 구조화된 절차에 의해 실현되는 것이 아니며, 또한 분리될 수 있는 개별적 사건과 행동으로 환원될 수 있는 것이 아니라, 교사와 학습자의 참여로 교실 환경이 조직되고 의미가 규정된다고 보며, 좋은 수업은 인간과 인간의 접촉, 긍정적인 상호작용에 의해 고무된다고 본다. 따라서 이러한 상호작용적 관계 또는 환경의 설정이 수업에 더욱 유익하게 작용한다고 본다.

[5] 기대란 보통 정서적 긴장상태를 수반한다. 톨 만(E. C. Tolman)에 따르면 학습의 성립은, 교육자의 지시에 대해서 학습자가 어떠한 행동을 하면 목표에 도달할 수 있다는 기대를 가질 때 가능하다고 한다. 이것을 '기대설(期待說)'이라고 하는데, 이는 학습과정을 설명하는 데 있어 중요한 개념이다.

교사를 위한 안내

수업을 계획하고 진행하는 데 있어서 정답이나 규칙이 있는 것은 아니다. 수업을 잘 하는 숙련된 교사라도 수업은 항상 어려운 과제이다. 수업이 갖고 있는 복잡하고 복합적인 특성과 변인 때문이다. 숙련된 교사와 그렇지 않은 교사의 차이는 교실 수준의 '교육과정 재구성', 즉 수업 계획 능력에서 드러나게 된다. 이론을 실천으로 연계하는 과정은 쉽지 않다. 이론과 실천을 이어주는 과정이 바로 수업을 계획(설계)하는 과정이다. 특히 예비 교사와 초임 교사는 국어 교육과정과 국어 교과서를 가지고 수업 계획을 짜는 활동을 많이 해 보아야 한다. 숙련된 교사 역시 성공적인 수업을 위해서 수업 계획을 소홀히 해서는 안 된다.

교실 및 수업 평가(Classroom / Instruction Assessment)는 일찍이 또는 종종, 학생들이 배워야 할 것을 얼마나 잘 학습 하고 있는지에 대한 피드백을 수집할 수 있는 하나의 방법이다. 교실 평가의 목적은 교사와 학생들에게 교수의 효과와 학습의 질을 개선하기 위해 요구되는 정보와 통찰을 제공하는 것이다. 교사들은 자신의 교수를 조절하기 위해 교실 평가에서 얻은 피드백 정보를 활용한다. 즉, 학생들과 피드백을 공유하고, 학생들이 보다 독립적이고 성공적인 학습자가 될 수 있도록 학습 전략과 학습 습관을 개선하는 데 사용한다.

교실 및 수업 평가는 교실 연구(Classroom Research)라는 전체 틀 안에서 이뤄지는 하나의 탐구 방법이자, 교수와 학습 개선을 위한 확대된 접근법[6]이라 할 수 있다. 이러한 관점에 따라 수업을 설계하고 평가하되, 주지해야 할 점은 국어과 수업 평가는 국어과의 교과적 특수성을 반영해야 한다는 것이다. 즉, 평가의 목표, 내용, 방법의 계획과 평가 결과의 해석 과정에서 각각 국어과 수업의 고유한 요소들이 포함될 수 있도록 구체성을 띠도록 구성해야 한다.

[6] Angelo,T.A.(1991), Ten Easy Pieces : Assessing higher learning in four dimensions. In Classroom research : Early lessons from success. New directions in teaching and learning (#46), Summer, 17-31.

▌탐구 활동

01 국어 교과서의 한 단원을 선택하여 수업 계획을 짜고 이에 따라 교수·학습 과정안을 작성해 보자.

02 국어 수업에 영향을 미치는 변인은 '인간, 언어, 활동, 교육' 등의 변인이 있다. 이들 각각의 하위 요소들을 참고로 오른쪽 빈 칸의 질문 또는 추가 세부 항목에 들어갈 평가 내용을 평가 회의를 통해서 정하고, 국어과 수업의 특성이 드러나는 국어 수업 분석표 또는 수업 관찰표를 체크리스트 형식으로 만들어보자.

범주	변인 요소	세부 질문 항목	등 급		
			1	2	3
인간 변인	교사의 언어관과 학습관				
	학습자의 언어발달 수준				
	언어에 대한 학습자의 가치관과 태도				
	교수·학습에서의 상호작용성				
	기타				
언어 변인	대상언어와 수단언어의 층위				
	언어의 기호적 특성				
	음성언어와 문자언어의 특성				
	교재로 사용된 언어 텍스트의 담화 특성				
	기타				
활동 변인	언어수행의 의도 및 효과				
	언어기호의 소통구조				
	언어수행의 사회적·심리적 기제				
	교사와 학습자의 의사소통 상황				
	기타				
교수 변인	국어교육 목표				
	교수·학습 모형				
	지도 및 평가 전략				
	학습 요구시간				
	교재 특성				
	기타				

03 자신의 국어 수업 혹은 다른 동료 교사의 수업을 녹화한 뒤, 위의 수업 분석표를 참고로 국어 수업을 자유기록의 방식으로 평가해 보자. 중점적으로 관찰해야 할 중요한 대상을 먼저 결정하는 것이 수업 관찰에서 왜 중요한지 생각해 보자. 또한 교사들이 자신의 수업을 녹화한 비디오 자료 보기를 꺼려하는 이유에 대해서도 다른 사람들과 서로 논의해 보자.

▌ 참고할 만한 자료들

• **좋은 수업의 표준(prototype)과 국어과 수업 평가의 특수성에 대해서는 다음을 보라.**

길양숙(2001), 대학교원의 수업능력 개발을 위한 교육 및 지원활동의 조건, **교육학연구 39(2)**.

최지현(2005), 국어수업, 어떻게 볼 것인가 : 중등학교 국어과 수업 평가의 한 방향－사범대학과 중등학교의 연계를 중심으로, **국어교육학연구 24집**, 국어교육학회.

김경주(2005), 국어과 수업 분석과 평가를 위한 탐색, **국어교육연구 15집**, 서울대 국어교육연구소.

이주섭 외(2002), 국어과 교육 내실화 방안 연구 : 좋은 수업 사례에 대한 질적 접근, **한국교육과정평가원 연구보고서**.

안종훈 외 역(2004), **언어학습에서의 교사와 학습자의 역할**(T. Wright, 1987), 범문사.

• **수업 관찰과 수업 평가의 일반적인 논의는 다음을 보라.**

설양화 외 역(2005), **효과적인 수업 관찰**(Borich, 2003), 아카데미프레스

원효헌(2002), **수업 평가의 이해와 적용**, 교육과학사.

서울대학교 교육연구소 편(1999), **교육학대백과사전 Vol.2**, 하우동설.

Brouphy, J. & Kher, N.(1986). *Teacher socialization as a mechanism for developing student motivation to learn*. In R. Feldman (Ed.), Social Psychology Applied to Education. New York : Cambridge University Press.

참고문헌

강민경(1999), **컴퓨터 워드프로세서 프로그램을 사용한 작문 과정에 대한 연구**, 서울대 석사학위 논문.

강옥미(2004), 다중 문식력 함양을 위한 언어학 교수−학습 설계 및 운영, **한국어학 22**, 한국어학회.

경규진(1993), **반응 중심 문학교육의 방법 연구**, 서울대 박사학위 논문.

경규진(1995), 문학교육을 위한 반응 중심 접근법의 가정 및 원리, **국어교육 87**, 한국국어교육학회.

고진호(2001), 수업 효과 변인에 대한 학생들의 인식도 분석, **교육문제연구 15−1집**, 동국대 교육문제연구소.

곽병선(1988), **교과교육원리**, 갑을출판사.

곽병선(1986), **교육 개혁 심의회에서 논의된 교과서의 제 문제, 2000년대 한국 교과서의 미래상**, 한국2종교과서협회.

곽영순(2003), **질적 연구로서 과학 수업 비평**, 교육과학사.

곽영순·강호선(2005), **교사 평가, 수업 평가−수업 평가 바로하기**, 원미사.

곽춘옥(20004), 문식성 학습과 평가에 대한 생태학적 접근, **국어교육학연구 18집**, 국어교육학회.

교육부(1998), **국어과 교육과정**, 대한교과서주식회사.

구인환·우한용·박인기·최병우(1988), **문학교육론**, 삼지원.

구인환·박인기·김창원·정재찬·김상욱·최지현·윤여탁·최미숙·한점돌·이승원·이정숙·정병헌·최인자·김동환·우한용·김중신·최병우·박삼서·한철우(1998), **문학 교수·학습 방법론**, 삼지원.

권순희(2001), **대화 지도를 위한 청자 지향적 관점의 표현 연구**, 서울대 석사학위 논문.

권이종(1996), **현장학습의 실태 및 개선 방안에 관한 연구**, 교원대 석사학위 논문.

길양숙(1997), 동료 교사의 수업 평가에서 발견되는 수업 평가의 실제적 기준, **교육과정연구 15−2호**, 한국교육과정학회.

길양숙(2001), 대학교원의 수업능력 개발을 위한 교육 및 지원활동의 조건, **교육학연구 39−2호**, 한국교육학회.

길양숙·김동건(2003), 수업 평가 결과와 쟁점, **교육학연구 41−3호**, 한국교육학회.

김경주(2005), 국어과 수업 분석과 평가를 위한 탐색, **국어교육연구 15집**, 서울대 국어교육 연구소.

김광해(1995), 언어 지식 영역의 교수 학습 방법, **국어교육연구 2집**, 서울대 사범대학 국어 교육연구소.

김광해·권재일·임지룡·김무림·임칠성(1999), **국어지식탐구**, 도서출판 박이정.

김대행(1998), 매체언어 교육론 서설, **국어교육 97**, 한국어교육학회.

김대행(2007), 매체 환경의 변화와 국어교육의 방향, **국어교육학연구 28**, 국어교육학회.

김대행·우한용·정병헌·윤여탁·김종철·김중신·김동환·정재찬(2000), **문학교육원론**, 서울대학교 출판부.

김대희(2006), 리터러시 개념의 확장에 관한 연구—미디어 리터러시media literacy를 중심으로, **어문연구 129**, 한국어문교육연구회.

김도남(2004), 미디어 문식성 교육 내용 탐색, **한국어문교육 13**, 한국교원대학교 한국어문교육연구소.

김도남(2004), 미디어 문식성에 대한 국어교육적 논의 배경, **청람어문학 28**, 청람어문교육학회.

김성진(2004), 문학 교수·학습 방법론 연구, **국어교육학연구 21**, 국어교육학회.

김수업(1990), **국어교육의 원리**, 청하.

김승호(2001), 학교 교육의 질 향상을 위한 학교종합평가, **교육개발 26-1(통권126)**, 한국교육개발원.

김신영(2002), 현장 교사의 평가 전문성 연구, **교육평가연구 15-1호**, 한국교육평가학회.

김신자·이인숙·양영선(2003), **교육 공학의 이론과 실제**, 문음사.

김아영(2000), **관찰연구법**, 교육과학사.

김영천(2002), **네 학교 이야기**, 문음사.

김은성(1999), **국어에 대한 태도 교육 연구**, 서울대 석사학위 논문.

김인식·최호성·최병옥 편저(2000), **수업 설계의 원리와 모형 적용**, 교육과학사.

김재봉(2003), **초등 말하기·듣기 교육론**, 교육과학사.

김재봉·염창권·천경록·임성규(2001), **수준별 교육과정에 따른 초등 국어과 교수·학습 방법**, 교육과학사.

김정원(2002), 질적 수업 평가의 시도, **교육학연구 15-2호**, 한국교육학회.

김정자(2002), 국어교육에서의 미디어 교육의 수용, **국어교육학연구 15**, 국어교육학회.

김정자(2005), 국어 수업의 계획과 운영에 관한 조사, **국어교육학연구 24**, 국어교육학회.

김정자(2006), 쓰기 '과정'의 초점화를 통한 쓰기 지도 방안—수정하기와 출판하기 과정을 중심으로, **국어교육학연구 26**, 국어교육학회.

김종서·김영채(1983), **수업 형태 분석법**, 교육과학사.

김진우(1994), **의사소통 접근법과 문법 교육**, 인문학연구, 중앙대인문사회과학연구소.

김창원(1995), 읽기 교재의 체계화와 그 적용 연구, **한국초등국어교육 제11집**, 한국초등국어교육학회.

김혜숙(2000), 매체 언어의 국어 교육적 수용의 필요성과 방안에 대하여, **동악어문논집 36**, 동국대학교.

김혜영(2005), **독서지도론**, 경남대출판부.

김혜정(2002), **텍스트 이해의 과정과 전략에 대한 연구-비판적 읽기 이론 정립을 위한 학제적 접근**, 서울대 박사학위 논문.

김혜정(2004), 읽기 연구에서 텍스트 이론의 영향과 그 교육적 전개, **텍스트언어학 17집**, 한국텍스트언어학회.

김혜정(2005), 국어과 교수·학습 방법론에 대한 비판적 고찰, **국어교육 118**, 한국어교육학회.

김혜정(2006), 교과독서의 수업 적용 원리, **한말연구 18호**, 한말연구학회.

김혜정(2006), 읽기 교육 방법론에 대한 재고, **국어교육학연구 27집**, 국어교육학회.

남가영(2003), **메타 언어적 활동에 대한 국어교육적 연구**, 서울대 석사학위 논문.

남상준(1999), **지리교육의 탐구**, 교육과학사.

노명완·박영목·권경안(1988), **국어과교육론**, 갑을출판사.

노명완·이형래(2005), 직업 문식성 연구-9, 5급 공무원을 중심으로, **독서연구 13**, 한국독서학회.

노은희(1999), **대화 지도를 위한 반복표현의 기능 연구**, 서울대 박사학위 논문.

류덕제(2005), 반응 중심 교육에 대한 비판적 고찰, **어문학 90**, 한국어문학회.

류성기·김기수(1999), 국어 음성언어 교육의 전략화를 위한 교수·학습 모형 연구, **한국초등국어교육 제15집**, 한국초등국어교육학회.

민현식(2002), 국어 지식의 위계화 방안 연구, **국어교육 108**, 한국국어교육연구회.

박갑수·이용주(1983), **국어과교육(Ⅱ)**, 한국방송통신대학.

박경순·이경규(2005), **창의적인 글쓰기로 아름다운 책 만들기**, 한울림어린이.

박성익(1997), **교수·학습 방법의 이론과 실제(Ⅰ)**, 교육과학사.

박수자(2001), **읽기 지도의 이해**, 서울대 출판부.

박수자(2005), 교과 독서의 본질과 과제, **독서연구 14호**.

박영목(2000), 독서교육 활성화 방안 연구, **국어교육 103호**, 한국어교육학회.

박영목·한철우·윤희원(1995), **국어과 교수 학습 방법 탐구**, 교학사.

박영민(2001), 작문 이론과 작문 교육의 대응, **한국어문교육 10**, 한국교원대학교 한국어문교육연구소.

박용익(2003), **수업 대화의 분석과 말하기 교육**, 역락.

박인기(1989), 문학 교과 교재론의 이론적 접근과 방향, **운당 구인환 선생 화갑 기념 논문집**, 한샘.

박인기(1992), 국어과 교재론 기술의 이론화 방향, **봉죽헌 박붕배 교수 정년 기념 논문집**.

박인기(2000), 미디어텍스트와 국어과 교육의 상호성, **교육논총 17**, 인천교육대학교 초등
　　　　교육연구소.

박인기(2002), 문화적 문식성의 국어교육적 재개념화, **국어교육학연구 15집**, 국어교육학회.

박창균(1999), **대화분석을 적용한 말하기 교수·학습 방법 연구**, 인천교대 석사학위 논문.

변영계(1999), **교수·학습 이론의 이해**, 학지사.

변영계·김경현(2005), **수업 장학과 수업 분석**, 학지사.

변홍규(1996), **질문 제시의 기법**, 교육과학사.

서울대학교 교육연구소 편(1998), **교육학 대백과 사전**, 하우동설.

서울대학교 국어교육연구소(1999), **국어교육학 사전**, 대교출판.

서유경(2002), 인터넷 매체를 활용한 통합적 문학교육 연구, **문학교육학 10**, 한국문학교육
　　　　학회.

서유경(2003), 국어과 교육과정과 정보통신기술(ICT)의 통합을 위한 내용 체계 고찰, **국어
　　　　교육학연구 17집**, 국어교육학회.

서혁(2005), 국어과 교수·학습 방법의 구성의 원리, **국어교육학연구 제24집**, 국어교육학회.

서혁·이도영·임미성·신권식(2005), 국어과 교수·학습 방법 개선을 위한 평가 체제 연
　　　　구, **한국초등국어교육 제29집**, 한국초등국어교육학회.

서현석(2005), **말하기·듣기 수업 과정 연구**, 도서출판 박이정.

성현석(2005), 인터넷 공간은 교육 매체의 새로운 활로가 될 것인가, **월간 중등 우리교육
　　　　2005년 9월**, 중등우리교육

손민호(2001), 수업 개선 준거에 대한 반성적 고찰, **열린교육연구 9집**, 열린교육학회.

손민호(2001), **수업 분야에서의 질적 연구, 교과교육과 수업에서의 질적 연구**, 문음사.

신영숙(1997), **교차교육과정으로서의 미디어 교육과 독서 교육에 관한 연구**, 중앙대 석사학
　　　　위 논문.

신헌재(1993), **독서교육의 이론과 방법**, 박이정.

신헌재(1996), **국어과 교수 학습 방법**, 박이정.

신헌재·권혁준·김선배·류성기·박태호·염창권·이경화·이재승·이주섭·천경록·최
　　　　경희(2005), **초등 국어과 교수·학습 방법**, 도서출판 박이정.

신헌재·길형석·이재승·이경화·김도남·임천택(2001), **학습자 중심의 국어과 수업방안**,
　　　　도서출판 박이정.

신헌재·이재승 편저(1994), **학습자 중심의 국어교육**, 서광학술자료사.

심영택(2002), 국어적 지식의 교수학적 변환 연구, **국어교육 108호**, 한국국어교육연구학회.

심영택(2004), 초등학교 말하기·듣기 교육, **새국어생활 14권 3호**, 국립국어연구원.

심영택(2006), 교사의 비언어적 의사소통 행위에 관한 교육적 의미 연구, **청주교육대학교
　　　　교육대학원 논문집 제11집**, 청주교육대학교.

양미란(2006), 영상 자료를 활용한 문화교육, **디지털영상학술지 3-1**, 한국디지털영상학회.

염창권(1999), 반응중심 문학교육의 현재와 전망, **한국언어문학 43**, 한국언어문학회.

원진숙(1999), 쓰기 영역 평가의 생태학적 접근－대안적 평가 방법으로 포트폴리오를 중심으로, **한국어학 10**, 한국어학회.

원효헌(2002), **수업 평가의 이해와 적용**, 교육과학사.

원희영(2001), **설득적 말하기 능력 신장 방안의 연구**, 춘천교대 석사학위 논문.

유동엽(1997), **대화 참여자의 대화 전략에 관한 연구**, 서울대 석사학위 논문.

이경화(1996), 교수학적 변환론의 이해, **대한수학교육학회논문집 제6권 제1호**, 대한수학교육학회.

이경화(1996), 문식성 지도를 위한 언어 중심 교육과정 구성에 관한 연구, **국어국문학 117**, 국어국문학회.

이경화(2000), 학교 교육으로 매체 언어를 실행하는 방안, **한국어문교육 9**, 한국교원대학교 한국어문교육연구소.

이경화(2001), **읽기 교육의 원리와 방법**, 도서출판 박이정.

이관규(2001), 학교 문법 교육에 있어서 탐구 학습의 효율성과 한계점에 대한 실증적 연구, **국어교육 106호**, 한국국어교육연구회.

이길록(1972), 학교 문법론 서설, **국어교육 18~20**, 한국국어교육연구회.

이대규(1994a), 문법 수업 설계 방법, **선청어문 제22집**, 서울대 국어교육과.

이대규(1994b), **국어과 교육의 과정**, 한글과컴퓨터.

이도영(1996), 문법 교육의 목표 정립을 위한 제언, **국어교육 91집**, 한국국어교육연구회.

이도영(2005), 말하기 · 듣기 수업 평가 기준 마련을 위한 시론, **한국초등국어교육 제27집**, 한국초등국어교육학회.

이도영(2006), 말하기 교육 내용 체계화 방안, **국어교육 120**, 한국어교육학회.

이도영 · 김선배(2002), 유 · 초등학교 표현력 신장 교육의 문제점과 개선 방안, **대학과의 협력연구논문 제12집**, 강원도교육과학연구원.

이돈희(1986), 새로운 교과서의 개념, **2000년대 한국 교과서의 미래상**, 한국2종교과서협회.

이동희(2003), **말하기 사전 활동 강화 방안 연구**, 춘천교대 석사학위 논문.

이삼형 · 김중신 · 김창원 · 이성영 · 정재찬 · 서혁 · 심영택 · 박수자(2000), **국어교육학**, 소명.

이상태(1993), **국어교육의 길잡이**, 한신문화사.

이성영(1992), 국어과 교재의 특성, **국어교육학연구 제2집**, 국어교육학회.

이성영(1996), 직접 교수법에 대한 비판적 고찰, **한국초등국어교육 12**, 한국초등국어교육학회.

이성영(1998), 교육 문법의 체제 연구, **국어교육학연구 8집**, 국어교육학회.

이영숙(2004), 한국어 문법 교육의 실태와 효율적인 교육 방안 연구, **교육 한글 16~17**, 한글학회.

이은희(1995), 언어 지식 영역 교수 학습 방법 연구, **국어교육 87·88호**, 한국국어교육연구회.

이인제 외(1996), **제6차 교육과정에 따른 초등학교 국어과 교과용 도서 개발 연구**, 연구보고 TR 96−3−2, 한국교육개발원.

이인제 외(1997), **제7차 국어과 교육과정 개발 연구**, 연구보고 CR 97−23, 한국교육개발원 교육과정개정연구위원회.

이재기(2001), 주체, 이데올로기, 그리고 문식성 교육, **국어교육학연구 12집**, 국어교육학회.

이재기(2006), 맥락 중심 문식성 교육 방법론 고찰, **청람어문교육 34**, 청람어문교육학회.

이재승(1997), **국어교육의 원리와 방법**, 박이정

이재승(2002), **글쓰기 교육의 원리와 방법**, 교육과학사.

이재승(2005), 총체적 언어교육에 대한 몇 가지 오해, **청람어문교육 29**, 청람어문교육학회.

이정숙(1998), 소설의 교수·학습 방법과 실천논리, **문학 교수·학습 방법론**, 구인환 외, 삼지원.

이종희·김선희(2002), **수학적 의사소통**, 교우사.

이주섭(2001), **상황맥락을 반영한 말하기·듣기 교육의 내용 구성에 관한 연구**, 한국교원대 박사학위 논문.

이주섭(2002), 국어과 교육 내실화 방안 연구 : 좋은 수업 사례에 대한 질적 접근, **한국교육과정평가원 연구보고서 RRC 2002**, 한국교육과정평가원.

이주행(2003), 한국어 문법 교수 학습 방법에 대한 고찰, **어문연구 제31권 제2호**, 한국어문교육연구회.

이채연(2001a), 인터넷 매체언어 활용의 교수학습 모형과 실제, **새국어교육 61**, 한국국어교육학회.

이채연(2001b), 인터넷의 매체 언어성과 국어 교재화 탐색, **국어교육 104**, 한국어교육학회.

이채연(2007), 매체언어 교육의 교수 학습 방법, **국어교육학연구 28**, 국어교육학회.

이천희(1991), 문식성의 개념 고찰, **초등국어교육 1**, 서울교육대학 국어교육과.

이충우(2006), **국어 문법의 교육과 역사**, 역락.

이형래(2005), 문식성 교육의 확장에 관한 연구 : 공무원의 직업 문식성을 중심으로, **국어교육 118**, 한국어교육학회.

이홍우(1987), **지식의 구조**, 교육과학사.

이홍우(1992), **증보 교육과정 탐구**, 박영사.

이희정(1999), **초등학교의 반응중심 문학교육 방법 연구**, 한국교원대 석사학위 논문.

인정신(2000), **대화분석을 통한 자기소개대화 지도 연구**, 인천교대 석사학위 논문.

인탁환(1999), **상호점검전략을 적용한 말하기 지도 방안 연구**, 인천교대 석사학위 논문.

임규홍(2000), 컴퓨터 통신 언어에 대하여, **배달말 27−1**, 배달말학회.

임지룡(2002), 글쓰기를 위한 문법 교육 텍스트, **국어교육연구 34**, 국어교육학회.

임지룡(2002), 중등학교 국어과에서 매체 언어 교육의 실태와 과제, **중등교육연구 50**, 경북대학교 사범대학 중등교육연구소.

임찬빈 외(2006), 수업평가 매뉴얼 : 국어과 수업 평가, **한국교육과정평가원 연구보고서 ORM 2006-24-3**, 한국교육과정평가원.

임천택(2001), 국어교육을 위한 매체와 매체 언어 탐구, **새국어교육 61**, 한국국어교육학회.

임천택(2001), 매체 문식성의 개념과 교육적 접근 관점, **청람어문교육 23**, 청람어문교육학회.

임칠성·심영택·원진숙·이창덕(2004), **교사화법교육**, 집문당.

전국국어교사모임 매체연구부(2005), **국어시간에 매체읽기**, 나라말.

전국국어교사모임 매체연구부(2005), **매체 교육의 길 찾기**, 나라말.

전은주(1999), **말하기 듣기 교육론**, 도서출판 박이정.

정구향(2002), 매체언어 교육의 내용범주와 수용 양상 연구, **새국어교육 63**, 한국국어교육학회.

정구향·유영희·김미혜(2002), **초등학교 국어과 교수·학습 방법과 자료 개발 연구**, 한국교육과정평가원.

정길정·연준흠(1996), **외국어 읽기 지도의 이론과 실제**, 한국문화사.

정민주(2005), 미디어 문식성을 위한 텍스트 수용에 관한 고찰, **국어교육연구 15**, 서울대학교 국어교육연구소.

정병기(1995), **신간 사회과교육론**, 교육출판사.

정영진(2001), **교육 연극을 활용한 말하기 교육 방법 연구**, 진주교대 석사학위 논문.

정인성·나일주(1992), **최신 교수 설계 이론**, 교육과학사.

정재찬(2006), 현대시 교육의 방향, **문학교육학 19**, 한국문학교육학회.

정준섭(1995), **국어과 교육과정의 변천**, 대한교과서주식회사.

정찬식(2001), **사회과 현장학습의 개선 방안**, 서울교대 석사학위 논문.

정현선(2004), **다매체 시대의 국어교육과 문화교육**, 역락.

정현선(2004), 디지털 리터러시의 국어교육적 고찰, **국어교육학연구 21집**, 국어교육학회.

정현선(2005), '언어·텍스트·매체·문화' 범주와 '복합 문식성' 개념을 통한 미디어 교육의 국어교육적 수용에 관한 연구, **한국초등국어교육 28**, 한국초등국어교육학회.

정현선(2006), 미디어 소통의 관점에서 본 인터넷 공론장의 언어문화, **국어교육 119**, 한국어교육학회.

조영달 편(1999), **한국 교실 수업의 이해**, 집문당.

주삼환 외(1999), **수업 관찰과 분석**, 원미사.

주삼환(1998), **수업 관찰과 분석**, 원미사.

천경록(2000), 국어 수업과 역할놀이 수업 모형, **광주초등국어교육연구**, 광주초등국어교육학회.

천경록(2003), 직접 교수법 단계에 대한 고찰, **독서교육 9**, 독서학회.

천경록·이재승(1997), **읽기 교육의 이해**, 우리교육.

최미숙(1998), 문학적 장치의 대화적 교수·학습 방법, **문학 교수·학습 방법론**, 구인환 외, 삼지원.

최미숙(2000), 국어교육 평가의 원리와 실제, **국어국문학 126**, 국어국문학회.

최미숙(2006), 대화 중심의 현대시 교수·학습 방법, **국어교육학연구 26**, 국어교육학회.

최미숙(2006), 매체 텍스트 표현 교육의 실제 : 인터넷 백과사전 제작 수업을 중심으로, **상명대학교 교육 연구소 논문집**, 상명대학교 교육연구소.

최병우·이채연·최지현(2000), **매체언어와 국어교육 : 매체언어의 교수−학습에 관한 연구**, 서울대 국어교육연구소 연구보고서.

최복자(2006), **토론 교육의 수업 모형 개발 연구**, 전남대 박사학위 논문.

최상진(2000), **한국인 심리학**, 중앙대학교출판부.

최영환(1992), 국어 교육에서 문법 지도의 위상, **국어교육학연구 제2집**, 국어교육학회.

최영환(2003a), **국어교육학의 지향**, 삼지원.

최영환(2003b), 초등학교 국어과 교수·학습 방법의 변화와 지향, **국어교육 111호**, 한국국어교육연구회.

최영희(2001), **말하기 능력 신장을 위한 놀이 학습 활용 방안 연구**, 공주교대 석사학위 논문.

최웅환·이문규(2004), 국어교육에서의 매체언어 교육 수용에 대하여, **중등교육연구 52−2**, 경북대학교 사범대학 중등교육연구소.

최인자(2001a), 문식성 교육의 사회, 문화적 접근, **국어교육연구 8**, 서울대학교 사범대학 국어교육연구소.

최인자(2001b), 비판적 대중매체 교육과정 연구, **국어교육학연구 13집**, 국어교육학회.

최인자(2002), 다중 문식성과 언어문화교육, **국어교육 109**, 한국어교육학회.

최지현(1998), 문학감상교육의 교수학습모형 탐구, **선청어문 26**, 서울대학교 국어교육과.

최지현(1998), 이중 청자와 감상의 논리, **국어교육연구 5**, 서울대학교 국어교육연구소.

최지현(1999), 언어자료로서 문학의 교육적 가능성, **문학교육학 4**, 한국문학교육학회.

최지현(2001), 매체언어이해론을 위한 근본논의, **독서연구 6집**, 한국독서학회.

최지현(2003), 교과교육으로서 매체교육의 가능성, **교육발전 22−2**, 서원대학교 교육연구소.

최지현(2003), 사이버언어공동체와 국어교육, **국어교육학연구 18집**, 국어교육학회.

최지현(2005), 국어 수업, 어떻게 볼 것인가? ; 중등학교 국어과 수업 평가의 한 방향−사범대학과 중등학교의 연계를 중심으로, **국어교육학연구 24집**, 국어교육학회.

최지현(2007), 매체언어 교육을 위한 교수·학습 방법 탐구 : 문화·매체 문식성 개념을 중심으로, **국어교육학연구 28**, 국어교육학회.

최천택(2005), **영어 독해 교육론 : 원리와 활용**, 한국문화사.

최현섭 외(2005), **국어교육학개론**, 삼지원.

최형기·김형철(2001), 중학교 문법 교육 방법 연구, **교과교육연구 2-1**, 원광대교과교육연구소.

최홍원(2005), 매체 개념과 국어교육의 가능성 연구, **선청어문 33**, 서울대학교 국어교육과.

한국교육학술정보원(2002), **국어과 교수·학습 모형을 적용한 ICT 활용 연수 프로그램 개발 연구보고서.**

한귀은(2006), 소설과 텔레비전 드라마의 통합적 교육 방안 : TV 단막극을 중심으로, **문학교육학 20**, 한국문학교육학회.

한동원(2003), 언어매체적 특성으로 본 인터넷 통신언어, **어문연구 32-2**, 한국어문교육연구회.

한철우 외(2001), **과정 중심 독서지도**, 교학사.

한철우 외(2002), **문학 중심 독서지도**, 대한교과서.

한철우·홍인선(2007), **학교 현장 독서 지도 어떻게 할 것인가?**, 교학사.

스가야 아키코(안해룡 외 역, 2001), **미디어 리터러시 : 미국 영국 캐나다의 새로운 미디어 교육 현장 보고**, 커뮤니케이션북스.

Gagn, R. M.(1985), *The Conditions of Learning and Theory of Instruction*(4th ed.), New York : Holt, Rinehart & Winston, 김인식·최호성·최병옥 편저(2000), **수업 설계의 원리와 모형 적용**, 교육과학사.

Hyman, Ronald T.(1974), *Ways of Teaching*, 권낙원 역(2001), **교수방법**, 원미사.

Abrams, M. H(최상규 역, 1989), **문학용어사전**, 진성출판사.

Adler, M. J.(오현희 역, 1994), **논리적 독서법**, 한국독서교육원.

Angelo, T. A.(1991), *Ten Easy Pieces : Assessing higher learning in four dimensions. In Classroom research : Early lessons from success, New directions in teaching and learning*, #46, Summer.

Barlett, F. C.(1932), *Remembering*, Cambridge, Cambridge Univ. Press.

Beaugrande, de R.(1997), *New foundations for a science of text and discourse : cognition, communication, and the freedom of access to knowledge and society*, Advances in discourse processes; v. 61, Norwood, N.J. : Ablex.

Bein, Ken(2004), *What the best College Teachers Do*, 안진환·허형은 옮김(2005), **미국 최고의 교수들은 어떻게 가르치는가**, 뜨인돌.

Borich, G. D.(설양화 외 역, 2005), **효과적인 수업 관찰**, 아카데미프레스.

Bransford, J. D.(1979), *Human Cognition*, Belmont, Calif, Wadsworth.

Braunger, J. & Lewis, J.(1998), *Building a Knowledge base in reading (2nd)*, Portland, OR : Northwest Regional Educationl Laboratory.

Brian H. Kleiner(1989), Student Evaluation of Instruction, *Journal of European Industrial Training*.

Brouphy, J. & Kher, N.(1986). Teacher socialization as a mechanism for developing student motivation to learn. In R. Feldman (ed.), *Social Psychology Applied to Education*. New York : Cambridge University Press.

Brousseaus, G.(1991), *Theory of Didatical Situation in Mathematics*, translated by Balacheff, N. & Cooper, M. & Sutherland, R. & Warfield, V.(1997)

Brown, A. L. & Campione, J. C.(1994), Guided discovery in a community of learners, In K. McGilly (ed.), *Classroom lessons : Integrating cognitive theory and classroom practice*. MA : MIT Press.

Brown, G. & Yule, G.(1983), *Discourse analysis*, Cambridge : Cambridge University Press, 1983.

Brown, H. Douglas(2001), *Principles of Language Learning and Teaching* (4th ed.), 이흥수·박매란·박주경·이병인·이소영·최연희(2005), **외국어 학습·교수의 원리**, Pearson Education Korea.

Bruner, J. S.(1973), *The Process of Education*, 이홍우 역(2005), **교육의 과정**, 배영사.

Buckingham, D.(1990), *Watching Media Learning : Making sense of media education*, New York : Falmer Press. 정현선 역(2004), **전자매체 시대의 아이들**, 우리교육.

Buckingham, D.(기선정 외 역, 2004), **학습 리터러시 그리고 현대문화**, 제이앤북.

Carney, B.(2000), Process Writing and the secondary School Reality, In R. D. Robinson *et al.*(eds.), *Issues and Trends in Literacy Education*(2nd), Allan & Bacan.

Cassidy, J. & Wenrich, J.(1999), Literacy research and practice : What's hot, What's not, and Why. *The Reading Teacher*, Vol.52, IRA.

Cooper, J. D., Kiger, N. D. & Au, K. H.(2003), *Literacy : Helping Children Construct Meaning(5th)*, Houghton Mifflin Company.

Cornoldi, C. L.(1996), *Reading comprehension difficulties : processes and intervention*, Erlbaum Associates.

Edwards, A. D. & Westgate, D. P. G.(1994), *Investigating Classroom Talk*, London and Washington D.C.

Eggen, P. D. & Kauchak, D.P.(2001), *Strategies of Teachers*, 임청환·권성기 역

(2006), 교사를 위한 수업 전략, 시그마프레스.

Eisner, W.(박승배 외 역, 2001), 질적 연구와 교육, 학이당.

Fairclough, N.(1989), *Language and Power*, London : Longman.

Fish, S.(1980), *Is There a Text in This Class? The Autbority of Interpretative Communities*, Boston, Mass. : Harvard University Press.

Flower, L. and Hayes, J.(1980), *Identifying the Organization of Writing Processes*, In L. Gregg and E. Steinberg(eds), *Cognitive Processes in Writing*, Hillsdale, NJ : Erlbaum.

Flower, L.(1993), *Problem-Solving Strategies for Writing*, 원진숙·황정현 역(1998), 글쓰기의 문제 해결 전략, 동문선.

Frager(1994), Teaching, writing, and identity, *Language Arts*. Vol. 71, Iss. 4.

Freeman., M. S.(1999), *building a Writing Community : A Practical Guide*, Maupin House Publishing.

Gaffney J. & Anderson, R. C.(2000), Trends in Reading Research in the United States. In M. Kamil, P. Mosenthal, P.D. Pearson, & R. Barr (eds.) *Handbook of reading research, vol. Ⅲ*. NJ : LEA.

Gee, J. P.(2000), Discourse and sociocultural studies in reading. In M. Kamil, P. Mosenthal, P.D. Pearson, & R. Barr (eds.) *Handbook of reading research, vol. Ⅲ*. NJ : LEA.

Glatthorn, A. A.(진동섭 역, 2004), 새로운 선택적 장학, 교육과학사.

Greeno, J. G.(1997), Response : On claims that answer the wrong questions, *Educational Researcher, 26*.

Gunning, T. G.(2005), *Creating Literacy Instrucyion for all Students(5th)*, Allan and Bacon.

Halliday, M. A. K. & Hasan, R.(1989), *Language, context, and text : Aspects of language in a social semiotic perspective*. Oxford and New York : Oxford University Press.

Halliday, M. A. K.(1978), *Language as a social semiotic : The social interpretation of language and meaning :* London and Boston : Edward Arnold.

Harrison, C.(2000), Reading Research in the United Kingdom, In M. Kamil, P. Mosenthal, P.D. Pearson, & R. Barr (eds.) *Handbook of reading research, vol. Ⅲ*. NJ : LEA.

Hobbs, Renee(2006), *Reading the Media : Media Literacy in High School English*, Teachers College Press.

Hoffman, J. V.(2000), Process Writing and the Writer's Workshop, Robinson, In R.

D. Robinson *et al.*(eds), *Issues and Trends in Literacy Education*(2nd), Allan & Bacan.

Hruby, G. G(2001), Sociological, Postmodern, and new realism perspectives in social constructionism : implication for literacy research, in *Reading Research Quartely,* Vol. 36, No.1, IRA.

Irwin, J. W.(1986), *Teaching Reading Comprehension Processes,* N.J. : Prentice−Hall.

Irwin, J. W.(천경록, 이경화 역, 2003), 독서지도론, 박이정.

Jett−Simpson, M., Leslie, L. & Wisconsin Reading Association(1997), *Authentic Literacy assessment ; an Ecological approach,* 원진숙 역(2004), **생태학 적 문식성 평가,** 한국문화사.

Johnson, P.(2001), *Making Books,* 김현숙 역(2001), **메이킹북 : 한 장의 종이로 만드는 팝업북 31가지,** 아이북.

Joseph A. Devito(2003), *Human Communication The Basic Course*(9th), Allyn and Bacon.

Joyce, Bruce R., Weil, M., & Calhoun, E. (2005), *Models of Teaching*(7/e), 박민우· 강영하· 임병노· 최명숙· 이상수· 최정임· 조규락 옮김(2007), **교수모형**(7판), 아카데미프레스.

Kintsch, W. & van Dijk, T. A.(1978), Toward a Model of Comprehension and Production, *Psychological Review,* Vol. 85.

Kress, G. R.(1997). *Before writing : Rethinking the paths to literacy.* London, New York : Routhledge.

Kress, G.(1985), *Linguistic Processes in Sociocultural Practice,* Oxford : Oxford University Press.

Lemke, J. L.(1997). Metamedia literacy : Transforming meanings and media. In Reinking, D., McKenna, M., Labbo, L. & Kieffer R.D. (eds., 1997), *Literacy for the 21st Century : Technological Transformation in a Post −typographic World.* Erlbaum.

McLaren, Peter, Rhonda Hammer, David Sholle, and Susan Smith Reilly (1995), *Rethinking Media Literacy : A Critical Pedagogy of Representation,* Peter Lang Pub Inc.

Mercer, N., Edwards D. & Maybin, J.(1988), '*Putting context into oracy : the construction of shared knowledge through classroom discourse',* in MacLure, M(Ed).

Monaghan, E. & Hartman, D.K.(2000), Undertaking Historical Research in Literacy, In M. Kamil, P. Mosenthal, P.D. Pearson, & R. Barr (eds.)

Handbook of reading research, vol. Ⅲ. NJ : LEA.

Murray, D. M.(1980), Writing as Process : how writing finds its own meaning, In T. R. Donovan and W. McClelland(eds), *Eight Approaches to Teaching Composition*, Illinois : National Council of Teachers of English.

O'Malley, J. M., Pierce, L. V.(1996), *Authentic Assessment for English Language Learners*, Addison—Wesley Publishing Company.

Pearson, P. D. & Tierney, R. J.(1984), On becoming a thoughtful reader : Learning to read like a writer. In A. C. Purves & O. S. Niles (eds.), *Becoming readers in a complex society*, Chicago : National Society for the Study of Education.

Reigeluth, C. M.(1983), Instructional—Design Theories and Models : An Overview of their Current Status, 박성익·임정훈 공역(1993), **교수 설계의 이론과 모형**, 교육과학사.

Rosenblatt, L.M(1995). *Literature as Expolration*, New York : Modern Language Association of America. 김혜리·엄해영 역(2006), **탐구로서의 문학**, 한국문화사.

Ruddell, M. R.(2001), *Teaching content reading and writing*, New York : John Wiley & Sons.

Ruddell, R. B. & Unrau, N. J.(1994), Reading as a Meaning—Construction Process : The Reader, the Text, and the Teacher, *Theoretical Models and Processes of Reading*(4th), Newark, Delaware : IRA.

Ruddell, R. B.(2002), *Teaching Children to Read and Write : Becoming an Effective Literacy Teacher(third edition)*, Allyn and Bacon.

Schwarz, Gretchen & Brown, Pamela U.(eds., 2006), *Media Literacy : Transforming Curriculum And Teaching*, Blackwell Pub.

Shawn, M. G., Britton, B. K. & Yeany, R. H.(권성기 외 역, 2000), **구성주의적 과학 학습 심리학**, 시그마프레스.

Silverblatt, Art, Jane Ferry, Barbara Finan, & Art Siverblatt(1999), *Approaches to Media Literacy : A Handbook*, 송일준 역(2004), **미디어 리터러시 접근법**, 차송.

Soven, M. I.(1999), *Teaching Writing in Middle and Secondary schools*, Allyn & Bacon.

Spivey, N. N.(신헌재 외 역, 2001), **구성주의 은유; 읽기·쓰기·의미구성의 이론**, 박이정.

Thomas, M.(안종훈 외 역, 2004), **효과적인 수업을 위한 교실 상호작용**, 범문사.

Tierney, R. J. & Readence, J. E.(2000), *Reading Strategies and Practices*, MA :

Allyn and Bacon.

Tompkins, G. E.(2000), *Teaching Writing : Balancing Process and Product*(3rd), Merrill Prentice Hall.

Tompkins, G. E.(2003), *Literacy for the 21st Century*(3rd), Marrill Prentice Hall.

Tompkins, G. E.(2005), *Literacy For The 21st Century : A Balanced Approach*, Prentice Hall.

Tyner, Kathleen(1998), *Literacy in a Digital World : Teaching and Learning in the Age of Information*, Lawrence Erlbaum Assoc Inc.

van Dijk, T.A. & W. Kintsch(1983), *Strategies of Discourse Comprehension*, Academic Press.

Wallace, C.(김지홍 역, 2003), **읽기**, 범문사.

Watts Pailliotet, Ladislaus Semali & Ann Watts Pailliotet(eds., 1998), *Intermediality : The Teachers' Handbook of Critical Media Literacy*, Lightning Source Inc.

Wight, Tony(1997), *Roles of Teachers & Learners*, Oxford Univ. Press.

Williams, J. D.(1998), *Preparing to Teaching Writing*(2nd), Lawrence Erlbaum Associates, Inc.

Wolfgang Sünkel(1996), Phänomenologie des Unterrichts, 권민철 옮김(2005), **수업현상학**, 학지사.

Wright, T.(안종훈 외 역, 2004), **언어학습에서의 교사와 학습자의 역할**, 범문사.

● 찾아보기

ㅎ

인명 찾아보기

저자 소개

최지현 | 서원대학교 사범대학 국어교육과 부교수
문학교육과정론, 현대시 교육의 쟁점과 전망(공저) 외.
miunori@seowon.ac.kr

서　혁 | 이화여자대학교 사범대학 국어교육과 교수
국어교육학과 사고(공저), 한국어교육론(공저) 외.
shcore@ewha.ac.kr

심영택 | 청주교육대학교 국어교육과 부교수
'국어교과학의 기초 개념 연구', '국어 교육 목표의 재조명' 외.
shimyt@cje.ac.kr

이도영 | 춘천교육대학교 국어교육과 부교수
'언어 사용 영역의 내용 체계에 대한 연구', '국어과 교육 평가 모형' 외.
dylee@cnue.ac.kr

최미숙 | 상명대학교 사범대학 국어교육과 조교수
시와 함께 배우는 시론(공저), 국어교육 연구의 반성과 전망(공저) 외.
starry@smu.ac.kr

김정자 | 경인교육대학교 국어교육과 전임강사
인터넷 시대의 글쓰기와 표현교육(공저), 방송의 언어문화와 미디어교육(공저) 외.
kjj67@ginue.ac.kr

김혜정 | 경북대학교 사범대학 국어교육과 조교수
텍스트 분석의 실제(공저), '읽기 이론에서 텍스트 이론의 영향과 그 교육적 전개' 외.
hjkim88@knu.ac.kr

국어교육학 총서 ▮ 3

국어과 교수·학습 방법

초판 1쇄 발행 2007년 9월 3일
초판 3쇄 발행 2009년 2월 3일
지은이 최지현·서 혁·심영택·이도영·최미숙·김정자·김혜정
펴낸이 이대현 │ **책임편집** 권분옥 │ **편집** 양지숙·허윤희
펴낸곳 도서출판 역락 │ **등록** 제303-2002-000014호(등록일 1999년 4월 19일)
주소 서울시 서초구 반포 4동 577-25 문창빌딩 2층
전화 3409-2058 │ **팩시밀리** 3409-2059 │ **전자우편** youkrack@hanmail.net
ISBN 978-89-5556-567-6 93370

정가 19,800원